BAEDEKER

B

BERLIN

Potsdam

»

Bahnhof Zoo,
mein Zug fährt ein,
ich steig aus,
gut wieder da zu sein.

«

Ideal

baedeker.com

TOP 14

Die Top-Sehenswürdigkeiten von Berlin

BRANDENBUGER TOR • PARISER PLATZ

Schaustelle, Streitplatz, Sehnsuchtsort: Das Brandenburger Tor ist das Berliner Wahrzeichen. Seit mehr als 200 Jahren blickt es auf die Höhe- und Tiefpunkte der deutschen Geschichte.

S. 59

SCHLOSS UND PARK CHARLOTTENBURG

Die Baulust der preußischen Herrscher hat das größte Barockschloss in Berlin hinterlassen. Zu verrdanken ist es einer ebenso selbstbewussten wie gebideten Dame.

S. 63

GEDENKSTÄTTE BERLINER MAUER

An keinem anderen Ort in der Stadt wird die Absurdität der Mauer wieder so fassbar. Wer die Teilung Berlins noch selbst erlebt hat, wird sich hier erinnern können; wer nicht, bekommt zumindest ein Gefühl dafür, wie es gewesen sein mag.

S. 88

GENDARMENMARKT

Ganz einfach das schönste Platzensemble der Stadt mit Deutschem Dom, Französischem Dom und Konzerthaus

S. 96

GEMÄLDEGALERIE

Die Alten Meister auf dem Kulturforum. Acht Werke von Dürer und der »Mann mit dem Goldhelm« – der gar nicht von Rembrandt ist ...

S. 120

HOLOCAUST-MAHNMAL

Eine radikale Abkehr von üblicher Gedenkstätten-Architektur

S. 62

★★
KUNSTGEWERBEMUSEUM
Das älteste Museum dieser Art in Deutschland: im Köpenicker Schloss und auf dem Kulturforum am Kemperplatz, wo der Welfenschatz die größte Attraktion ist.
S. 52, 120

★★
NEUES MUSEUM
Nofretete istzurückgekehrt an ihren angestammten Platz im Neuen Museum, das wunderbar und modern restauriert wurde! Das Gebäude von David Chipperfield ist selbst ein Anziehungspunkt geworden.
S. 157

★★
POTSDAMER PLATZ
Die auch nicht mehr ganz neue Mitte Berlins bietet faszinierende Architektur wie das Sony Center mit seinem bunten Zeltdach, dazu das Filmmuseum, viel Shopping und natürlich noch mehr Gastronomie
S.180

★★
PERGAMONMUSEUM
Auch wenn der Pergamonaltar bis frühestens 2023 wegen Renovierung nicht zu sehen ist: Die drei Sammlungen unter einem Dach präsentieren genügend andere einzigartige Highlights.
S. 151

★★
ALTE NATIONALGALERIE
Exquisite deutsche Malerei des 19. Jahrhunderts von Menzel bis C. D, Friedrich in einem Tempel der Kunst
S. 158

★★
UNTER DEN LINDEN
Berlins Prachtboulevard zwischen Brandenburger Tor uund Schlossbrücke zeigt den Repräsentationsdrang der preußischen Könige. Ein Spaziergang durch die Geschichte steht an.
S. 221

★★
PARLAMENTS- UND REGIERUNGSVIERTEL
Von hier aus wird Deutschland regiert. Neue Architektur wie das Bundeskanzleramt paart sich mit dem alten Reichstag, der mit der Kuppel ein neues Wahrzeichen gesetzt hat.
S. 168

★★
SCHLOSS UND PARK SANSSOUCI
Das architektonische und gärtnerische Gesamtkunstwerk in Berlins Nachbarstadt Potsdam ist aufs engste mit Friedrich dem Großen verbunden.
S. 244

DAS IST BERLIN

TOUREN

SEHENSWERTES VON A BIS Z

LEGENDE

Baedeker Wissen

● Textspecial, Infografik & 3D

Baedeker-Sterneziele

★★ Top-Sehenswürdigkeiten

★ Herausragende Sehenswürdigkeiten

PREISKATEGORIEN

Restaurants
Preiskategorien für ein Hauptgericht

€€€€	über 35 Euro
€€€	25 – 35 Euro
€€	15 – 25 Euro
€	unter 15 Euro

Hotels
Preiskategorien für ein Doppelzimmer

€€€€	über 300 Euro
€€€	200 – 300 Euro
€€	120 – 200 €
€	80 – 120 €

POTSDAM VON A BIS Z

HINTERGRUND

ERLEBEN UND GENIESSEN

PRAKTISCHE INFORMATIONEN

ANHANG

MAGISCHE MOMENTE

ÜBERRASCHENDES

D

DAS IST...

... Berlin

Die fünf großen Themen rund
um die deutsche Hauptstadt.
Lassen Sie sich inspirieren!

DER BERLINER BÄR

Knut hat Berlin zur Bärenhauptstadt der Welt gemacht. Der kleine, von seiner Mutter verstoßene Eisbär aus dem Zoologischen Garten brachte alle Herzen zum Schmelzen. Doch schon vor ihm spielten Bären eine besondere Rolle in der Berliner Geschichte. Der Bär ist das Berliner Wappentier, und das hat sich oft verändert. Man trifft ihn heute an vielen Orten der Stadt.

ERSTMALS kam der Bär 1280 ins Bild – er zierte einen Gildebrief der Berliner Kürschner. Das dort verwendete Siegel trägt die Inschrift »Sigillum burgensium de berlin sum« – **»Ich bin das Siegel der Bürger von Berlin.**« Genau genommen waren es damals sogar zwei Bären, die zusammen mit dem märkischen Adler aufrecht stehend neben einem Schild abgebildet waren. Wenig später wurde der Bär dann auf alle Viere gestellt, und ab 1460 musste er sogar den brandenburgischen Adler auf seinem Rücken erdulden. Dieses neue Stadtwappen wurde den Berlinern vom Kurfürst Friedrich II. aufgezwungen, der damit seinen Sieg über die aufständischen Berliner in der Folge des »Berliner Unwillens« zementieren wollte. Die Berliner hatten sich damals vergeblich gegen den Bau einer Burg auf der Spreeinsel gewehrt, für den sie Land an den märkischen Landesherren hätten abgeben sollen.

Befreiter Bär

Als Berlin im Jahr 1709 Residenz der Könige von Preußen wurde, erhielt die Stadt auch ein neues Wappen. Nun musste sich der gebändigte Bär mit dem Halsband unter den schwarzen preußischen und den roten märkischen Adler stellen. **Frei und ohne Halsband** durfte er sich erst wieder ab 1875 bewegen. Schon 1839 war eine rote Mauerkrone angefügt worden, die im Ostteil der Stadt bis zum Ende der DDR erhalten blieb. Im Westen war das Rot nach dem Krieg als Farbe der Kommunisten verpönt, dort wurde die Krone 1954 plötzlich golden und die Mauer verwandelte sich in eine Laubkrone. So ähnlich – ein stehender schwarzer Bär in einem mit Goldkrone geschmückten Wappen – sieht das Berliner Wappen noch heute aus.

Oder doch nur Sumpf?

Über die Frage, warum der Bär überhaupt zum Wappentier der Stadt wurde, gibt es unterschiedliche Theorien. Am einfachsten ist diejenige, dass die Spree in der Nähe der neu gegründeten Stadt besonders seicht gewesen sein soll und dort die Bären regelmäßig den Fluss überquert hätten. Der Name Berlin soll denn auch aus dem Wort »Bärenlager« entstanden sein. Eine andere vermutet, dass der Name auf den Markgrafen Albrecht I., den Eroberer der Mark Brandenburg zurückgeht. Der trug nämlich den Beinamen »der Bär«. Nach einer dritten Theorie leitet sich der Name Berlin von dem slawischen Wort **»berl« für Sumpf** ab. Obwohl dies eigentlich die unpopulärste Option wäre – hieße das doch, dass Berlin überhaupt nichts mit einem Bären zu tun hat – findet sie unter Wissenschaftlern die meisten Anhänger.

Bärenzwinger

1939 beschloss man, das Berliner Wappentier auch ganz real in die Stadt zu holen. Seitdem lebten die Stadtbären in der Bärenanlage am Köllnischen Park beim Märkischen Museum. Im neuen Jahrtausend hatten Tierschützer wegen der beengten Lebensbedingungen immer wieder die Schließung des Zwingers gefordert. Allerdings waren die Stadtbären damals schon so alt, dass ein Umzug für die Tiere zu stressig gewesen wäre. Seit **»Schnute«, die letzte Stadtbärin,** 2015 eingeschläfert werden musste, steht die Anlage leer.

BÄRENKUNST ZUM ANFASSEN

2001 wurde in Berlin eine Kunstaktion gestartet, bei der 350 bunt bemalte Bärenskulpturen in der gesamten Stadt aufgestellt wurden. Damit wollte man für ein »buntes« ein tolerantes, freies und demokratisches – Deutschland werben. Inzwischen sind die Berliner Bären weltweit im Sinne der Völkerverständigung unterwegs, die meisten stehen allerdings immer noch in der Stadt – wo genau kann man auf der Seite www.buddy-baer.com/de abrufen. Den ersten interaktiven Buddy Bären finden Sie auf dem Washingtonplatz am Hauptbahnhof: Er wechselt die Farbe, sobald man ihn umarmt!

Einfach bärig: ob als Souvenir in Plüsch oder als Skulptur in knalligen Farben

JA, MULTIKULTI

Willkommen, Bienvenue, Welcome: In kaum einer anderen Stadt der Welt leben und arbeiten so viele Menschen aus unterschiedlichen Nationen zusammen wie in Berlin. Deswegen findet der hier der Karneval auch nicht im Februar, sondern im Juni statt und nennt sich »Karneval der Kulturen«. Was die deutsche Hauptstadt auszeichnet: Hier funktioniert das Mit- und notfalls zumindest das Nebeneinander. Probieren Sie es aus.

WER es nicht wahrhaben will, sollte sich einfach die nackten Zahlen anschauen: In Berlin leben 496000 Menschen mit ausländischem Pass und 444000 Deutsche mit Migrationshintergrund. Das ist zusammen genommen knapp **ein Viertel der Bevölkerung**. Die meisten von Ihnen wohnen in Mitte, Kreuzberg-Friedrichshain und Neukölln, weniger begehrt sind Marzahn-Hellersdorf und Treptow-Köpenick.

Wo bleiben die vier letzten Nationalitäten?

Mit Fug und Recht darf man behaupten, dass **die ganze Welt in Berlin** zu Hause ist: Die Vereinten Nationen erkennen 194 Staaten offiziell an – und davon sind nur ganze vier nicht in der Stadt vertreten. Die Rangliste führen die Türken mit etwas mehr als 98000 an, gefolgt von den Polen mit 53000. Das untere Ende der Skala zieren die Bahamas (3, alle in Steglitz zu Hause) und San Marino (ebenfalls 3, ihnen gefällt Pankow besser).

Wegzug, Zuzug, Nachwuchs

All diese Menschen zieht und zog es nach Berlin, weil sie sich dort ein besseres Auskommen erhofften, weil sie Chancen suchten, weil sie verfolgt wurden. Das war bereits 1685 so, als sich 6000 aus Frankreich wegen ihres Glaubens vertriebene **Hugenotten** in Berlin niederließen (Kurz nachgedacht: Wie heißt unser Innenminister? Richtig: de Maizière). Zur Zeit der Industrialisierung kamen viele **Polen** (ebenso wie nach dem Ende des Ostblocks), in Wirtschaftswunderzeiten holte man **Türken, Jugoslawen und Italiener** nach Westberlin, während beim Aufbau des Sozialismus auch manch **Vietnamese und Angolaner** mitzutun hatte. Viele von ihnen und vor allem ihre Kinder und Enkel sind noch da und sie tragen zusammen mit den Neuankömmlingen nicht wenig dazu bei, dass Berlins Bevölkerung wieder wächst, obwohl es in den Jahren nach der Wende einen Wegzug von über 1,3 Millionen Menschen (meist Deutsche) zu verkraften hatte.

BAEDEKER DAS IST...

STREET FOOD

Man nehme: Leute, die kein eigenes Restaurant haben, aber leidenschaftlich gern kochen, bringe sie in die Markthalle 9 in Kreuzberg und würze mit einem neugierigen Publikum von Jung bis Alt, mit und ohne Migrationshintergrund – fertig ist der Street Food Thursday, alles andere als ein fader Eintopf, sondern ein kulinarischer Ritt rund um die Welt zu erschwinglichen Preisen. Schließlich ist man ein »demokratisches Restaurant«, wie die Veranstalter anmerken. (▶ S. 343)

Multikulti für den Gaumen: beim Street Food Thursday in der Markthalle 9

Falafel, Thai und Döner

Und wo trifft man sie? Auf dem berühmten Türkenmarkt in Neukölln, auf dem Vietnamesenmarkt in Friedrichshain, in Wladimir Kaminers Russencafé, beim Chillen auf dem Tempelhofer Feld, beim Karneval der Kulturen und an jedem Falafel-, Thai-, Asia- und Döner-Imbiss. Dort muss man eine Antwort parat haben, wenn es heißt: »Mit scharf?«
Die Imbissbudenbetreiber gehören im Übrigen zu den fast **33000 ausländischen Unternehmern** in Berlin. Ohne sie und die ausländischen Arbeitnehmer würde wirtschaftlich in der Hauptstadt deutlich weniger, in manchen Branchen gar nichts gehen. Noch Fragen?

»ES WÄCHST ZUSAMMEN, WAS ZUSAMMEN GEHÖRT«

Kleine Japanerinnen mit Selfiestick stehen vor dem die Mauer durchbrechenden Trabant. Ein italienisches Liebespaar fotografiert sich vor Breschnew und Honecker beim Bruderkuss. Und eine Jugendgruppe aus Dänemark posiert fürs Gruppenfoto vor dem Portrait von Michail Gorbatschow. Die Eastside Gallery ist heute eine der meist besuchten Sehenswürdigkeiten der Stadt. Sind Ost und West zusammengewachsen, wie Willy Brandt es wollte?

NOV·9-89
BIRGIT KINDER
Birgit K.
09.07.

DDR-MUSEEN

Sozusagen einen Blick hinter die Mauer, in den Alltag der DDR, können Sie im **DDR-Museum** (Karl-Liebknecht-Str. 1) gegenüber dem Berliner Dom werfen. Hier dreht man die Zeit zurück in die 1980er-Jahre. Nehmen Sie bequem Platz in einem typischen Wohnzimmer jener Tage: Lümmeln Sie sich in das »Polstersofa Sebnitz« mit Blick auf die »Schrankwand Carat«. Im Kleiderschrank des Museums hängt das blaue FDJ-Hemd neben Mutters Kleid aus Dederon. Über den Alltag in der DDR informiert auch das **Museum in der Kulturbrauerei** (Knackstr. 97) – hier ist der Eintritt sogar kostenlos!

DASS sein »antifschistischer Schutzwall« einmal ein beliebter Hintergrund für Touristenfotos werden würde, hätte sich Walter Ulbricht wohl nicht träumen lassen. An den meisten Orten in Berlin ist die Mauer inzwischen verschwunden. Nach der Wende rückten Planierraupen und Bagger dem Monstrum zu Leibe – 184 km Mauer wurden zu 300000 Tonnen Straßenschotter verarbeitet. Nur einige wenige Mauerstücke blieben erhalten. Das bekannteste davon steht in der Nähe der Oberbaumbrücke am Ufer der Spree. Nach der Wende haben hier Künstler aus aller Welt farbenfrohe Bilder auf das eigentlich so grausame Bauwerk gezaubert. Mit der über 1,3 km langen East Side Gallery schufen sie **die längste Open Air Galerie der Welt** und mit ihr auch eine der meistbesuchten Sehenswürdigkeiten Berlins.

Wo war Ost und wo West?

Die Mauer ist heute nur noch Hintergrund für Selfies, die Trennung der beiden deutschen Staaten kennen die jungen Berliner nur noch aus dem Geschichtsunterricht, und die Frage »War das hier früher Osten oder Westen?« hört man nicht nur von ausländischen Touristen, sondern auch von Hauptstadtgästen aus Baden-Württemberg oder Nordrhein-Westfalen. In Berlin ist Ost und West zusammengewachsen. In der Innenstadt hat man die ehemaligen Ost- und Westbezirke auch politisch verschmolzen, so werden beispielsweise der ehemalige Ostbezirk Mitte und der Westberliner Wedding von einem Bürgermeister regiert, dasselbe gilt auch für Friedrichshain (Ost) und Kreuzberg (West). Und im Prenzlauer Berg (Ost) leben inzwischen ohnehin mehr Westdeutsche als Urberliner.

Das typische Kiezdenken

Trotzdem: Der typische Vorwende-Westberliner geht auch noch heute vor allem in Charlottenburg und Schöneberg aus, sein Pendant aus dem Osten wagt sich nach wie vor kaum über die ehemalige »Zonengrenze« in den Westen. Diese »Mauer in den Köpfen« hat aber nur wenig mit Politik, sondern vor allem mit **alten Gewohnheiten** und dem typisch Berliner Kiezdenken zu tun. Ein »richtiger« Berliner, egal ob aus Ost oder West, geht nämlich am liebsten im Laufabstand um seine Wohnung aus. Das ergibt – zumindest aus Sicht der Hauptstädter – durchaus Sinn, denn jeder Bezirk ist für sich genommen größer als die meisten deutschen Städte und bietet seinen Bewohnern alles, was man braucht.

Unterschiede bleiben

Auch **im politischen Denken** gibt es nach wie vor Unterschiede. Das zeigt sich nicht nur bei den Wahlen – in den Ostbezirken erzielt »Die Linke« regelmäßig deutlich bessere Ergebnisse als im Westen, auch bei Umfragen zu aktuellen Ereignissen liegen die Meinungen in Ost und West meist signifikant auseinander. In den Stadtteilen abseits des Zentrums hat sich die Bevölkerung auch fast 30 Jahre nach dem Mauerfall kaum durchmischt. In Spandau oder Reinickendorf leben auch heute noch kaum ehemalige Ostberliner, ebenso wie nur wenige Westberliner im Laufe der Jahrzehnte ihren Wohnsitz nach Lichtenberg, Köpenick oder Marzahn verlegt haben.
Und selbst beim Fußball jubelt man noch weitgehend getrennt. Der aufrechte Ostfan wird »eisern« zu **Union** halten, während der Westberliner **»die alte Tante Hertha«** im Olympiastadion unterstützt.

Spott und Frotzeleien

Trotzdem: Die Unterschiede zwischen Ost und West haben keinerlei Auswirkungen auf den Alltag der Menschen – typisch für Berlin trägt man seine Differenzen auf der Ebene von Spott und Frotzeleien aus. Und so hat letztendlich Willy Brandt recht behalten, der schon eine Tag nach der Maueröffnung, am 10. November 1989, einem Journalisten in die Feder diktierte: »Es wächst zusammen, was zusammen gehört.«

Sozialismus museal im DDR-Museum: für die einen kurios, für andere nostalgisch

KOSCHER UND WILD

Wer ans jüdische Berlin denkt, denkt erst einmal an das Jüdische Museum, die Synagoge in der Oranienburger Straße oder auch ans Holocaust Mahnmal am Brandenburger Tor. Doch Berlins Juden wissen auch, wie man feiert. Die Partyszene ist legendär und lockt Feierwütige sogar aus Israel an. Mitmachen erlaubt.

FÜR junge Israelis ist Berlin inzwischen zum Sehnsuchtsziel geworden. Sie kommen nicht nur als Touristen hierher, sondern auch, um für kürzer oder länger in der deutschen Hauptstadt zu leben – in jener Stadt, in der die Nazis groß geworden sind und in der die »Vernichtung des jüdischen Volkes« beschlossen und organisiert wurde. Doch die Jungen machen sich in Berlin nicht nur auf Spurensuche, suchen nicht allein nach der Geschichte ihrer Vorfahren, sie ziehen auch durch die Clubs und Restaurants. Oder sie eröffnen gleich selbst welche. **20000 Israelis** wohnen mittlerweile in Berlin, und auffällig viele der jüdischen Neuberliner kommen aus der »kreativen« Szene – sind Künstler, Kulturschaffende oder Gastronomen.

Kulturelles Erbe

Sie treten damit – zumindest teilweise – in die Fußstapfen der Juden, die in den »roaring twenties« in der Hauptstadt lebten. Seinerzeit waren über 170000 Menschen jüdischen Glaubens in Berlin gemeldet, und sie spielten **eine wichtige und prägende Rolle** – auch und nicht zuletzt für die Kunst. Dazu gehörten die Komponisten Paul Dessau, Kurt Weill und Friedrich Hollaender, ebenso der Theaterdirektor Max Reinhardt und die Schriftsteller Alfred Döblin und Kurt Tucholsky.

DJ-Nächte als Schmelztiegel

Die »**Berlin Meschugge**«-Feiern waren bis vor kurzem der Geheimtipp nicht nur der einheimischen Ausgehszene. Die Fans dieser schwulen Partys flogen aus ganz Europa ein. Aus Mangel an geeigneten Räumen sind die Meschugge-Leute gerade in eine Zwangspause geschickt worden. Jüdische Partys werden aber nach wie vor gefeiert. Nicht mehr an einem bestimmten Ort allerdings, und so muss man den Veranstaltungskalender in einem der beiden Stadtmagazine konsultieren, um die aktuellen »Locations« zu finden. Selbst bei den altehrwürdigen Jüdischen Kulturtagen, die jedes Jahr im November gefeiert werden und nun schon ins dritte Jahrzehnt gehen, gehören die DJ-Nächte mittlerweile zum Standardprogramm. Schon lange locken die Veranstaltungen auch nicht-jüdisches Publikum an, Berlin wird auch hier seinem Ruf als großer Schmelztiegel gerecht.

BAEDEKER DAS IST …

GRÖSSENWAHN

Das **Theater Größenwahn** ist die Heimat der Deutsch-Jüdischen Bühne Bimah. Der etwas unbescheiden klingende Name ist eine Hommage an das legendäre Kabarett Größenwahn, das in den 1920er-Jahren in Berlin für Furore sorgte. Deren Nachfolger bieten dem Publikum ein Spektrum von Kishon bis Tucholsky – Satire mit jüdischem Humor.
(Meinekestr. 24, www.groessen-wahnsinn.de)

Auf ausgelassenen Partys geht es hoch her – man sollte sich vorher koscher stärken.

Dinieren beim Direktor

Ein spannender Ort, an dem Neues mit Altem verwoben wird, ist die ehemalige **jüdische Mädchenschule in der Augustenstraße 11** im Stadtteil Mitte. Im Juni 1942 schlossen die Nazis die Schule, die Schülerinnen und Lehrer verschleppten sie in Konzentrationslager und brachten sie um. In dem Gebäude wird heute an das Schicksal der Mädchen erinnert, gleichzeitig entstand aber auch ein Ort für Kunst und Genuss. In die ehemalige Turnhalle der Schule ist das **Edelrestaurant Pauly Saal** eingezogen, in dem man deutsche Küche im Stil der 1920er- und 1930er-Jahre serviert. Und wo einst der Schuldirektor sein Zimmer hatte, bietet man heute ein Stück New Yorker Esstradition.

ALLES FÜR DIE KUNST!

Berlin ist die Hauptstadt der zeitgenössischen Kunst. Mehr als 20000 Künstler – viele davon aus dem Ausland – leben hier. Neben den weltberühmten Museen warten vielfältige Galerien und Ateliers auf ein interessiertes Kunstpublikum – und die bunte Street Art-Szene kann jeden Spaziergang zu einer künstlerischen Entdeckungstour machen. Trauen Sie sich, die vielen Facetten der Berliner Kunstszene mit neugierigen Augen zu entdecken!

IN Berlin gibt es fast 450 Galerien, dazu kommen rund 200 nichtkommerzielle Showrooms, die regelmäßig ausstellen. Künstler aus der ganzen Welt zieht es hierher, darunter viele No Names, aber auch die ganz Großen wie den Chinesen **Ai Weiwei**, der hier Schutz vor der Verfolgung in seinem Heimatland fand, oder den Dänen **Ólafur Elíasson**, der unweit des Hamburger Bahnhofs sein Atelier bezogen hat. Elíasson ist insofern ein ganz typischer Vertreter der Künstler seines Landes, denn für ein Drittel aller dänischen Künstler, Kuratoren, Kritiker und Kunstprofessoren ist Berlin bereits zur Wahlheimat geworden.

Kreative Inspiration und billige Mieten

War es die kreative Aufbruchsstimmung nach der Wende, die die Künstler nach Berlin lockte? Oder die für die Stadt so typische Toleranz? Sicher, aber es spielten auch ganz praktische Gründe eine Rolle, so etwa die Tatsache, dass zahlreiche Industrie- und Gewerbebetriebe schließen mussten und so viele ehemalige Fabriketagen frei wurden, die man für wenig Geld als Atelierräume mieten konnte. Auch die Wohnungsmieten sind im Vergleich zu London und Paris, den beiden anderen »Lieblingsstädten« bildender Künstler, geradezu lächerlich niedrig.

Bei viele Kunstuniverstäten und -akademien ist ein **Berlinaufenthalt inzwischen fast ein Muss**. Sie mieten für ihre Studenten über mehrere Monate Wohnungen und Ateliers in der Stadt.

Zurück in die Zwanziger

Die Entwicklung nach dem Mauerfall, als die deutsche Hauptstadt zu einem der weltweit gefragtesten Kunststandorte wurde, erinnert an die 1920er-Jahre. Denn auch damals war Berlin das Mekka für Kreative aus ganz Europa. Etablierte Künstler der **Secession** und des **Expressionismus** arbeiteten hier, gleichzeitig aber schufen Dadaisten wie George Grosz oder Hannah Höch ihre antibürgerlichen Kunstwerke.

Es waren aber nicht nur die Maler, die das Berlin der »goldenen Zwanziger« prägten. Auf den Bühnen sorgten expressio-

BAEDEKER DAS IST...

TOUREN ZUR STREET ART

Was haben die verschnörkelten Schriftzeichen zu bedeuten? Wieviel Aktivismus und soziales Engagement steckt in Urban Art? Und wo kommt die Bewegung überhaupt her? Dies und mehr erfahren Sie auf einer der Touren von Berlin Street Art oder Alternative Berlin Tours. Sie ziehen mit Insider-Guides durch die angesagtesten Sprayer-Reviere und können teilweise sogar selbst die Sprühdose in die Hand nehmen! (http://alternativeberlin.com und http://berlinstreetart.com)

OBEN: Ausstellung »Take Over« des albanischen Künstlers Anri Sala
UNTEN: Lichtinstallation von Ólafur Elíasson

nistische Schriftsteller wie Ernst Toller und Georg Kaiser je nach Blickwinkel für Aufschreie der Begeisterung oder Entrüstung. Auch die Berliner Kleinkunstszene war in dieser Zeit legendär.

Millionen für die Kunst

Natürlich bietet die Hauptstadt neben Experimentellem und Ungewöhnlichem auch Klassisches und Konventionelles – und leistet sich den Luxus, dass **neben absoluter Weltklasse auch Dilettantentum** seinen Platz finden kann und darf. Rund 180 Museen warten auf Besucher, drei Opernhäuser und etwa 150 Theater und Bühnen. Mehr als 1500 Veranstaltungen finden täglich statt. Für die Kunst greift Berlin tief in die Tasche – auf etwa 400 Mio. Euro bemisst sich der Kulturetat. Eine Summe, die gut angelegt ist, denn genau wegen des riesigen Kulturangebots kommen ja die Touristen in die Stadt und geben während ihres Aufenthalts viele Millionen mehr aus.

T

TOUREN

Durchdacht, inspirierend, entspannt

Mit unseren Tourenvorschlägen
lernen Sie Berlins beste Seiten kennen.

DEM DEUTSCHEN VOLKE

UNTERWEGS IN BERLIN

Mit S-, U-Bahn und Bus kommt man sehr gut zu allen interessanten Punkten der Stadt; der Kauf einer Zeitkarte lohnt sich, sobald Sie mehr als dreimal pro Tag mit öffentlichen Verkehrsmitteln unterwegs sind. Bleibt die Frage, in welchem Stadtviertel man Quartier beziehen soll. Wer dicht am Nachtleben sein will, sollte sich Mitte, Kreuzberg, Friedrichshain oder Prenzlauer Berg aussuchen, auch beiderseits des Kurfürstendamms ist immer noch etwas geboten. Und wer möchte in Berlin schon früh ins Bett?

BERLINER GESCHICHTE(N)

Start und Ziel: vom Alexanderplatz zum Brandenburger Tor
Dauer: 3 Stunden

Tour 1

Wollen Sie wissen, wo Berlin gegründet wurde, dem Regierenden Bürgermeister Hallo sagen, einen Dom besichtigen, in dem gar keine Messen gelesen werden oder einfach Berlin von ganz weit oben ansehen? Dann ist diese Tour die richtige für Sie.

Blick über die Stadt

Vom 1 ★**Fernsehturm**, der nah am quirligen, aber nicht besonders attraktiven Alexanderplatz steht, und aus gut 200 m Höhe sieht Berlin endlos aus: Bäume nach Westen hin – das ist der Tiergarten –, Hochhausblöcke und Bahnlinien nach Osten hin, manchmal Höfe an schmalen Straßen, dort glitzert auch die Spree, Kirchtürme sieht man dazwischen und sogar Ruinen und das letzte Stückchen Stadtmauer mit dem vielleicht ältesten Gasthaus der Stadt »Zur letzten Instanz«. Nicht einmal 800 Jahre her ist die Gründung der Stadt, ziemlich genau dort, wo an zwei Türmen die ★**Nikolaikirche** auszumachen ist und man viel Fantasie braucht, sich die breite Kreuzung dahinter als schmale Furt vorzustellen. Im Mittelalter hätte man die Stadt gut überblicken können, denn sie war nicht größer als der alte Bezirk Mitte.

Wo Berlin entstand

Am 2 ★**Roten Rathaus** vorbei kommt man zur Wiege der Hauptstadt im 3 ★**Nikolaiviertel**, wie sie zum 750-jährigen Stadtjubiläum

1987 entstanden ist. Kaum etwas ist alt, aber schmale Gassen, Hauszeichen und Gasthäuser schaffen eine heimelige Atmosphäre. Das Zille-Museum liegt hier, Plauener Spitze kann man kaufen und Bären in allen Größen. Eine verblüffende Weite dagegen öffnet sich nach kurzem Gang an der Spree entlang und über die Rathausbrücke: Der 4 ★**Schlossplatz**. Hier ist man eifrig am bauen und, wenn alles nach Plan geht, wird im Herbst 2019 das wiederaufgebaute Stadtschloss eröffnet. Jenseits der Straße steht der riesige Berliner Dom (am gegenüberliegenden Spreeufer das DDR-Museum), daneben der Lustgarten vor dem ★**Alten Museum**.

Berlins Prachtstraße

Hinter der ★**Schlossbrücke** beginnt die Prachtstraße ★★**Unter den Linden**, rechts mit der Nr. 2, dem ältesten noch existierenden Gebäude der Straße, dem 5 ★**Zeughaus**. Nr. 1 links, die **Kommandantur**, tut nur alt, ist aber nagelneu. Alt wiederum ist das folgende 5 **Kronprinzenpalais** ebenso wie die 6 ★**Staatsoper** und gegenüber Schinkels 6 ★**Neue Wache** vor dem Kastanienwäldchen. In der Straßenmitte reitet Friedrich der Große.

Berlins schönster Platz

Wer nach Humboldt-Universität und Staatsbibliothek links abbiegt in die Charlottenstraße, kommt zum 7 ★★**Gendarmenmarkt**, für dessen Kugelbäumchen die Anwohner stritten, bis sie bleiben durften. So kann man sich in ihren Schatten ducken bei Kaffee und Eis, im »Refugium« (Nr. 5) den Musikern zuhören oder auch auf den Stufen

Abendstimmung auf dem Gendarmenmarkt – für viele der schönste Platz der Stadt

Museum für Naturkunde
Invalidenstraße
Hauptbahnhof
Chausseestraße
Schlegelstraße
Brosigstraße
Gartenstraße
Bergstraße
Ackerstraße
Zille-park
Stadtbad Mitte
Tieckstraße
Novalisstr.
Linienstraße
Torstraße
Platz vor dem Neuen Tor
Brecht-Haus
F. d. Dorotheen-städt. + Französ. Gemeinde
SCHEUNENVIERTEL
Große Hamburger Straße
Auguststraße
Gipsstr.
Hannoversche Str.
Linienstraße
Charité
Luisenstraße
Akademie der Künste
Oranienburger Straße
Heckmann-Höfe
Sophienstraße
Sophie-Gips-Hö
Ehem. Postfuhramt
Centrum Judaicum-Neue Synagoge
Tacheles
Oranienburger Straße
Krausnickstr.
Jüdischer Friedhof
Friedrichstraße
Johannisstraße
Deutsches Theater
Kammer-spiele
Friedrich-stadtpalast
Bhf. Oranienburger Straße
Hackesche Höfe
Schumannstraße
Ziegel-straße
Tucholsky
Monbijou-park
Bhf. Hackesche Markt
Reinhardtstraße
Albrechtstraße
Berliner Ensemble
Am Kupfergraben
Bode-Museum
James-Simon-Park
Marienstraße
Schiffbauerdamm
Alte National-galerie
Marie-Elisabeth-Lüders-Haus
Admirals-palast
Geschw.-Scholl-Straße
MUSEUMS-INSEL
Distel
Pergamon-museum
Schiffbauer-
Luisenstr.
Bhf. Friedrichstraße
Museumsinsel
Neues Museum
Berliner Dom
Aquar
Paul-Löbe-Haus
Spree
Georgenstraße
Palais am Festungsgraben
Bode-
Reichstagufer
Bundes-presseamt
Internationales Handelszentrum
Universitätsstraße
Humboldt-Universität
Altes Museum
Lustgtn.
Reichstags-gebäude
Jakob-Kaiser-Haus
Dorotheen-straße
Staats-bibliothek
Neue Wache
Zeughaus
Schloss-brücke
Siegessäule
Wilhelm-
Robert-Koch Museum
Schloss
Brandenburger Tor
Brandenburger Tor
Unter den Linden
Staatsoper Neue Wache
Kronprinzen-palais
Universitäts bibliothek
Behrenstraße
Friedrichs-werdersche Kirche
Bau-akademie
Hotel Adlon
Russ. Botschaft
Brit. Botschaft
Werderstr.
Kathedrale St. Hedwig
Ehem. Staatsratsgebäude
Behrenstraße
Komische Oper
Oberwallstr.
US-Botschaft
Glinkastraße
Französische Straße
Franz. Dom
Gendarmenmarkt
Spreekanal
Holocaust-Mahnmal
Wilhelmstr.
Hochschule für Musik
Mauerstraße
Jägerstraße
Nolde-Stiftung
Auswärtiges Amt
Konzerthaus
Taubenstraße
Kurstraße
Ebertstraße
Friedrichstadt-passagen
Deutscher Dom
Akademie der Wissenschaften
In den Ministergärten
Faßbender & Rausch
Spindler-brunnen
Mohrenstraße
Voßstraße
Kronenstraße
Markgrafenstr.
Spittel markt
Spittel-kolonnaden
Leipziger Straße
KREUZ-BERG
Leipziger Platz
Leipziger Straße
Museum für Kommunikation
Krausenstraße
Bhf. Potsdamer Platz
Bundesrat
Finanz-ministerium
Schützenstraße
Kommandantenstraße
Abgeordneten-haus von Berlin
Zimmerstraße
Haus am Checkpoint Charlie
Kochstraße
Jüdisches Museum
Martin-Gropius-Bau
Topographie des Terrors
Bundes-druckerei

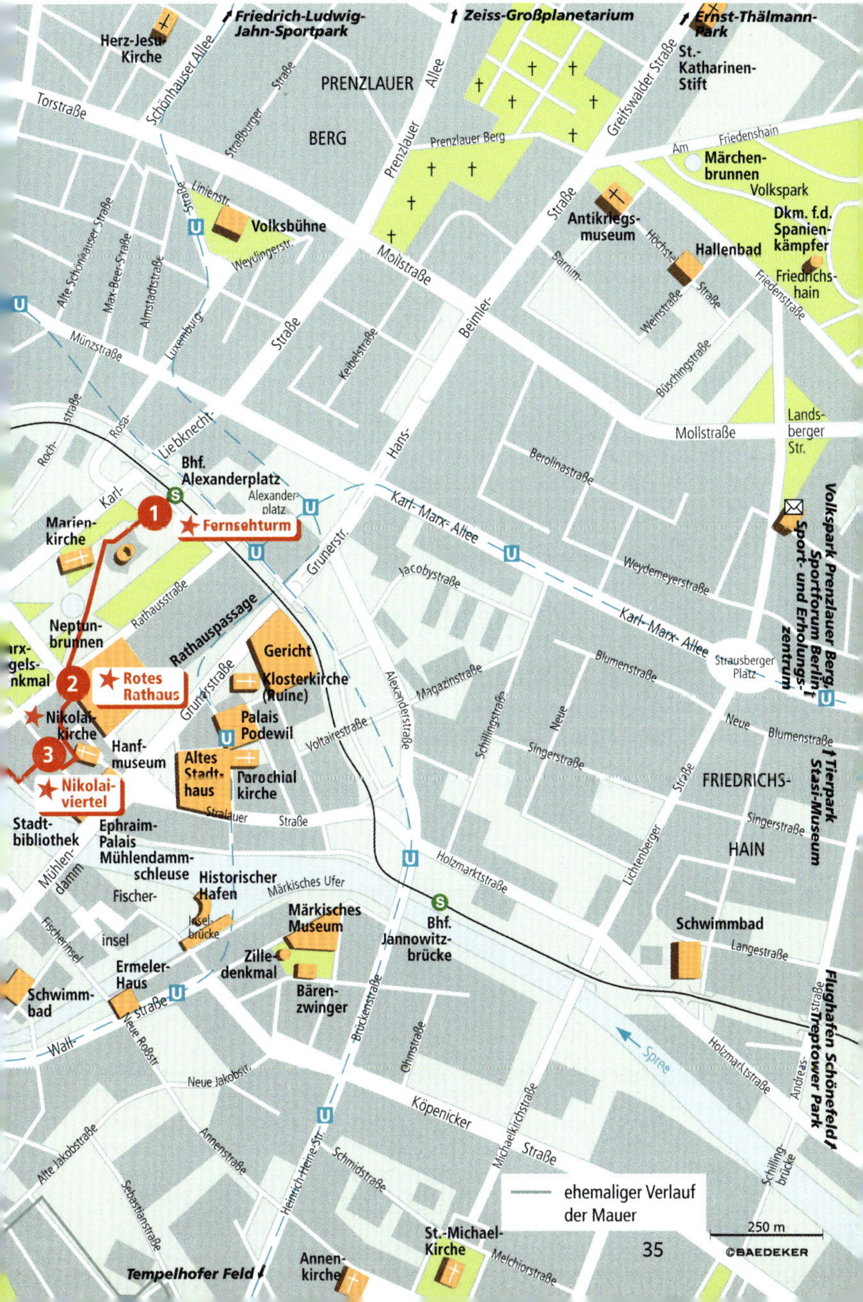
Friedrich-Ludwig-Jahn-Sportpark
Zeiss-Großplanetarium
Ernst-Thälmann-Park
Herz-Jesu-Kirche
St.-Katharinen-Stift
PRENZLAUER BERG
Torstraße
Schönhauser Allee
Straßburger Straße
Prenzlauer Allee
Prenzlauer Berg
Greifswalder Straße
Am Friedenshain
Märchenbrunnen
Volkspark
Dkm. f.d. Spanienkämpfer
Friedrichshain
Linienstr.
Volksbühne
Weydingerstr.
Mollstraße
Antikriegsmuseum
Hallenbad
Höchste Straße
Weinstraße
Friedenstraße
Alte Schönhauser Straße
Max-Beer-Straße
Almstadtstraße
Luxemburg
Münzstraße
Keibelstraße
Hans-Beimler-Straße
Büschingstraße
Landsberger Str.
Rochstraße
Rosa-
Liebknecht-
Karl-
Bhf. Alexanderplatz
Alexanderplatz
Berolinastraße
Karl-Marx-Allee
Fernsehturm
Marienkirche
Grunerstr.
Jacobystraße
Weydemeyerstraße
Rathausstraße
Rathauspassage
Neptunbrunnen
Gericht
Rotes Rathaus
Klosterkirche (Ruine)
Nikolaikirche
Palais Podewil
Hanfmuseum
Nikolaiviertel
Altes Stadthaus
Parochialkirche
Stralauer Straße
Alexanderstraße
Magazinstraße
Voltairestraße
Schillingstraße
Neue Singerstraße
Blumenstraße
Strausberger Platz
Neue Blumenstraße
FRIEDRICHSHAIN
Singerstraße
Lichtenberger Straße
Volkspark Prenzlauer Berg, Sportforum Berlin, Sport- und Erholungszentrum
Tierpark Stasi-Museum
Stadtbibliothek
Ephraim-Palais
Mühlendammschleuse
Mühlendamm
Historischer Hafen
Märkisches Ufer
Fischerinsel
Inselbrücke
Märkisches Museum
Holzmarktstraße
Bhf. Jannowitzbrücke
Schwimmbad
Langestraße
Zilledenkmal
Ermeler-Haus
Schwimmbad
Wallstraße
Bärenzwinger
Brückenstraße
Ohmstraße
Neue Roßstr.
Neue Jakobstr.
Spree
Holzmarktstraße
Andreasstraße
Flughafen Schönefeld Treptower Park
Köpenicker Straße
Michaelkirchstraße
Alte Jakobstraße
Annenstraße
Heinrich-Heine-Str.
Schmidstraße
Schillingbrücke
ehemaliger Verlauf der Mauer
Sebastianstraße
St.-Michael-Kirche
250 m
Tempelhofer Feld
Annenkirche
Melchiorstraße
©BAEDEKER

von Französischem Dom oder Schauspielhaus sitzen und feststellen, dass die Umgebung feierlich stimmt. Wer auf Schokolade steht, muss zu 8 **Faßbender & Rausch** (Charlottenstr. 60).

Shopping

Ganz anders die Atmosphäre in den 9 **Friedrichstadtpassagen**. Luxusgeschäfte bieten Mode, Möbel, Kunst, Tee und Accessoires aus aller Welt an. In den Galeries Lafayette verlässt man die Passagen wieder, vielleicht nach einem exquisiten Imbiss im Untergeschoss, und erreicht die Linden. Einige hundert Meter voraus sieht man schon das 10 ★★**Brandenburger Tor** mit Gauklern, Kutschen und teuren Autos vor dem Adlon. Heute kann man sich nur noch schwer vorstellen, dass vor fast 30 Jahren Mauer und Stacheldraht hier den Weg beendet haben.

AB DURCH (DIE) MITTE

Start und Ziel: Bahnhof Friedrichstraße
Dauer: 3 Stunden ohne Museumsbesuche

Tour 2

Sie interessieren sich für Kunst, sind auf dem Spuren des jüdischen Berlins unterwegs oder wollen sich das Weltkurerbe auf der Museumsinsel ansehen? Dann spazieren Sie auf dieser Tour durch den Bezirk Mitte.

An der Spree

Wer den 1 **Bahnhof Friedrichstraße** Richtung Schiffbauerdamm auf dem Fußgängersteg über die Spree verlässt, hat, jedenfalls zwischen Ostern und Oktober, gleich den Eindruck, alle bewegten sich per Schiff durch die Stadt. Kleine »Dampfer« schippern mit Besichtigungstouristen auf und ab. Am Ufer reihen sich die Restauranttische bis zum 2 **Berliner Ensemble**, vor dem Bertolt Brecht, der nach dem Zweiten Weltkrieg lange am BE wirkte, in Bronze sinniert – eventuell darüber, weshalb ausgerechnet hinter ihm mit »yoo Berlin« eine der teuersten Luxusimmobilien Berlins hingestellt wurde. Schauspieler überqueren den Hof auf dem Weg zur Kantine, Neugierige mögen ihnen für eine Pause in ungewohnter Gesellschaft dorthin folgen.

Szene

Links geht es die **Friedrichstraße** hinunter. Der 3 **Friedrichstadtpalast** rechts hat mit modernen Shows wieder an glanzvolle Zeiten angeknüpft. Am Oranienburger Tor beginnt mit der 4 **Oranienburger Straße** ein Viertel, dass schneller als andere seine Individualität, seine Nutzer und damit seine Gaststätten und sein Flair gewechselt hat und sich von der Hochburg der Alternativszene zur Sanierungs-, dann zur Touristenmeile entwickelt hat und nun wieder ändert. Die Bürgersteige sind zu Gastterrassen umfunktioniert.

Noch kurz Sonne tanken, bevor es in die Alte Nationalgalerie geht.

Jüdisches Berlin

Die 5 ★ **Neue Synagoge** mit ihren goldenen Kuppeln ist das Zentrum der jüdischen Gemeinde in Berlin. Über die Krausnickstraße mit kleinen Kellerläden erreicht man das efeuüberwucherte St. Hedwigs-Krankenhaus. Kurz bevor die Große Hamburger Straße wieder auf die Oranienburger mündet, ist der 6 **erste jüdische Friedhof Berlins** wieder zu erkennen. Wer sich nach links wendet, kann dann gleich wieder rechts in die Sophienstraße einbiegen, die man zum Stadtjubiläum 1987 mit nostalgisch beschrifteten Läden herausgeputzt hat. Haus Nr. 21 ist tagsüber ganz unauffällig und lockt abends mit bunten Lichtern in die 7 **Sophie-Gips-Höfe** mit dem idyllisch gelegenen Café »Barcomi's Deli«.

Weltkultur

Ganz unauffällig gibt sich auch, weil auf diesem Weg von der Rückseite, der Eingang zu den 8 ★ **Hackeschen Höfen**, der abends abgeschlossen wird. Jeder Hof ist ganz individuell gestaltet – den Ampelmann-

Laden gibt es hier, Trippen mit extravaganten Schuhen, viel Mode – der schönste Hof mit Kino und Varieté Chamäleon kommt nun zuletzt. Durch den S-Bahnhof Hackescher Markt geht es geradeaus zur Brücke – rechts lagern Fußmüde im 9 **Monbijoupark** oder ein Stückchen die Spree hoch in der Strandbar Mitte –, wo oft hervorragende russische Musiker auf das Weltkulturerbe einstimmen: Mit der ★★**Alten Nationalgalerie** beginnt die 10★ ★**Museumsinsel**. Davor das ★**Alte Museum**, geradeaus geht es zum ★★ **Neuen Museum**, zum ★★**Pergamonmuseum** – die beiden Polizisten bewachen die Wohnung der Bundeskanzlerin – und zum ★ **Bodemuseum**, vor dem man man im Sommer So ab 18 Uhr Konzerten lauschen kann. An der nächsten Ecke ist die Friedrichstraße wieder erreicht.

DURCH DEN WESTEN BERLINS

Start und Ziel: Bahnhof Zoo
Dauer: 2 – 3 Stunden

Tour 3

Der Westen ist Ihr Ziel? Sie wollen ein bisschen shoppen und zwischendurch in gemütlichen Kneipen entspannen? Und Sie wollen die Gedächtniskirche, das Wahrzeichen Westberlins sehen? Dann ist diese Tour die richtige für Sie.

Die Kantstraße hinab

Vom 1 **Bahnhof Zoologischer Garten**, geht es ein Stück die Joachimstaler Straße hinauf und dann rechts es in die Kantstraße. Links unter der Bahnunterführung sieht man ins Neue Kranzler-Eck mit seinen Läden, rechts kündigt das 2 **Theater des Westens** mit seiner Neorenaissancefassade Musicals an, gleich daneben im Quasimodo unter dem Delphi-Kino treten nach wie vor Jazzlegenden auf. Links in der Fasanenstraße steht das 3 **Jüdische Gemeindehaus** mit dem Portal der alten Synagoge. Der Weg führt auf der Kantstraße an der einst legendären Paris-Bar vorbei, im Stilwerk auf der anderen Straßenseite kann man sich teuer einrichten, und dann ist man schon am 4 **Savignyplatz**. Von der Kantstraße durchschnitten, gehört er doch zu den schönsten und weltläufigen Plätzen des Westens, bis zum Mauerfall Treffpunkt der Künstler und Flaneure, dann etwas vergessen und heute wieder urbaner Mittelpunkt mit einer bemerkenswerten Kunstbuchhandlung unter den S-Bahn-Bögen und gut besuchten Restaurants. Im »Zwiebelfisch« können die Nächte immer noch lang werden. An den S-Bahn-Bögen entlang führt eine schmale

Passage mit kleinen Läden zur Bleibtreustraße, der vielleicht lebendigsten der Seitenstraßen, und unter der S-Bahn durch geht es jetzt zum 5 **Kurfürstendamm**. Gleich links liegt mit dem »Zillemarkt« ein Restaurant, das jeden Gast in vergangene Zeiten versetzt.

Den Kurfürstendamm hinauf

Zwischen Knesebeck und Uhlandstraße verschwinden die Boulevard-Theater in den ersten Stock eines Neubaus. In Vitrinen auf den breiten Gehwegen weisen extravagante Schuhe, elegante Hüte, ausladender Schmuck und feines Porzellan auf nahe liegende Läden hin. Rechts in der Fasanenstraße locken 6 **Literaturhaus** und Wintergarten, ein zauberhafter Kaffeegarten neben dem Käthe-Kollwitz-Museum und gegenüber elegante und teure Läden. Links vor der Kreuzung mit der Joachimstaler erinnern die rotweißen Markisen an das Café Kranzler, das nur noch eine Etage ist, und dann ragt schon das neue so genannte 7 **Zoofenster** in den Himmel.

Neues am Zoo

Wie empört die Berliner waren – aber nur kurze Zeit –, als sie merkten, dass dieser Neubau die Ruine der 8 ★ **Gedächtniskirche** überragen würde. Der Zoo-Palast ist nach gründlicher Renovierung endlich wieder Festspielkino und schließt an glanzvolle Zeiten an. Bikini Berlin heißt der andere Neubau, von dessen Erdgeschoss man aufs Affengehege im Zoo blicken und im Winter auf der Dachterrasse Schlittschuh laufen kann. Die Gedächtniskirche ist noch da, die Ruine und auch der Eiermann-Bau mit dem wunderbaren blauen Glas von 1961. Um den Weltkugelbrunnen (»Wasserklops«) versammeln sich Maler, Tagträumer und Tagediebe – nicht vergessen, der bevölkerte Ku'damm ist auch die Festmeile der Langfinger! Wer Lust hat, sieht sich noch im nahen 9 ★ **KaDeWe** um, vielleicht sogar in der Feinschmeckeretage. Wer noch keine Currywurst probiert hat, bekommt sie am Wittenbergplatz in »Witty's Bioland-Imbiss« aus Biofleisch mit handgeschnittenen und mit Meersalz gewürzten Pommes frites.

HOHE POLITIK UND HOHE HÄUSER

Start und Ziel: Großer Stern
Dauer: 4 – 5 Stunden

Tour 4

Berlin auf den Spuren der Politik. Diese Tour führt Sie zur Bundeskanzlerin und zum Bundespräsidenten. Aber auch durch Berlins Manhattan und den größten Park der Stadt.

BERLIN-WEST
Gustav-Adolf-Kirche
St. Paulus
Rathaus
Heilandskirche
Kaiserin-Augusta-Allee
Produktions-technisches Zentrum
Schloss Charlottenburg
Spree
Spandauer Damm
Museum Berggruen
Rathaus
Lietzow-kirche
Otto-Suhr-Allee
CHARLOTTENBURG
KPM
Bhf. Tiergarten
Technische Universität
Kaiser-Fried. Ged.-kirche
Straße des 17. Juni
Ernst-Reuter-Platz
Deutsche Oper Berlin
Schiller-Theater
Bismarckstraße
Neuer See
Technische Universität
TU
Kammer-gericht
Zoologischer Garten
Trinitatskirche
Bundesverw.-gericht
Bhf. Zoologischer Garten
Savigny-platz
Theater des Westens
Kantstraße
Zoofenster
Bhf. Charlottenburg
Bhf. Savignyplatz
Ku'-Damm-Karree
Jüdisches Gemeindehaus
Europa-Center
Kais.-Wilh. Ged.-kirche
Ku'-Damm-Karree
Theater
KaDeWe
Kurfürstendamm
Lietzenburger Straße
Olympiastadion, Funkturm, Ausstellungshallen, Kongresszentrum
Ludwigs-kirche
Nürnberger Platz
WILMERSDORF
Fehrbelliner Platz
Hohenzollerndamm
©BAEDEKER
Grunewald
Rathaus
Bhf. Hohenzollern-damm
Berliner Straße
Bayer. Platz
Dahlem, Zehlendorf
Botan. Garten
Dahlem, Zehlendorf
Rathaus Schöneberg
ehemaliger Verlauf der Mauer

Hamburger Bahnhof
Fritz-Schloss-Park
Rathenower Str.
Seydlitzstr.
Turmstraße
Johanniskirche
Alt Moabit
Invalidenstraße
Hauptbahnhof
Washington-Platz
Akademie der Künste
Charité
Luisenstraße
Deutsches Theater
Torstraße
Heckmann-Höfe
Ehem. Postfuhramt
Neue Syn.
Tacheles
Oranienburger Str.
Friedrichstraße
Bhf. Oranienburger Str.
Calvinstraße
Paulstraße
Tiergartentunnel
Willy-Brandt-Str.
Berliner Ensemble
MUSEUMSINSEL
Bundestag / Reichstagsgebäude
Kanzlerpark
Bundeskanzleramt
Bhf. Bellevue
Haus der Kulturen der Welt
Bhf. Friedrichstr.
Georgenstr.
Humboldt-Universität
Dom
Reichstagsgebäude
Akad. d. Künste
Schloss Bellevue
TIERGARTEN
Spree
Platz der Republik
Dorotheenstr.
Charlottenstr.
Staatsbibl.
John-Foster-Dulles-Allee
Carillon
Brandenburger Tor
Schlosspark Bellevue
Sowjetisches Ehrenmal
Unter den Linden
Staatsoper
Bundespräsidialamt
Kom. Oper
Kathedrale St. Hedwig
Grosser Stern
Straße des 17. Juni
Holocaust-Mahnmal
Brandenburger Tor
Bellevueallee
Hannah-Arendt-Str.
In den Ministergärten
MITTE
Franz. Dom
Gendarmenmarkt
Siegessäule
Konzerthaus
Nikolaiviertel
Tiergarten
Klingelhöferstr.
Wilhelmstraße
Dt. Dom
Akademie d. Wissenschaften
Ebertstr.
Kemperplatz
Voßstr.
Leipziger Platz
Bundesrat
Museum für Kommunikation
Leipziger Str.
Italienische Botschaft
Tiergartenstr.
KULTURFORUM
Bhf. Potsdamer Platz
Thomas-Dehler-Str.
Nordische Botschaften
Gedenkstätte Deutscher Widerstand
Potsdamer Platz
Finanzministerium
Abgeordnetenhaus von Berlin
Zimmerstraße
Kochstraße
St. Matthäus
Corneliusstr.
CDU-Parteizentrale
Bauhaus-Archiv
Lützowufer
Reichpietschufer
Schöneberger Ufer
Linkstr.
Köthener Str.
Stresemannstraße
Martin-Gropius-Bau
Lützowplatz
Lützow-
Reichpietschufer
Einemstr.
Stauffenbergstr.
Anhalter Bhf.
Wilhelmstraße
Friedrichstraße
Kurfürstenstraße
Potsdamer Straße
Pohl-straße
Hallesches Ufer
Tempelhofer Ufer
Jüdisches Museum
Urania
KREUZBERG
Hebbel-Theater
Lindenstr.
Kleiststr.
Nollendorfplatz
GLEISDREIECK
Mehringplatz
Bülowstraße
Motzstraße
Deutsches Technikmuseum
Obentrautstr.
Lutherkirche
Winterfeldtplatz
Amerika-Gedenkbibl.
Hohenstaufenstraße
Pallasstr.
Rathaus
Kammergericht (ehem. Kontrollratsgebäude)
Goebenstr.
Potsdamer Straße
Barbarossastr.
Bhf. Grossgörschenstr.
Yorckstraße
Gneisenaustr.
Goltzstr.
Bhf. Yorckstr.
Grunewaldstraße
Kreuzbergstr.
Bergmannstr.
Mittenwalder Str.
Apostel-Paulus-Kirche
Apostel-Paulus-Str.
Viktoriapark
Monumentenstr.
Katzbachstraße
Hasenheide, Neukölln
Kleine Oper
Mehringdamm
Fidicinstraße
SCHÖNEBERG
Hauptstraße
Kolonnenstraße
Platz der Luftbrücke
Bundeskartellamt
H.-Lassen-Park
Dudenstraße
Tempelhofer Feld

Ins Diplomatenviertel

Frisch vergoldet glänzt die wieder zu Recht Goldelse genannte Viktoria auf der 1 ★**Siegessäule** am Großen Stern. Der Spaziergang beginnt auf der Fasanerieallee im Park nach Südwesten, vorbei an den Denkmälern zu Wisent- und Eberjagd und Hasenhetze, alle von 1904. An der Kreuzung Großer Weg geht es nach links, auch wenn der schöne Biergarten am Neuen See geradeaus lockt. Mit der Klingelhöfer ist eine viel befahrene Straße zu überwinden. Ein Blick zurück auf die nahe Kreuzung fällt auf das grüne Band der 2 **Nordischen Botschaften** und auf die CDU-Parteizentrale. Der Weg über die Parkseite der Tiergartenstraße passiert unter Bäumen die Architekturgalerie der Botschaften, in die sich auch die weiße Landesvertretung Baden-Württembergs geschummelt hat. Jede der rechten Seitenstraßen zeichnet sich durch Stille, Abgeschiedenheit und die Architektur fremder Länder aus.

Hohe Kultur

Von der Stauffenbergstraße mit der 3 **Gedenkstätte Deutscher Widerstand** auf dem Gelände des Verteidigungsministeriums über die Sigismundstraße kommt man zu Stülers St. Matthäuskirche. Das 4 ★★**Kulturforum**, an dem sich ★★**Gemäldegalerie**, **Kupferstichkabinett**, ★★**Kunstgewerbemuseum**, ★**Philharmonie** und ★**Musikinstrumentenmuseum** aneinanderreihen – die **Neue Nationalgalerie**, für einige Jahre geschlossen, liegt an der Straße, die **Staatsbilbiothek** gegenüber – harrt seit Jahren der Umgestaltung. Zu unwirtlich wirkt diese Insel der Kunst. Zur Pause lockt den, der kein Museum besuchen will, eher der 5 ★★**Potsdamer Platz**. Den ersten Stock der Potsdamer Platz Arkaden suchen viele aus einem einzigen Grund auf und der heißt »Caffè e Gelato«. Mit etwas Glück ist ein Platz frei, aber man kann das Eis schließlich auch mitnehmen. Im Kollhoff-Tower mit den goldenen Zinnen trägt der schnellste Fahrstuhl Europas Besucher in Sekunden zum Panoramapunkt.

Kunst im Tiergarten

Danach geht es durch das Sony-Center wieder Richtung **Tiergarten** und östlich der Tunneleinfahrt ins Grüne. Nicht nur, dass der Park hier noch ein bisschen verwildert aussieht, mit fünf riesigen Steinen aus fünf Kontinenten hat sich der Bildhauer Wolfgang Kraker von Schwarzenfeld gegen jeden Spott seinen Traum »Global Stone« mitten in Berlin erfüllt. Kurz ist der Weg – oder noch Trampelpfad – zum 6 ★★**Holocaust-Mahnmal** und zum 7 ★★**Brandenburger Tor**.

Hohe Politik

Mit dem Gang zum 8 ★★**Reichstagsgebäude** beginnt die letzte Etappe zum 9 **Bundeskanzleramt** und zum Spreeufer. Wer eine Pause auf der Kaffeeterrasse vom 10 **Haus der Kulturen der Welt** einlegt, plant, die Schiffe vor Augen, vielleicht schon eine Brückenfahrt. Gleich dahinter geht ein Weg nach links zur John-Foster-Dulles-Allee, das weiße 11 **Schloss Bellevue** immer im Blick. Über den Spreeweg oder parallel durchs Grün kommt man zum Großen Stern..

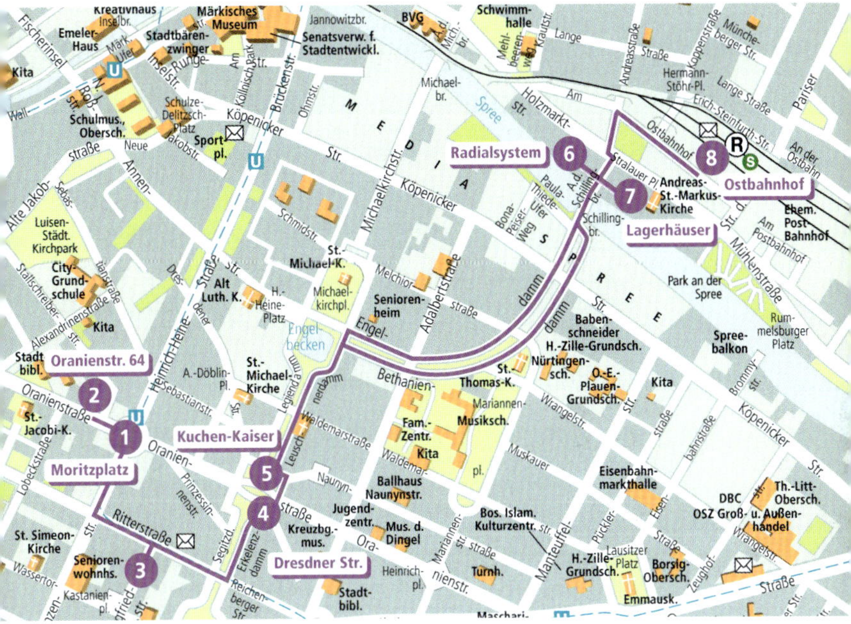

MÖRDERISCHES BERLIN

Start und Ziel: vom U-Bahnhof Moritzplatz zum Ostbahnhof
Dauer: 2 Stunden

Erst 2010 wurde am Potsdamer Platz eine illustre Pokerrunde ausgeraubt, im KaDeWe verschwanden Juwelen. Kriminelle wirken überall. Dieser Spaziergang spürt spektakulären Fällen früherer Zeiten zwischen Kreuzberg und Friedrichshain nach.

Tour 5

Zurück in die Vergangenheit

Ein merkwürdiger Ort, der 1 **Moritzplatz**: ein großes kahles Rondell. Selbst Berliner zweifeln, ob er denn nun im Osten oder im Westen lag. Alle acht U-Bahnausgänge führten in den Westen, von einigen konnte man die Mauer sehen. Der Platz war bis 1920 Zentrum der Luisenstadt; im Zweiten Weltkrieg wurden fast alle Gebäude zerstört. Immerhin: Heute haben hier die Prinzessinnengärten, urbanes Gärtnern stadtfein gemacht und im »Planet Modular« im Aufbauhaus finden Kreativarbeiter ihr Paradies.

Aufruhr

In der 2 **Oranienstraße 64** kam es im Juli 1863 zu einer dreitägigen Straßenschlacht mit der Polizei, an der sich um die 10 000 Anwohner beteiligten. Anlass war die Kündigung für Gastwirt Schulze, weil der in seiner Wirtschaft den Kachelofen durch einen eisernen Ofen ersetzt hatte. Das Stadtgericht gab dem Vermieter Recht, der empörte Wirt machte das durch Plakate bekannt, sein Umsatz stieg wie die solidarische Wut der Gäste, die die Wohnung des Vermieters zerstörten. Berittene Polizei griff ein. Schaulustige kamen zu Fuß und mit Pferdeomnibussen, Schlägereien und Verwüstungen rissen nicht ab und verebbten erst, als der Polizeipräsident mit Waffengewalt drohte. Von 426 Verhafteten wurden schließlich 109 wegen Tumults, Sachbeschädigung und Widerstands verurteilt.

Mord

Durch Prinzen- und Ritter- erreicht man die 3 **Bergfriedstraße 13**, wo 1988 einer der ersten Auftragsmorde der Bundesrepublik stattfand: Für 8000 DM hatte der Mörder, 1987 aus dem Osten gekommen und hoch verschuldet, Ex-Freundin und Kind des Chefs einer Gerüstbaufirma mit 42 Messerstichen getötet. Über Ritterstraße, Segitz- und Erkelenzdamm geht es dann zur Reichenberger Straße, die zum Kottbusser Tor führt. Hier ist Kreuzberg ganz türkisch, die Polizeiwagendichte verrät, dass man die Dealer im Blick hat. Das hässliche Gebäude, das als Neues Kreuzberger Zentrum die Straße überspannt, riegelt die 4 **Dresdner Straße** ab. Man muss den zehnstöckigen Betonklotz nach links unterqueren, an Möbel-Olfe vorbei, einer angesagten Bar, die mal Möbelladen war. Der Mord, der 1887 im Haus Nr. 8 verübt wurde, war aus juristischer Sicht bedeutend, weil zum ersten Mal in Berlin ein Mörder nur aufgrund von Indizien verurteilt wurde: Beim Durchblättern einer Zeitung zeigte er sich enttäuscht, weil, wie er der Zeitungsfrau sagte, noch nichts vom Mord im Blatt stand – die Leiche des Opfers war aber noch gar nicht gefunden.

Noch mehr Mord

Am Ende des Oranienplatzes, wo 5 **»Kuchen-Kaiser«** eine gute Adresse für alle Tageszeiten ist, zwischen Legien- und Leuschnerdamm, ist der Luisenstädtische Kanal nach dem Mauerfall wieder zur Grünfläche geworden, die sich bis zum Engelbecken hinzieht. Der Weg führt zur Schillingbrücke über die Spree nach Friedrichshain. Am linken nördlichen Ufer gab es eine Volksbadeanstalt, die zu Nazi-Zeiten, nach einem für seine Brutalität bekannten Sturmführer der SA benannt wurde und »Horst-Wessel-Bad« hieß. Das 6 **»Radialsystem«** im alten Pumpenhaus gehört heute zu den besten Kulturadressen der Stadt. In den 7 **Lagerhäusern am Südufer** war »entartete Kunst« eingelagert. In Päckchen, fachgerecht zerkleinert, ließ hier zu

Beginn des vorigen Jahrhunderts Fleischer Carl Friedrich Wilhelm Grossmann seine Opfer im Fluss verschwinden. Er gilt als Serienmörder, dem der Tod von ca. 100 verschwundene Mädchen zur Last gelegt wurden, wurde. Bei seiner Festnahme im Jahre 1921 gestand er allerdings nur drei Morde.

Schwer kriminell

Zur selben Zeit galt Friedrichshain als Chicago Berlins. In der Gegend um den damals Schlesischen Bahnhof – heute 8 **Ostbahnhof** – waren Straßenraub und Körperverletzung Alltag und organisierte Banden machten nicht nur der Polizei das Leben schwer. Das ist lange her, heute wird im »Berghain« getanzt, und die Eröffnung des neuen Hauptbahnhofs hat dazu geführt, dass der Ostbahnhof nun geradezu Kleinstadtflair hat.

KONTRASTPROGRAMM

Natur und Gärten

Wer genug hat vom Lärm der Stadt, sollte einen Ausflug in die äußeren Stadtbezirke unternehmen. Es bieten sich an: im Westen durch den Grunewald an den Wannsee, was sich gut mit einem Besuch der ★**Pfaueninsel** und von Schloss Glienicke kombinieren lässt; im Osten eine Fahrt über **Alt-Köpenick** an den **Müggelsee**. Wem gestaltete Natur gefällt: der Park von ★★**Schloss Charlottenburg** und der ★**Botanische Garten** lassen das Herz aufgehen.

Lübars

Ländliches Idyll verspricht ein Ausflug ins das letzte noch nahezu vollständig erhaltene Dorf Berlins: Lübars (S-Bahn: Waidmannslust/S 1, dann Bus 222). Sein Mittelpunkt ist der Dorfanger mit einem strohgedeckten Kossätenhaus (Kossäten waren ostelbische Halbbauern) und dem »Alten Dorfkrug«. Dieser oder die Schänke der Familienfarm in der Fasanerie sind gerade recht zur Einkehr.

S

SEHENSWERTES

Magisch, aufregend, einfach schön

Alle Sehenswürdigkeiten sind alphabetisch geordnet. Sie haben die Freiheit der Reiseplanung

ALEXANDERPLATZ

Lage: Mitte | **Innenstadtplan:** k I
S-/U-Bahn: Alexanderplatz (S 5, S 7, S 75, U 2, U 5, U 8)

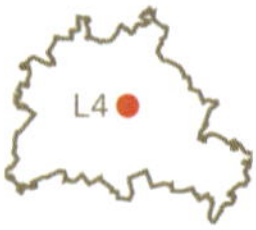

Einen Schönheitspreis wird der Alexanderplatz wohl nie gewinnen. Er ist das Schmuddelkind unter den bekannten Berliner Adressen. »Der Alex ist eine bekannte, aber keine gute Adresse«, sagte René Wagener, der damalige Platzmanager, anlässlich des 200. Geburtstags des Platzes im Jahr 2005. Geändert hat sich daran bis heute nichts. Und auch was Alfred Döblin 1929 in seinem weltberühmten Roman »Berlin Alexanderplatz« schrieb, stimmt noch heute: »Wind gibt es massenhaft am Alex«, dort »zieht es lausig.«

Berlins raues Alltagsgesicht

Das heißt aber nicht, dass man einen Bogen um den Platz machen sollte. Zum einen wird der Bogenschlag aus rein praktischen Gründen nur schwer gelingen. Fast alle Wege nach Osten führen nunmal via Alexanderplatz. Und zum anderen zeigt Berlin hier sein raues Alltagsgesicht. Deshalb gilt: Wer nicht am Alexanderplatz war, hat Berlin nicht wirklich gesehen. Und einige Sehenswürdigkeiten ibt es ja auch. In Sichtweite, aber streng genommen schon nicht mehr auf dem Platz, ragt der ▶**Fernsehturm** auf. Weil der »Telespargel« nicht mehr

Man kann die Weltzeituhr auch als Reminiszenz auf das einstige Weltstadtflair des Alexanderplatzes sehen.

dazugehört, dürfen der **Brunnen der Völkerfreundschaft** und die **Weltzeituhr**, beide 1969 geschaffen, darum streiten, wer die größte Attraktion am Platz ist. Die Weltzeituhr war zu DDR-Zeiten ein beliebter Treffpunkt. Heute lockt der Platz vor allem zum **Shopping**, und da bietet er eine reiche Auswahl. Vom Elektromarkt über Kleiderläden bis zu Shoppingzentren – alles, was man sucht, findet man hier. Das rosarote Alexa zählt mit 180 Geschäften zu den größten Einkaufsmeilen der Stadt. Im dritten Stockwerk des Einkaufszentrums kann man in der **Miniaturwelt Loxx** Berlin en miniature bestaunen.

Miniaturwelt Loxx: tgl. 10–20 Uhr | Eintritt: 12,90 €

Wo die Nacht zum Tage wurde

Etwas Geschichte

Im 17. Jh. hieß der Alexanderplatz noch **Ochsenplatz** – aus gutem Grund, denn hier verkaufte man Vieh. Später verschwanden die Tiere und die Soldaten kamen. Jetzt war hier der **Exerzierplatz** für die königlichen Regimenter. Im 18. Jh. entwickelte sich der Platz wegen seiner Nähe zum Stadtschloss zu einer der ersten Adressen der Stadt. Seinen heutigen Namen erhielt er 1805, als man den russischen Zaren Alexander II. anlässlich seines Berlinbesuchs besonders ehren wollte. Anfang des 20. Jh.s erlebte der Alexanderplatz seine **Blütezeit**. Anders als heute kam man damals hierher, um gemütlich zu flanieren oder ins Theater und ins Restaurant zu gehen. In den 1920er-Jahren wurde der Alexanderplatz zum Inbegriff für die Weltstadt Berlin, einer Metropole, die die Nacht zum Tage macht.

Rund um den Alexanderplatz

Rot hat nichts mit Politik zu tun

★ Rotes Rathaus

Im Schatten des Fernsehturms liegt das Rote Rathaus mit seinem 74 m hohen Turm. Es wurde zwischen 1861 und 1869 nach Entwürfen von Hermann Friedrich Waesemann im Neorenaissancestil erbaut. Seinen Namen verdankt es nicht etwa der politischen Gesinnung der Regierenden, sondern ganz banal seiner roten Ziegelfront. Rundum in Höhe des ersten Stockwerks zieht sich die **Steinerne Chronik**, ein Fries aus 36 Terrakottareliefs mit Szenen aus der Geschichte Berlins. Im Säulensaal sind Gipskopien von Werken Berliner Bildhauer aus der Abgusssammlung der Staatlichen Museen aufgestellt.

Die einzigen Berlinerinnen, die ihren Rand halten können

Vor dem Rathaus

Vor dem Roten Rathaus erstreckt sich bis zum Fernsehturm und zur Marienkirche eine **Parkanlage** mit zwei Plastiken von Fritz Cremer – »Trümmerfrau« und »Aufbauhelfer« – und vor allem dem 1891 von Reinhold Begas geschaffenen **Neptunbrunnen**, der ursprünglich zwischen dem Stadtschloss und dem Marstall stand. Die Figuren stellen den Meeresgott Neptun und seinen Hofstaat dar, von dessen weiblichen Mitgliedern – Elbe, Weichsel, Oder und Rhein in Anlehnung an Berninis römischen Vierströmebrunnen – es heißt, sie seien die einzigen Berlinerinnen, die ihren Rand halten könnten.

Bei »Sakko und Jacketti«

Marx-Engels-Forum

Jenseits der Spandauer Straße lag das 1986 eingeweihte Marx-Engels-Forum, das der U-Bahn-Linie 5 weichen musste. **Das Denkmal für Karl Marx und Friedrich Engels** von Ludwig Engelhardt sowie Metallstelen mit eingeätzten Fotos zur Geschichte der Arbeiterbewegung wurden Richtung Spree zur Karl-Liebknecht-Straße hin versetzt. Zu DDR-Zeiten nannte man die beiden »Sakko und Jacketti«; kurz nach dem Fall der Mauer hatte ein Scherzbold den Sockel des Denkmals mit dem sinnigen Spruch »Wir sind unschuldig« versehen.

★ ALLIIERTEN-MUSEUM

Lage: Clayallee 135, Zehlendorf
U-Bahn: Oskar-Helene-Heim (U 3), dann Bus 115, X 83
Di. – So. 10 – 18 Uhr | **www.alliertenmuseum.de** | Eintritt frei

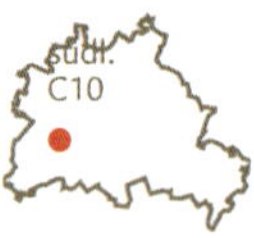

Wie war das eigentlich, als Westberlin als Insel der Freiheit im Reich des Bösen galt? Als man AFN und BFBS hörte, um ja nicht die neuesten Hits zu verpassen? Als man so gerne mal im PX oder im NAAFI Shop eingekauft hätte?

Zeitreise in die Frontstadt

Das Alliierten-Museum nimmt mit auf die Zeitreise in den »Vorposten des freien Westens«. Der zeigte sich aber nicht nur in den hier natürlich auch ausgestellten, harmlosen Einkaufswagen und -tüten aus den Soldatensupermärkten. Viele der Originalstücke lassen eher das düstere Gefühl der »Frontstadt« aufkommen: ein britisches »Hastings«-Flugzeug, das bei der Luftbrücke flog, der Spionagetunnel, mit dem Briten und Amerikaner das sowjetische Telefonnetz anzapfen wollten, oder das originale **Wachhäuschen vom Checkpoint Charlie** (►Friedrichstaße).
Am historischen Ort, im ehemaligen Zentrum der US-Garnison, wird die Zeit seit 1949 aus der Sicht der Westalliierten USA, Großbritannien und Frankreich lebendig. Dargestellt werden Themen der großen Politik wie Luftbrücke, alliierter Kontrollrat und Kriegsverbrechergefängnis in Spandau, aber auch das Zusammenfinden und -leben der Westberliner und der Soldaten bis zu deren Abschied 1994..

ALT-KÖPENICK

Lage: Köpenick | **S-Bahn:** Köpenick (S 3), dann Tram 60, 62

Ein Schuster hat Köpenick im ganzen Land berühmt gemacht. Im Herbst 1906 trug sich die Geschichte um Wilhelm Voigt zu, der als Hauptmann verkleidet die Stadtkasse stahl (▶ Interessante Menschen). Voigt wurde zwar bald gefasst, seine Dreistigkeit nötigte aber selbst der Obrigkeit Respekt ab – entsprechend gering fiel die Strafe aus: vier Jahre Gefängnis, von denen er aber nur zwei absitzen musste.

Voigts Geschichte inspirierte den Dramatiker Carl Zuckmayer, der den »**Hauptmann von Köpenick**« 1930 als Stück auf die Bühne brachte. Damals zeichnete sich die Herrschaft der Nazis schon ab – und die verstanden das von Zuckmayer dargestellte Aufbegehren gegen den Obrigkeitsstaat auch als Kritik an sich. Zu Recht. Sobald sie an der Macht waren, verboten sie das Stück. Verfilmt wurde Voigts Diebeszug mehr als ein Dutzend Mal – am bekanntesten sind die Versionen mit Heinz Rühmann (1956) und Harald Juhnke (1997) als Hauptdarsteller.

Berühmt durch den Hauptmann

Der Hauptmann wacht am Eingang

Rathaus

Klar, dass bei dieser Vorgeschichte das zwischen 1901 und 1905 erbaute Rathaus mit seinem 54 Meter hohen Turm der erste Anlauf-

In Schloss Köpenick mussten sich der spätere König Friedrich II. und sein Freund Katte dem Tribunal stellen.

punkt für die Besucher ist. Viel fotografiert ist die **Bronzestatue des falschen Hauptmanns**, die an der Eingangstreppe Wache hält. Über das Leben Wilhelm Voigts informiert eine kleine Ausstellung im Kassenraum des Rathauses. Das **Museum Köpenick** am Alten Markt befasst sich mit der Geschichte Köpenicks. Ein Spaziergang durch die Altstadt lohnt sich auch abseits des Museums, besonders schön sind die Häuser entlang der Kietzer-, Kirch- und Rosenstraße.

Ausstellung im Rathaus: Mo. – So. 10 – 18 Uhr
Museum Köpenick: Di., Mi. 10 – 16, Do. bis 18, So. 14 – 18 Uhr
Eintritt frei | www.museum-treptow-koepenick.de/museum-köpenick

★★ Kunstgewerbemuseum

April – Sept. Di. – So. 10 – 18, Okt. – März Do. – So. 11 – 17 Uhr
Eintritt: 6 € | www.smb.museum

Schätze von Renaissance bis Rokoko

Während das kleine Stadtmuseum vor allem für Besucher mit Interesse an der Lokalgeschichte lohnt, gehört das Kunstgewerbemuseum im Schloss Köpenick deutschlandweit zu den besten seiner Art. Als Dependance des Museums auf dem ►Kulturforum präsentiert es in 29 Räumen Kunsthandwerk aus Renaissance, Barock und Rokoko, wobei **das große Silberbuffet** aus dem Berliner Stadtschloss im Mittelpunkt steht.

Vorschriften für den aufmüpfigen Kronprinzen

★ Schloss Köpenick

Erbaut wurde Schloss Köpenick Mitte des 16. Jh. als **Jagdschloss für Kurfürst Joachim II**. Während des Dreißigjährigen Krieges (1618–1648) machte hier auch Gustav Adolf von Schweden Quartier. Ende des 17. Jh.s ließ der Große Kurfürst das Schloss zu seiner heutigen Form umbauen. Dabei entstand auch der prachtvolle Wappensaal, im Oktober 1730 der Schauplatz des **Kronprinzenprozesses**. Damals waren auf Befehl des Soldatenkönigs Friedrich Wilhelm I. sein Sohn Kronprinz Friedrich (der spätere Friedrich II.) und dessen Freund Leutnant Hans Hermann von Katte der Fahnenflucht angeklagt. Was man nach heutiger Lesart als reichlich dilettantischen Ausreißversuch eines 18-Jährigen interpretieren würde, war damals Staatsaffäre. Wenn man weiß, dass Friedrich Wilhelm I. seinem Sohn nicht nur die Zeit, die das Frühstück dauern durfte – exakt sieben Minuten –, vorschrieb und das »weibische« Flötenspiel verbot, ihn auch regelmäßig schlug, versteht man dessen Fluchtversuch; über Frankreich hatte er nach England reisen wollen. Nach seiner schnellen Entdeckung setzte es aber nicht etwa eine Tracht Prügel, sondern es kam zu einem großen Prozess. Der endete für den Kronprinzen mit Kerkerhaft und für seinen Freund von Katte mit dem Tod durch das Richtschwert. Das strenge Urteil kam durch die persönliche Intervention des Königs zustande. Das Gericht hatte es abgelehnt, das Todesurteil zu verhängen. Um den Sohn besonders schwer zu strafen, zwang man ihn, die Hinrichtung seines Freundes in Küstrin mitanzusehen. Allerdings wurde Friedrich, kurz bevor der Henker zur Tat schritt, ohnmächtig.

★ BERLINER DOM

Lage: Lustgarten, Mitte | **Innenstadtplan:** j II
S-Bahn: Hackescher Markt (S 5, S 7, S 75) | **Bus:** 100, 200
April – Okt. tgl. 9 – 20, Okt. – März bis 19 Uhr
Eintritt: 7 €, inkl. kostenloser Führungen um 10.15, 11, 12.30, 13.30, 14.30 und 15.30 Uhr | **www.berlinerdom.de**

Dombaumeister Julius Carl Raschdorff wird wohl so manche schlaflose Nacht durchlitten haben. Er hatte nämlich von Kaiser Wilhelm II. den Auftrag erhalten, einen mächtigen Dom zu bauen. Eigentlich ein Traumjob für einen Architekten. Doch der Kaiser war kein einfacher Auftraggeber, immer wieder entwickelte er eigene Ideen für den Bau, und Raschdorff musste seine Entwürfe immer und immer wieder überarbeiten, bis endlich alles nach dem Geschmack des Kaisers war.

Vorbild: Petersdom

Der Berliner Dom, von 1894 bis 1905 erbaut, sollte ursprünglich fast schon protzig werden – war er doch als Gegenstück zum katholischen Kölner Dom gedacht und sollte die **Hauptkirche der deutschen Protestanten** werden. Daher wählte man ganz unbescheiden den Petersdom in Rom zum Vorbild. Doch der Kaiser wollte mehr, als er bezahlen konnte. Die veranschlagten 22 Millionen Goldmark gab die Staatskasse nicht her. Also wurde gespart statt geprotzt. Das kann man heute noch sehen. So sollte ursprünglich der ganze Kirchenbau vergoldet werden, gereicht hat das Geld nur für eine entsprechende Verzierung im Altarbereich. Auch am Wandschmuck wurde gespart – deswegen präsentieren sich manche Stellen des Doms heute in schlichtem Weiß. Trotzdem: Für ein protestantisches Gotteshaus ist das Kircheninnere noch recht prunkvoll geraten.
1944 wurde der Berliner Dom bei einem Bombenangriff schwer beschädigt, 1975 begann der Wiederaufbau und seit 1993 finden hier wieder Gottesdienste statt. Das Äußere ist nach dem Wiederaufbau allerdings etwas bescheidener geworden, denn man verzichtete auf die ursprünglich an der Nordseite gelegene Denkmalskirche. Außerdem sparte man auch einige Meter an der Kuppelhöhe ein; sie misst aber trotzdem noch stolze 74 Meter.

Der **Hauptaltar** von Friedrich August Stüler stammt von 1850, er besteht aus weißem Marmor und Onyx und stand bereits in der Vorgängerkirche. Die **Orgel** mit 7269 Pfeifen, 113 Registern und vier Manualen baute Wilhelm Sauer 1904 in Frankfurt/Oder. Sie war **damals die größte des Landes** – inzwischen ist sie nach der Orgel im Dom von Passau immerhin noch die zweitgrößte.

Hinab in die Gruft, hinauf auf die Kuppel

Hohenzollerngruft und Kuppelumgang

Versäumen Sie nicht, in die Hohenzollerngruft hinab und zum Kuppelumgang hinauf zu steigen. 270 Stufen sind es zur 50 Meter hohen Hauptkuppel, um die ein 110 Meter langer Umgang herumführt. In der Fürstengruft unter dem Dom ruhen in 94 Särgen Mitglieder des Hohenzollern-Geschlechts. Besonders ins Auge stechen die **Prunksarkophage des Großen Kurfürsten Friedrich Wilhelm**, der Kurfürstin Dorothea sowie die von Königin Sophie Charlotte und König Friedrich I. Die beiden letztgenannten wurden von Andreas Schlüter geschaffen, von dem auch die »Masken der Sterbenden Krieger« im Zeughaus stammen (▶Unter den Linden) und der auch für das weltberühmte, seit dem Zweiten Weltkrieg verschollene Bernsteinzimmer verantwortlich zeichnet.
Das **Dom-Museum** im Obergeschoss präsentiert Zeichnungen, Entwürfe und Modelle aus der Planungs- und Entstehungsgeschichte des Berliner Doms.

Über der Liebknechtbrücke

Weltgrößtes Aquarium und Trabi-Fahrsimulator

Dom Aquarée

Der Büro- und Hotelbau Dom Aquarée jenseits der Liebknechtbrücke lockt mit drei Attraktionen: Im **Sealife** tummeln sich in 30 Becken heimische Süß- und Salzwasserbewohner; der 26 m hohe und 11,50 m durchmessende **AquaDom** ist das größte Aquariumbecken weltweit. Der Clou: Man befährt es von innen per Aufzug! Wenn Sie den AquaDom nur von außen sehen wollen, können Sie das kostenfrei vom Foyer des Hotels Radisson Blu (▶S. 349) tun.
Im Untergeschoss präsentiert das **DDR-Museum** den »Alltag eines vergangenen Staates zum Anfassen« – interaktiv mit Trabi-Fahrsimulator, komplettem DDR-Wohnzimmer und -Küche sowie Filmen im – natürlich – echten DDR-Kinosessel (▶Das ist Berlin, S. 18).

Sealife: tgl. 10 – 19 Uhr (Kassenschluss eine Stunde früher)
Eintritt: 17,95 € (online günstiger) | www.sealifeeurope.com
DDR-Museum: tgl. 10 – 20, Sa. bis 22 Uhr
Eintritt: 9,50, online ab 7,50 € | www.ddr-museum.de

Manche steigen in die Gruft des Doms hinab, andere planschen lieber davor. Kühl ist es an beiden Plätzen.

★ BOTANISCHER GARTEN

Lage: Berlin-Lichterfelde, Eingang: Unter den Eichen 5 – 10
S-Bahn: Botanischer Garten (S 1)
Bus: X 83, 101 (Königin-Luise-Platz)
tgl. ab 9 Uhr bis zum Einbruch der Dunkelheit, im Sommer bis 20, Mai – Juli bis 21 Uhr | **Eintritt:** 6 €
Botanisches Museum: Unter den Eichen 6 – 8; weiterer Eingang im Park, tgl. 10 – 18 Uhr, Eintritt: 2,50 € (die Eintrittskarte für den Botanischen Garten gilt auch hier)

Wann auch immer Sie den größten Botanischen Garten Deutschlands besuchen, die Pflanzenwelt hält immer ganz besondere Hingucker bereit.

Attraktiv zu jeder Jahreszeit

Im Frühling verwandeln verschiedene Krokusarten die Wiesen in bunt leuchtende Blütenmeere. Wenig später haben dann Primeln und Tulpen ihren großen Auftritt. Nach der Farbensinfonie des Sommers folgt dann das fulminante Abschiedsfeuerwerk der laubfärbenden Gehölze im September und Oktober. Im Winter, selbst bei eisiger Kälte, entfalten Hamamelis, die Zaubernuss, Christrosen und Misteln ihre Blüten.

In fünf Minuten von Nordamerika in den Himalaya

Pflanzengeografische Abteilung

Im Berliner Botanischen Garten wachsen auf 43 Hektar über 22 000 Pflanzenarten. Herzstück der Anlage ist die pflanzengeographische Abteilung. Sie lädt zu kleinen Wanderungen durch die Botanik der gemäßigten Nordhemisphäre ein – hier streifen Sie durch Hain- und Rotbuchen-, Birken-, Kiefern- und Eichenpflanzungen, durch Wälder, die typisch für Mitteleuropa sind. Kurz darauf finden Sie sich inmitten der Rhododendren- und Pinien-Vegetation der Himalaya-Region wieder und nur ein paar Fußminuten weiter in den Nadel- und Laubwäldern des nördlichen Nordamerika oder in den Mischwäldern der Mississippi-Region.

Konzerte zwischen exotische Pflanzen

★ Großes Tropenhaus

Das 1907 eröffnete Große Tropenhaus trägt seinen Namen zu Recht. Mit einer Fläche von 60 x 30 und einer Höhe von 23 Metern gehört es zu den größten freitragenden Gewächshäusern der Welt. Dass hier 4000 tropische Pflanzen wachsen, liegt natürlich an den perfekten klimatischen Bedingungen, die für sie unter Glas geschaffen werden – vielleicht trägt aber auch die Musik ein bisschen zu ihrem gesunden Wachstum bei. Im Jahresverlauf dient das Tropenhaus nämlich im-

Nach ausgiebigem Spaziergang warten noch die Exoten im Großen Tropenhaus.

mer wieder als Veranstaltungsort für **Konzerte**. Und einmal im Jahr, Ende Juli, verwandelt sich der Garten während der **Botanischen Nacht** in eine Zauberwelt aus Licht und Musik. Weil im Botanischen Garten nicht nur ein Gewächshaus steht, sondern deren 15, die zudem fast alle miteinander verbunden sind, eignet sich der Garten nicht nur für Spaziergänge an sonnigen Sommertagen, sondern auch für einen Ausflug bei Regen und Schnee. Das **Botanische Museum** ist der Ort, an dem Menschen mit Faible fürs Grüne ihren Wissensdurst stillen können. Das Museum, das einzige seiner Art in Mitteleuropa, besitzt ein Herbarium mit über zwei Millionen Pflanzen.

Berlins einziger Bauernhof mit U-Bahn-Anschluss

Domäne Dahlem

Nach wie vor wird auf der gegenüber dem U-Bahnhof Dahlem gelegenen Domäne Landwirtschaft betrieben. Was man erntet, wird im eigenen Hofladen verkauft. »Berlins einziger Bauernhof mit U-Bahn-Anschluss« bietet zudem ein buntes Programm. Zu sehen gibt es einen nostalgischen Dorfladen, alte Werkstätten wie eine Blaudruckerei und eine Schauimkerei mit Bienenmuseum. Im 1680 von Cuno Hans von Willmerstorff erbauten **Gutshaus** – ein Barockbau mit dem

BAEDEKER ÜBERRASCHENDES

6X DURCHATMEN

Entspannen, wohlfühlen, runterkommen

1.
INNERER FRIEDEN

Das **Buddhistische Haus in Frohnau**, erbaut 1923, ist der älteste buddhistische Tempel Europas. Kommen Sie hierher um zu meditieren, nachzudenken oder um Ruhe vom Hauptstadtstress zu finden. (Edelhofdamm 54, http://das-buddhistische-haus.de)

2.
DIE KRAFT DER PFLANZEN

Der Berliner **Botanische Garten** ist der größte und einer der schönsten Deutschlands. Spazieren Sie durch die verschiedenen Landschaften der Welt oder besuchen Sie den »Opa im Garten«, einen 160 Jahre alten Palmfarn. (▶ **S. 56**)

3.
DIE RUHE NACH DEM SELFIE

Ruhe und Nachdenklichkeit sucht man am Brandenburger Tor eigentlich nicht. Und doch: Im nördlichen Torhaus richtete man einen **Raum der Stille** ein, einen Ort zum Nachdenken über die deutsche Geschichte. (▶ **S. 59**)

4.
AUF EIN BIER

Der **Tiergarten** ist einer der größten Stadtparks der Welt. Wildtiere mögen ihn ebenso gern wie Sonnenanbeter, Fahrradfahrer und Spaziergänger. Als Ziel für einen Ausflug bieten sich die **Biergärten** »Schleusenkrug« oder »Café am Neuen See« an. (▶ **S. 206, 322**)

5.
S-BAHN ZUM SEE

Berlin ist eine Stadt der Seen. Einer der schönsten ist der **Müggelsee** im Osten. Auf einem Spaziergang entlang des Westufers vergisst man schnell, dass der geschäftige Alex nur 30 S-Bahn-Minuten entfernt liegt. (▶ **S. 142**)

6.
SCHIFFE (FAST) AM ALEX

Nur ein kurzer Spaziergang ist es vom Alexanderplatz zum idyllischen **Historischen Hafen** am Spreekanal. Fünfzehn Minuten zu Fuß bringen einen – so scheint es zumindest – mehr als hundert Jahre zurück in der Zeit. (▶ **S. 137**)

Alliancewappen der Willmerstorffer im Dreiecksgiebel – erzählt das **Domänenmuseum** die Agrargeschichte von Berlin und Brandenburg. Auch die gotische Kapelle im Erdgeschoss mit ihrem Sterngewölbe kann man besichtigen. Viele Berliner kommen hierher zu den Marktfesten und den Handwerkermärkten.

Domänengelände: Mai – Sept. 8 – 20, Okt. – April bis 19 Uhr
Eintritt frei
Domänenmuseum: Sa./So. 10 – 18 Uhr | Eintritt: 4 €
www.domaene-dahlem.de

Museum Europäischer Kulturen

Von der Perlenkette bis zum Fußballtrikot
Das Museum zeigt Alltagskultur und Lebenswelten in Europa vom 18. Jh. bis heute und stellt u. a. Mode, Spielzeug und Kultobjekte aus – von der venezianischen Perlenkette bis zum Fußballtrikot. Ausstellungen und Filme werfen ebenfalls Schlaglichter auf Europas Kultur. Für Kinder und Familien gibt’s regelmäßig Veranstaltungen – wie wäre es mit einem Märchenfrühstück?

Lansstraße 8/Arnimallee 25 | Di. – Fr. 10 – 17, Sa./So. 11 – 18 Uhr
Eintritt: 8 €, ermäßigt 4 € | www.smb.museum

★★ BRANDENBURGER TOR · PARISER PLATZ

Lage: Pariser Platz, Mitte | **Innenstadtplan:** g II
S-/U-Bahn: Brandenburger Tor (S 1, S 2, S 25, U 55) | **Bus:** 100, 200

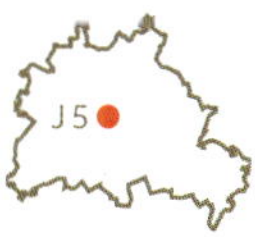

Schaustelle, Streitplatz, Sehnsuchtsort: Das Brandenburger Tor krönt eine Siegesgöttin. Die junge Frau, die für sie Modell stand, war eine einfache Schmiedstochter – die nun seit mehr als 200 Jahren auf die Höhe- und Tiefpunkte der deutschen Geschichte hinab blickt.

Geschichtsträchtiges Wahrzeichen

Als der Stern-Reporter Erich Follath **in der Nacht vom 9. November 1989** das Brandenburger Tor durchschreitet, packt ihn eine Rührung, die ihm »fast die Kehle einschnürt«. Um sich herum hört er Stimmen: »Kneif mir janz fest, Jünter, sonst jloob ick, ick spinne total!«, und immer wieder: »Wahnsinn!« Unter den kupfernen Augen der auf dem Dach des Tores verankerten Viktoria spazieren Tausende aus Ost und West durch den **»antifaschistischen Schutzwall«**, einfach so. Es ist »die ›echte‹ Bevölkerung Berlins«, beobachtet ein DDR-Offizier fassungslos, »wirklich Leute im mittleren Alter, die

kannten das von früher, die wollten da mal durch und einmal anfassen.« Manche tippeln leise auf Zehenspitzen, andere schreiten feierlich oder zählen übermütig die Schritte und prosten sich dann wie Sieger zu, beobachtet der Zeitzeuge. Und streichelt dabei ungläubig die Säulen.
Ein Profanbau als Sehnsuchtsziel? Ein paar Tausend Tonnen Ziegel aus Elbsandstein, 26 m hoch und ist 65 m breit, die Preußenkönig Friedrich Wilhelm II. 1791 in den märkischen Sand setzen ließ, während in Frankreich die Revolution tobte. Sechs monumentale Säulen **nach dem Vorbild der Propyläen der Athener Akropolis**, die Architekt Carl Gotthard Langhans fälschlich für das Stadttor Athens gehalten hatte. Warum wurde ausgerechnet dieses Portal zum Symbol und Sehnsuchtsort deutscher Geschichte?

Wie die Tochter eines Schmieds zur Wagenlenkerin wurde

Quadriga

Die junge Frau, die das Tor schmücken sollte, hätte sich das nicht im Traum ausmalen können. Als die Berlinerin **Rieke Jury** von dem Kupferschmied Emanuel Jury zum Modell für die Wagenlenkerin der Quadriga auserkoren wurde, arbeitete das Mädchen der Legende nach in einer Schmiede am Hausvogteiplatz – an der Seite von elf weiteren Schwestern. Hier, in der Werkstatt seines Onkels, war dem Kunstschmied seine Cousine aufgefallen. Ganz nackt stellte der Bildhauer **Gottfried Schadow** sie auf das Tor, als Friedensgöttin ohne Leinen, Lanze und Lorbeer. Was prompt in einem Skandälchen mündete, sodass Rieke seitdem als züchtige Siegesgöttin im Kupferkleid aus 26 m Höhe auf den Pariser Platz schaut.

Exil in Paris

Zeuge der Geschichte

Von dort aus verfolgt sie die nächsten 200 Jahre hindurch eine Reihe von Ereignissen, die wie ein rauschhafter Reigen erscheinen. Was anfangs gerade mal eines von 18 Stadttoren ist, erlangt schnell Berühmtheit, als die Brautzüge der Prinzessinnen Luise und Friederike hindurchprozessieren. Zum Triumphbogen macht es ein Franzose: Zu Kanonendonner und Glockenklang marschiert 1806 Napoleon ein und bemerkt als erster: »Der Einzug durch dieses Thor ist großartig.« So grandios, dass er die tonnenschwere Quadriga nach Paris verschleppt, wo das Abbild der Schmiedetochter sieben Jahre in Kisten verbringen muss, bevor Preußengeneral Blücher **die »Retourkutsche«** zurück nach Berlin holt. Unterm Tor sieht die Viktoria 1864, 1866 und 1871 triumphierende Truppen heimkommen, und bei schneidendem Ostwind das Totengeleit für Kaiser Wilhelm I. durchziehen. Nach dem Ersten Weltkrieg wird es Schauplatz von Schießereien und der Trauerzüge für Karl Liebknecht und Walter Rathenau, Friedrich Ebert und Gustav Stresemann. Es marschieren Kriegsheimkehrer auf, später Arbeiterräte, Kommunisten, Putschisten, Frontkämpfer der SPD und immer öfter Verbände der SA.

OBEN: Das historische Brandenburger Tor durch kurzlebige Seifenblasen beobachtet

UNTEN: Das begehbare Holocaust-Mahnmal bricht radikal mit üblichen Mahnmal-Konzepten.

Den französischen Botschafter am Pariser Platz 5, André Francois-Poncet, erfüllt eine gespenstische Vorahnung, als er **am Abend der Machtergreifung** den Fackelzug der SA beobachtet. Es ist der 30. Januar 1933, zehn Grad unter Null. Und an seinem Fenster in der Hausnummer 7 sagt der Maler Max Liebermann:

»
Ick kann jar nich soviel fressen, wie ick kotzen möchte.
«

Nachdem die Siegermächte das Land in zwei Stücke teilen und die Sowjets die Durchmarschpforte 28 Jahre lang abriegeln (und die DDR-Führung das Eiserne Kreuz der Viktoria entfernen ließ), nehmen die Berliner sich ihr Tor am 9. November 1989 endlich zurück. Als die Vopos den Durchgang dann doch wieder schließen wollen, wird eine alte Dame von einem Weinkrampf gepackt, erinnert sich der Stern-Reporter. Weinend ruft die zu spät Gekommene: »Lasst mich doch einmal durchs Brandenburger Tor, nur einmal!« Und dann geschieht schon wieder ein Wunder. Unter den Augen der Viktoria geleitet ein DDR-Grenzer die Dame auf die andere Seite.

Unfassbares

★ Holocaust-Mahnmal

Südlich vom Brandenburger Tor breitet sich das **Denkmal für die ermordeten Juden Europas** aus, entworfen von Peter Eisenman. 2711 Betonstelen unterschiedlicher Ausmaße schaffen eine »begehbare Struktur«, die von jedem Standort aus anders wahrgenommen wird – eine radikale Abkehr von üblicher Gedenkstätten-Architektur, denn, so Eisenman:

»
Ausmaß und Maßstab des Holocaust machen jeden Versuch, ihn mit traditionellen Mitteln zu repräsentieren, unweigerlich zu einem aussichtslosen Unterfangen. ... Unser Denkmal versucht, eine neue Idee der Erinnerung zu entwickeln, die sich deutlich von Nostalgie unterscheidet.
«

Weitere Mahnmale

In der südöstlichen Ecke des Stelenfelds klärt der **Ort der Information** über die Opfer und die Gedenkstätten in Deutschland und Europa auf. Gegenüber, im ▶Tiergarten, steht das **Denkmal für die verfolgten Homosexuellen**; gegenüber der Südfront des Reichstags ist das **Denkmal für die von den Nationalsozialisten ermordeten Sinti und Roma**.

Ort der Information: April – Sept. Di. – So. 10 – 20, Okt. – März 10 – 19 Uhr | Eintritt frei | www.stiftung-denkmal.de

★★ SCHLOSS UND PARK CHARLOTTENBURG

Lage: Spandauer Damm 10 – 24, Charlottenburg
U-Bahn: Richard-Wagner-Platz (U 7) | **Bus:** M 45, 109, 309
Altes Schloss / Neuer Flügel (Führung oder Audioguide): April – Okt. Di. – So. 10 – 18, Nov. – März Di. – So.10 – 17 Uhr; 10 €, Kombiticket 12 € | **Neuer Pavillon:** April – Okt. Di. – So. 10 – 18; Nov. – März Di. – So. 10 – 17 Uhr; 4 € | **Belvedere:** April – Okt. Di. – So. 10 – 18 Uhr; 4 € | **Mausoleum der Königin Luise:** April – Okt. Di. – So. 10 – 18 Uhr; 2 € | **Fotoerlaubnis:** 3 € | **www.spsg.de**

Eine Liebesheirat schlossen Herzogin Sophie Charlotte von Hannover und Kurfürst Friedrich III., der spätere König Friedrich I., im Jahr 1684 nicht. Wie damals üblich bei einer Eheschließung unter Adeligen ging es auch hier nur um Macht, Einfluss und Besitz. Doch Sophie Charlotte war eine sehr selbstbewusste und gebildete Dame, die sich neben Friedrich ihren Freiraum zu erkämpfen wusste. Ein Meilenstein auf diesem Weg war das Schloss Charlottenburg, das sie für sich errichten ließ und zu dem ihr Gemahl nur mit ihrer ausdrücklichen Erlaubnis Zutritt hatte.

Sommer-Residenz Lietzenburg

Im Jahr 1696 erteilte **Sophie Charlotte** den Auftrag zum Bau eines Schlosses, in das sie 1699 unmittelbar nach dessen Fertigstellung einzog. Zunächst nutzte sie die Lietzenburg, wie das Schloss zu jener Zeit hieß, benannt nach einem nahe gelegenen Dorf, als Sommerresidenz. Bald aber verlegte die Herzogin ihren ständigen Wohnsitz hierher. Ungestört von ihrem Mann und abseits aller Regierungsgeschäfte lud sie Philosophen und Künstler ein.
1701 wurde Sophie Charlotte, nachdem sich ihr kurfürstlicher Gemahl selbst zum König gekrönt hatte, zur ersten Königin in Preußen. Kurz zuvor war ihr Schloss in weiser Voraussicht zu einer repräsentativen Dreiflügelanlage ausgebaut worden. Nach dem überraschenden Tod Sophie Charlottes – sie starb im Februar 1705 an den Folgen einer Bronchitis – benannte der König das Schloss und die angrenzende Siedlung ihr zu Ehren in »Charlottenburg« um. **Gottfried Wilhelm Leibniz** schrieb nach ihrem Tod über seine Gastgeberin Sophie Charlotte:

»
Sie wollte mich oft in ihrer Nähe haben; so genoss ich häufig das Gespräch einer Fürstin, deren Geist und Menschlichkeit von keiner jemals übertroffen wurde.
«

Wenn sich das Tor öffnet, geht es über den Ehrenhof mit dem Reiterdenkmal des Großen Kurfürsten hinein ins Schloss.

SCHLOSS CHARLOTTENBURG

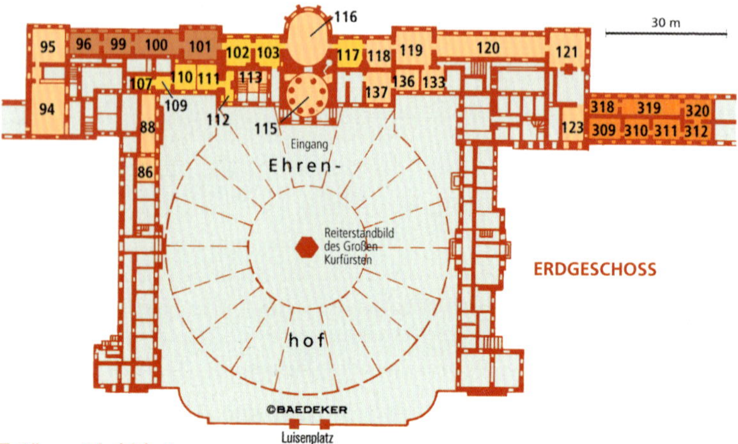

Räume Friedrichs I.

96 Schlafzimmer
99 Schreibzimmer
100 Tressenzimmer
101 Audienzraum

Räume Sophie Charlottes

102 Audienzraum
103 Vorraum
107 Durchgangsraum
109 Kabinett
110 Toilettenzimmer
111 Schlafzimmer
112 Schreibkabinett
117 Vorzimmer

Räume um 1700

118 Gläsernes Schlafgemach
119 Audienzzimmer
121 Getäfelter Eckraum
133 Schlafzimmer
136 Zimmer mit Brokatelltapete
86 Japanische Kammer
88 Kleine Eichengalerie
94 Kapelle
95 Porzellankabinett
113 Treppenhaus
115 Vestibül
116 Gartensaal
120 Eichengalerie
123 Vestibül
137 Modellraum

Räume Friedrich Wilhelms II. und III.

308-312 Gemälde, Möbel Porzellan der Zeit
318 Etruskisches Zimmer
319 Chinesische Galerie
320 Chinesisches Zimmer

Der Enkel wird zum neuen Schlossbewohner

Friedrich der Große

1740 zog Friedrich der Große, Sophie Charlottes Enkel, ein. Er wollte abseits des Hofes seinen schöngeistigen Interessen nachgehen und auch er wollte sich den ehelichen Verpflichtungen entziehen. So achtete er zeitlebens darauf, dass seine Gemahlin Elisabeth Christine von Braunschweig-Wolfenbüttel-Bevern möglichst weit von ihm entfernt wohnte, schickte sie ins Schloss Rheinsberg und später ins Schloss Schönhausen vor den Toren Berlins. Neben dem Bau des Schlosses Sanssouci wurde die Erweiterung von Charlottenburg zu seinem zweiten Lieblingsprojekt.Es entstanden der repräsentative Weiße Saal und die glanzvolle Goldene Galerie – die schönsten Rokokoschöpfungen Europas. Elisabeth Christine wurde kein einziges Mal nach Sanssouci eingeladen und auch bei der festlichen Einweihung des Seitenflügels im Sommer 1746 durfte sie nicht dabei sein.

Erweiterung und Wiederaufbau

Seine heutige Form erhielt das Schloss unter König **Friedrich Wilhelm II.** Während sein Vorgänger Friedrich der Große vor allem an der französischen Kultur Interesse zeigte, war Friedrich Wilhelm ein großer Förderer des deutschsprachigen Theaters. Deswegen ließ er Charlottenburg um ein Schlosstheater erweitern. Noch ein weiterer Name ist untrennbar mit ihm verbunden. Die vom Volk vergötterte **Königin Luise**, die Gemahlin von Friedrich Wilhelm III., fand nach ihrem frühen Tod im Jahre 1810 – sie wurde nur 34 Jahre alt – im Mausoleum im Schlosspark ihre letzte Ruhestätte. In der Nacht zum 23. November 1943 wurde das Schloss bei einem **alliierten Luftangriff** schwer beschädigt, nach dem Krieg machte man sich an den Wiederaufbau, der 1957 mit der Wiederherstellung der Kuppel seinen Abschluss fand.

Im Schloss

Der untergetauchte Kurfürst zu Pferd

★ Ehrenhof

Mitten auf dem Ehrenhof steht das bronzene **Reiterdenkmal** des großen Kurfürsten Friedrich Wilhelm. Das von Andreas Schlüter zwischen 1700 und 1703 geschaffene Denkmal war in den letzten Kriegs- und ersten Nachkriegsjahren untergetaucht. Und das im wahrsten Sinne des Wortes. Der Kurfürst zu Pferd sollte 1943 auf einem Lastkahn aus der Stadt hinaus und damit in Sicherheit gebracht werden. Das überladene Schiff aber kenterte und versank samt Ladung im Tegeler Hafen. 1949 wurde das Standbild geborgen und vor dem Schloss Charlottenburg aufgestellt – an neuer Stelle, der ursprüngliche Standplatz vor dem Stadtschloss lag nämlich im Osten der inzwischen geteilten Stadt. Schauen Sie genauer hin: Die am Sockel angeketteten Figuren symbolisieren die vom Kurfürsten besiegten Feinde.

Asiatisches von Friedrich I.

Westflügel

Im Westflügel (vom Eingang links) wohnten Friedrich I. und seine Frau Sophie Charlotte. Die Einrichtung besteht hauptsächlich aus chinesischen Lackmöbeln, die zur damaligen Zeit in Europa in Mode waren. Dass der König für asiatische Kunst schwärmte, sieht man im **Porzellankabinett**, in dem annähernd 3000 Porzellanstücke aus Asien aus dem 17. und 18. Jahrhundert ausgestellt sind. Sehenswert sind außerdem die Schlosskapelle, der Gobelinraum und die vertäfelte Eichengalerie, die bis zur Wende für Staatsempfänge genutzt wurde.

Zepter und Schnupftabak

Obergeschoss

Im Obergeschoss des Westflügels werden die preußischen Kroninsignien, u. a. Reichsschwert, Zepter und Reichsapfel, das in der Silberkammer ausgestellte Tafelgeschirr der Hohenzollern sowie die Tabatièren Friedrichs des Großen aufbewahrt. Natürlich könnte man auch einfach von Tabakdosen sprechen, wenn man aber sieht, wie edel die mit farbigen Halbedelsteinen gefertigten, goldgefassten und mit Brillanten besetzten Dosen aussehen, versteht man, warum der französische Begriff hier angemessen ist. Friedrich der Große, der Raucher verachtete, bewahrte in den Dosen übrigens keinen Tabak, sondern Schnupftabak auf. Eine der Dosen soll Friedrich der Legende nach das Leben gerettet haben: Während der Schlacht bei Kunersdorf (1759) soll eine feindliche Kugel daran abgeprallt sein. Die Schlacht ging allerdings dennoch verloren.

Stuckmarmor, Goldene Galerie und Theater

Neuer Flügel und Festsäle

Im Erdgeschoss des Neuen Flügels liegen die Wohnungen Friedrich Wilhelms II. und Friedrich Wilhelms III. sowie in der ersten Etage die Wohnung von Friedrich dem Großen und die von ihm in Auftrag gegebenen Festsäle: Die Wände des Weißen Saals sind mit rosa Stuckmarmor verkleidet; die nach Osten anschließende, 42 m lange **Goldene Galerie** füllt die ganze Breite des Flügels und zeigt eine fantasievolle Dekoration aus vergoldetem Stuck.
Den westlichen Abschluss des Schlosses bildet das 1788 von Carl Gotthard Langhans im Auftrag König Friedrich Wilhelms II. erbaute Theater.

Zitrusbäume und rauschende Feste

Orangerie

Im Osten erweiterte man das Schloss Anfang des 18. Jh.s um die Orangerie, in der damals im Winter 500 Apfelsinen-, Pomeranzen- und Zitronenbäume aus den königlichen Gärten eingelagert und im Sommer rauschende Feste gefeiert wurden. Das kann man auch heute noch tun, denn sie ist als eine der prachtvollsten Event-Locations Berlins zu mieten. Wenn Sie also in edler Umgebung Hochzeit oder Geburtstag feiern wollen, ist hier der richtige Platz. Sehen Sie die 20 Orangenbäumchen vor dem Gebäude? Sie wurden aus Kernen gezogen, die aus Maria Theresias Garten in Wien stammen.

Durch den Park

Das soll mal ein Kartoffelacker gewesen sein?

★ Schlosspark

Der weitläufige Schlosspark zieht alle an, Stadtbesucher und Berliner. Hier locken verschlungene Pfade, lauschige Plätzchen, Liegewiesen, der große Karpfenteich und eine Prise italienisches Flair. Heute ist kaum noch vorstellbar, dass der prunkvolle Park nach dem Zweiten Weltkrieg fast völlig zerstört war und die Menschen hier Feuerholz schlugen und Kartoffeln anbauten.

Das Beste zweier Gartenwelten

Französischer und englischer Garten

Der Park wurde 1697 von Siméon Godeau als französischer Garten angelegt und Anfang des 19. Jh. von **Peter Joseph Lenné** weitgehend in einen englischen Garten verwandelt. Weil in den 1950er-Jahren ein

Teil des Parks, die sogenannte Parterre, wieder im Stil des Barocks umgestaltet wurde, können heutige Besucher das Beste zweier Gartenwelten genießen: einmal im vorderen, schlossnahen Teil ein streng geometrisch angelegter Park und weiter vom Schloss entfernt ein typisch englischer Landschaftspark, der die Natur »imitiert«.

Odyssee eines königlichen Sarkophags

Mausoleum von Königin Luise

Königin Luise hat diesen Teil des Parks besonders gemocht. Nahe ihrer Lieblingsstelle wurde sie deswegen auch in einem **Mausoleum** bestattet, das einem antiken Tempel nachempfunden ist. Außerdem haben dort auch ihr Gemahl König Friedrich Wilhelm III. sowie beider Sohn, Kaiser Wilhelm I., und dessen Frau Augusta ihre letzte Ruhestätte gefunden. Genaugenommen liegen deren sterbliche Überreste aber nicht in den Marmorsarkophagen, sondern in Metallsärgen in einer Gruft unter dem Hauptraum.
Bevor der Sarkophag von Königin Luise im Charlottenburger Mausoleum aufgestellt werden konnte, hatte er eine lange Odyssee hinter sich. Nach dem Gipsentwurf des Bildhauers Christian Daniel Rauch ließ der König in Italien den Sarkophag aus echtem Carrara-Marmor fertigen. Der Transport nach Deutschland sollte auf dem Seeweg an Bord eines britischen Transportschiffes erfolgen. Das erwies sich als keine gute Entscheidung. Denn 1814 befand sich Großbritannien mit den USA im Krieg, und so kam es, dass der Frachter von einem amerikanischen Schiff aufgebracht und der Sarkophag gestohlen wurde. Wochen später überfiel ein britisches Schiff seinerseits den amerikanischen Kaperfahrer und Luises Sarkophag wurde »zurückerobert«. Nach langer Irrfahrt und vom Salzwasser beschädigt erreichte er schließlich im Frühjahr 1815 – fünf Jahre nach dem Tod der Königin – Berlin.

Porzellan im Teehaus

Belvedere

Am Nordende des Parks ließ König Friedrich Wilhelm II. 1788 ein Teehaus mit Aussichtsturm, das Belvedere, errichten. Heute wird in dem Gebäude von Carl Gotthard Langhans, dem Baumeister des Brandenburger Tors, die **KPM-Porzellansammlung** (Königliche Porzellan-Manufaktur) des Landes Berlin gezeigt.

Neapolitanische Villa für die zweite Gemahlin

Neuer Pavillon

In der Nähe des Osteingangs steht in unmittelbarer Nachbarschaft des Schlosses der Neue Pavillon, der 1824/25 von dem preußischen Allround-Architekten **Karl Friedrich Schinkel** nach dem Vorbild einer neapolitanischen Villa errichtet wurde. Friedrich Wilhelm III. hatte die Villa für sich und seine zweite Gemahlin, Auguste Gräfin von Harrach, die spätere Fürstin Liegnitz, einrichten lassen. Da Auguste von niederem Adel, 30 Jahre jünger als der König und zudem katholisch war, betrachtete man die Ehe als nicht standesgemäß. Entsprechend war der Pavillon auch nur ihr Wohnsitz, der König

wohnte offiziell weiterhin nebenan im Schloss. Auch nach ihrem Tod durfte Auguste ihrem Gemahl zwar nahe sein – aber wie schon zu Lebzeiten nur versteckt. Sie wurde ebenfalls im Mausoleum im Schlosspark beigesetzt, eine Grab- oder Gedenktafel ihr zu Ehren sucht man allerdings vergebens.
Der Pavillon kann heute besichtigt werden; die drei Räume im Erdgeschoss sind mit Originalmobiliar aus dem 19. Jh. eingerichtet und vermitteln so einen authentischen Eindruck des königlichen Sommerhauses zur Zeit Friedrich Wilhelms III. Die Ausstellung im Obergeschoss widmet sich dem Werk des Architekten Karl Friedrich Schinkel, außerdem werden dort zahlreiche Gemälde seiner Zeit präsentiert, u. a. Werke von Caspar David Friedrich.

★ DEUTSCHES TECHNIKMUSEUM

Lage: Trebbiner Str. 9, Kreuzberg
U-Bahn: Gleisdreieck (U 1, U 2), Möckernbrücke (U 7)
Di. – Fr. 9 – 17.30; Sa., So. 10 – 18 Uhr
Führungen: Tel. 030 90 25 41 24 | **Eintritt:** 8 € | **www.sdtb.de**

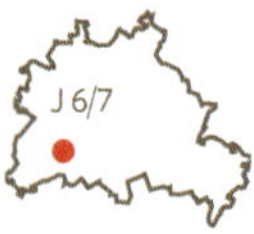

Mit dem »Rosinenbomber« auf dem Dach ist das Deutsche Technikmuseum schon von Weitem zu erkennen. Hier fühlen sich alle wohl, die in der Jugend davon geträumt haben Pilot, Seemann oder Lokführer zu werden.

Science Center Spectrum

1983 wurde das Museum in den Gebäuden der Markt- und Kühlhallengesellschaft eröffnet, heute gehören auch das Gelände des Bahnbetriebswerks Anhalter Bahnhof sowie der Anhalter Güterbahnhof dazu. Hier kann man im Science Center Spectrum nach Herzenslust experimentieren. Gleich am Eingang sieht man im Lichthof ein Foucaultsches Pendel langsam schwingen, ein Experiment, mit dem Mitte des 19. Jahrhunderts Jean Bernard Foucault die Erdrotation nachgewiesen hat. Danach kann man sich mit optischen Täuschungen auseinandersetzen, eine Münze in den Energietrichter werfen, sich selbst auf Rot-Grün-Farbenblindheit untersuchen oder einen Bernouilli-Ball über einer Luftdüse tanzen lassen. Insgesamt warten hier – verteilt auf vier Stockwerke – 250 verschiedene Experimente, ein stundenlanges Vergnügen, vor allem, aber nicht nur, für Kinder. Auch die **Dauerausstellung »Das Netz: Menschen, Kabel, Datenströme«** ist hier eingezogen (Zugang über Möckernstr. 26).

Für Technik-Fans einfach zum Abheben, was man über die Luftfahrt erfährt.

Der erste Computer der Welt

Altbau

Kasse, Museumsshop und Caféteria sind in der 1908 erbauten Pferdehalle der Markt- und Kühlhallengesellschaft eingerichtet. Im ersten Stock werden Nachrichten- und Textiltechnik behandelt; im zweiten Papier- und Drucktechnik sowie Rechen- und Automationstechnik. Eines der Highlights ist der Nachbau des 1936 vom Berliner Konrad Zuse konstruierten »Z 1«, des ersten Computers der Welt.

Unter und über Wasser, in der Luft und im All

Neubau

Luft-, Raum- und Schifffahrt sind die Themen im Neubau, präsentiert mit modernster Museumstechnik. Drei Stockwerke widmen sich der Schifffahrt, unterteilt in Binnenschifffahrt zwischen Elbe und Oder im Erdgeschoss – hier ein 33 m langer sog. Kaffenkahn von 1840 – und Hochseeschifffahrt im zweiten Obergeschoss. Darüber folgen die beiden Stockwerke zur Luft- und Raumfahrtabteilung, deren Glanzpunkte natürlich die komplett restaurierten Flugzeuge sind, darunter eine Ju 52 und eine Me 109 sowie auf der Terrasse einer der berühmten Rosinenbomber – und dazu eine phantastische Sammlung von Orden fast aller Fliegerasse des Ersten Weltkriegs. Die Entwicklung deutscher Raketentechnik wird ebenfalls vorgestellt, wobei die grauenhaften Arbeitsbedingungen der KZ-Häftlinge in der Raketenproduktion ebenfalls zur Sprache kommen.

Aus Rüben oder Rohr

Zucker-museum

Die Dauerausstellung »Alles Zucker! Nahrung – Werkstoff –Energie« befasst sich mit der Geschichte, Herstellung und Verwendung von Rohr- und Rübenzucker. Sie erzählt aber auch von der generellen Bedeutung von Zucker in unserer Gesellschaft.

Von Fahrrädern über Eisenbahnen bis zu Windmühlen

Schuppen und Freigelände

In den Ladeschuppen des ehemaligen Anhalter Güterbahnhofs zeigt die Ausstellung **»Mensch in Fahrt – unterwegs mit Auto & Co.«** neben einem Mix aus Kutschen, Fahr- und Motorrädern auch Autos vom Colani GT (1964) bis zum Mercedes Nürburg (1930), vom VW Käfer (1951) bis zum Saab 92A (1951). Einen besonderen Schwerpunkt nehmen Elektrofahrzeuge ein. Im 1874 errichteten Lokschuppen wird in 33 Stationen die Eisenbahngeschichte nachgezeichnet, u. a. sind dort 40 Schienenfahrzeuge ausgestellt. Auch die Rolle der Deutschen Reichsbahn bei der Deportation von Juden in die Vernichtungslager wird thematisiert. Hinter den Lokschuppen liegt das **Beamtenhaus** mit den Abteilungen Fotografie, Film, wissenschaftliche Instrumente und Produktions- und Haushaltstechnik. Im **Museumspark** stehen Windmühlen und -räder, ein Wasserrad und ein Wasserturm.

★ DOROTHEEN-STÄDTISCH-FRIEDRICHSWERDER-SCHER FRIEDHOF

Lage: Chausseestr. 126, Mitte
U-Bahn: Oranienburger Tor, Naturkundemuseum (U 6)
S-Bahn: Nordbahnhof (S 1, S 2, S 25) | **Tram:** M 1, 12

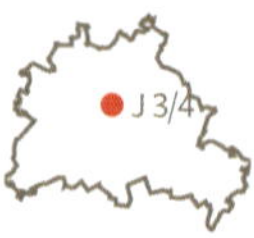

Ein Friedhof als Sehenswürdigkeit? In Berlin auf jeden Fall! Auf einem Spaziergang über den 1762 angelegten Dorotheenstädtisch-Friedrichswerderschen Friedhof passiert man die Gräber vieler bedeutender Persönlichkeiten aus Kunst, Kultur und Politik.

Johann Gottlieb Fichte, Georg Wilhelm Friedrich Hegel, Paul Dessau, Anna Seghers, Arnold Zweig, Heinrich Mann und Karl Friedrich Schinkel: Sie alle liegen hier begraben. Die Grabstätten aus dem 19. Jh. sind meist pompös, während sich die Verstorbenen aus jüngeren Tagen mit bescheideneren Gräbern zufrieden geben. So zum Beispiel auch Bundespräsident Johannes Rau und die Schriftsteller Stephan Hermlin und Heiner Müller. Zu Müllers unscheinbarem Grab pilgern auch Jahre nach seinem Tod immer noch seine Fans, und viele lassen nach dem Besuch schon mal eine Zigarre für ihr Vorbild zurück.

Letzte Ruhe für große Namen

Auf dem Friedhof finden weiterhin Begräbnisse statt und so wird die Liste der Berühmtheiten immer länger – 2010 fanden hier die DDR-Bürgerrechtlerin Bärbel Bohley und der Kommunarde und Apo-Aktivist Fritz Teufel, 2011 die Schriftstellerin Christa Wolf und 2012 der Schauspieler Otto Sander ihre letzte Ruhestätte. Am Friedhofseingang hängt ein Plan, der die Lage der Gräber verzeichnet.

Unter einem Dach, in getrennten Wohnungen

Brecht-Weigel-Gedenkstätte

Bertolt Brecht und seine Ehefrau, die Schauspielerin Helene Weigel, blickten einst aus ihrem Fenster auf den Friedhof, auf dem sie jetzt begraben sind. Beide wohnten ab 1953 in dem angrenzenden Mietshaus – zwar unter einem Dach, aber in getrennten Wohnungen: er in der ersten, sie in der zweiten Etage des Seitenflügels. Nach Brechts Tod 1956 richtete seine Witwe in ihrer Wohnung ein **Brecht-Archiv** mit einer etwa 4000 Bände umfassenden Nachlassbibliothek ein. Brechts Wohn- und Arbeitsräume sind im Originalzustand erhalten und können – allerdings nur im Rahmen einer Führung – besichtigt werden.

Chausseestraße 125 | Führungen: Di 10 – 11.30 und 14.30 – 15.30, Mi 10 – 11.30, Do 10 – 11.30 und 17 – 18.30, Fr 10 – 11.30, Sa 10 – 12 und 13 – 15.30 Uhr, jeweils zur halben Stunde, So 11 – 18 Uhr jeweils zur vollen Stunde | Eintritt: 5 bzw. 2,50 €

★ FERNSEHTURM

Lage: Mitte | **Innenstadtplan:** k I
S-/U-Bahn: Alexanderplatz (S 5, S 7, S 75, U 2, U 5, U 8)
Aussichtsplattform: März – Okt. tgl. 9 – 24, Nov. – Feb. tgl. 10 – 24 Uhr
Eintritt: 14 € | **www.tv-turm.de**

»Imponierkeule«, »Protzstengel«, »Telespargel« – diverse Spitznamen hat man dem Fernsehturm verpasst, einem der bekanntesten Wahrzeichen der Stadt und zugleich das höchste Bauwerk Deutschlands. Von der Skyline Berlins selbst nicht mehr wegzudenken, bietet seine Aussichtsplattform einen grandiosen Rundumblick auf die Hauptstadt.

BERLIN VON OBEN UND UNTEN

Wer zum ersten Mal in eine Stadt kommt, sollte sie sich auch von oben betrachten. In Berlin hat man dazu reichlich Gelegenheit. Und Berlin wäre nicht Berlin, wenn man nicht auch in den Untergrund hinabsteigen könnte.

▶ Die tiefsten Stadtteile Berlins liegen nicht tiefer als 32 Meter über NN. Die höc

▶ **Wie kommt man in den Untergrund von Berlin?**
Zwei Vereine erforschen und dokumentieren die Unterwelt der Hauptstadt und bieten spannende Führungen an. Unser Tipp: Melden Sie sich frühzeitig an.

Führungen von unter-berlin e.V.

- Berlin von unten und oben
- Archäologie in Berlin
- Mit der U2 durch die Berliner Geschichte
- Prenzlauer Berg von unten
- Jüdisches Leben in Prenzlauer Berg
- Kampf im Untergrund
- Underground DDR

Weitere Informationen:
www.unter-berlin.de

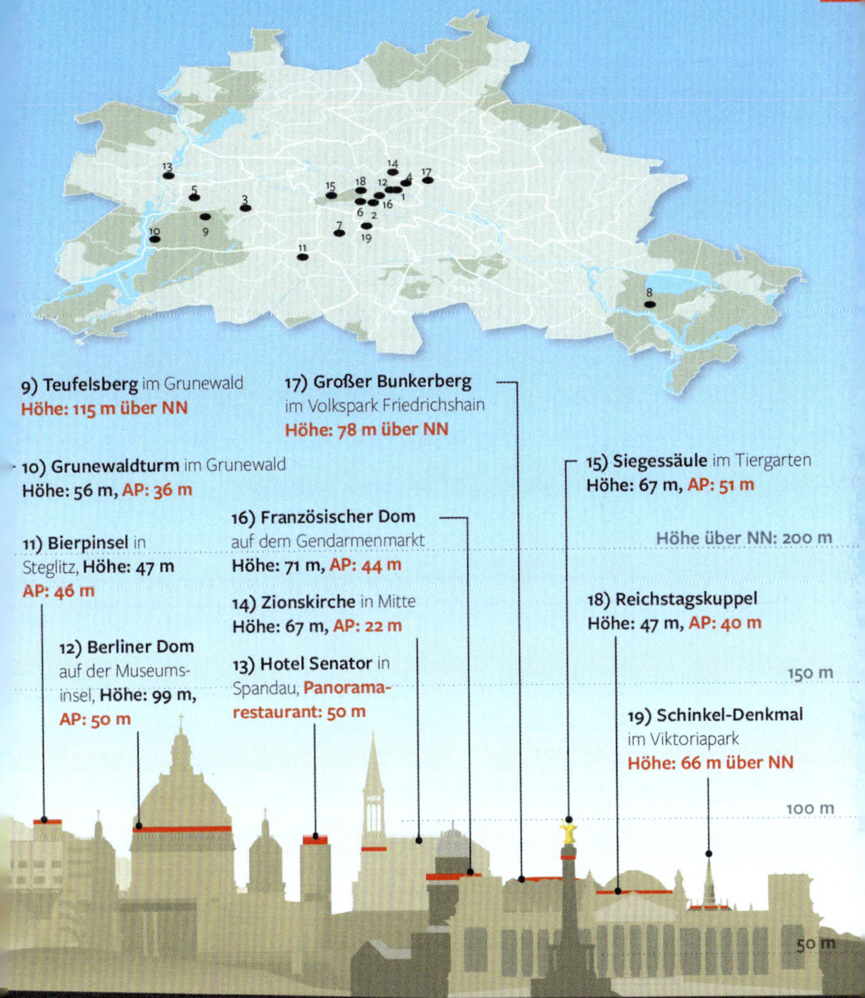

atürliche Bodenerhebung ist der Große Müggelberg mit 114,7 Metern über NN.

Führungen von Berliner Unterwelten e.V.

- Dunkle Welten
- Vom Flakturm zum Trümmerberg
- U-Bahn, Bunker, Kalter Krieg
- Mauerdurchbrüche
- Auf den Spuren der U-Bahnlinie D
- »Mutter-Kind-Bunker« Fichtestraße
- Der Schwerbelastungskörper
- Die Bunker-Tour
- Humboldthain extrem
- Kindl-Areal Neukölln
- Operationsbunker Teichstraße
- Auf den Spuren der Friedhofsbahn

Weitere Informationen:
http://berliner-unterwelten.de

Sozialistisch oder nicht: Eine »Höhendominante« ist der Fernsehturm allemal.

Schillernde Kugel

Wie eine **gigantische Nadel**, auf der eine schillernde Kugel aufgespießt ist, steht er in Berlins Mitte, markant, selbstverständlich, auch selbstbewusst. Von außen kennen ihn wahrscheinlich alle, von innen kann man ihn neuerdings durch das Glasdach der Fahrstühle betrachten, die die Besucher auf die 203 m hohe **Aussichtsplattform** bringen. Ob Flughafen Tempelhof, die Charité oder die Hellersdorfer Platte – von hier oben ist ganz Berlin zu sehen. Noch 4 m darüber dreht sich das **Telecafé** innerhalb von 30 Minuten um die eigene Achse: zu jedem Schluck Kaffee ein neuer Blick.

Systemfrage

Sozialistisches Prestige-Projekt

Als **Kind der DDR** war der Turm in den 1960er-Jahren aus der Notwendigkeit heraus geboren, dass man eine landesweite Sendeanlage brauchte. Rasch aber wollte man mit ihm auch die Stärke des sozialistischen Gesellschaftssystems demonstrieren, denn nichts Geringeres als eine **»sozialistische Höhendominante«** schwebte Architekt Hermann Henselmann vor, der gemeinsam mit weiteren Architekten und schwedischen Ingenieuren schließlich einen Fernsehturm mit beeindruckenden 368 Metern Höhe (inklusive Antenne) schuf.

»
Nu, Genossen, da sieht man's ganz genau:
Da gehört er hin
«

...soll 1964 SED-Chef und Staatsratsvorsitzender Walter Ulbricht anhand eines Stadtmodells entschieden haben, mit seinem Finger auf den Alexanderplatz deutend. Schon hatte der Fernsehturm einen weiteren Spitznamen weg – **»St. Walter«**. Fünf Jahre später, am 3. Oktober 1969, nahm er seinen Betrieb auf. Dass die Kugel das Sonnenlicht in Form eines Kreuzes bricht, hat Ulbricht aber ganz sicher nicht kommen sehen: Als »Rache des Papstes« erstrahlt das Phänomen bei Schönwetter über Berlin.

Plastinierte Körper

Menschen Museum

Oben leuchtet das Kreuz, unten herrscht Totentanz. Denn das Menschen Museum zeigt in seiner **»Körperwelten«-Schau** im Sockelbau des Turms plastinierte menschliche Körper in allen Facetten. Zartbesaitete Fernsehturm-Besucher brauchen aber keine Angst zu haben, es gibt zwei separate Eingänge.

Tgl. 10 – 19 Uhr | Eintritt: 14 €

FRIEDRICHSHAIN

Bezirk: Friedrichshain-Kreuzberg
S-/U-Bahn: S 5, S 7, S 75, S 41, S 42; U 5, U 1

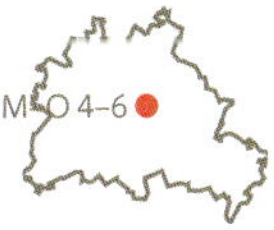

Partybezirk Friedrichshain. So schreiben es die Medien, so bewirbt man sich selbst. Doch das ist nur die halbe Wahrheit – die Partymeile liegt südlich der Frankfurter Allee, nördlich davon im Samariter-Kiez feiert man eine Spur dezenter.

Wer feiert wo?

Das junge Feiervolk macht vor allem in der Gegend um die **Simon-Dach-Straße** Party, die etwas Älteren feiern rund um den **Boxhagener Platz** (hier sonntags auch ein Flohmarkt mit Volksfestatmosphäre). Wer es alternativ und szenig mag, der ist auf dem **RAW-Gelände**, dem ehemaligen Reichsbahnausbesserungswerk in der Nähe der Revaler Straße unterwegs. Und sogar eine Partybahn hat man in Friedrichshain – die **Linie M10**. Die fährt Richtung ▶ Prenzlauer Berg und verbindet damit die beiden beliebtesten Ausgehbezirke der Stadt. Eigentlich ist die M10 eine ganz normale Straßenbahnlinie – Freitag- und Samstagnacht fahren mit ihr aber mehr Kneipengänger von einer Bar zur nächsten als gewöhnliche Fahrgäste.

Karl-Marx-Allee

Die Zuckerbäcker von der Aufbaulotterie

Sozialistische Prachtstraße

Die 2,3 km lange und 90 m breite Karl-Marx-Allee, im Rahmen des »Nationalen Aufbauprogramms Berlin« ab 1952 als **Stalinallee** in einem völlig ausgebombten Mietskasernenviertel begonnen und 1961 getauft, beginnt an der Ostecke des ▶Alexanderplatzes in Mitte und erreicht am Strausberger Platz Friedrichshain. Dort beginnt jener Abschnitt, auf dessen Baustellen sich die Wut der Arbeiter über zu hohe Normen entzündete und zum Aufstand vom 17. Juni 1953 führte. Die Strecke vom Strausberger Platz, den die Hochhäuser **»Haus Berlin«** und **»Haus des Kindes«** überragen, bis zum Frankfurter Tor flankieren zwei nach Entwürfen von DDR-Stararchitekt Hermann Henselmann erbaute Turmhochhäuser die Straße. Ihre Kuppeln sind denen am Gendarmenmarkt nachempfunden. Die Wohnblöcke auf beiden Seiten der Straße wurden in den 1950er-Jahren im »Zuckerbäckerstil« des sozialistischen Klassizismus errichtet. Die neungeschossigen »Arbeiterpaläste« waren für die damaligen Verhältnisse äußerst luxuriös und sollten die Überlegenheit des Sozialismus dokumentieren. Gebaut wurden sie zum Teil von Freiwilligen. Für 300 Arbeitsstunden bekam man ein Los der Aufbaulotterie, mit dem man das Wohnrecht für eine von etwa 1000 Wohnungen in der damaligen Stalinallee gewinnen konnte.
Im Café Sibylle im Haus Nr. 72 informiert eine **Ausstellung der Geschichtswerkstatt Stalinallee** über die Geschichte der Magistrale. Selbstverständlich gab es auch in der Stalinallee ein Denkmal für den Sowjet-Diktator: auf der Südseite zwischen Andreas- und Koppenstraße. Es wurde 1961 eingeschmolzen und aus dem Metall sind einige der Tierfiguren im ▶Tierpark Friedichsfelde gegossen worden.
Eine Zeitreise zurück in die Jahre, in denen man stolz auf seinen Atari, den Gameboy oder die erste Play Station war, kann man im **Computerspielemuseum** unternehmen. Von alten Arkadenmaschinen bis zu den neuesten Games gibt es viel auszuprobieren.

Computerspielemuseum: Karl-Marx-Allee 93 a | So – Do 10 – 20, Fr, Sa 10 – 21 Uhr | Eintritt: 9 € | www.computerspielemuseum.de

Rund um die East Side Gallery

Auf welcher Seite der Mauer ist die Kunst?

★ East Side Gallery

Zwischen Oberbaumbrücke und Ostbahnhof zieht sich ein 1,3 km langes **Stück der Hinterlandmauer** der DDR, das 1990 – also im Jahr nach dem Mauerfall – 118 Künstlern aus 21 Ländern bemalten (▶ Das iste Berlin, S. 20). Wer dieses Datum nicht im Kopf hat, antwortet womöglich auf die Frage, auf welcher Seite der Mauer Ostberlin und wo

Westen war, falsch. Denn die bemalte Seite, anders als man es vermuten würde, zeigt in den ehemals sozialistischen Teil der Hauptstadt. Weltbekannt ist das Bild, das **Honecker und Breschnew beim sozialistischen Bruderkuss** zeigt. Investorenpläne lassen sich allerdings von künstlerischer Qualität nicht aufhalten: Mit bislang zwei Mauerdurchbrüchen wurde Platz geschaffen u. a. für einen neuen **Schiffsanleger** gegenüber der Mercedes-Benz-Arena (ehemals O_2-Arena) und 2013 für ein umstrittenes Bauprojekts mit Luxuswohnungen.

Da ging allen ein Lichtchen auf

Oberbaum-City

Am Ende der **East Side Gallery**, jenseits der von ►Kreuzberg kommenden Oberbaumbrücke, gingen entlang der Warschauer Straße jahrzehntelang die Lichter nicht aus, denn hier produzierten Osram und nach dem Krieg VEB Narva Glühlampen. Heute ist die Oberbaum-City ein Büro- und Geschäftsquartier mit ca. 70 Firmen.

Treffen sich drei Bezirke in der Spree ...

An der Spree

Auch das **Eierkühlhaus** (1928, Oskar Pusch) an der Stralauer Allee am Spreeufer hat neue Mieter aus der Kreativbranche gefunden – den Musiksender MTV. In der Spree symbolisieren die **»Molecule Men«** die (ehemaligen) Bezirke Kreuzberg, Friedrichshain und Treptow, die hier aneinander grenzen. Hinter ihnen an der Eichenstraße kann man im **Badeschiff im Wasser** plantschen – ein Binnenkahn, dessen Laderaum zum Pool umfunktioniert wurde.

Dieser Bruderliebe war keine glückliche Zukunft beschieden.

Kunst mit praktischem Nutzen: Paddlersalom durch die drei Molecule Men

★ Volkspark Friedrichshain

Kriegsschutt neben Märchenbrunnen

Vielfältige Parkanlage

Im Norden des Stadtteils erstreckt sich zwischen Landsberger Allee und Am Friedrichshain der Volkspark Friedrichshain. 1840, zur hundertjährigen Wiederkehr der Thronbesteigung Friedrichs II., beschloss der Magistrat, hier als Gegenpol zum ▶Tiergarten einen Park zu schaffen, der dann in der zweiten Hälfte des 19. Jh.s von Gustav Meyer angelegt wurde. Die 52 ha große Anlage musste nach dem Zweiten Weltkrieg neu gestaltet werden, wobei man aus dem Trümmerschutt zweier Flakbunker den 78 m hohen Großen Bunkerberg und den 30 m kleineren Kleinen Bunkerberg aufschüttete. Am westlichen Zugang steht beim Königstor der 1913 aufgestellte Märchenbrunnen mit Figuren aus Märchen der Brüder Grimm. In der nördlichen Hälfte gibt es allerlei Spiel- und Sportmöglichkeiten, im Ostteil eine Freilichtbühne. An der Landsberger Allee ehrt der Friedhof der Märzgefallenen die Opfer der Barrikadenkämpfe im revolutionären März 1848. Im Westen des Volksparks erinnert das Denkmal für die Spanienkämpfer an die im Spanischen Bürgerkrieg auf Seiten der Internationalen Brigaden gefallenen deutschen Antifaschisten.

BAEDEKER MAGISCHE MOMENTE

GROSSSTADTROMANTIK

Verträumt in den Sonnenuntergang schauen kann jeder. Doch erst wenn die Sonne die S-Bahngleise rot glühen lässt, man auf schimmernde Oberleitungen blickt und der Fernsehturm im Hintergrund im Abendlicht leuchtet, geht dem Großstadtromantiker das Herz auf. Jeden Sommersonnenabend treffen sich auf der Modersohnbrücke in Friedrichshain (nicht nur) Verliebte aus der ganzen Stadt, um sich von der Sonne zu verabschieden – gerne mit einem Fläschchen Bier oder Rotwein in der Hand. Beides kann man praktischerweise bei einem nahe gelegenen Discounter kaufen.

FRIEDRICHSTRASSE

Lage: Mitte | **Innenstadtplan:** h I–IV
S-Bahn: Friedrichstraße (S 1, S 2, S 25, S 5, S 7, S 75)
U-Bahn: U 6 zwischen Halleschem Tor und Oranienburger Tor

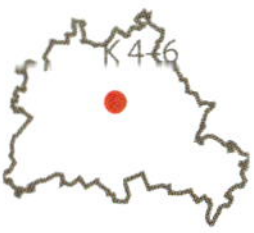

Die Friedrichstraße hat schon viel erlebt. Durch sie weht der Hauch der Geschichte. Aber auch ganz real weht einem hier des Öfteren der Wind um die Ohren. »Lasst uns hier nicht zu lange stehen bleiben. Hier bekömmt man den Schnupfen. Es wehet ein fataler Zugwind zwischen dem Hallischen und Oranienburger Tore«, schrieb 1822 Heinrich Heine über die Friedrichstraße.

Erst Zirkusstraße, dann Amüsiermeile

Vieles hat sich seit Heines Zeit geändert, der Zugwind aber ist geblieben. In der Mitte des 19. Jh.s war die Friedrichstraße die Straße der Zirkusse. Später kamen Bierhallen, Hotels, Geschäfte, Varietés und Theater hinzu. Die Straße wurde zur Amüsiermeile der Stadt. Am alten Friedrichstadtpalast schmissen die Tanzmädels zur Freude des Publikums die Beine in die Höhe. An der Ecke zu Unter den Linden lud das prunkvolle **Café Bauer** ein. Eine Besonderheit: Dort saß man auch nachts nicht im Dunkeln. Denn es war das erste Kaffeehaus der Stadt »mit elektrischem Lichte«. Auch zu Beginn des 20. Jh. blieb die

Friedrichstraße für das Amüsement zuständig. Allerdings wurde es langsam schlüpfriger und anzüglicher und am Straßenrand blühte die Prostitution.

In der DDR vernachlässigt, heute wieder Kultur und Kommerz

Seit dem Zweiten Weltkrieg

Im Zweiten Weltkrieg wurden bei einem amerikanischen Luftangriff im Februar 1945 nahezu alle Gebäude an der Straße zerstört. Zu DDR-Zeiten mutierte die einst verführerische Diva zur unscheinbaren grauen Maus. Wegen ihrer Lage – der **Checkpoint Charlie** trennte die Straße in einen sozialistischen und einen kapitalistischen Teil – wurde sie von den DDR-Stadtplanern vernachlässigt. Trotzdem war sie auch in jener Zeit die bekannteste Straße der DDR – am Checkpoint Charlie nämlich war der Grenzübergang für Ausländer und Alliierte, und auch wer als Bundesbürger auf Tagesbesuch in den Osten kam, reiste über den S-Bahnhof Friedrichstraße ein. Nach der Wende hat die Straße einen raschen Aufschwung genommen und mittlerweile kann man wieder genüsslich flanieren und in edlen Läden viel Geld ausgeben. Kultur und Kommerz teilen sich die Straße friedlich, im Süden wird geshoppt, im nördlichen Teil, in der Umgebung des S-Bahnhofs Friedrichstraße, regiert die Kultur. Hier hat schon Brecht im Berliner Ensemble inszeniert, in der »Distel« wurde bereits zu DDR-Zeiten Kabarett gespielt und im neuen Friedrichstadtpalast flogen von 1984 an die Beine der Damen des Fernsehballetts des DDR-Fernsehens.

Friedrichstraße nördlich der Linden

Kulturkaufhaus und Handelszentrum

Von der Kreuzung ►Unter den Linden/Friedrichstraße nach Norden kommt man zunächst zum rechts liegenden Kulturkaufhaus Dussmann: Bücher, Videos, CDs, DVDs etc. Kurz darauf, jenseits der Dorotheenstraße, ragt das 93 m hohe, 25-geschossige Internationale Handelszentrum (1978) auf.

Einziger Knotenpunkt der Bahnnetze von Ost und West

Bahnhof Friedrichstraße

Es folgt der am 1. Mai 1882 als Stadtbahnhof eröffnete, legendäre Bahnhof Friedrichstraße, der sich rasch zum wichtigsten Haltepunkt der Reichshauptstadt entwickelte. Zwischen 1924 und 1926 wurde er vollkommen umgestaltet und erhielt zwei parallele Hallen, je eine für die Fern- bzw. für die S-Bahn. Nach dem Mauerbau 1961 war er der einzige Punkt in der Stadt, an dem sich die Bahnnetze West- und Ostberlins berührten. Hier konnten Fernreisende aus dem Westen und Westberliner, die die Ostberlin unterfahrende U 6 benutzten, auf zwei scharf bewachten Bahnsteigen in die S-Bahn nach Westen umsteigen. Wer in den Osten wollte, wurde in den engen Kabuffs des **»Tränenpalasts«** (der heute hinter den etwas faden Bauten des neuen Spreedreiecks verschwindet) von DDR-Grenzern argwöhnisch gemustert. Die **Ausstellung »Alltag der deutschen Teilung«** erklärt den Hintergrund der deutschen Teilung, zeigt ganz praktisch wie die Zoll- und Passkontrollen im Tränenpalast abliefen, und erklärt wie die Überwachung am Grenzübergang funktionierte.

Ausstellung »Alltag der deutschen Teilung«: Di. – Fr. 9 – 19, Sa. und So 10 – 18 Uhr | Eintritt frei | www.hdg.de/traenenpalast

Ort der Zwangsehe von SPD und KPD

Admiralspalast

Hinter der S-Bahn-Unterführung liegen rechts das ehemalige Haus der Presse (1910) mit dem Kabarett »Die Distel« und im Hof dahinter der 1910 von Heinrich Schweitzer und Alexander Diepenbrock als Badeanstalt und Eislaufhalle erbaute Admiralspalast, von 1955 an Heimat des Metropol-Theaters. In diesem Gebäude wurde im April 1946 die Zwangsvereinigung der SPD mit der KPD zur Sozialistischen Einheitspartei Deutschlands (SED) vollzogen. Im Admiralspalast werden heute wieder Lesungen, Musik und Comedy geboten.

Revuen und Comedy im Vergnügungstempel der DDR

Berliner Ensemble

Auf der **Weidendammbrücke** (1895/1896), deren preußische Adler am schmiedeeisernen Geländer Wolf Biermann in der »Ballade vom preußischen Ikarus« besang, geht es über die Spree. Links unterhalb sieht man das Berliner Ensemble, 1892 als Theater am Schiffbauerdamm eröffnet und u. a. Uraufführungsort der »Dreigroschenoper«. 1954 übernahmen es Bertolt Brecht und Helene Weigel, die es bis 1971 leitete. Die vom Bertolt-Brecht-Platz abgehende Straße Am Zirkus erinnert an den alten **Friedrichstadtpalast**, 1869 als erste Markthalle Berlins erbaut, ab 1874 Zirkus und 1919 zum Großen Schauspielhaus umgebaut, das unter Max Reinhardt seine Glanzzeit erlebte. Der Palast ist 1984 an der Friedrichstraße gegenüber der Einmündung der Reinhardtstraße neu eröffnet worden und war der Vergnügungstempel der DDR; auch heute noch ziehen die Revuen die Besucher in Scharen an. Die Jugend treibt es eher in den Quatsch Comedy Club in der Kleinen Revue. Davor erinnert ein Denkmal an Claire Waldoff (▶Interessante Menschen).

Pesthaus der Mildtätigkeit

Abstecher zur Charité

Über die Reinhardt-, Albrecht- und Schumannstraße – an ihr liegt das durch Max Reinhardt berühmt gewordene Deutsche Theater – erreicht man die am 13. Mai 1710 nach Dekret von König Friedrich I. gegründete, als Pesthaus gedachte Charité (= Mildtätigkeit). Da die Pest Berlin verschonte, wurde die Anstalt zum Krankenhaus umgewidmet, deren Leiter mit der Gründung der Friedrich-Wilhelms-Universität 1810 jeweils zu Professoren berufen wurden. Erster Dekan war **Christoph Wilhelm Hufeland**, der die Pockenschutzimpfung einführte, später lehrten und wirkten hier u. a. Ärzte und Forscher wie **Rudolf Virchow, Robert Koch und Ferdinand Sauerbruch**.

Nervenstärke vorausgesetzt, kann man im **Medizinhistorischem Museum** im Gebäude der Pathologie u. a. die von Rudolf Virchow begründete pathologisch-anatomische Sammlung besichtigen. Ausgestellt sind sehr viele Präparate, chirurgische Instrumente und einige Dinge aus dem persönlichen Besitz Virchows.

Medizinhistorischem Museum: Charitéplatz 1 | Di., Do., Fr., So. 10 – 17, Mi. und Sa. bis 19 Uhr | Eintritt: 9 € | www.bmm-charite.de

Friedrichstraße südlich der Linden

Vom bayerischen Bierkeller bis zur sowjetischen Wissenschaft

Lindencorso

Südlich der Linden wurde am heftigsten gebaut. Gleich an der Kreuzung mit Unter den Linden errichtete der Frankfurter Architekt Christoph Mäckler das neue Lindencorso. Anders als ursprünglich geplant, fand dort nicht das Französische Kulturforum eine neue Heimat, sondern ein Autosalon. Gegenüber, an das 1987 als Renommierprojekt der DDR eröffnete Grand Hotel anschließend, stand das Stammhaus des legendären Café Kranzler. Wenige Altbauten sind erhalten geblieben: So wurde im Haus Friedrichstraße 165 (Ecke Behrenstraße) Geschichte geschrieben, denn hier im **»Haus der Demokratie«** tagten Kräfte wie das Neue Forum, die die Demokratisierung der DDR forderten. Zuvor saß hier die SED-Kreisleitung Mitte und vor dem Krieg war das Haus ein populärer Bierkeller der Münchener Pschorr-Brauerei. Etwas die Straße hinab folgt das **Russische Haus**, einst Haus der Sowjetischen Wissenschaft und Kultur.

Moderne Architekur wohin man sieht

Friedrichstadtpassagen

Höhepunkt der neuen Friedrichstraßenarchitektur – sowohl der Größe nach als auch preislich – sind die Friedrichstadtpassagen, ein zur Bauzeit 1,4 Mrd. DM teurer Komplex aus drei unterirdisch verbundenen Baublöcken auf der östlichen Straßenseite zwischen Französischer und Mohrenstraße. Der nördliche der Blöcke (Architekt: Jean Nouvel, Paris), das **Quartier 207** (nach der alten Blockbezeichnung), sticht als einziges komplett gläsernes Gebäude mit seiner elegant geschwungenen Ecke etwas heraus. Hier ist die Berliner Dependance des berühmten Pariser Kaufhauses **Galeries Lafayette** eingezogen, das mehr als mit seinem Warenangebot mit seinem spektakulären Lichthof aus zwei übereinander liegenden gläsernen Kegeln von insgesamt 37 m Höhe von sich reden gemacht hat. Das **Quartier 206** (Architekten: I. M. Pei, Cobb und Freed, New York) zitiert mit seiner expressiven Fassade mit hunderten von Lichtbändern Art-Deco-Architektur und betört mit den Carraraböden im Innenhof – die Preise der einquartierten Nobelgeschäfte sind nicht minder umwerfend. **Quartier 205** (Architekt: O. M. Ungers, Köln) stellt mit seiner sachlichen, auf dem Quadratraster aufgebauten Fassade das for-

Art Déco lässt grüßen: das farbenfroh gestaltete Atrium des Quartier 206

mal zurückhaltendste Gebäude dar und gibt sich mit Kaufhaus und Modegeschäften auch etwas moderater.

Hier geht's um die Wurst

Deutsches Currywurstmuseum

Wer hat die Würzwurst erfunden? Welche Gewürze und Zutaten kommen in die Soßen? Mit oder ohne Darm? Wie steht es um Berlins Imbissbudenkultur? Diese und viele andere Fragen beantwortet das Deutsche Currywurstmuseum in der Schützenstr. 70.

Tgl. 10 – 18 Uhr | Eintritt: 11 € (montags 20 % Ermäßigung)
www.currywurstmuseum.de

Nahtstelle des Kalten Krieges

Ehemaliger Checkpoint Charlie

An der Zimmerstraße verlief die Grenze zwischen sowjetischem und amerikanischem Sektor. Hier war der legendäre Ausländerübergang Checkpoint Charlie, doch dass dies einmal eine Nahtstelle des Kalten Kriegs war, glaubt man kaum, wenn man den Rummel erlebt, der heute hier herrscht. An den alten Grenzübergang erinnern noch ein einsamer Kontrollturm, vor dem als Grenzer Verkleidete sich gegen Entgelt fotografieren lassen, ein Warnschild, ein Straßenpflasterband, das überdimensionale Bild eines Sowjetsoldaten und eines GI sowie eine Kopie des berühmten Wachhäuschens.

Wo heute Rummel herrscht, war einst einer der heißesten Orte des Kalten Krieges.

Wer wissen will, wie der Grenzübergang aussah, hat mehrere Möglichkeiten. Das **Museum Haus am Checkpoint Charlie** zeigt, welch verzweifelte Versuche viele Menschen unternahmen, die Grenzen zu überwinden und besitzt manch mittlerweile historisches Stück wie einige weiß bemalte Asphaltbrocken – letzte Reste des auf die Straße aufgemalten Trennungsstrichs zwischen Ost und West. Die **Black Box Kalter Krieg** als provisorischer Vorläufer des an dieser Stelle geplanten Museums zum Kalten Krieg bietet großformatige Fotos, 16 Medienstationen und Dokumente. Ganz auf visuelle Eindrücke setzt das **Rundpanorama »Die Mauer«** des Künstlers Yadegar Asisi.

Haus am Checkpoint Charlie: tgl. 9 – 22 Uhr | Eintritt: 12,50 €
www.mauermuseum.de
Black Box: tgl. 10 – 18 Uhr | Eintritt: 5 €
www.bfgg.de/zentrum-kalter-krieg/blackbox-kalter-krieg.html
Rundpanorama: tgl. 10 – 18 Uhr | Eintritt 10 € | www.asisi.de

Galerien zwischen Zeitungs- und Buchverlagen

Altes Presseviertel

Im alten Presseviertel um die Koch- und Zimmerstraße saßen einst große und berühmte Zeitungs- und Buchverlage. Ganz am Ende der heutigen Rudi-Dutschke-Straße ragt das 1966 sehr bewusst direkt an die Mauer gebaute **Axel-Springer-Hochhaus** auf. Dass ausgerechnet die Straße, an der das Hauptquartier der Springerpresse liegt, einmal nach dem damaligen Feindbild Nr. 1 von BILD und WELT benannt wird, hätten sich wohl weder APO-Führer noch der Verleger träumen lassen.

In der Zimmer-, Koch- und Lindenstraße entwickelt sich eine neue **Galeristenszene** abseits der damit überversorgten Spandauer Vorstadt.

FUNKTURM

Lage: Messedamm/Masurenallee
S-Bahn: Messe Nord/ICC (S 42, S 41, S 46), Messe Süd/Eichkamp (S 5, S 7, S 75) | **U-Bahn:** Kaiserdamm (U 2)

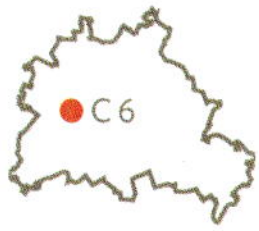

Die (West-)Berliner nennen ihren Funkturm liebevoll »Langer Lulatsch«. Vor allem in der Zeit des Kalten Kriegs war als er als »Leuchtturm der Freiheit« zu einem Symbol des politischen Überlebenskampfes geworden.

Standhaft

Ursprünglich diente die 1924 erbaute Stahlgitterkonstruktion als Sendemast. 1929 wurde von hier aus das erste Fernsehbild in Deutschland ausgesandt und 1935 das weltweit erste reguläre Fernsehprogramm ausgestrahlt. Unglaublich: 1945 zerstörte eine Granate eine der Hauptstreben, doch der Turm kippte nicht um.

Weite Ausblicke von oben

Aussichtsplattform und Restaurant

Der Fernsehturm ist 138 Meter hoch, mit Antennen sogar 147 Meter – entsprechend weit reicht der Blick von der Aussichtsplattform in 121 Metern Höhe, aber auch aus dem voll verglasten Restaurant (55 Meter) ist der Blick beachtlich. Seit der Eröffnung haben bisher mehr als 17 Millionen Menschen die Aussicht von »Langen Lulatsch« genossen.

Funkturm: während Messen kein/eingeschränkter Zutritt, aktuelle Öffnungszeiten unter Tel. 030 30 38 19 05 und www.funkturm-messeberlin.de
Aussichtsplattform: Di. – So. 10 – 23, Mo. bis 20 Uhr (wetterabhängig) | Eintritt: 5 €
Restaurant: Di. 18 – 23, Mi. – So 11.30 – 23 Uhr | Auffahrt: 3 €

★★ GEDENKSTÄTTE BERLINER MAUER

Lage: Bernauer Straße, Mitte/Wedding
S-Bahn: Nordbahnhof (S 1, S 2, S 25) | **U-Bahn:** Bernauer Str. (U 8)
Außengelände tgl. 8 – 22; Dokumentations- und Besucherzentrum: Di. – So. 10 – 18 Uhr | Eintritt frei
www.berliner-mauer-gedenkstaette.de

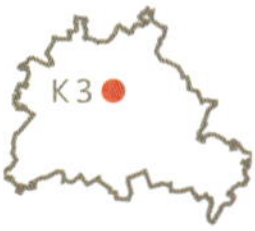

An keinem anderen Ort in Berlin ist der Irrsinn der Mauer noch so fassbar wie an der Bernauer Straße. Wer die Teilung der Stadt noch selbst erlebt hat, wird sich hier erinnern können; wer nicht, bekommt zumindest ein Gefühl dafür, wie es gewesen sein mag.

Flucht aus dem Fenster

An der **Bernauer Straße** verlief die Grenze zwischen sowjetischem (Mitte) und französischem Sektor (Wedding). Während die Häuser auf der Südseite DDR-Gebiet waren, gehörte der Gehweg davor bereits zu Westberlin. In den Tagen nach dem Mauerbau spielten sich hier dramatische Szenen ab, als viele durch die Fenster auf die Westberliner Seite sprangen, solange diese noch nicht zugemauert waren. In den folgenden Jahren perfektionierte die DDR die Sperranlagen zu einem schier unüberwindlichen Hindernis.

Todesstreifen, Fluchttunnel, Mauerdurchbruch

Gedenkstätte

Die Gedenkstätte dokumentiert sowohl die Sperranlagen selbst als auch die Ereignisse vom August 1961 bis zum November 1989,

Flucht in der Bernauer Straße, kurz bevor die Fenster zugemauert werden

als hier in der Nacht vom 10. auf den 11. November ein erster provisorischer Übergang in die Mauer gebrochen wurde.
Beginnend am **Nordbahnhof** (mit einer Ausstellung über Berlins Geisterbahnhöfe an der S-Bahn- und den zwei U-Bahnlinien, die von Westberlin nach Westberlin unter Ostberlin hindurch führten), erstreckt sich ein **1,4 km langer Geländestreifen** bis zur Schwedter Straße. Es ist der einzige Ort in Berlin, an dem Teile der Mauer noch in ihrer Tiefenstaffelung erhalten sind. Stahlstäbe markieren den gesamten Verlauf; Stahlschienen im Boden zeigen die Umrisse der abgerissenen Häuser und den Verlauf der Flucht tunnel an; Stelen mit Bild- und Tondokumenten erläutern die Anlage und die Ereignisse. An der Ackerstraße umschließen Stahlwände ein 70 m langes, original erhaltenes Stück der Mauer mit Vorder- und Hinterlandmauer, Todesstreifen und Wachturm als **Denk- und Mahnmal** für die Opfer. Ein Stück weiter steht die 2000 geweihte **Kapelle der Versöhnung** der Architekten Rudolf Reitermann und Peter Sassenroth, ein wunderbar luftiger, von einer Holzlamellenwand eingefasster Stampflehmbau am Ort der 1985 im Todesstreifen gesprengten Versöhnungskirche.
Im **Dokumentationszentrum** gegenüber vom Denkmal kann man Film- und Tonaufnahmen, Akten und Wachbücher derGrenzer und im ersten Stock eine Ausstellung über den Mauerbau im August 1961 studieren; vom Aussichtsturm überblickt man den gesamten Mauerstreifen und erkennt deutlich, wie die Grenze den Sophienfriedhof durchschnitten hat. Im **Besucherzentrum** gegenüber vom Nordbahnhof gibt es eine Buchhandlung zum Thema Mauer.

GEDENKSTÄTTE BERLIN-HOHEN-SCHÖNHAUSEN

Lage: Genslerstr. 66, Lichtenberg | **Tram:** M 5, M 6, M 17
tgl. 9 - 18 Uhr, Rundgänge mit Zeitzeugen (stdl.) März - Okt. tgl. 10 -16; Nov. - Feb. Mo. - Fr. 11 -15, Sa. u. So. 10, 13 und 16 Uhr;
Eintritt: 5 € | **www.stiftung-hsh.de**

Die Gedenkstätte in Berlin-Hohenschönhausen verlassen die meisten Besucher mit einem ernsten und nachdenklichen Gesicht. Hier hatten nach dem Krieg die Sowjets ein Untersuchungsgefängnis eingerichtet, bis 1951 die Stasi übernahm.

EIN PERFIDES KONSTRUKT

Eigentlich ist es erstaunlich und doch ist es gut: Von der Mauer ist kaum noch eine Spur in Berlin zu sehen, insbesondere gibt es nirgends mehr ein Stück, wo die komplette Grenzanlage erhalten ist. Denn die Mauer war nicht nur eine Mauer, sie war ein aufwendiges, tief gestaffeltes Konstrukt, das kaum zu überwinden war. 1988 hatten die Sperranlagen eine Gesamtlänge von rund 156 km, wovon knapp 44 km auf die Innenstadt und 112 km auf die Grenze zwischen Westberlin und angrenzende DDR-Bezirke entfielen.

1 Vorderlandmauer
Die Westberlin zugewandte, 106 km lange Vorderlandmauer bestand aus einer 3,60 bis 4,10 m hohen und 16 cm starken Betonplattenwand mit einem dicken Betonrohr darauf. An der Außengrenze z. T. durch einen Metallgitterzaun ersetzt. Sie markierte nicht immer die direkte Grenzlinie, sondern verleif oft zurückversetzt, sodass man sich mancherorts statt im Westen schon im Osten befand.

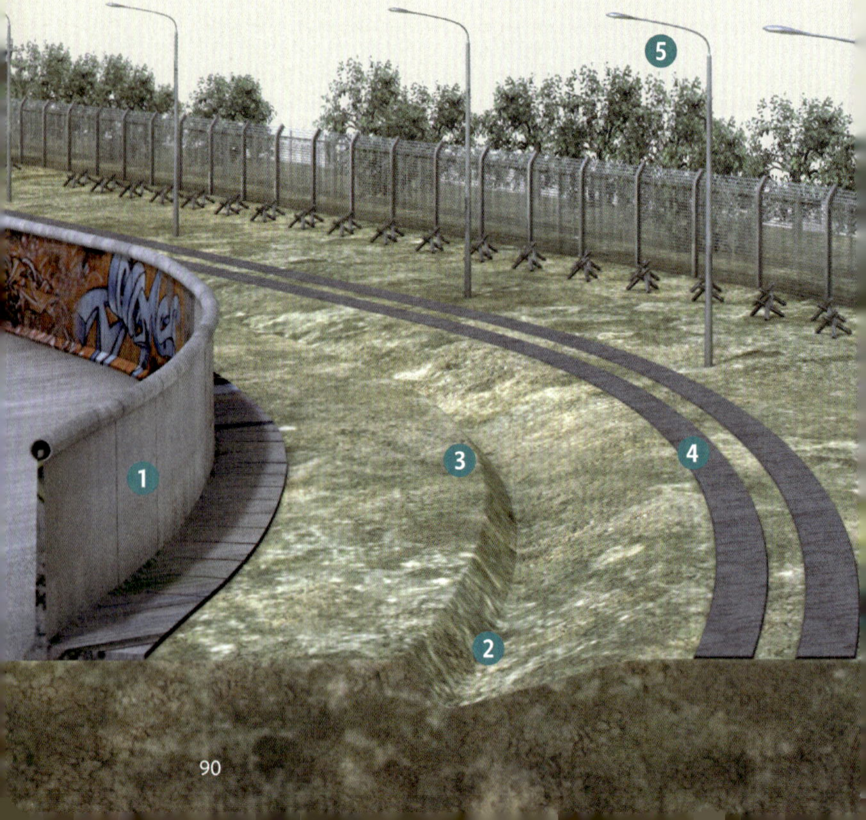

❷ Kfz-Graben
Zum Verhindern des Durchbruchs mit Kraftfahrzeugen. Gesamtlänge 88 km.

❸ Kontrollstreifen
Ständig geharkt und von Vegetation frei gehalten, um Spuren erkennen zu können. Gesamtlänge 165 km.

❹ Kolonnen- oder Postenweg
6 bis 7 m breiter, zweispurig asphaltierter Streifen für Kraftfahrzeuge und Marschweg. Gesamtlänge 172 km.

❺ Lichttrasse
Lichtmasten tauchten die Sperranlagen nachts auf 180 km Länge in gleißendes Licht.

❻ Wachtürme
190 Wachtürme dienten zur Beobachtung und als Führungsstellen. In manchen Abschnitten waren zwischen den Türmen Hundelaufanlagen installiert.

❼ Flächen- und Panzersperre
Spanische Reiter (ca. 1 km) oder Nagelmatten (ca. 20 km) gegen den Durchbruch mit Fahrzeugen.

❽ Grenzsignalzaun
Löste bei Berührung akustische und Lichtsignale aus. Gesamtlänge 150 km.

❾ Hinterlandmauer
Erste Sperre auf östlicher Seite, oft auch durch Metallgitterzaun ersetzt. Gesamtlänge 70 km.

DIE MAUER IST WEG!

... aber nicht völlig. Im Stadtgebiet von Berlin sind noch zahlreiche Reste der Mauer und anderer Grenzanlagen erhalten. Die größten und interessantesten sind hier verzeichnet.

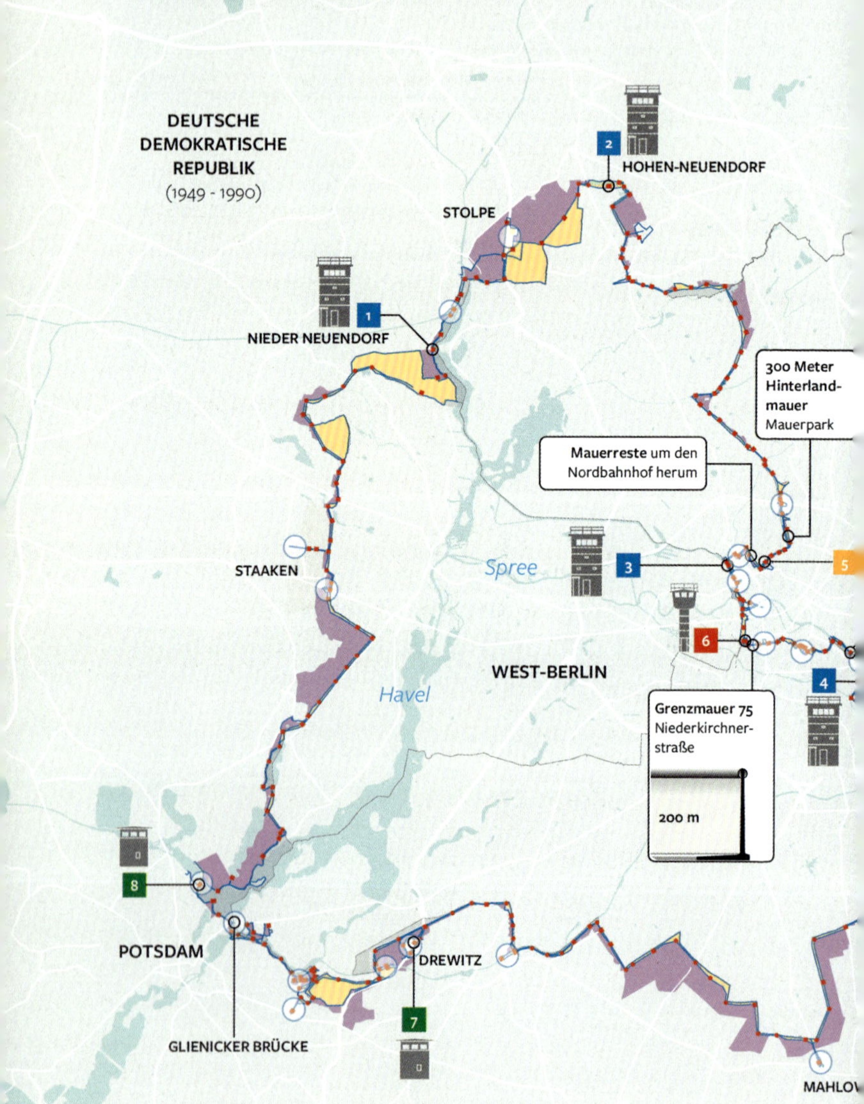

▶ Die Grenzanlagen in Zahlen

Gesamtlänge der Grenze um West-Berlin	156 km
Gesamtlänge Mauern	243 km
Gesamtlänge Zäune	191 km
Beobachtungstürme und Postenhäuser	282
Grenzsicherungsboote	29
Grenzsoldaten im Einsatz je Tag	2300 bis 2500
Hundelaufanlagen	40,2 km / ca. 425 Hunde
Kfz-Sperren	88 km

▶ Ehem. Wachtürme und Mauer-Gedenkstätten

1 **Führungsstelle Nieder Neuendorf**
Dorfstraße, 16761 Hennigsdorf,
Besichtigungen: 6. April - 3. Okt.
Di.-So. 10.00-18.00 Uhr

2 **Führungsstelle Hohen-Neuendorf**
Naturschutzturm Berliner Nordrand e.V.,
www.naturschutzturm.de

3 **Führungsstelle Kieler Eck** »Gedenkstätte Günter Litfin«, Kieler Straße 2, 10115 Berlin
März-Okt. tägl. außer Freitag 12.00-17.00

4 **Führungsstelle** Schlesischer Busch
Puschkinallee/Am Flutgraben 3, 12435 Berlin

5 **Wachturm mit Grenzstreifen**
Gedenkstätte Berliner Mauer, Bernauer Straße 111/119, S-Bahn: Nordbahnhof S1, S2, S25
Ausstellung im Gedenkstättenareal ganzjährig
Besucher- und Dokumentationszentrum
April-Okt. Di.-So. 9.30-19.00 Uhr
Nov.-März, Di.-So. 9.30-18.00 Uhr

6 **Rundblickturm**
Erna-Berger-Str., (nahe Potsdamer Platz)

7 **Kommandantenturm am ehem. Grenzübergang Drewitz, »Checkpoint Bravo e.V.«,** Erinnerungs- und Begegnungsstätte Drewitz-Dreilinden, Albert-Einstein-Ring/Stahnsdorfer Damm,14. Mai bis 30. Okt., So. 11.00-16.00 Uhr

8 **Postenturm** am ehem. Grenzübergang Nedlitz (Wasser), Bertinistraße, 14469 Potsdam

▶ Mauerreste online

Das an der BTU Cottbus erstellte Internetangebot dokumentiert die noch erhaltenen Teile der ehemaligen Grenzanlagen.
www.denkmallandschaft-berliner-mauer.de

Kontinuität in derUnmenschlichkeit

Auf keinem Stadtplan verzeichnet

Die Staatssicherheit ersetzte das sowjetische Kellergefängnis 1961 durch einen Neubau mit über 200 Zellen und Verhörräumen. Es lag in einem militärischen Sperrbezirk, der auf keinem Stadtplan verzeichnet war und weitere MfS-Dienststellen einschloss. Bis zur Schließung 1989 waren über 11 000 Menschen in Hohenschönhausen inhaftiert: in Ungnade gefallene SED-Funktionäre wie Walter Janka, systemkritische Intellektuelle wie Rudolf Bahro und Jürgen Fuchs, Dissidenten wie Bärbel Bohley.

Ihr Schicksal und das vieler anderer sowie die perfiden Methoden der Stasi dokumentiert die **Dauerausstellung**. Auf den Führungen, die meist ehemalige Häftlinge leiten, bekommen die Besucher nicht nur die Zellen und Verhörräume zu sehen, sondern erhalten auch Einblicke in ergreifende und tragische Lebensgeschichte

GEDENKSTÄTTE DEUTSCHER WIDERSTAND

Lage: Stauffenbergstr. 13, Tiergarten | **Innenstadtplan:** e IV
S-Bahn: Potsdamer Platz (S 1, S 2, S 25) | **U-Bahn:** Kurfürstenstraße (U 1), Potsdamer Platz (U 2) | **Bus:** M 29 (Gedenkstätte Deutscher Widerstand), M 48, M 85 (Kulturforum), 200 (Tiergartenstraße)
Mo. – Mi., Fr. 9 – 18, Do. bis 20; Sa., So., Fei. 9 – 18 Uhr; öffentliche Führung So. 15 Uhr | Eintritt frei | **www.gdw-berlin.de**

In der Gedenkstätte Deutscher Widerstand erinnert man heute an historischer Stelle an die Menschen und Gruppen, die sich gegen die nationalsozialistische Diktatur gewehrt und mutigen Widerstand geleistet haben.

Von Stauffenberg und anderen Rebellen

Schauplatz 20. Juli 1944

Der 1911 bis 1914 entstandene **Bendlerblock** (nach der ehem. Bendler-, heute Stauffenbergstraße) am Südrand des ▶Tiergartens beherbergte bis 1918 das Reichsmarineamt, danach die Reichswehrführung und später **höchste Dienststellen der Wehrmacht**. Hier hielt Hitler am 3. Februar 1933 vor der Reichswehrführung seine berüchtigte Rede über den »Lebensraum im Osten«.

Nach dem Attentat auf Hitler am 20. Juli 1944 im »Führerhauptquartier Wolfschanze« im ostpreußischen Rastenburg sollte von hier aus,

angeführt vom aus Ostpreußen zurückgekehrten Oberst Stauffenberg, der Umsturz in Deutschland dirigiert werden. Nach dem Bekanntwerden des Scheiterns des Attentats wurden noch in der Nacht zum 21. Juli Stauffenberg sowie die Generale Beck und Olbricht, Oberst Mertz von Quirnheim und der Oberleutnant von Haeften im Hof erschossen. Daran erinnert ein 1953 von Richard Scheibe geschaffenes **Ehrenmal**.
Im zweiten Stock zeigt eine **Dauerausstellung** die Bandbreite des Widerstands gegen den Nationalsozialismus von kommunistischen bis zu christlichen Gruppen; im Mittelpunkt steht der 20. Juli 1944. Im rückwärtigen Bereich des Geländes ist 2009 das **Ehrenmal der Bundeswehr** eingeweiht worden.

GEDENKSTÄTTE PLÖTZENSEE

Lage: Hüttigpfad, Charlottenburg
U-Bahn: Jakob-Kaiser-Platz (U 7), dann Bus 123
März – Okt. tgl. 9 – 17, Nov. – Feb. tgl. 9 – 16 Uhr
Eintritt frei | **www.gedenkstaette-ploetzensee.de**

Der Besuch in Plötzensee lässt niemanden kalt – spätestens wenn man die Hinrichtungsstätte des ehemaligen Gefängnisses betritt, dort den Stahlträger mit den Haken sieht und weiß, dass dort die Henker der Nazis Widerstandkämpfer und Demokraten an Klaviersaiten aufhängten und ermordeten.

Strafgefängnis der NS-Justiz

Im damaligen Strafgefängnis wurden zwischen 1933 und 1945 rund 1800 Menschen verschiedener Nationen aus politischen Gründen hingerichtet. 1952 ließ der Berliner Senat die Gedenkstätte einschließlich der ehemaligen Hinrichtungsbaracke gestalten, in der heute noch der Deckenbalken mit den acht Haken zu sehen ist, an denen die Opfer der NS-Justiz aufgehängt wurden – allein 89 aus dem Kreis des 20. Juli 1944 (u. a. Carl Friedrich Goerdeler und Helmuth James Graf von Moltke). Zwischen dem 7. und 12. September 1943 erhängte man in den sogenannten Blutnächten über 250 Häftlinge. Der Grund: Hitler dauerte die Bearbeitung der Gnadengesuche zu lange, worauf das Justizministerium in fast allen Fällen diese ablehnte und – telefonisch – sofortige Vollstreckung anordnete.
Vor der Baracke stehen ein **Gedenkstein** sowie eine große **Steinurne** mit Erde aus allen nationalsozialistischen Konzentrationslagern.

Religiöses Mahnmal mit Bronzeskulpturen

Maria Regina Martyrum

Die schmucklose Kirche Maria Regina Martyrum ist ebenfalls Mahnmal für NS-Opfer. Sie entstand 1960 bis 1963 nach Entwürfen der Würzburger Architekten Friedrich Ebert und Hans Schädel. Den Feierhof umgeben Bronzeskulpturen der Kreuzwegstationen von Otto H. Hajek, die Marienskulptur an der Außenwand stammt von Fritz Koenig. Den **Andachtsraum** bestimmt das große Altarbild Georg Meistermanns; in der kryptaartigen **Unterkirche** sieht man eine Pietà von Fritz Koenig, die Grabdenkmäler für Domprobst Lichtenberg (der jedoch in der St. Hedwigs-Kathedrale in Mitte beigesetzt ist) und für Erich Klausener, den Leiter der Katholischen Aktion, sowie ein symbolisches Grab für alle Naziopfer, denen ein Begräbnis verwehrt wurde.

Am Heckerdamm 230 / 232 | vom U-Bahnhof-Jakob-Kaiser-Platz mit Bus M 21 oder 109 bis Weltlingerbrücke | http://gedenkkirche-berlin.de

★★ GENDARMEN-MARKT

Lage: Mitte | **Innenstadtplan:** h II/III
U-Bahn: Französische Straße (U 6), Stadtmitte (U 2, U 6)

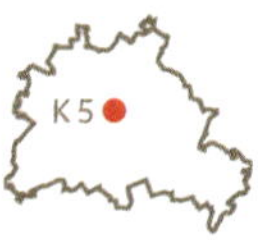

Schauen Sie einfach selbst nach, ob es stimmt. Die meisten Berliner jedenfalls behaupten, der Gendarmenmarkt sei der schönste Platz ihrer Stadt. Im Sommer gibt er die perfekte Kulisse für Open-Air-Konzerte ab und im Winter verleiht er einem Weihnachtsmarkt das romantische Flair vergangener Zeiten.

Berlins schönster Platz

In seiner Umgebung liegen einige der besten und teuersten Restaurants der Stadt und auch viele Hotels der Spitzenklasse haben sich hier niedergelassen. Deswegen ist der Platz vor allem ein Treffpunkt von Touristen und des Berliner Geldadels. Seinen Namen verdankt der Gendarmenmarkt einem Kürassierregiment, den »gens d'armes« – wörtlich übersetzt »Leute mit Waffen« –, die hier im 18. Jh. ihre Ställe und Wachen hatten.
Drei imposante Bauwerke prägen das Erscheinungsbild des rechteckigen Platzes – der **Deutsche und der Französische Dom** und dazwischen das **Konzerthaus**, ursprünglich Königliches Schauspielhaus. Die beiden Dome sind, anders als der Name nahelegt, gar keine Bischofskirchen, und der Deutsche Dom ist heute nicht einmal mehr eine Kirche.

BAEDEKER ÜBERRASCHENDES

6X ERSTAUNLICHES

Überraschen Sie Ihre Reisebegleitung: Hätten Sie das gewusst?

1. GOLD AUS DEM AUTOMATEN

Der ehemalige Bürgermeister Klaus Wowereit beschrieb Berlin als »arm, aber sexy«, offenbar kommen aber genügend Reiche in die Stadt, denn in den **Galeries Lafayette** kann man Goldbarren aus dem Automaten kaufen. (▶ **S. 84**)

2. DER LETZTE SEINER ART

200 »**Rundblicküberwachungstürme**« standen entlang der Berliner Zonengrenze. Heute steht noch ein einziger dieser Türme – in der Erna-Berger-Str. 7, in der Nähe des Leipziger Platzes. (▶ **S. 185**)

3. BIERREKORD

Beim Internationalen Berliner Bierfestival Anfang August stellen auf 2,2 km Brauereien ihre Produkte vor. Die Biermeile in der **Karl-Marx-Allee** steht damit als »längster Biergarten der Welt« im Guinness Buch der Rekorde. (▶ **S. 78**)

4. VERWECHSLUNGSGEFAHR

Tiergarten, Tierpark und Zoo – meist bezeichnet es dasselbe, nicht so in Berlin. Der Zoo ist der Tiergarten im Westen, der Tierpark im Osten, der Tiergarten wiederum ist – Achtung! – die riesige Parkanlage im Zentrum der Stadt. (▶ **S. 234, 212, 206**)

5. GAR KEIN DOM

Der **Französische und der Deutsche Dom** am Gendarmenmarkt sind gar keine Bischofskirchen, sondern haben ihren Namen vom französischen Wort »dôme« für Kuppel. (▶ **S. 96**)

6. RIESENSAURIER

Das größte Dinosaurierskelett der Welt wurde lange im **Naturkundemuseum** ausgestellt. Inzwischen hat dem 23 Meter langen Brachiosaurus ein »New Yorker« Titanosaurier den Rang abgelaufen. Egal – der deutsche und der Europarekord bleiben nach wie vor in Berlin. (▶ **S. 146**)

Französischer oder Deutscher Dom, das ist hier die Frage.

★ Französischer Dom

Eine Kirche für Flüchtlinge

Gemeindekirche der Hugenotten

Rund um den Gendarmenmarkt entstand gegen Ende des 17. Jh.s ein neues Wohnviertel. »**Friedrichstadt**« wurde für die hugenottischen Einwanderer erbaut, die damals vor religiöser Unterdrückung in Frankreich geflohen waren und sich in der preußischen Hauptstadt angesiedelt hatten. Die Neuankömmlinge brauchten eine Kirche. Und so begann man am Gendarmenmarkt 1701 eine Gemeindekirche zu bauen – die Französische Friedrichstadtkirche, die 1705 fertiggestellt wurde. Der 70 Meter hohe Turm und die Kuppel wurde aber erst zwischen 1780 und 1785 angebaut – seitdem nennt man das Gotteshaus auch den Französischen Dom. »Dôme« bedeutet im Französischen nichts anderes als Kuppel. Die hat – ebenso wie die Kuppel des gegenüberliegenden Deutschen Doms – keinerlei kirchliche Funktion. Sie wurde angefügt, um dem Gebäude ein imposanteres Aussehen zu verleihen und damit den Machtzuwachs Preußens zu dokumentieren.
Der Eingang zur Französischen Friedrichstadtkirche liegt auf der Westseite des Doms. Das **Berliner Hugenottenmuseum** erreicht man über den Eingang an der Ostseite. Es dokumentiert die Geschichte der Hugenotten in Frankreich und in Berlin-Brandenburg. Schweiß-

treibend, aber unbedingt empfehlenswert ist ein Aufstieg zur **Aussichtsplattform**. Dafür muss man 284 Stufen bewältigen – einen Aufzug gibt es nicht –, wird in 40 Metern Höhe aber mit einem fantastischen Panoramablick belohnt.

Dom: April – Okt. tgl. 10 – 19, Nov., Dez. tgl. 11 – 18, Jan., Feb. tgl. 12 – 17 Uhr (letzter Aufstieg zur Aussichtsplattform jeweils eine Stunde vor Schließung) | Aussichtsplattform: 3 €
www.franzoesischer-dom.de
Hugenottenmuseum: Di. – Sa. 12 – 17, So 11 – 17 Uhr | Eintritt: 3,50 €

★ Deutscher Dom

Lehrstunde zur Demokratie

Symmetrischer Zwillingsbruder

Der Deutsche Dom ist der spiegelbildliche Bruder des Französischen Doms und wurde eigentlich **nur aus Symmetriegründen gebaut**. Wie auf der anderen Seite des Platzes errichtete man auch hier Anfang des 18. Jh. eine kleine Gemeindekirche – in der von da an die deutsch-reformierte Gemeinde ihre Gottesdienste abhielt. Ebenso wie ihr französisches Pendant wurde auch die »Neue Kirche« erst in den 1780er-Jahren in einen stattlichen Dom mit schlankem Turm und goldverzierter Barockkuppel verwandelt.

Im Zweiten Weltkrieg wurde der Dom zerstört und von 1982 bis 1996 wiederaufgebaut. Noch zu DDR-Zeiten hatte die evangelische Kirche Berlins das Gebäude an den Staat übergeben. Nach der Wiedervereinigung ist die überaus sehenswerte **Ausstellung »Wege, Irrwege, Umwege – die Entwicklung der parlamentarischen Demokratie in Deutschland«** hier eingezogen.

Ausstellung: Mai – Sept. Di. – So. 10 – 19, Okt. – April bis 18 Uhr; Führungen 11 – 17 Uhr alle 30 Min. | Eintritt frei
www.bundestag.de/deutscherdom

★ Konzerthaus

Unter den Augen Apollos

Klassizistisches Meisterwerk

Zwischen den beiden Domen stand einst das **französische Komödienhaus**. Im 18. Jh. war Französisch die Sprache des Adels, deswegen ließ sich der preußische Hof mit Bühnenwerken in französischer Sprache unterhalten. Erst ab dem 19. Jh. kam auch bürgerliches Schauspiel in deutscher Sprache zur Aufführung. So als habe Schiller mit seinem Werk das Schicksal heraufbeschworen, brannte das Komödienhaus 1817 just während der Schlossbrandszene in »Die Räuber« ab. Auf den vorgegebenen Grundriss des Vorgängerbaus setzte **Karl Friedrich Schinkel** 1821 seinen Theaterneubau – ein Meisterwerk klassizistischer Baukunst.Werfen Sie einen Blick hinauf zum

Ironie? Ausgerechnet während einer Aufführng der »Räuber« brannte das

Dachgiebel. Dort thront Apollo, in der griechischen Mythologie Gott der Musik, der Dichtkunst und des Gesangs, umgeben von Musen. Schinkels Freund und Kollege **Christian Daniel Rauch** gestaltete die Figurengruppe.

Kurz vor Ende des Zweiten Weltkriegs erlitt auch das Schauspielhaus im Bombenhagel schwere Schäden. In den späten 1970er-Jahren begann man mit dem Wiederaufbau, wobei die Fassaden weitgehend nach den alten Schinkel-Plänen rekonstruiert wurden. Innen hat man das Gebäude aber völlig neu gestaltet, und weil es in Ost-Berlin bis dahin keinen repräsentativen Ort für klassische Konzerte gab, wandelte man das frühere Theater in ein Konzerthaus um. Friedrich Schiller hat man es offenbar nicht übel genommen, dass das alte Komödienhaus während der Brandszene in seinen »Räubern« abgebrannt war. Vor dem Haus hat man nämlich 1987 – anlässlich der 750-Jahr-Feier Berlins – das **Schillerdenkmal** von 1871 am

alte Komödienhaus ab. Schiller erhielt trotzdem ein Denkmal.

Originalplatz wieder aufgestellt. Die Nazis hatten es 1935 abbauen lassen. Der Gendarmenmarkt sollte Aufmarschplatz werden und da stand der feingeistige Dichter auf seinem Sockel im Weg. Ironischerweise haben die braunen Kulturbanausen die Dichterstatue so vermutlich gerettet. Das Denkmal überlebte, sicher eingelagert, die Berliner Bombennächte unversehrt und stand seit 1951 im Lietzenpark im Westen der Stadt – zumindest zur Hälfte. Denn die allegorischen Frauenfiguren, die Schiller zu Füßen sitzen, fanden ihren Platz im Osttierpark Friedrichsfelde. Erst ein Ost-West-Abkommen zum Kulturgüteraustausch hat die beiden Teile wieder zusammengebracht. Die allegorischen **Frauenfiguren stellen die hauptsächlichen Schaffensgebiete des Dichters dar**: Die Dame mit der Harfe symbolisiert die Lyrik, die mit der Maske stellt die Tragödie dar, rechts hinten sitzt die Geschichte mit den Schrifttafeln, links mit der Pergamentrolle die Philosophie.

Vielleicht kann man ja, optimistisch interpretiert, dies als kleines Symbol für den Frieden sehen: Die schlecht gelaunt blickende Dame, die als Symbol für die Tragödie steht, hielt ursprünglich einen Dolch in Händen – als einziges Detail des Denkmals wurde er zerstört und nie mehr ersetzt.

Rund um den Gendarmenmarkt

Auch die politische Prominenz bekommt Hunger

Gastronomie

Rings um den Platz hat sich eine gastronomische Szene angesiedelt, darunter (wieder) das Weinhaus **Lutter & Wegner** (Charlottenstr. 56). Es steht in unmittelbarer Nachbarschaft zu seinem historischen Standort Ecke Französische und Charlottenstraße, wo es 1811 eröffnet wurde. Der Schriftsteller E. T. A. Hoffmann, der von 1815 bis zu seinem Tod im Jahr 1822 am Gendarmenmarkt wohnte, war hier Stammgast. Politische Prominenz unserer Tage gehört im **Restaurant Borchardt** (►S. 314) in der Französischen Straße 47 quasi zum Inventar. Viele, die gern mal Promis schauen wollen, zieht das Lokal deshalb magisch an. Delikatessenhändler August Borchardt hatte schon immer mit den oberen Zehntausend zu tun: Er belieferte zu wilhelminischer Zeit die Regenten im Berliner Schloss. Für extravagante Kreativküche steht das luxuriöse und mit zwei Michelin-Sternen ausgezeichnete **Fischers Fritz** (►S. 313) in der Nachbarschaft (Charlottenstr. 49). Gleich nebenan kann man im **Augustiner am Gendarmenmarkt** (Charlottenstr. 55) herzhafte bayerische Schmankerl bestellen. Sicher, die blau-weiße Bayernecke am preußischen Platz ist ein eklatanter Stilbruch – schmecken tut's trotzdem.

★ SCHLOSS UND PARK GLIENICKE

Lage: Königsallee 36, Zehlendorf
S-Bahn: Wannsee (S 1, S 7), dann Bus 316
Nov., Dez., März Sa., So. 10 – 17, April – Okt. Di. – So. 10 – 18 Uhr, Besichtigung nur im Rahmen einer Führung | **Eintritt:** 6 €
www.spsg.de/schloesser-gaerten/objekt/schloss-glienicke

Schloss und Park von Glienicke liegen im äußersten Südwesten Berlins in wunderbarer Umgebung am Ostufer der Havel auf der Landzunge zwischen Jungfernsee und Glienicker Lake.

Prinz Carl von Preußen, dritter Sohn von König Friedrich Wilhelm III., war ein großer Italienliebhaber. Im Laufe seines Lebens reiste er elf Mal in das Land seiner Sehnsucht. Damit er auch im heimischen Brandenburg ein kleines Stück Italien genießen konnte, kaufte er 1824 das Landgut Glienicke und ließ das dortige Gutshaus nach antiken Vorbildern von Karl Friedrich Schinkel zu einem Schloss umbauen. Mit dem An- und Ausbau von Schloss Glienicke beschäftigte sich der Prinz sein Leben lang und beteiligte sich daran mit eigenen Plänen.

Ein Stück Italien in Preußen

BAEDEKER MAGISCHE MOMENTE

EINFACH DIE HAVEL LANG

Durch den Glienicker Park und am Uferweg entlang wandern Sie zum Blockhaus Nikolskoe, das Friedrich Wilhelm III. für seine Tochter erbauen ließ und es nach seinem Schwiegersohn Zar Nikolaus benannte. Es steht auf einem Aussichtspunkt über dem Wannsee. Genießen Sie den Ausblick vom Biergarten und Sie wissen, warum Lenné genau diesen Punkt ausgesucht hat. Gleich nebenan bauten Stüler und Schadow die Russische Kirche St. Peter und Paul. In knapp 15 Minuten kann man von hier noch zur ►Pfaueninsel weiterwandern. Für den Rückweg nimmt man den Bus (Linie 218 z. B. zum S-Bahnhof Wannsee).

Das klassizistische Gebäude am Ufer der Havel gruppiert sich um zwei Höfe und besitzt als weithin sichtbaren Schmuck eine Fontäne mit zwei goldenen Löwen. Im Innern sind die jeweils in intensivsten Farben gehaltenen Prachträume Roter Saal und Grüner Salon sowie das türkise Schlafzimmer und das Blaue Eckzimmer (Bibliothek) sehenswert.

Prinz Carl war offenbar der einzige Italienfan in der Familie. Denn nach seinem Tod 1883 verwahrloste das Gebäude zusehends. Im Zweiten Weltkrieg wurde es als Lazarett, danach u. a. als Offizierskasino der Roten Armee und als Sporthotel genutzt. Seit Ende der 1980er-Jahre dient das Schloss als Museum. Im Westflügel eröffnete zudem im April 2006 das erste Hofgärtnermuseum Europas, das die Geschichte der preußischen Hofgärtner zeigt.

Hofgärtnermuseum: März Sa., So. 10 – 18, April – Okt. Di. – So. 10 – 18 Uhr | Eintritt: 6 €

Hier darf man neugierig sein

Park Glienicke

Der 115 Hektar große, von **Peter Joseph Lenné** angelegte englische Landschaftspark lockt wegen der vielen alten Bäume Gartenfans aus nah und fern. Herrlich sind die Blicke von den Wegen entlang des Steilufers der Havel. Von hier aus schaut man hinüber zum Neuen Garten, zum Pfingstberg, zur Pfaueninsel und zur Heilandskirche Sacrow. Im Park liegen versteckt, als wären sie zu einer Schnitzeljagd ausgebreitet worden, mehrere kleinere, architektonisch aber wertvolle Gartenhäuschen und Pavillons. Versäumen Sie nicht, beim Rundtempel **Große Neugierde** in der Südwestecke des Parks und am Teepavillon **Kleine Neugierde** an der Königstraße vorbeizuspazieren – beides sind hervorragende Aussichtspunkte, daher auch die Namen.

Schloss und Park Glienicke sind Teil des **UNESCO-Welterbes Schlösser und Parks** von Potsdam und Berlin.

Ort für Agentenaustausche

Glienicker Brücke

Nur wenige Schritte vom Schloss entfernt verbindet die Glienicker Brücke Berlin und Potsdam. In den den Zeiten des Kalten Kriegs erlangte sie durch mehrere Agentenaustausche Berühmtheit. Hier wurde u. a. 1962 der amerikanische U2-Pilot Gary Powers gegen den sowjetischen Meisterspion Rudolf Abel ausgetauscht.

Mühsamer Wiederaufbau nach einem Brand

Jagdschloss Glienicke

Südlich der Königstraße liegt am Nordostufer der Glienicker Lake das 1682/1683 für den Großen Kurfürsten errichtete und 1859 umgestaltete Jagdschloss, 2003 wurde bei einem Brand der Südflügel des Schlosses stark beschädigt. Die langwierigen und von bürokratischen Streitigkeiten begleiteten Wiederaufbauarbeiten sind inzwischen nahezu beendet.

GRUNEWALD

Lage: Wilmersdorf / Zehlendorf | **S-Bahn:** Grunewald (S 7)

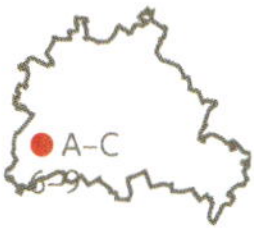

Hinaus ins Grüne! Wenn der Westberliner am Wochenende spazieren gehen will, wählt er gern den Grunewald als Ziel. Der ist 3000 Hektar groß, was ungefähr 4500 Fußballfeldern entspricht, und bietet entsprechend viel Auslauf. Apropos Auslauf: Berliner mit Hund, und das sind nicht wenige, gehen im Grunewald nicht nur spazieren, sondern auch baden.

Der Name Grunewald geht auf das Jahr 1542 zurück. Kurfürst Joachim II.ließ ein Jagdschloss mit dem Namen **»Zum grünen Wald«** bauen. Und allmählich setzte sich dieser Name verballhornt als Bezeichnung für das ganze Gebiet durch. Wenn Sie bei einem Grunewaldspaziergang auch ohne grünen Daumen als Pflanzenkenner auftreten wollen, ein Tipp: Bei jedem Nadelbaum auf eine Kiefer und bei jedem Laubbaum auf eine Eiche tippen. Die Chance, dass Sie richtig liegen, ist hier ziemlich hoch.

Grüne Lunge Westberlins

Mit der Abhörstation auf dem Teufelsberg im Grunewald konnten die US-Militärs mithören, was im Osten telefoniert und gefunkt wurde.

BAEDEKER ÜBERRASCHENDES

6X UNTERSCHÄTZT

Genau hinsehen, nicht dran vorbeigehen, einfach ausprobieren!

1. KULTURERBE IM WEDDING

Die graue Maus unter den Kiezen kann seit 2008 auf ein UNESCO-Weltkulturerbe stolz sein: die Siedlung am Schillerpark.

2. SPREEKAPITÄN

Zum Paddeln nach Berlin? Warum denn nicht, Berlin hat immerhin mehrere hundert Kilometer Wasserwege zu bieten. Ein guter Startpunkt für jeden Spreekapitän ist der Kanuverleih an der Insel der Jugend. (▶ **S. 220**)

3. BRÜCKEKUNST

Das Brücke-Museum, das ausschließlich Bilder von Mitgliedern der weltbekannten Künstlergruppe zeigt, ist eines der besten Museen moderner Kunst. Die versteckte Lage in Grunewald ist Grund für wenig Besucherandrang. (▶ **S. 107**)

4. HAUPTSTADT DER TIERE

In Berlin gibt es so einge Wildtiere. Hier leben 53 verschiedene Säugetierarten, darunter Biber, Wildschweine und Waschbären und rund 180 Vogelarten. Das sind mehr als in vielen Nationalparks!

5. LEUCHTENDES BERLIN

Jedes Jahr im Oktober leuchtet die Stadt in magischem Licht. Bei »Berlin leuchtet« und dem »Festival of Lights« lassen internationale Lichtkünstler die Gebäude der Stadt in buntem Licht erstrahlen. (▶ **S. 226**)

6. BLICK IN DEN ZOO

Sie müssen nicht unbedingt in den Zoo gehen, um einen Blick auf die dort lebenden Tiere zu erhaschen. Vom Zoofenster im Bikinhaus schaut man auf den Affenfelsen, aus dem Restaurant Neni überblickt man den Zoo. (▶ **S. 129**)

Für Hund, Herrchen und Frauchen

Im Grunewaldsee dürfen die vierbeinigen Freunde nach Herzenslust herumtollen und haben sogar einen eigenen Badestrand. Die Sauberkeit des Sees lässt bei so viel Hund aber zu wünschen übrig. Deswegen wird regelmäßig diskutiert, ob man auch hier – wie bei anderen Berliner Seen – Hunde an die Kandare nehmen sollte. Immerhin: Das Restaurant Paulsborn am Grunewaldsee nennt sich inzwischen **Hunderestaurant**. Was heißt, dass Mensch und Tier gleich bedient werden. Während Herrchen oder Frauchen ins sich das Wiener Schnitzel schmecken lassen, kann der Liebling der Familie am Knochen nagen.

Ort des Grauens

Bahnhof Grunewald

Der (S-)Bahnhof Grunewald erinnert an die **Terrorherrschaft der Nazis**: Von hier und vom anschließenden Grunewalder Güterbahnhof wurden von 1941 bis 1945 Zehntausende Berliner Juden in die Vernichtungslager abtransportiert. Ein 1991 vor dem Bahnhof und ein 1998 an Gleis 17 enthülltes **Mahnmal** erinnern daran.

Turbulente Tage im Renaissanceschloss

★ Jagdschloss Grunewald

Von der Bushaltestelle (s. u.) sind es noch 20 Minuten zu Fuß durch den Grunewald zum Jagdschloss am Grunewaldsee, das Caspar Theyss 1542 im Auftrag von Kurfürst Joachim II. errichtete. Es entstand ein schlichter, im Lauf der Zeit mehrfach veränderter Renaissancebau. Unter Kurfürst Johann Georg wurde 1593 der Erker an die Rückfront angefügt, unter Preußenkönig Friedrich I. (1657 – 1713) das Schloss völlig renoviert und verändert und schließlich unter Friedrich dem Großen (1712 – 1786) der Wirtschaftshof und der Jagdzeugschuppen gebaut. Der große Saal mit bemalter Holzdecke blieb in seinen Renaissanceformen erhalten. Turbulente Tage erlebte das Schloss, als 1814 die in Kisten verpackten Einzelteile der von Napoleon I. geraubten Quadriga aus Paris wieder in Berlin eintrafen und auf die Rückkehr auf das ►Brandenburger Tor warteten.

Die Attraktion des Schlosses ist die **Sammlung deutscher und niederländischer Gemälde** des 15. bis 19. Jh.s, darunter Stücke von Barthel Bruyn, Lucas Cranach d. Ä., van Haarlem, Anton Graff, Jacob Jordaens, Franz Krüger und Antoine Pesne. Im **Jagdzeugmagazin** sind Jagdwaffen und Trophäen aufgebaut.

U-Bahn: Dahlem-Dorf (U 3), dann Bus X 83, 183 bis Königin-Luise-Str., dann zu Fuß | April – Okt. Di. – So. 10 – 18, Nov., Dez., März Sa., So., Fei. 10 – 16 Uhr (dann kein Zugang zum 2. Obergeschoss)
Eintritt: 6 € | www.spsg.de

Juwel des deutschen Expressionismus

★ Brücke-Museum

Das Brücke-Museum ist ein leider oft übersehenes Juwel am Rande des Grunewalds. Von der Bushaltestelle Königin-Luise-Str./Clayallee ist es die Clayallee nördlich hinauf nicht weit zum Bussardsteig 9, wo in einem bauhausähnlichen Flachbau Archiv und Ausstellung der 1905 in Dresden gegründeten expressionistischen **Künstlergemeinschaft »Die Brücke«** eingerichtet ist. Die Initiative zur Museumsgründung ging von Brücke-Altmeister Karl Schmidt-Rottluff aus, der einen Großteil seiner Werke stiftete. Zu den weiteren hier vertretenen Brücke-Künstlern gehören Erich Heckel, Ernst Ludwig Kirchner, Otto Mueller und Max Pechstein. Die Werke werden in wechselnden Ausstellungen präsentiert.

Tgl. außer Di. 11 – 17 Uhr | Eintritt: 6 € | www.bruecke-museum.de

Trümmerberge

Künstliche Hügel für Weinanbau und Longboarder

Berge in Berlin? Natürlich! Aber die meisten von ihnen sind jüngeren Datums. Sie »entstanden« erst nach Ende des Zweiten Weltkriegs – als Trümmerberge. Der **Teufelsberg** ist einer dieser »Kunstberge« und mit 120 Metern die zweithöchste Erhebung der Stadt. Im Sommer kommen Spaziergänger, Modellflugfans, Picknickliebhaber und sogar Gleitschirmflieger hierher. Mountainbiker stürzen sich auf kurzen, aber durchaus anspruchsvollen Waldwegen den Hang hinab. Auf der Straße, die zum Teufelsberg hinaufführt, sind die hippen Longboarder unterwegs. An klaren Tagen kann man die ganze Stadt von West bis Ost überblicken und deswegen versammelt sich hier in der Silvesternacht halb Berlin, um das Feuerwerk zu bestaunen.

Früher war der Teufelsberg sogar »Weinanbaugebiet«. In den siebziger Jahren pflanzte man an seinem Südhang Riesling an – wirklich schmackhaft scheint das »Wilmersdorfer Teufelströpfchen« nicht gewesen zu sein, denn der Weinberg ist schon lange aufgegeben.

Zu Zeiten des Kalten Krieges war der Teufelsberg Standort einer Abhörstation – die Amerikaner belauschten von hier den Funkverkehr in der DDR. An diese Zeit erinnern noch die **Ruinen der Radaranlage** mit ihren weißen Kuppeln.

Radaranlage: nur mit Führung | www.berlinsightout.de

Grunewaldturm

Genau in der Mitte zwischen Berlin und Potsdam

Der Grunewaldturm an der Havelchaussee ist 56 m hoch; 205 Stufen führen hinauf. Ursprünglich hatte man ihn **»König Wilhelm Turm«** genannt, aber zur Einweihung des Turms korrigierte Sohn Wilhelm II. diskret in seinem Glückwunschtelegramm, dass das Gebäude korrekterweise als **»Kaiser-Wilhelm-Turm«** bezeichnet werden müsse, da Deutschland mittlerweile Kaiserreich geworden war. Der Turm wurde 1897 bis 1898 von Franz Schwechten genau in der Mitte zwischen Berlin und Potsdam erbaut. Von Schwechten stammt auch die Kaiser-Wilhelm-Gedächtniskirche in Charlottenburg. Nach langer Restaurierung ist die **Aussichtsplattform** in 36 m Höhe wieder offen. Auch **Havelschiffe** steuern den Anleger unterhalb an.

Bus 218 ab U-Bahn-Station Theodor-Heuss-Platz (U 2)
tgl. 10 – 22 Uhr | Eintritt: 3 €

★ HAMBURGER BAHNHOF · MUSEUM FÜR GEGENWART

Lage: Invalidenstr. 50 – 51, Tiergarten
S-Bahn: Hauptbahnhof (S 5, S 7, S 75)
Di., Mi., Fr. 10 – 18, Do. 10 – 20, Sa. u. So. 11 – 18 Uhr
Eintritt: 10 € | **www.smb.museum**

Sind Sie an zeitgenössischer Malerei interessiert? Mögen Sie mutige, manchmal provozierende Kunstexperimente? Oder wollen Sie einfach Werke moderner Klassiker wie Warhol, Twombly, Beuys oder Polke sehen? In all diesen Fällen sind Sie im Museum für Gegenwart im Hamburger Bahnhof richtig.

Das Museum für Gegenwart ist Teil der ▶ Nationalgalerie und gleichzeitig ihr größtes Haus. Die Sammlung gehört zu den größten und wichtigsten Sammlungen für zeitgenössische Kunst weltweit.

Von außen ein Bahnhofsgebäude aus der Kaiserzeit – innen warten moderne Klassiker von Beuys bis Warhol.

Zeitgenössische Kunst

Der alte Kopfbahnhof aus Kaiserzeiten wurde nach der Wende unter der Regie von Paul Kleihues grandios restauriert und neu gestaltet. Seit 1996 ist hier das **Museum für Gegenwart** untergebracht. Zunächst hatte man »nur« 7000 m² Ausstellungsfläche zur Verfügung; nachdem aber Friedrich Christian Flick 2004 dem Museum seine Sammlung von 268 Kunstwerken (u. a. Werke von Sigmar Polke, Gerhard Richter, Georg Baselitz und Neo Rauch) als Dauerleihgabe zur Verfügung gestellt hatte, hat sich die Ausstellungsfläche fast verdoppelt.

Malerei, Fotografie und Installation

Sammlungen Flick, Marx und Marzona

Im Wesentlichen werden heute die aktuellen Entwicklungen in den Bereichen Malerei, Fotografie und Installation in drei großen Sammlungen präsentiert: Neben der Friedrich Christian Flick Collection ist das die Sammlung Marx, mit der der Hamburger Bahnhof 1996 eröffnet wurde, u. a. mit Werken von Joseph Beuys und Robert Rauschenberg. 2002 kam die Sammlung Marzona mit Konzeptkunst und Arte Povera hinzu. Die Arte Povera hat sich Ende der 1960er-Jahre in Norditalien entwickelt; sie heißt »arme Kunst«, weil sie Materialien des täglichen Lebens für ihre Installationen verwendet.
Außerdem lädt das Museum für Gegenwart regelmäßig zu **Wechselausstellungen** ein. Während die eigenen Sammlungen im Wesentlichen Werke zeigen, die nach 1960 entstanden sind, sieht man diese Zeitgrenze bei Wechselausstellungen nicht so streng.

★ JÜDISCHES MUSEUM

Lage: Lindenstr. 9 – 14, Kreuzberg
U-Bahn: Hallesches Tor (U 1, U 6), Kochstraße (U 6)
Bus: M 29, M 41, 248
tgl. 10 – 20, Mo. bis 22 Uhr, an Rosch Haschana, Jom Kippur sowie an Heiligabend geschl. |Eintritt: 8 € | **www.jmberlin.de**

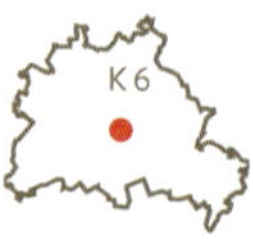

Daniel Libeskind, der Architekt des Jüdischen Museums, hat wohl etwas untertrieben als er seinen Bau als ein Museum charakterisierte »wie andere auch, mit weißen Wänden, auf die man Bilder hängen, vor denen man Objekte ausstellen kann.« Diese Ansicht dürften nur die wenigsten Besucher teilen. Schließlich zählt das Berliner Jüdische Museums zu den spektakulärsten Museumsbauten in Deutschland. Schroff, fast fensterlos, gleicht er von außen einem zerborstenen Davidstern oder aber einem Blitz.

Dieses expressive Gebäude auf dem Grundriss einer blitzähnlichen Zick-Zack-Linie entzieht sich radikal dem vorherrschenden architektonischen Mainstream. Durch seine Zinkblechfassade, in die unregelmäßige, streifenförmige Fensteröffnungen eingeschnitten sind, erhält der Bau einen sehr abstrakten, objekthaften Charakter. Die Räume werden vor allem durch Rampen erschlossen, die durch die irritierenden, schiefe Grundrisse und spitze Winkel aufweisenden Säle leiten. In manche Räume sieht man nur durch schmale Schlitze – und erblickt Leere (sog. »voids«), die die Abwesenheit der Opfer des Holocaust symbolisieren sollen und damit diesen selbst noch ein-

Zersplitterter Blitz aus Glas und Blech

Radikale Architektur innen und außen: das Jüdische Museum.
Das macht die Präsentation der Stücke nicht einfach.

dringlicher vergegenwärtigen. Mit der Eröffnung im September 2001 erhielt Berlin nach über 60 Jahren wieder ein Jüdisches Museum – das erste, im Januar 1933 in der Oranienburger Straße eröffnete, war 1938 von der Gestapo geschlossen worden.

Unterirdische Achsen zu Exil und Holocaust

Untergeschoss des Libeskind-Baus

Vom Eingangsbereich im barocken Kollegienhaus geht es unterirdisch hinüber in das Untergeschoss des Libeskind-Baus, wo sich drei mit Vitrinen bestückte Achsen queren: Die »Achse des Exils« führt hinaus in den E. T. A.-Hoffmann-Garten, die »Achse des Holocaust« vor eine Stahltür, hinter der sich der leere, dunkle Holocaust-Turm verbirgt, die »Achse der historischen Kontinuität« schließlich weist hinauf in die eigentliche Ausstellung, die in dreizehn so genannten Epochenbildern zwei Jahrtausende deutsch-jüdischer Kulturgeschichte vorstellt. Die Zeitreise beginnt im zweiten Obergeschoss mit einer Kopie der ersten urkundlichen Erwähnung von Juden in Deutschland in einem Dekret des römischen Kaisers Konstantin aus dem Jahr 321 n. Chr., stellt bedeutende deutsche Juden wie Moses Mendelssohn und Emil Rathenau vor und endet mit der Nachkriegsentwicklung. Insgesamt sind annähernd 4000 Objekte aufgebaut, oftmals medial verstärkt – was, im Zusammenspiel mit der asymmetrischen Architektur, leider dazu führt, dass ein roter Faden durch die Präsentation nur schwer zu erkennen ist.

Ein Baum aus Stahl

Kollegienhaus

Als Eingangs- und Servicebereich fungiert das ehemalige Alte Kammergericht, das 1734/1735 von Philipp Gerlach als »Kollegienhaus« errichtet wurde und im Giebelfeld das preußische Staatswappen und darüber Justitia (Gerechtigkeit) und Veritas (Wahrheit) trägt. Seit 2007 überspannt ein von vier Stützenbündeln aus Stahl getragenes Glasdach den U-förmigen, 670 m² großen Innenhof. Die Stützenkonstruktion ist von der Struktur eines Baums inspiriert und setzt sich im Dach als Liniennetz aus Stahl fort. Damit bezieht sich Daniel Libeskind auf das jüdische Laubhüttenfest »Sukkot«.

In gestapelten Kisten archiviert sich gut

Akademie des Jüdischen Museums

Bauliche Kuben schieben sich wie Kisten ineinander – unverkennbar als Libeskind-Bau erweist sich die Akademie des Jüdischen Museums gegenüber, in dem Archiv und Bibliothek Platz gefunden haben.

Moderne Kunst in Laufweite

Berlinische Galerie

Der Neubau der Berlinischen Galerie (Landesmuseum für Moderne Kunst, Fotografie und Architektur), liegt gut zehn Gehminuten vom Jüdischen Museum entfernt. Sie veranstaltet Wechselausstellungen.
Alte Jakobstr. 124 – 128 | Mi.–Mo.10 – 18 Uhr | Eintritt 8 €
www.berlinischegalerie.de

★ KADEWE (KAUFHAUS DES WESTENS)

Lage: Wittenbergplatz, Schöneberg
U-Bahn: Wittenbergplatz (U 1, U 2)

Was den Londonern »Harrods«, ist den Berlinern das KaDeWe – der Konsumtempel schlechthin.

Weit mehr als ein »Warenhaus«

Mit dem kleinen Unterschied allerdings, dass das KaDeWe in puncto Noblesse und Exklusivität (noch) nicht ganz an das Londoner Pendant heranreicht. Aber immer noch ist es das bekannteste Warenhaus Berlins und das größte auf dem europäischen Festland. 1907 von Kommerzienrat Adolf Jandorf gegründet, erwarb es 20 Jahre später Kaufhauskönig Hermann Tietz; heute gehört es zur Karstadt Warenhaus GmbH. Es bietet auf 60000 m² Verkaufsfläche auf acht Etagen alles, was man sich nur erdenken kann. Immer noch eine Attraktion erster Güte ist die **Lebensmittelabteilung** in der sechsten Etage – die zweitgrößte weltweit – mit einem schier unüberschaubaren Angebot, das man an allerlei Theken und im Restaurant unter der Glaskuppel auch gleich probieren kann.

Schwierige Entscheidung im Vorzeige-Konsumtempel Berlins: Parfümerie oder doch lieber gleich in die Lebensmittelabteilung?

KREUZBERG

Bezirk: Friedrichshain-Kreuzberg | **U-Bahn:** U 1, U 6, U 7, U 8

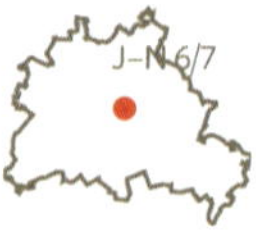

»Kreuzberger Nächte sind lang« – die Ansage des Gassenhauers, mit dem sich die Gebrüder Blattschuss Ende der Siebzigerjahre in die Charts sangen, gilt auch heute noch. Und auch die Textzeile aus dem Berlinlied der Kultband Ideal stimmt nach wie vor. »Oranienstraße, hier lebt der Koran«, sangen sie damals. Party und Multikulti dominieren Teile Kreuzbergs noch immer – trotzdem hat sich der Bezirk in den letzten Jahren gewandelt. Längst haben ihn auch die Gutbetuchten für sich entdeckt.

Vom Rand ins Zentrum

Kreuzberg stand aber auch für Hausbesetzung und Randale, bevorzugt am 1. Mai. Davon ist heute kaum mehr etwas zu spüren, denn Kreuzberg hat sich sehr verändert. Durch den Mauerfall rückte es von seiner Randlage, in der manch alternatives Pflänzchen auch mit Hilfe von Senatsgeldern wachsen konnte, urplötzlich in die Mitte der Stadt. Kreuzberg wurde neu entdeckt, dieses Mal von den etwas besser Verdienenden, die den alten Bezirk zur schicken Adresse gemacht haben, – die Immobilienpreise sind in den letzten Jahren dermaßen gestiegen, mancherorts um das Doppelte.

Hochbahn und Kanal prägen den Stadtteil

Der Bezirk wurde 1920 aus der südlichen Friedrichstadt, der Luisenstadt und der Tempelhofer Vorstadt gebildet. Seinen Charakter erhält er durch die als Hochbahn verlaufende U-Bahn und den Landwehrkanal, die ihn durchschneiden. Die Neuordnung der Bezirke legte Kreuzberg und Friedrichshain zusammen.

Tolle Kneipen, erstklassige Küche und Museen

Wo ist was geboten?

In Kreuzberg ist abends aber immer noch viel los, z.B. rund um die Bergmannstraße, an der Oranienstraße zwischen Oranien- und Heinrichplatz, an der Adalbertstraße und im Wrangelkiez um den U-Bahnhof Schlesisches Tor. Am Paul-Lincke-Ufer, an der Fichtestraße und rund um den Südstern haben sich erstklassige Köche angesiedelt. Auch Einkaufen kann man inzwischen in Kreuzberg ganz ausgezeichnet. Hierzu bietet sich die Gegend rund um die Bergmannstraße an. Und zu sehen gibt es außer den Hauptsehenswürdigkeiten ►Deutsches Technikmuseum, ►Topographie des Terrors und dem ►Jüdischen Museum noch eine Menge mehr.

Kreuzberg (Viktoriapark)

66 m – in Berlin schon ein Berg

Seinen Namen verdankt der Stadtteil dem Kreuzberg, der im Süden nahe beim ehemaligen Flughafen Tempelhof stattliche 66 m Höhe

Am Landwehrkanal gibt es schöne Plätzchen zum Entspannen und Durchatmen.

erreicht. Als Tempelhofer Berg war er um 1300 den Franziskanern geschenkt worden und hieß dann der »Runde oder Götzesche Weinberg«, denn bis 1740 wurde Wein angebaut. An seinen Hängen erstreckt sich der 16 ha große, 1888 bis 1894 von Gartenbaudirektor Hermann Mächtig angelegte und 1913/1914 erweiterte Viktoriapark mit Wolfsschlucht, Rodelbahn und künstlichem Wasserfall, der dem Zackelfall im Riesengebirge nachempfunden ist. Die Tradition des Weinbaus hat man wieder aufleben lassen; in den Genuss des Rebensafts kommen allerdings nur offizielle Gäste des Senats. Den Gipfel des Kreuzbergs krönt das 20 m hohe **Denkmal zur Erinnerung an die Freiheitskriege 1813 – 1815**, das nach Entwürfen von Schinkel von 1818 bis 1821 errichtet wurde: Zwölf Statuen symbolisieren die **Hauptsiege** und tragen zugleich die Züge der herausragenden Persönlichkeiten dieser Zeit.

Neue Edelquartiere

Schultheiss-Brauerei

Die 1862 gebaute, burgartige Schultheiss-Brauerei südlich unterhalb ist zum Edelwohnquartier »Viktoriapark« umgebaut worden. Diese und dazu sehr aufwendig sanierte Wohnungen in den Gründerzeithäusern neben Riehmers Hofgarten, ebensolche Wohnungen am Chamissoplatz und Neubauten neben dem Viktoriapark gehören mit zu den attraktivsten und teuersten Immobilien auf dem Berliner Wohnungsmarkt.

Auf der Oberbaumbrücke rattert die U 1 von Kreuzberg nach Friedrichshain. Vom Restaurant »Pirates« schaut man in Ruhe zu.

Alt-Kreuzberger Atmosphäre unter Gaslaternen

★ Riehmers Hofgarten

Wenig nördlich vom Viktoriapark kann man zwischen Hagelberger-, Großbeeren- und Yorckstraße ein interessantes Kapitel der Berliner Wohnungsbaugeschichte studieren und noch Alt-Kreuzberger Atmosphäre unter Gaslaternen spüren. Maurermeister Riehmer ließ hier zwischen 1891 und 1899 eine dreiflügelige Wohnanlage errichten, die sich wohltuend von den tristen Mietskasernen abhebt. Die Wohnhäuser gruppieren sich um kopfsteingepflasterte, begrünte Innenhöfe und sind durch eine eigene Zufahrtsstraße erschlossen.

Multikulti und Öko, aber bitte auch edel!

Bergmannstraße

Vom U-Bahnhof Gneisenaustraße (U 7) erreicht man in südlicher Richtung die Bergmannstraße. Aus diesem einst echten Stück Kreuzberg – kleine Leute, junge Leute, Multikulti und Öko – ist mittlerweile doch eine Edelmeile geworden. Die schönsten Ecken: der etwas südlich gelegene Chamissoplatz mit sehr schönen Gründerzeithäusern und der **Marheinekeplatz** mit einer der vier von ursprünglich 14 in Berlin vorhandenen Markthallen. Auf dem an der Bergmannstraße gelegenen (zweiten) **Dreifaltigkeitskirchhof** findet man u. a. die Gräber von Martin Gropius und Theodor Mommsen.

Spazieren am Wasser, dazu hübsche Cafés und Märkte

Landwehrkanal

Der 10,3 km lange Landwehrkanal durchzieht Kreuzberg von Osten nach Westen und verbindet die Oberspree (Schlesisches Tor) mit der Unterspree (Charlottenburg). Er wurde 1845 bis 1850 nach Plänen von Peter Joseph Lenné an Stelle des Floß- oder Schafgrabens angelegt und 1883 bis 1889 erweitert. Ursprünglich als Grenzmarkierung gezogen und schon 1450 erwähnt, hat der Kanal viel zur Entwicklung Kreuzbergs beigetragen, ist heute jedoch ohne Bedeutung – zumindest in wirtschaftlicher Hinsicht. Aber für die Freizeit bleibt er wichtig – die schönsten Uferspazierwege und Häuserzeilen bieten das **Fraenkelufer** mit den Bauten zur IBA 1987 und das **Paul-Lincke-Ufer**, wo es einige hübsche Kneipen und Cafés hat. Am gegenüberliegenden, schon Neuköllner Maybachufer findet dienstags und freitags der berühmte »Türkenmarkt« statt – daneben mausert sich das nördliche Neukölln mit Kneipen und Modeläden zum immer beliebteren **»Kreuzkölln«**.

Ringförmige Wohnanlage und drei Friedhöfe

Mehringplatz

Die ►Friedrichstraße läuft in Kreuzberg im Mehringplatz aus, einst Rondell, dann Belle-Alliance-Platz. Nicht gerade einladend gestaltete Hans Scharoun diesen als ringförmige Wohnanlage. In der Mitte erinnert die Friedenssäule an die Befreiungskriege. Geht man südlich des Platzes über den Landwehrkanal, kommt man zwischen Mehringdamm und Zossener Straße gleich an drei Kirchengemeinden mit interessanten **Friedhöfen** vorbei: der Dreifaltigkeitskirchhof, die Jerusalems- und die Neue Kirchengemeinde, wo u. a. Felix Mendelssohn-Bartholdy und E. T. A. Hoffmann begraben liegen.

Zentrale mit berühmtem Standbild

SPD-Zentrale

Wo wenig westlich vom Mehringplatz Wilhelm- und Stresemannstraße in spitzem Winkel aufeinander treffen, hat sich die SPD von Architekt Helge Bofinger ihre luftige Zentrale bauen lassen, das **Willy-Brandt-Haus**. Im Atrium steht das große Standbild des Namensgebers von Rainer Fetting.

Lange trennend, nun verbindend

★ Oberbaumbrücke

Wenig nördlich der Einmündung des Landwehrkanals in die Spree verbindet die Oberbaumbrücke Kreuzberg mit Friedrichshain. Die in märkischer Backsteingotik aufgeführte, 30 m breite Brücke mit zwei mächtigen Türmen wurde 1896 erbaut. Mit dem »Oberbaum«, einem schwimmenden Baumstamm, sperrte man nachts die Durchfahrt auf der Spree. Nach dem Mauerbau konnten sie nur Rentner mit Passierschein benutzen, bis sie 1972 für regulären Besucherverkehr geöffnet wurde Am 9. November 1989 erlebte sie den Ansturm Zehntausender Ostberlinern. Fünf Jahre später war sie renoviert und dem Verkehr einschließlich der nun nach Osten weitergeführten U-Bahnlinie 1 übergeben worden.

Verewigt von Ton Steine Scherben

Mariannenplatz

Der 1853 von Peter Joseph Lenné entworfene Mariannenplatz liegt im Norden Kreuzbergs an der Adalbert- und Waldemarstraße. An seiner Westseite steht das ehemalige **Krankenhaus Bethanien**, 1845 bis 1847 als erster größerer Bau in dieser Gegend errichtet. Hier arbeitete in den Jahren 1848 und 1849 Theodor Fontane als Apotheker. Das ehemalige Schwesternwohnheim Bethanien schrieb Berliner Sponti-Geschichte, als es am 8. Dezember 1971 als erstes Haus in Berlin besetzt und nach dem kurz zuvor bei einer RAF-Fahndung erschossenen Georg von Rauch benannt wurde. Heute ist es immer noch autonomes Jugend- und Kulturzentrum. An der Nordseite des Platzes erhebt sich die neoromanische **Thomas-Kirche**.

Fontane-Apotheke: Di. 14 – 17 Uhr | U-Bahn: Görlitzer Bahnhof (U 1)

★★ KULTURFORUM

Lage: Tiergarten | **Innenstadtplan:** f III/IV
S-/U-Bahn: Potsdamer Platz (S 1, S 2, S 25, U 2)
Bus: M 29, M 41, M 48, 200
Eintritt: Bereichskarte 12 € (Gemäldegalerie, Kupferstichkabinett, Kunstgewerbemuseum)
www.smb.museum

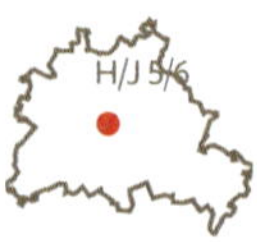

Die Nazis hatten schon Platz geschaffen für ihre »Welthauptstadt Germania« und dafür ein Villenviertel am Rande des Tiergartens abgerissen. Was Hitlers Mannen nicht schafften, fiel dann den Bombenangriffen gegen Ende des Zweiten Weltkriegs zum Opfer. So hatte man dort, wo sich heute das Kulturforum erstreckt, in den 1960er-Jahren viel Platz für Zukunftsvisionen.

Neue Ideen sind gefragt

Auf der großen Brache in Mauernähe entstand das neue Kulturzentrum Westberlins. Rund um die **St. Matthäuskirche**, einen Bau von Friedrich August Stüler aus der Mitte des 19. Jh., die als einzige sowohl den Kahlschlag durch die Nazis als auch die Bombennächte halbwegs unbeschadet überstanden hatte, baute man gleich mehrere Museen und ein großes Musikhaus, die Philharmonie.
Obwohl das Ensemble, erarbeitet von **Hans Scharoun** (1959–64) von offizieller Seite als »einzigartiges geistig-kulturelles Zentrum« umschrieben wird, ist die Begeisterung in der Stadt über das Kulturforum nicht allzu groß. Trotz der bekannten Architekten, die hier am Werk waren, und den – zumindest zum Teil – durchaus gelungenen Gebäuden wirkt das Ganze lieblos zusammengewürfelt und nicht als

Einheit. 2006 hat deswegen das Abgeordnetenhaus Berlin einen Masterplan zur Neugestaltung beschlossen. Damit hörten die Diskussionen aber nicht auf. Es wurde kritisiert, optimiert oder blockiert. Passiert ist dagegen bis heute nicht viel – lediglich die längst überfällige Renovierung der Neuen Nationalgalerie hat man in Angriff genommen. 2015 schrieb der »Tagesspiegel«:

»
Zur Zukunft des Berliner Kulturforums gibt es viele Ideen. Bislang hat keine die Kraft, sich durchzusetzen.
«

Ein Hauptwerk der Klassischen Moderne

Ihren großen Auftritt hatte die Neue Nationalgalerie im Jahre 2004, als hier für einige Monate das New Yorker Museum of Modern Art (MoMA) zu Gast war und Tag für Tag Tausende von Kunstliebhabern

Neue Nationalgalerie

vor dem Eingang geduldig auf Einlass warteten. Die Halle aus Stahl und Glas, die als eines der Hauptwerke der Klassischen Moderne gilt, wurde 1965 bis 1968 nach Plänen von **Ludwig Mies van der Rohe** errichtet und war dessen letztes großes eigenständiges Werk. Die dringend notwendige Sanierung nahm man 2015 in Angriff. Sie wird zumindest bis 2020 dauern. Danach wird die Neue Nationalgalerie um einen eigenständigen Anbau erweitert, in dem das **Museum des 20. Jahrhunderts** untergebracht werden soll.

Die Großen der europäischen Malerei

★★ Gemäldegalerie

Der »Mann mit dem Goldhelm« war früher der Star der Gemäldegalerie. Seit man jedoch entdeckt hat, dass das Meisterwerk nicht, wie ursprünglich angenommen, von Rembrandt stammt, sondern lediglich aus seinem Umkreis, kommen die meisten Besucher wegen anderer Werke hierher.
Die Sammlung der Gemäldegalerie zeigt die Großen der europäischen Malerei vom 13. bis zum 18. Jahrhundert: Meisterwerke von Albrecht Dürer, Raffael, Tizian, Caravaggio, Canaletto, Velázquez, Peter Paul Rubens, Jan van Eyck, Pieter Bruegel, Jan Vermeer, Hieronymus Bosch und selbstverständlich auch von Rembrandt van Rijn. Letzterem wurde sogar ein eigener Saal gewidmet, in dem auch weiterhin »**Der Mann mit dem Goldhelm**« zu sehen ist. Den Pinsel selbst geschwungen hat der Meister bei den übrigen Werken, die dort ausgestellt sind, etwa »Susanna und die beiden Alten« »Simson und Delila« und dem »Bildnis der Hendrickje Stoffels«.
Der im Juni 1998 eröffnete Neubau zeigt die Sammlungen, nach über 50-jähriger Trennung, wieder vereint. Auf dem fast zwei Kilometer langen Rundgang durch das Museum begibt man sich auf eine Zeitreise von 13. bis zum 18. Jahrhundert, auf der man alle großen Künstler dieser Epochen anhand ihrer Meisterwerke besucht.
Den Grundstock des Museums bildeten die Sammlungen des Großen Kurfürsten (1620–1688) und von Friedrich dem Großen (1712–1786) – ausgestellt wurden die Werke bis zum Zweiten Weltkrieg im Königlichen Museum am Lustgarten, dem heutigen Alten Museum. Während des Zweiten Weltkriegs wurden mehr als 400 großformatige Werke zerstört, die restlichen Gemälde verteilte man später auf verschiedene Museen in Berlin.
Di., Mi, Fr. 10 - 18, Do.10 - 20, Sa. und So. 11 - 18 Uhr | Eintritt: 10 €

Weltweit größter Kirchenschatz in einem Museum

★★ Kunstgewerbemuseum

Das 1985 erbaute Kunstgewerbemuseum zeigt auf vier Stockwerken die historische Entwicklung des europäischen Kunsthandwerks vom Mittelalter bis zur Gegenwart: Gold- und Silberschmiedearbeiten, Glas- und Porzellangefäße, Möbel und Stoffe. Im Erdgeschoss ist das berühmteste Stück der Sammlung, der **Welfenschatz**, ausgestellt. Dabei handelt es sich um kunstvoll gefertigte Reliquiare, Tragaltäre

GEMÄLDEGALERIE

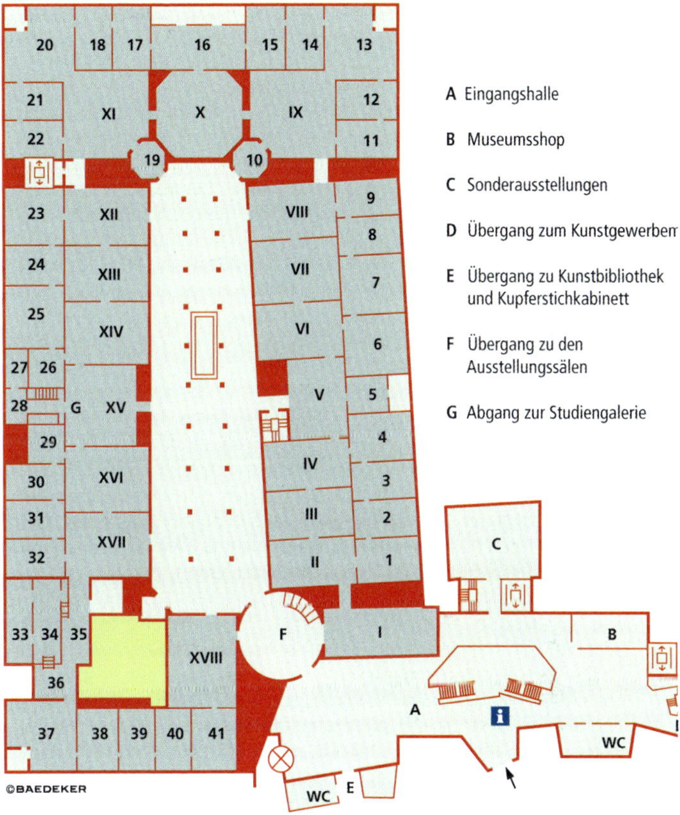

A Eingangshalle

B Museumsshop

C Sonderausstellungen

D Übergang zum Kunstgewerbem

E Übergang zu Kunstbibliothek und Kupferstichkabinett

F Übergang zu den Ausstellungssälen

G Abgang zur Studiengalerie

I-III / 1-4
Deutsche Malerei (Dürer, Cranach)

V-VI / 5-7
Niederländische Malerei (van Eyck, Bruegel)

VII-XI / 8-19
Flämische und Holländische Malerei (Rubens, Rembrandt)

20-22
Englische, Französische und Deutsche Malerei 18. Jh.

XII-XIV / 23-26, 28
Italienische, Französische und Spanische Malerei

XV-XVII / 29-32
Italienische Malerei (Raffael, Tizian)

34
Miniaturen

XVII / 35-41
Italienische Malerei (Giotto, Botticelli)

27, 33, 42 (Studienc
Digitale Galerie

und Kreuze aus der Zeit zwischen dem 11. und dem 15. Jh., die einst der Stiftskirche St. Blasius – dem späteren Dom – in Braunschweig gehörten. Der Welfenschatz ist der größte in einem Museum ausgestellte Kirchenschatz der Welt.

Di. – Fr. 10 – 18, Sa. u. So. 11 – 18 Uhr | Eintritt: 8 €

Für Klassik-Freunde wie für Architektur-Fans

Philharmonie

Die Berliner Philharmonie ist nicht nur Freunden klassischer Musik ein Begriff, auch in Architekturkreisen klingt ihr Name, denn das Gebäude galt zur Zeit seiner Entstehung 1960 bis 1963 als revolutionär. (Seitenverweis verifizieren Abb. S. 44) **Hans Scharoun** entwarf einen asymmetrischen, von einem zeltartigen Betondach überdeckten Baukörper. Im Konzertsaal liegt die Bühne in der Mitte, umschlossen von den Zuschauerrängen, auf denen rund 2200 Zuhörer Platz finden. Eine zentrale Bühne war damals revolutionär, die Idee hat sich inzwischen wegen der hervorragenden Akustik, die sie üblicherweise kreiert, durchgesetzt.

Eines der besten Orchesterder Welt

Berliner Philharmoniker

Die Berliner Philharmoniker wurden in der Mitte des 19. Jahrhunderts von Konzertmeister Benjamin Bilse gegründet. Ihr erstes Konzerthaus war eine umgebaute Rollschuhbahn. Trotz dieses wenig eleganten Spielorts stellten sich nach wenigen Jahren Anlaufzeit die ersten Erfolge ein. Bald arbeiteten nur noch die berühmtesten Dirigenten mit den Philharmonikern, die sich im Laufe ihrer zahlreichen Auslandsreisen den Ruf als eines der besten Orchester der Welt erwarben.

Die NS-Diktatur markierte einen tragischen Einschnitt in der Geschichte der Philharmoniker. Viele begnadete jüdische Musiker des Ensembles mussten emigrieren, gleichzeitig aber versuchten die Herrschenden, das deutsche Vorzeigeensemble für die offizielle Kulturpolitik zu instrumentalisieren. **Wilhelm Furtwängler**, der sich selbst als apolitischen Künstler sah, wurde 1933 von den Nationalsozialisten die Leitung des Orchesters übertragen. Die Jahre seiner Leitung sind wegen seiner zwiespältigen Haltung zum damaligen System umstritten. Einerseits ließ er sich von den Nazis vereinnahmen, andererseits setzte er sich auch für die jüdischen Mitglieder seines Ensembles ein. Einerseits legte er 1934 wegen eines von den Nazis ausgesprochenen Aufführungsverbots einer Komposition von Paul Hindemith die Leitung der Philharmoniker niederlegte, andererseits übernahm er sie aber 1935 schon wieder .

Tragisch verliefen auch die ersten Nachkriegsjahre für die Philharmoniker. Nur wenige Tage nach Kriegsende hatten sie unter der Leitung ihres Dirigenten Leo Borchard in einem umgebauten Kino ihr erstes Konzert gegeben. Nur kurz darauf wurde Borchard auf der Fahrt vom amerikanischen in den britischen Sektor, am heutigen Bundesplatz,

KUNSTGEWERBEMUSEUM

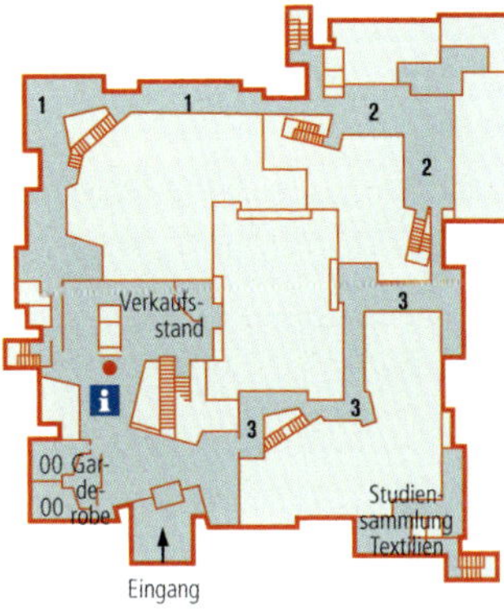

Metall
Glas, Keramik
Textilien, Holz und andere organische Stoffe,
Möbel, Ausstattung des Innenraumes,
festliche Tafel

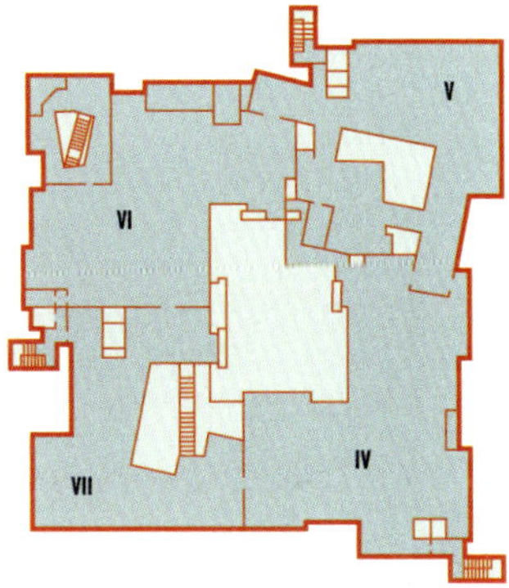

Renaissance bis Barock: Pommerscher
Kunstschrank, Uhren, Steinzeug, Glas, Silber
Barock und Rokoko: Fayence, Porzellan, Silber,
Möbel, Chinoiserien, Kanton-Emails
Rokoko bis Jugendstil: franz. und deutsche Möbel
des 18. Jh.s, Porzellan und Silber des Klassizismus,
»Berliner Eisen«, Kostüme, Bugatti-Zimmer
Jugendstil bis Art déco

Mittelalter: Schatz von Enger, Heinrichskreuz,
Operatio, Taufschale Barbarossas, Welfenschatz
Renaissance Südeuropa: venezianische Gläser, Majolika,
Bronzen, Limoges-Email, Möbel, Bildteppiche
Renaissance Nordeuropa: Lüneburger Ratssilber, Teppich-
serie nach Petrarca, Kabinettscheiben, Jagdwaffen

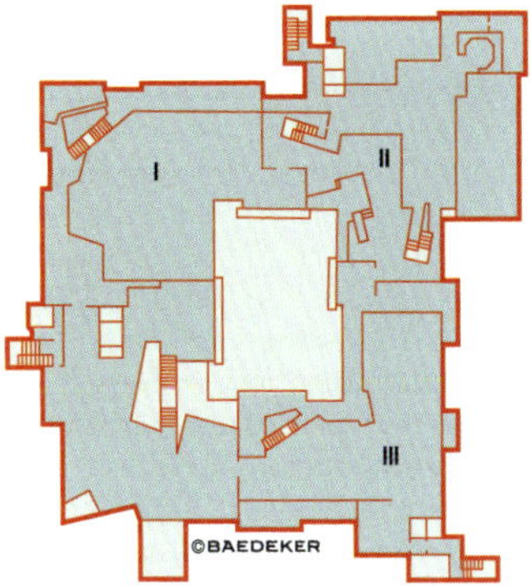

Die Neue Sammlung -
Kunsthandwerk und Design von 1900 bis
heute

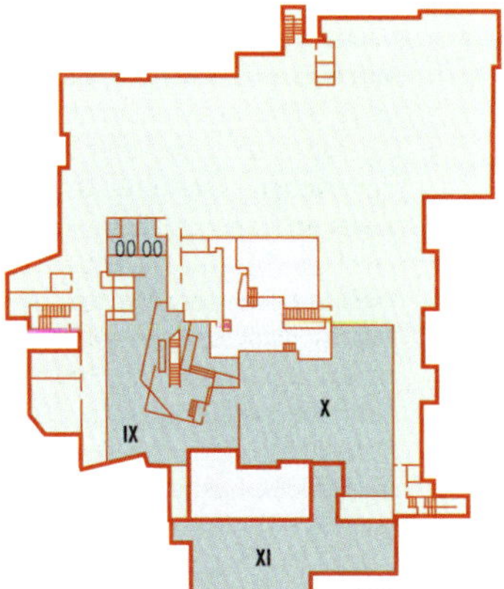

IMMER WIEDER DIENSTAGS

.... gibt es in der Philharmonie »Lunchkonzerte«. Gratis musizieren Mitglieder der Berliner Philharmoniker, Stipendiaten der Orchester-Akademie, Instrumentalisten des Deutschen Symphonie-Orchesters oder der Staatskapelle Berlin im Foyer; bezahlen müssen Sie nur für den anschließenden Lunch, der aber immer erschwinglich bleibt (Sept. – Juni Di. 13 Uhr).

von einem amerikanischen Wachtposten erschossen. Um die entstandene Lücke schnell zu füllen, engagierte man einen gänzlich unbekannten Nachwuchsdirigenten, den Rumänen **Sergiu Celibidache**, von der Hochschule weg. Ein Glücksgriff, wie sich zeigen sollte. Weitere berühmte Namen folgten. Furtwängler zum zweiten Mal, **Herbert von Karajan**, Claudio Abbado und Sir Simon Rattle, der bis 2019 das Orchester leiten wird, waren bzw. sind die nächsten am Dirigentenpult. Schon fest steht, dass danach der Russe Kirill Petrenko der nächste Orchesterleiter sein wird.
www.berliner-philharmoniker.de

★ Musikinstrumentenmuseum

Unikate aus dem Barock und die größte Kino-Orgel der Welt
Das Musikinstrumenten-Museum, gegründet 1888, ist seit 1984 in einem eigenständigen Gebäude direkt mit der Philharmonie verbunden. Die meisten der ca. 800 ausgestellten Stücke sind europäische Kunstmusikinstrumente aus der Zeit vom 16. bis zum 21. Jh., darunter Unikate aus Renaissance und Barock. Man kann sie nicht nur an-

schauen, sondern per Audioguide auch hören. Hauptattraktion ist die größte Kino- und Theaterorgel Europas, »**The Mighty Wurlitzer**«, 1929 vom Organisten Werner Ferdinand von Siemens für sein Privathaus angeschafft. Sie wird jeden Samstag um 12 Uhr gespielt. Und wenn Sie wissen wollen, auf welchem Klavier Carl Maria von Weber seinen »Freischütz« komponiert hat – neben vielen anderen berühmten Instrumenten steht auch sein Hammerflügel im Museum.

Di., Mi., Fr. 9 – 17, Do. 9 – 20, Sa., So. 10 – 17; Führungen Sa. 11 Uhr
Eintritt: 6 € | www.sim.spk-berlin.de

KURFÜRSTENDAMM

Lage und Verlauf: Charlottenburg und Wilmersdorf zwischen Rathenauplatz und Breitscheidplatz
S-Bahn: Zoologischer Garten (S 5, S 7, S 75) | **U-Bahn:** Kurfürstendamm (U 1, U 9), Uhlandstraße (U 1), Adenauerplatz (U 7), Zoologischer Garten (U 2, U 9)

Nach dem Mauerfall war der Westen plötzlich out. Niemand wollte mehr auf dem einst so angesagten Kurfürstendamm einkaufen, wo man doch in Mitte und im Prenzlauer Berg durch hippe neue Läden bummeln konnte. Inzwischen hat sich der Osthype etwas gelegt – und der Ku'damm ist langsam wieder in.

Irgendwie scheint Hildegard Knef prophetische Fähigkeiten gehabt zu haben, als sie 1964 in ihrem Lied »Heimweh nach dem Kurfürstendamm« über den Boulevard sang:

Wieder im Kommen

» Alles was gut war, das kommt mal zurück, wenn darüber auch Zeit vergeht. «

In der Nähe des Bahnhofs Zoo hat die Hotelkette **Waldorf Astoria** ein mondänes Megahotel aus dem Boden gestampft, und aus dem **Bikinihaus**, einem ehemaligen Industrie- und Bürogebäude, ist eine exklusive Mall geworden. Im Hochhaus dahinter ist nach der Renovierung das »25hours« eingezogen – das etwas andere Hotel, in dem der Gast wählen kann, ob er in einem Bett mit Blick auf den Zoo oder die Kaiser-Wilhelm-Gedächtniskirche aufwachen will. Der Spitzname Bikinihaus, den die Hauptstädter dem Gebäude schon kurz nach seiner Eröffnung Mitte der 1950er-Jahre verpasst haben, erzählt viel

Der Kurfürstendamm holt als Einkaufsmeile wieder auf. Boutiquen von Luxus- und Edelmarken prägen den Prachtboulevard.

über den speziellen Berliner Humor: Ursprünglich wurde in dem Gebäude Damenoberbekleidung produziert.
Der Ku'damm ist wieder von hochpreisigen Modegeschäften bevölkert, die Discounter, die sich vorübergehend zwischen Gucci und Versace geschlichen haben, verschwinden wieder und auch das Ende traditionsreicher Etablissements wie des Café Möhring und mancher Kinos wird durch Neueröffnungen wie des schönen **Café Grosz im Cumberlandhaus** (vormals Finanzamt, zwischen Knesebeck- und Bleibtreustraße) ein wenig abgefedert.

Vom Reitweg zum Prachtboulevard

Ein wenig Geschichte

Die insgesamt 3,5 km lange und rund 53 m breite Straßenflucht ließ Kurfürst Joachim II. 1542 als Reitweg zum Jagdschloss Grunewald anlegen. Lange Zeit war das aber ein Weg ins Nichts – Häuser Fehlanzeige. Erst Ende des 19. Jh. wurde der Kurfürstendamm ausgebaut – auf Anordnung des Reichskanzlers Otto von Bismarck sollte er zum Prachtboulevard werden. Herrschaftlich wurde es damals wirklich, aber noch waren es eher herrschaftliche Villen mit Vorgärten, die die Straße säumten. Die Vergnügungstempel, Cafés und Restaurants folgten erst ein weiteres Vierteljahrhundert später. Aber dann ging es richtig los. 1909 eröffnete am westlichen Ende des Kurfürstendamms der **Luna-Park** seine Pforten – ein Vergnügungspark mit Berg- und

Talbahn. Auch die Wildwestshow von Buffalo Bill gastierte am Ku'damm – Pferde, Cowboys und Indianer mitten in der Großstadt. Was sich für heutige Ohren nach Jahrmarktsrummel anhören mag, war damals ein Ereignis von kontinentaler Bedeutung.

Shopping, Jazz und Olympische Spiele

Goldene Zeiten

Am anderen Ende der Prachtmeile gab Adolf Jahndorf mit seinem 1907 eröffneten **»Kaufhaus des Westens«** (▶KaDeWe) den Startschuss für den Aufstieg der Ku'damm-Gegend auch zur Einkaufsmeile. Seine besten Jahre erlebte der Boulevard in den Goldenen Zwanzigern. Damals gaben sich Intellektuelle, Künstler und die großen Stummfilmstars in den Ku'damm-Cafés die Klinke in die Hand, und die Massen strömten allabendlich in die Theater, Lichtspielhäuser, Jazzclubs und Restaurants. Den Nazis war das Treiben auf dem Ku'damm alles andere als sympathisch, denn hier wohnten und feierten Intellektuelle, Künstler, aber auch die kritischen Köpfe der bürgerlichen Oberschicht und vor allem auch viele Juden. Trotzdem konnten sie das Stadtjuwel nicht einfach ignorieren. Besonders anlässlich der Olympischen Spiele 1936 wurde die Straße herausgeputzt – und von dieser Verschönerungsoffensive ist bis auf den heutigen Tag ein Detail übrig geblieben: Die **Schaukästen**, die den Ku'damm auf beiden Seiten säumen, installierte man ursprünglich für die Olympischen Spiele.

Zerstörung durch Bomben, Optimismus nach dem Krieg

Nachkriegszeit

Annähernd die Hälfte der Bebauung war am Ende des Zweiten Weltkriegs gänzlich zerstört, der Rest mehr oder weniger stark beschädigt. Letzte Zeugen des ursprünglichen Straßenbildes sind u. a. das **Iduna-Haus** von 1905 (Nr. 59/69) und die Gebäude Nr. 201, 213 bis 216 und 218 (1896).

Als Berlin am Ende des Kriegs in Schutt und Asche lag, strahlte die Amüsiermeile trotz ihrer Bombenlücken Symbolkraft aus. »Es geht wieder aufwärts«, dieses Gefühl konnte den Berlinern kein anderer Ort besser vermitteln als der Ku'damm. Schon am 1. Juni 1945 brachte das »Kabarett der Komiker« im Café Leon am Kurfürstendamm 156 ein Notprogramm auf die Bühne, und ab Herbst 1945 fanden an der beliebten Flaniermeile bereits wieder Modenschauen statt.

Rund um den Bahnhof Zoo

Mit »Ich steh' auf Berlin« hat die Band »Idealnicht nur der Stadt sondern auch dem Bahnhof Zoo ein Denkmal gesetzt (▶S. 1). Aussteigen können Sie am Bahnhof Zoo heute aber nur noch, wenn Sie mit der Regional- bzw. der S-Bahn ankommen, für den Fernverkehr wurde der einst wichtigste Bahnhof Westberlins 2006 geschlossen. Berühmtheit erlangte er 1978 durch das Buch »**Wir Kinder vom Bahnhof Zoo**«, in dem die vierzehnjährige Christiane F. ihre Jugend in der Berliner Drogenszene beschrieben hat.

Starfotograf und ungeliebter Sohn der Stadt

Museum für Fotografie

Im Gebäude Jebensstr. 2 neben dem Bahnhof ist in einem ehemaligen Offizierscasino das Museum für Fotografie eingezogen; besonders stolz ist es auf die Dauerleihgabe von ca. 1000 Werken der **Helmut Newton Stiftung**.

Alte Liebe rostet nicht. So könnte man das Verhältnis von Helmut Newton zu seiner Heimatstadt Berlin beschreiben – und das, obwohl die ihn nicht immer gut behandelt hat. 1938 musste Newton, 18-jährig, Berlin auf der Flucht vor den Nazis verlassen. In Australien begann er als Fotograf zu arbeiten und wurde mit Bildern seiner immer schönen und langbeinigen, ebenso aber souveränen Frauen weltberühmt. Nicht zu Unrecht gilt er als einer der bedeutendsten Fotografen des 20. Jahrhunderts. Als Newton seiner Heimatstadt seinen Nachlass anbot, erntete er dort – entgegen allen Erwartungen – nicht nur euphorischen Beifall. Die notorisch klamme Stadt hatte nicht genügend Geld, um für sein Werk ein adäquates Museumsgebäude zur Verfügung zu stellen. Andere Städte brachten sich sogleich in Stellung, und nur weil Newton nicht nur seine Bildertruhe, sondern schließlich auch seine Sparbüchse öffnete, bekam Berlin doch noch ein Newton-Museum. Im Juni 2004 wurde das Museum für Fotografie, vereint mit der Helmut Newton Stiftung, schließlich eingeweiht. Der Fotograf selbst erlebte die Eröffnung nicht mehr mit, er kam im Januar 2004 bei einem Autounfall ums Leben.

Noch mehr Fotokunst bietet die **C/O Berlin** im ehemaligen Amerika-Haus in der nahen Hardenbergstraße 22.

Museum für Fotografie: Di. – So. 11 – 18, Do. bis 20 Uhr
Eintritt 10 € | www.smb.museum
C/O Berlin: tgl. 11 – 20 Uhr | Eintritt 10 € | www.co-berlin.org

Ambitionierte Architektur mit Blick auf den Affenfelsen

Bikini Berlin

Zwischen Bahnhof Zoo und dem Elefantentor, einem der Haupteingänge zum Zoo, entstand um das ehemalige Bikinihaus am sogenannten Zoobogen eine ambitionierte architektonische Landschaft namens Bikini Berlin. Als »Concept Mall« eröffnet, bietet es ein Hotel, »Pop-up-Stores« in Holzboxen, Eisdielen, Cafés und ein großes Panoramafenster, das den Blick freigibt auf den Affenfelsen im Zoologischen Garten.

★

Wahrzeichen und Mahnmal

Kaiser-Wilhelm-Gedächtniskirche

Am **Breitscheidplatz**, wo der Kurfürstendamm auf Budapester-, Kant- und Tauentzienstraße trifft, ragt die 63 m hohe Turmruine der neoromanischen Kaiser-Wilhelm-Gedächtniskirche auf, die 1891 bis 1895 zu Ehren Kaiser Wilhelms I. nach Entwürfen von Franz Schwech-

Die illuminierte Kaiser-Wilhelm-Gedächtniskirche stiehlt dem Bikini-Haus auf dem Breitscheidplatz dann doch die Show …

ten erbaut wurde. Am 23. November 1943 fiel sie einem Bombenangriff zum Opfer. Jahre nach Kriegsende sollte die Ruine abgerissen werden, doch sie war inzwischen zu einem Wahrzeichen Westberlins und zum Kriegsmahnmal geworden, und so setzte der Architekt **Egon Eiermann** einen neuen Kirchenraum in Gestalt eines blau verglasten Oktogons mit Flachdach und sechseckigem Turm (1959 bis 1961) neben die Ruine. Diese blieb als Mahnung gegen Krieg und Zerstörung stehen und bewahrt Mosaiken, Architekturteile sowie eine Christusfigur aus der alten Kirche und ein Nagelkreuz aus der Kathedrale von Coventry, die wiederum im Zweiten Weltkrieg von deutschen Bomben zerstört worden war.
Bundesweit in die Schlagzeilen geriet der Breitscheidplatz im Dezember 2016, als ein islamistischer Attentäter mit einem Lkw in den beliebten Weihnachtsmarkt vor der Gedächtniskirche hineinfuhr. Bei dem Terrorakt kamen zwölf Menschen ums Leben, 55 wurden verletzt.

Oben herrliche Blicke, unten beliebter Treffpunkt
In unmittelbarer Nähe zur Gedächtniskirche ist das **Zoofenster** mit 118 m als höchstes Gebäude der City-West in den Himmel gewachsen und verheißt Panoramablicke aus großzügigen Büros. 2012 eröffnet, beherbergt es auch das Luxushotel The Waldorf Astoria. Zoofenster

Ebenfalls am Breitscheidplatz wurde 1963 bis 1965 das 86 m hohe **Europa-Center** (inklusive Mercedes-Stern 103 m) errichtet. Hier ist u. a. das Kabarett »Die Stachelschweine« zu Hause. Nach wie vor trifft man sich hier – bevorzugt am »Wasserklops« genannten großen Weltkugelbrunnen zu seinen Füßen.

Den Ku'damm hinunter

Kein Platz für Legenden

Neues Kranzler Eck

Spazieren Sie vom Breitscheidplatz den Ku'damm in Richtung Westen. Rechts schiebt sich das 50 m hohe gläserne »Neue Kranzler Eck« von Helmut Jahn in die Kreuzung mit der Joachimstaler Straße und drückt dabei das einst legendäre **Café Kranzler** fast zu Boden. In diesem sind nun zwei Modegeschäfte zu Hause; die Filiale des Unter den Linden gegründeten Stammhauses hat immerhin noch ein Plätzchen im rot-weißen Rundbau aus den 1950er-Jahren auf dem Dach gefunden.

Kunst und Literatur

Fasanenstraße

Danach kreuzt man die Fasanenstraße. Südlich passiert man auf ihr zunächst das 1873 erbaute Wohnhaus Nr. 23, in dem seit 1986 das Literaturhaus Berlin Ausstellungen und Lesungen veranstaltet und mit dem Restaurant/Café Wintergarten lockt. Haus Nr. 24 ist das älteste Wohnhaus an der Fasanenstraße und heute Sitz des **Käthe-Kollwitz-Museums**, in dem ständig etwa 80 Werke der 1945 verstorbenen Künstlerin und Wechselausstellungen präsentiert werden.

Käthe-Kollwitz-Museum: tgl. 11 – 18 Uhr | Eintritt: 7 €
www.kaethe-kollwitz.de

Ladenpassage mit Geschichte und Theater

Kudamm-Karree

Das Areal zwischen Kurfürstendamm und Uhlandstraße bis zur südlich verlaufenden Lietzenburger Straße wurde 1969 bis 1974 mit einem 20-stöckigen Bürohochhaus und Ladenpassagen bebaut. Hier im Kudamm-Karree kam auch das traditionsreiche **Theater/Komödie am Kurfürstendamm** an seinem angestammten Platz unter. 1999 eröffnete in einem ehemaligen Atombunker unter dem Gebäude **The Story of Berlin**, das die Geschichte Berlins multimedial präsentiert.

Story of Berlin: Kurfürstendamm 207 – 208 (im Kudamm-Karree)
tgl. 10 – 20, Einlass bis 18 Uhr | Eintritt: 12 € | www.story-of-berlin.de

Nostalgische Kneipen mit dem Flair der Studentenrevolte

Savignyplatz

Wer mag, schlendert weiter bis zur Knesebeckstraße (oder zur Bleibtreustraße mit dem Kaufhaus Schrill), diese hinauf und unter den S-Bahn-Bögen zum Savignyplatz. So nahe am brummenden Ku'damm und trotz des Verkehrs auf der Kantstraße atmet der Platz noch etwas vom alten Berlin. Ein wenig wird man sogar noch an das Westberlin der späten Sechziger erinnert, als hier die Studenten nach der Demo die Weltrevolution diskutierten. Rund um den Platz liegt eine Kneipe neben der anderen, darunter schicke neue, aber manche traditionelle, fast schon legendäre wie der »**Zwiebelfisch**«, die »**Dicke Wirtin**« (für Nostalgiker: Hier wird noch Persico ausgeschenkt) oder »**Diener**«, in dem sich George Grosz zu Tode gesoffen hat.

Von Little China bis zum stählernen Gürteltier

Kantstraße

Auf der Kantstraße geht es nun zurück zum Breitscheidplatz. Sie hat sich mittlerweile zur »Peking-Allee« entwickelt, wie die zahlreichen chinesischen Restaurants, Läden und Imbisse sichtbar belegen – schließlich eröffnete hier bereits 1923 Deutschlands erstes Chinarestaurant. Auf Höhe der Fasanenstraße passiert man das **Theater des Westens**, heute Musicalbühne, 1895/1896 als Haus für die klassische Operette erbaut und ein bisschen an Cinderellas Zuckerschloss erinnernd. Neben dem Theater eine Berliner Institution: die Jazzkneipe **»Quasimodo«**. Das Bürohochhaus **Kantdreieck** Ecke Fasanenstraße fällt vor allem durch seine gigantische silberne Wetterfahne auf, die der Architekt J. P. Kleihues als Hommage an Josephine Baker verstanden wissen möchte, die 1926 im Theater des Westens gegenüber aufgetreten ist. An der Fasanenstraße Richtung Hardenbergstraße hinauf liegt das **Ludwig-Erhard-Haus** (Sitz der IHK), einer der interessantesten Neubauten der westlichen Innenstadt: Einem riesigen Gürteltier ähnlich wölben sich die stählernen Rippenbögen des Gebäudes in den Himmel und verleihen ihm einen expressiven, organischen Charakter.

BAEDEKER MAGISCHE MOMENTE

DINNER MIT AUSSICHT

... aber was für eine! Im angesagten Restaurant Neni im Hotel 25hours im Bikini Berlins haben Sie einen phantastischen Blick von oben auf die Gehege im Zoologischen Garten. Da muss man schon aufpassen, dass die servierten orientalischen Gericht nicht kalt werden vor lauter Rausschauen. Sehr gutes Preis-Leistungs-Verhältnis, vor allem der Mittagstisch lohnt sich. (Budapester Str. 40, Tel. 030 12 02 21 20 0).

LICHTENBERG

Bezirk: Lichtenberg
S-Bahn: Lichtenberg (S 5, S 7, S 75)
U-Bahn: Magdalenenstraße (U 5)

Als seit Beginn des 20. Jahrhunderts von der Industrie geprägter Bezirk hat Lichtenberg relativ wenig zu bieten – es sei denn, man ist historisch interessiert.

Erinne-rungen

Dann sollte man zwei Museen in Lichtenberg ansteuern. Das eine führt zurück zum unmittelbaren Kriegsende, das andere weckt in vielen mehr als ungute Erinnerungen.

Stasi-Museum

Eine deutsche Amtsstube
Das Ministerium für Staatssicherheit der DDR (MfS), das »Schild und Schwert der Partei«, hatte die »Arbeiter- und Bauernmacht« zu schützen. Dass man dabei nicht zimperlich vorging, ist bekannt. Das Stasi-Museum ist heute in dem ehemaligen Ministeriumsgebäude in der Normannenstraße untergebracht. Erich Mielke war als zuständiger Minister Chef des DDR-Überwachungsapparats. Seit der Fertigstellung des Hauses im Jahr 1961 hatte er hier sein Büro. Es ist komplett erhalten – eine ganze Etage im Retro-Look: Schleiflackmöbel, Büroschränke, riesige Telefonapparate, Bürostühle im 1960er-Design. Hier wurde entschieden wer eingesperrt wurde und wer weiter in Freiheit leben durfte.

An diesem Tisch entschied Erich Mielke über das Schicksal vieler DDR-Bürger.

Die **Dauerausstellung »Staatssicherheit in der SED-Diktatur«** informiert über die Arbeitsweise der Stasi und deren Verbrechen. Die Kameras in Tonnen und Taschen, in einer Gießkanne und einem Vogelhäuschen wirken aus heutiger Sicht, angesichts der modernen Möglichkeiten zur Überwachung, fast lächerlich. Damals aber gehörten sie zu den täglichen Arbeitsmitteln der Stasi. Propaganda-Plakate und Zeitungen hängen auf den Fluren, in den Zimmern schmücken Teppiche die Wände – Lenin geknüpft, Marx gewoben, der sozialistische Fortschritt als Holz-Intarsienarbeit. In der Cafeteria sitzt man in braunen Original-Möbeln, in der Schrankwand steckt ein Fernseher, auf dem eine aktuelle Dokumentation läuft.
Als sich das Ende der DDR abzeichnete, begann eine großangelegte Vernichtung von Akten. Die wurde erst am 15. Januar 1990 gestoppt, als Anhänger der Opposition den Gebäudekomplex stürmten. Vieles war aber schon geschreddert und wird bis zum heutigen Tag in mühevoller Puzzlearbeit wiederhergestellt.
U-Bahn: Magdalenenstraße (U5), Zugang direkt am U-Bahnhof, Ausgang Ruschestraße | Mo. – Fr. 10 – 18, Sa. und So. 11 – 18 Uhr
Eintritt: 6 € | www.stasimuseum.de

Bedingungslose Kapitulation

★ Museum Berlin-Karlshorst

Im ehemaligen Offizierskasino der Pionierschule 1 der Wehrmacht im Lichtenberger Stadtteil Karlshorst spielte sich Weltgeschichte ab: Hier unterzeichneten in der Nacht vom 8. auf den 9. Mai 1945 der Chef des OKW Keitel, General von Friedeburg und Generaloberst Stumpff vor Sowjetmarschall Schukow, dem britischen Air Marshal Tedder, dem US-General Spaatz und dem französischen General de Lattre de Tassigny die bedingungslose Kapitulation der deutschen Wehrmacht. Danach hatte hier eine Zeitlang der Chef der sowjetischen Militäradministration in Deutschland seinen Sitz, bei dem sich 1949 auch die DDR-Regierung ihre Vollmacht abholen durfte. Bereits zu DDR-Zeiten war das Haus als »Museum der bedingungslosen Kapitulation des faschistischen Deutschlands im Großen Vaterländischen Krieg 1941 – 1945« Gedenkstätte. Nach dem Ende der DDR arbeitete eine deutsch-russische Expertenkommission ein neues Konzept aus, das heute in 16 Räumen vor allem den Krieg gegen die Sowjetunion mit Dokumenten, Originalstücken und Filmen schildert. Der Saal, in dem die Kapitulation unterzeichnet wurde, sowie das Arbeitszimmer Marschall Schukows können ebenfalls besichtigt werden.
Zwieseler Str. 4 | S 3 bis Karlshorst oder U 5 bis Tierpark, dann jeweils Bus 296 | Di.– So. 10 – 18 Uhr | Eintritt frei, So. 15 kostenlose Führung | www.museum-karlshorst.de

DDR-Prominente und SED-Nomenklatura

Zentralfriedhof Friedrichsfelde

Der von Hermann Mächtig angelegte und 1881 seiner Bestimmung übergebene Zentralfriedhof Friedrichsfelde wurde zur bevorzugten

Grabstätte der SED-Nomenklatura und von DDR-Künstlern. U. a. liegten hier der Gründer der Volkssternwarte in Treptow, Friedrich Archenhold, und Käthe Kollwitz begraben.
An der heutigen Reihenabteilung 46 befand sich die von Mies van der Rohe 1926 gestaltete und 1935 von den Nazis zerstörte **»Gedenkstätte der Sozialisten«**. Sie wurde 1951 in völlig anderer Form im vorderen Teil des Friedhofs beim Verwaltungsgebäude neu angelegt. Gedenktafeln erinnern an: Karl Liebknecht († 1919), Rosa Luxemburg († 1919) und Rudolf Breitscheid († 1944). Beigesetzt sind: Wilhelm Liebknecht († 1900), Franz Mehring († 1919), Wilhelm Pieck († 1960) und Walter Ulbricht († 1973). Auf der anschließenden Bestattungsfläche am Pergolenweg ruhen u. a.: Adolf Hennecke († 1975), als Übererfüller der Norm berühmt gewordener Arbeiter mit Vorbildfunktion in der DDR, sowie der Filmregisseur Konrad Wolf († 1982).

★ MARIENKIRCHE

Lage: Karl-Liebknecht-Str. 8, Mitte | **S-/U-Bahn:** Alexanderplatz (S 5, S 7, S 75, U 2, U 5, U 8) | tgl. 10 – 18 Uhr
www.marienkirche-berlin.de

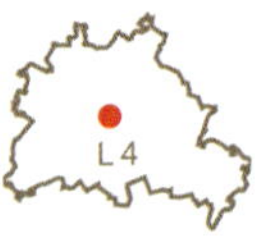

Was einst Respekt einflößte, scheint uns heute mitunter winzig. Im Schatten des Fernsehturms wirkt die Marienkirche mit ihrem fast 90 Meter hohen Turm fast zerbrechlich.

Zweit-älteste Kirchee Berlins

Die dreischiffige Hallenkirche im Stil der norddeutschen Backsteingotik wurde 1292 erstmals urkundlich erwähnt, ihr heutiges Erscheinungsbild erhielt sie aber erst 1790. Damals setzte Carl Gotthard Langhans den Turmhelm auf. Heute ist St. Marien nach der ▶Nikolaikirche das zweitälteste noch erhaltene Gotteshaus Berlins – und das älteste, in dem noch Messen abgehalten werden.

Tanz mit dem Tod

Innenausstattung

Von der Innenausstattung muss man zuallererst das 2 m hohe und 22,60 m lange **Fresko »Totentanz«** erwähnen, das wahrscheinlich nach der Pestepidemie von 1484 entstanden ist. Vierzehn Bildgruppen mit mittelniederdeutschen ziehen vom Westeingang, dann verwinkelt über den Pfeiler, die Westwand und die Nordwand in die Kirche hinein und stellen dar, wie der Tod alle Stände in sein Reich holt. Das Fresko wurde während der Reformation übertüncht und erst 1860 wiederentdeckt. Durch die Nässe im Mauerwerk wurde es stark beschädigt; die Darstellungen sind teilweise stark verblasst.

MARIENKIRCHE

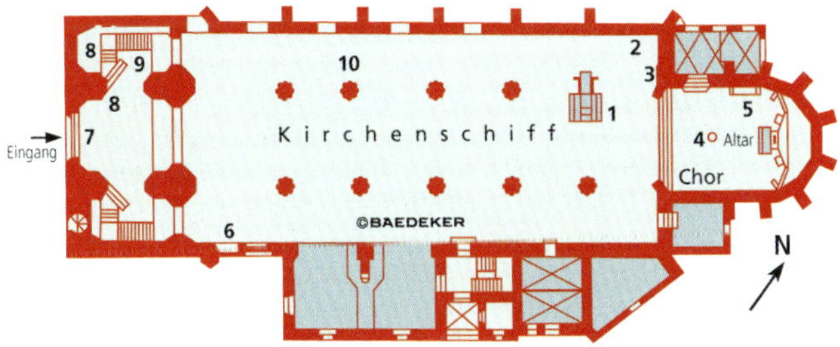

1 Kanzel
2 Denkmal für Prediger Roloff
3 Epitaph der Familie Röbel
4 Taufstein
5 Epitaph für Feldmarschall Sparr
6 Hl. Bernhardin von Siena
7 Orgel
8 »Totentanz«
9 »Anbetung des Kindes«
10 Ursprünglicher Standort der Kanzel

Taufe auf Plattdeutsch

Die Marienkirche hat aber noch einige weitere sehenswerte Schätze zu bieten. Das bronzene Taufbecken stammt aus dem Jahr 1437. Nicht wundern: Die Inschrift darauf ist auf Plattdeutsch. Die Barockkanzel von 1703, verziert mit Reliefs, die u. a. Johannes den Täufer darstellen, stammt von Andreas Schlüter. Von den Grabmalen im Innenraum ist das des Grafen Otto Christoph von Sparr (1605–1668) von Artus Quellinus d. Ä. auf der linken Seite des Chors am beeindru ckendsten. Von Sparr, der der erste Generalfelddmarschall in der Geschichte Preußens war, ließ es schon sechs Jahre vor seinem Tod errichten.

Weitere sehenswerte Schätze

MÄRKISCHES MUSEUM

Lage: Mitte, Südufer der Spree zwischen Insel- und Jannowitzbrücke
Innenstadtplan: I II
S-Bahn: Jannowitzbrücke (S 5, S 7, S 75)
U-Bahn: Jannowitzbrücke (U 8), Märkisches Museum (U 2)
Eintritt: 4 €

Sie interessieren sich für die Geschichte Berlins? Dann müssen Sie das Märkische Museum auf Ihren Besuchsplan setzen. Denn hier wird in über 50 Räumen die Stadtgeschichte von ihren Anfängen bis heute präsentiert.

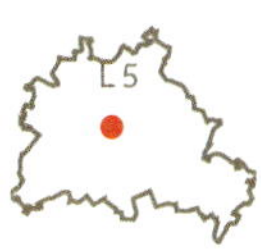

Backstein der Mark

Von außen erinnert das Märkische Museum an eine Kirche oder ein Kloster. Doch das 1908 eröffnete Stadtmuseum ist keineswegs in einem ausgedienten Gotteshaus untergebracht. Vielmehr wollte der Architekt Ludwig Hoffmann schon durch das äußere Erscheinungsbild des Baus andeuten, was innen wartet. Deshalb übernahm er beim Märkischen Museum Stilelemente von wichtigen Gebäuden aus der Mark Brandenburg. Allerdings ging es Hoffmann nicht darum, exakte Kopien anzufertigen, vielmehr wollte er »Stimmungen« einfangen und diese in seinem Gebäude zusammenfügen. Trotzdem werden Architekturkenner auch einige konkrete Anleihen ausmachen können – der Turm mit Walmdach ist beispielsweise dem Bergfried der Bischofsburg in Wittstock/Dosse nachempfunden. Im Innern wurde das Konzept, dass der Bau zu den ausgestellten Stücken passen sollte, beibehalten. Die prähistorische Sammlung wird beispielsweise in Räumen mit grob verputzten Wänden und niedrigen Decken gezeigt – beides soll ein hohes Alter suggerieren. Die Mittelalterausstellung wiederum wird in einem Saal präsentiert, der an eine gotische Kirche erinnert.
Seit Herbst 2016 wird das Märkische Museum schrittweise renoviert. Während der Arbeiten bleibt es geöffnet. Da aber Teile der Ausstellung nicht zu sehen sind, wird ein reduzierter Eintrittspreis berechnet.

Was man im Jenseits so braucht

Spektakuläre Fundstücke

Das Museum bewahrt einige spektakuläre Fundstücke auf, wie den Schatz aus dem **Königsgrab von Seddin**. Zu den fast 3000 Jahre alten Grabbeigaben aus der Jüngeren Bronzezeit gehören u. a. Waffen, Schmuck und Haushaltsgeräte – alles, was ein Verstorbener im Jenseits braucht. Auch den einzigen erhaltenen **Pferdekopf der originalen Quadriga** vom Brandenburger Tor kann man hier sehen, weiterhin eine prachtvoll ausgestattete Innungsstube sowie ein Selbstbildnis von Lovis Corinth und ein Porträt des ermordeten Walter Rathenau, ebenfalls von Corinth.

Berlin im Laufe der Jahrhunderte

Eindrucksvolle Dauerausstellungen

Allerdings sind es gar nicht die wertvollen Ausstellungsstücke, die das Museum zu etwas Besonderem machen – es sind vielmehr die eindrucksvollen Dauerausstellungen. **Hier ist Berlin!**, heißt eine davon; sie lädt zu einem Spaziergang durch Berliner Straßen im Laufe der Jahrhunderte ein. Unter dem Thema **Mauer-Stücke** wird in einer anderen Ausstellung von der deutschen Teilung erzählt, selbstverständlich steht hier auch ein Stück der Originalmauer.

Vom Wappentier zum Erdmännchen

Bärenzwinger

Im kleinen **Köllnischen Park** hinter dem Museum liegt der 1939 erbaute Bärenzwinger; hier lebten die Stadtbären – als lebende Entsprechung des Berliner Wappentiers. Schon lange hatten Tierschüt-

Diese alten Kähne im Historischen Hafen haben ausgedient. Die Spree ist aber immer noch eine wichtige Binnenwasserstraße.

zer gegen die nicht artgerechte Haltung der Bären in dem viel zu kleinen Gehege protestiert. Nach mehrfachen Versuchen, den ▶ Zwinger auf dem Klageweg schließen zu lassen, einigte man sich 2013 darauf, dass die letzte verbliebene Bärin bis an ihr Lebensende in dem Zwinger verbleiben darf, der aber danach nicht mehr neu besetzt wird. Seit dem Tod der Stadtbärin im Oktober 2015 ist der Zwinger leer. Momentan wird darüber diskutiert, ob wenigstens eine Kolonie Erdmännchen einziehen soll.

Historische Schleppdampfer und gutbürgerliche Küche

Historischer Hafen

Wenige Schritte vom Märkischen Museum entfernt befindet sich am Rand des Märkischen Ufers der Historische Hafen. Hier liegen 28 historische Binnenschiffe vor Anker, darunter der Schleppdampfer »Andreas« von 1950, der Tonnenleger »Phoenix« von 1910 und der Motorschlepper »Gesa« von 1905. Auf der »Renate-Angelika« ist eine kleine Ausstellung zum Thema Binnenschifffahrt untergebracht und auf dem Heckradschlepper »Jeseniky«, gebaut 1956, wartet das **Restaurant Deckshaus** (http://deckshaus.de) mit gutbürgerlicher Küche auf Gäste.

www.historischer-hafen-berlin.de

MARZAHN

Bezirk: Marzahn-Hellersdorf
S-Bahn: Marzahn (S 7) | **Tram:** mehrere Stationen der M 6

Marzahn gilt als die größte Plattenbausiedlung Europas, ein Stadtteil, der lange Zeit einen schlechten Ruf hatte. Ein wirkliches Ausgehviertel ist der Bezirk am nordöstlichen Stadtrand auch heute nicht, aber er hat durchaus Erstaunliches zu bieten.

Sanierte Plattenbauten

In der Nachwendezeit galt Marzahn als Hort der Arbeitslosigkeit und Kriminalität. Seitdem hat sich dort aber einiges geändert. Viele »Platten« sind saniert oder in drei- bis sechsgeschossige, oft bunt bemalte Mietshäuser zurückgebaut. Wer wissen möchte, wie es sich tatsächlich in der »Platte« wohnte, sollte in der Hellersdorfer Straße 179 vorbeischauen. Im dortigen, 1987 vom VEB Wohnungskombinat Cott-

Im Japanischen Garten: Wenn da kein Zen-Gefühl aufkommt …

bus erstellten **Plattenbau vom Typ WBS 70** (= Wohnbauserie 70) kann man eine wie zu DDR-Zeiten eingerichtete, 61 m^2 große Dreiraum-Wohnung besichtigen. Vielleicht nicht luxuriös, aber billig war diese Wohnung allemal. Lediglich 109 Mark musste man für die Wohnungsmiete hinlegen. Und zudem ging der Aufbau schnell – im Durchschnitt brauchte man dazu nur knapp drei Arbeitstage.

Museumswohnung WBS 70: So. 14 - 16 Uhr | Eintritt frei

Alter Dorfkern mit viel Backstein

Das Wahrzeichen des Stadtteils ist die Bockwindmühle von 1719 an der Ecke Landsberger Allee/Allee der Kosmonauten. **Alt-Marzahn**, der alte Dorfkern mit seiner Backsteinkirche und der Schule von 1911 rund um den Anger, wirkt zwischen den Hochhäusern etwas verloren. In der alten Dorfschule, befindet sich das **Bezirksmuseum Marzahn-Hellersdorf**.

Bockwindmühle

Bezirksmuseum: Alt Marzahn 51 und 55, Di. - Do., So. 11 - 17 Uhr
Eintritt: frei | www.museum-marzahn-hellersdorf.de

★ Gärten der Welt

Haupteingang: Eisenacher Straße | **Bus** 195 ab S-Bahnhof Marzahn tgl. ab 9 Uhr | Eintritt s. https://gruen-berlin.de/gaerten-der-welt und https://iga-berlin-2017.de

Blühende Beete und Themengärten

Erholungspark Marzahn

Der Erholungspark Marzahn wurde 1987 unter dem Namen »Berliner Gartenschau« zur 750-Jahr-Feier Berlins eröffnet. Nach dem Mauerfall hat er nicht nur seinen Namen, sondern auch sein Aussehen verändert. Großzügige Rasenflächen und Spielplätze, blühende Beete und vor allem Themengärten wurden angelegt: Gleich hinter dem Eingang in der Eisenacher Straße beginnt der »**Wasserweg**« mit 14 Brunnen, aus denen das Wasser über Findlinge und Tonkugeln in kleine Becken plätschert. Im Jahr 2000 erhielt der Park mit dem Chinesischen Garten eine weitere Attraktion. Mehrere »Gärten der Welt« folgten.

Gärtnerische Vereinigung der Stadt

Chinesischer Garten

Der Chinesische Garten, mittlerweile der größte außerhalb des Reiches der Mitte, verdankt seine Entstehung der Städtepartnerschaft zwischen Berlin und Peking. Die Pläne stammen vom Pekinger Institut für klassische Gartenarchitektur, die Materialien kamen aus China und alle Arbeiten wurden von Fachleuten aus Peking durchgeführt. Selbst der Name, »**Garten des wiedergewonnenen Mondes**«, ist eine typisch chinesische und sehr blumige Umschreibung für die Vereinigung der lange geteilten Stadt.

Die Schönheit japanischer Tempelgärten

Japanischer Garten

Der Japanische Garten, der »**Garten des zusammenfließenden Wassers**«, geht ebenfalls auf eine Städtepartnerschaft, in diesem Fall mit Tokio, zurück. Er ist relativ klein, doch er zeigt die ganze

BAEDEKER MAGISCHE MOMENTE

TEEZEREMONIE STILECHT

Nicht zufrieden mit dem Beuteltee im kleinen Tsingtao Pavillon? Das »Berghaus zum Osmanthussaft« , direkt am großen See , bietet eine große Auswahl chinesischer Tees, die stilvoll auf traditionelle Weise serviert werden. Da kann man sich nur zurücklehnen (www.china-teehaus.de).

Schönheit japanischer Tempelgärten. In diesem Kleinod sind alle klassischen japanischen Stilelemente vertreten, ein kleiner Pavillon, wohl durchdachte und dosierte Steinsetzungen und Pflanzungen und natürlich akkurat geharkte Kiesflächen.

Kleiner tropischer Urwald

Der »**Garten der drei Harmonien**« ist in einem Gewächshaus untergebracht, denn nur so überleben die tropischen Pflanzen, wie sie für Bali typisch sind, unseren kalten Winter. Einen richtigen Garten kennen die Balinesen nicht, angepflanzt wird nur nach der Funktion – Nahrungsmittel, Heilpflanzen oder Schattenspender. So ist der Balinesische Garten im Erholungspark Marzahn ein kleiner tropischer Urwald, in dem viele Orchideen und so manche Zimmerpflanze gedeihen.

Balinesischer Garten

Eine Vorstellung vom Paradies

Der »**Orientalische Garten**«, direkt am Eingang Eisenacher Straße, verbirgt sich hinter einer vier Meter hohen Mauer. Er ist geometrisch viergeteilt angelegt mit Wasserbecken und Fontänen. Bäume, Rosen und andere Duftpflanzen sowie exotische Blattpflanzen in Töpfen und Kübeln veranschaulichen die gärtnerische Tradition des Orients und sollen eine Vorstellung vom Paradies vermitteln.

Orientalischer Garten

Doppelte Fläche durch IGA

Die »Gärten der Welt« standen 2017 im Zentrum der Internationalen Gartenausstellung (IGA) und wurden auf zehn internationale Themengärten erweitert. Ihre Anlage vergrößert sich dadurch um das Doppelte der bisherigen Fläche.

Internationale Gartenausstellung

Charlottes Sammlung

Im östlich angrenzenden Viertel befindet sich in einem Gutshaus das Gründerzeitmuseum Mahlsdorf – gegründet von Charlotte von Mahlsdorf. Bevor Charlotte von Mahlsdorf, als Lothar Berfelde am 18. März 1928 in Mahlsdorf geboren, 1958 hier einzog, war das Haus in einem schlechten Zustand. Jahrzehnte verwendete die Besitzerin – von Beruf und Berufung Transvestit, Sammlerin, Konservatorin, Dienstmädchen, Museumsdirektorin und Autorin – auf die Wiederherstellung der mehr als 200 Jahre alten Villa. Und schon bald erfüllte sie sich mit der Eröffnung des Gründerzeitmuseums einen Traum. Fortan wuchs die Sammlung stetig an, bis sie 23 komplette Räume aus der Gründerzeit beisammen hatte. Bis 1995 führte Charlotte Besucher durch ihr kleines Reich der Kostbarkeiten des einfachen und gehobenen Bürgertums aus der Zeit von 1880 bis 1900. Im Jahr 1995 wanderte sie nach Schweden aus, nahm einige ihrer Schätze mit und schloss das Berliner Museum.
2004 übernahm ein Förderverein das Museum und eröffnete es 2007 wieder. Zwar umfasst die Sammlung nur noch zehn Räume, aber Prunkstücke wie die »**Mulackritze**«, die älteste Zillekneipe Berlins,

Gründerzeitmuseum Mahlsdorf

sind noch zu sehen. Auch die eindrucksvolle Musikmaschinensammlung, die aus Spieldosen und Musikautomaten für Restaurantbetriebe und einem Tanzsaal-Orchestrion besteht, kann man bestaunen. Charlotte von Mahlsdorf kann ihr eigenes Museum aber nicht mehr besuchen, sie verstarb 2002 überraschend während eines Besuchs in Berlin.
Hultschiner Damm 333 | Mi. und So. 10–18 Uhr | Eintritt: 4,50 €
www.gruenderzeitmuseum.de

MÜGGELSEE

Lage: Köpenick
S-Bahn: Friedrichshagen (S 3), dann Tram 60 bis Müggelseedamm

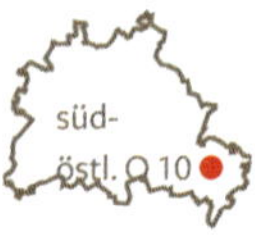

Auch Jahrzehnte nach der Wende ist Berlin »badetechnisch« immer noch nicht zusammen gewachsen – während sich die Westberliner im Sommer im Wannsee abkühlen, springen die Ostberliner in den Müggelsee. Der ist im Übrigen seit Kurzem ein »Filmstar«. In der Komödie »Hai-Alarm am Müggelsee« von Leander Haußmann und Sven Regener, die 2013 in die Kinos kam, spielt der See im Osten Berlins die Hauptrolle.

Der größte See Berlins

Der rund 7,5 km² große und bis zu 8 m tiefe See östlich von ►Alt-Köpenick ist der größte im Stadtgebiet. Die ihn umgebenden Wälder waren bis ins 18. Jh. hinein einer der reichsten Wildgründe zwischen Elbe und Oder. Selbstverständlich kann (und sollte!) man mit einem Ausflugsdampfer auf See und Müggelspree herumschippern.

Schlendern entlang der Bölschestraße

Friedrichshagen

Wer mit der S-Bahn zum See hinausfährt, durchquert vom S-Bahnhof aus zu Fuß oder per Tram auf der Bölschestraße den Stadtteil Friedrichshagen. Hier ließ Friedrich II. 1753 entlang einer Waldschneise 1200 Maulbeerbäume pflanzen und Fachwerkkaten für die Arbeiter seiner geplanten Seidenspinnerei bauen. Aus der Seidenmanufaktur wurde nichts, geblieben ist aber die breite, von Linden gesäumte Bölschestraße, die man gemütlich hinabschlendern sollte, denn sie bietet einiges an netten Läden, Kneipen und Restaurants, manches davon noch in hübschen einstöckigen Häusern. Sie endet vor dem Köpenicker Bürgerbräu, wo es links und gleich wieder rechts, vorbei am Ausflugslokal Schrörs, zum 1926 gebauten, 120 m langen **Spreetunnel** geht, der unter der Müggelspree hindurch zum Ostufer des Müggelsees führt.

Mit Volldampf bis ins Mittelalter

Museum im Wasserwerk

Auch ein Museum hat Friedrichshagen zu bieten: Etwas östlich außerhalb (Müggelseedamm 307) erzählt eine Ausstellung im alten Schöpfmaschinenhaus des Wasserwerks Friedrichshagen, das Museum im Wasserwerk, die Geschichte der Berliner Wasserversorgung und Entwässerung vom Mittelalter bis heute. In der Maschinenhalle von 1893 wird um 11.30 und 14 Uhr eine der Dampfmaschinen angeworfen.

April – Okt. Fr. u. Sa. 10 – 17, So. bis 16, Nov. – März. Fr. – So. 11 – 16 Uhr | Eintritt: 5 € | www.berliner-unterwelten.de

Kleingärten mit Canale-Grande-Flair

★ Neu-Venedig

Auf dem Müggelseedamm weiter kommt man am Strandbad Müggelsee (wird zur Zeit renoviert) vorbei nach Rahnsdorf, zu dem Neu-Venedig gehört. In dieser von Entwässerungskanälen durchzogenen Laubenkolonie haben sich viele Berliner ein idyllisches Wochenenddomizil geschaffen. Der wirklich malerische Flecken entstand in den 1920er-Jahren beim Neubau des Schifffahrtswegs vom Müggelsee zum Dämeritzsee.

Viele Wege führen zum Südufer

★ Müggelberge

Zu Fuß von Friedrichshagen, mit dem Bus X 69 vom S-Bahnhof Köpenick, mit dem Auto via Müggelheimer Damm oder mit einem Dampfer quer über den See zu den Anlegestellen Rübezahl bzw.

Gemütliche Sommertage weitab der Großstadthektik garantiert der Müggelsee.

GERÄUSCHLOS GLEITEN MIT DER SONNE

Lärm-, abgas- und führerscheinfrei schippern Sie von Köpenick aus via Müggelspree über den See. Das geht mit Elektrobooten, deren Akkus die Sonne füllt. Vermietung am Solarbootpavillon Köpenick: Müggelheimer Str. 1d; Mo. – Fr. 12 – 19, Sa., So. ab 10 Uhr; Tel. 0160 630 99 97; www.solarwaterworld.de; 1 St. ab 12,50 €

Hotel Müggelsee – es gibt viele Möglichkeiten, an das Südufer des Sees zu kommen, von wo Wanderwege in die bis zu 115 m hohen Müggelberge hinaufführen. Man passiert das Hochmoor um den Teufelssee, bevor der Weg beim **Müggelturm** endet, einem traditionellen, nun leider baufälligen Ausflugsziel. Hier stand bis zu einem Brand im Jahr 1958 ein 1899 errichteter Holzturm, der dann durch einen modernen Bau ersetzt wurde. Nicht weit von der Bushaltestelle Müggelseeperle lag von 1928 bis 1933 das durch den gleichnamigen Film bekannt gewordene Arbeiterzeltlager **»Kuhle Wampe«**, zu dem Bertolt Brecht das Szenarium schrieb.

★ MUSEUM BERGGRUEN

Lage: Schlossstr. 1, Charlottenburg
S-Bahn: Westend (S 41, S 42, S 46) | **U-Bahn:** Richard-Wagner-Platz (U 7) | **Bus:** M 45, 109, 309
Di. – Fr. 10 – 18, Sa. u. So. 11 – 18 Uhr | **Eintritt:** 10 €
www.smb.museum

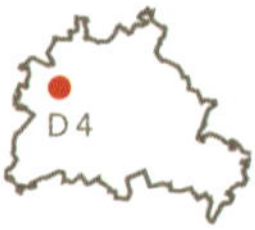

Kunst und König – diese Kombination lässt sich im Museum Berggruen perfekt verbinden, denn die Sammlung, die zu den bedeutendsten Privatsammlungen moderner Malerei zählt, liegt nur wenige Schritte vom Schloss Charlottenburg entfernt. Wenn Sie sich für die Werke von Pablo Picasso und Paul Klee interessieren, sollten Sie das Museum Berggruen ganz oben auf Ihre Besuchsliste setzen.

Zusammengetragen hat die Sammlung **Heinz Berggruen**, der 1936 vor den Nazis in die USA emigrierte und 1996 zurückkehrte. Ausgestellt sind allein **über 90 Werke von Pablo Picasso**, mit dem Berggruen persönlich befreundet war (darunter der »Sitzende Harlekin«, 1905, »Der Maler und sein Modell«, »Der liegende Akt« und »Der gelbe Pullover«, 1939) sowie 60 Arbeiten von Paul Klee, zu denen sich mehr als 20 Werke von Henri Matisse, einige von Giacometti und afrikanische Plastiken gesellen. Heinz Berggruen war einer der erfolgreichsten Kunstsammler Europas. Er überließ seine Sammlung Berlin, wo sie seit 1996 im Stülerbau gegenüber vom Schloss Charlottenburg untergebracht ist. Berlin bedankte sich auf seine Weise: Seit 2004 ist Berggruen, der in einer Dachwohnung über dem Museum lebte und 2007 verstarb, Ehrenbürger seiner Geburtsstadt.

Picasso, Klee, Matisse

Hauptsache surreal

Die Sammlung Scharf / Gerstenberg im östlichen Stülerbau gehört zu den bedeutendsten der Malerei der Moderne und umfasst über 200 Werke des Surrealismus und seiner Vorläufer. So findet man hier Goya ebenso wie Paul Klee, Max Ernst und Hans Bellmer. Im Sahuré-Saal, Überbleibsel des vor der Wende hier residierenden Ägyptischen Museums, werden surrealistische Filme gezeigt.

Sammlung Scharf / Gerstenberg

wie Museum Berggruen

Fast schon moderne Kunst: Blick ins Treppenhaus im Stülerbau des Museums Berggruen

Von Jugendstil bis Art Déco

Bröhan-Museum

Auch das in einer ehemaligen Infanteriekaserne neben dem Museum Berggruen 1983 eröffnete »Landesmuseum für Jugendstil, Art Déco und Funktionalismus« geht mit Karl H. Bröhan auf einen privaten Sammler zurück. Ausgestellt sind Gemälde, Grafik, Kleinplastik, Möbel, Porzellan, Keramik, Glas, Zinn und Silber aus der Zeit von 1889 bis 1939. Im Erdgeschoss stellt eine Abfolge von Stilräumen, die je einem einzelnen Künstler gewidmet sind, die Vielfalt von Möbeln, Kunst und Kunsthandwerk vom Jugendstil bis zum Art Déco vor. Das erste Stockwerk präsentiert Malerei, Silber und französisches Art Déco, darunter Gemälde von Walter Leistikow, Hans Baluschek und Karl Hagemeister; im dritten Obergeschoss sind u. a. zwei Kabinette Henry van de Velde und dem Mitbegründer der Wiener Werkstätten, Josef Hoffmann, gewidmet.

Di. – So. 10 – 18 Uhr | Eintritt: 8 €, 1. Mi. im Monat frei
www.broehan-museum.de

★ MUSEUM FÜR NATURKUNDE

Lage: Invalidenstr. 43, Mitte
U-Bahn: Naturkundemuseum (U 6) | **Tram:** M 6, M 8, 12
Di. – Fr. 9.30 – 18, Sa. u. So. 10 – 18 Uhr | **Eintritt:** 8 €
www.naturkundemuseum-berlin.de

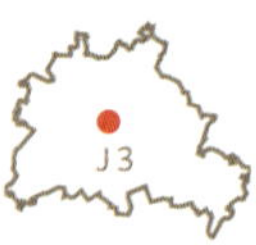

Im Naturkundemuseum ist der Brachiosaurus der Star. Mit einer Höhe von 13,27 Metern und einer Länge von 23 Metern ist er das zweitgrößte montierte Saurierskelett der Welt. Eine Konkurrenz hat der Saurier allerdings in den vergangenen Jahren bekommen »Knut«, der beliebte Eisbär des Berliner Zoos, der 2011 gestorben ist, »lebt« im Naturkundemuseum zumindest in ausgestopftem Zustand weiter.

Dinos und Eisbären

Das Museum für Naturkunde besitzt eine beeindruckende Sammlung von 25 Millionen geologischen, mineralogischen, paläontologischen und zoologischen Objekten. Damit zählt das Berliner Haus zu den größten naturhistorischen Museen der Welt.

Oskar ist der Größte, Tristan der Neue

»Saurierwelt«

Frisch renoviert, bietet es unter einem Dach acht verschiedene Ausstellungen, von denen die »Saurierwelt« die meisten Besucher anzieht. Die hier ausgestellten Skelette stammen aus einer Grabung, die zwischen 1909 und 1913 in Tansania durchgeführt wurde. Bis zum heutigen Tag wurden nie mehr so viele Skelette an einem Ort gefunden wie damals. Neben dem bereits genannten **Brachiosaurus** ist vor allem das Skelett des Urvogels **Archaeopteryx** sehenswert. Falls Sie sich zu dem Riesensaurier in der Literatur weiteres Wissen anlesen wollen, schlagen sie dort unter »G« nach – seit 2009 hat der Brachiosaurus einen neuen wissenschaftlichen Namen, jetzt heißt er offiziell Giraffatitan brancai. Den Berlinern ist die Umbenennung einerlei, sie nennen ihren Saurier ohnehin schon immer liebevoll mit seinem Spitznamen »Oskar«.

Brachiosaurus »Oskar« ist über 13 Meter hoch. Da kann auch Tyrannosaurus »Tristan Otto« nicht mithalten

Seit Dezember 2015 hat das Naturkundemuseum noch einen weiteren Star. »Tristan Otto« ist ein **Tyrannosaurus rex**. Bis heute wurden nur etwa 50 Skelette entdeckt, keines davon vollständig. Beim Berliner Skelett sind immerhin 170 von 300 Knochen erhalten. Damit gehört es zu den besterhaltenen T-Rex-Skeletten weltweit. Es ist geplant, dass »Tristan Otto« mindestens bis 2018 im Naturkundemuseum zu sehen sein wird.

Werdegang des Planeten und Würmer in Alkohol

»System Erde«

Die Ausstellung »System Erde« zeichnet die Veränderungen auf unserem Heimatplaneten nach – allerdings nicht in Zeiträumen von Jahrzehnten oder Jahrhunderten gemessen, sondern in Jahrhunderttausenden und gar Jahrmillionen. In etwas kürzeren Zeitzusammenhängen denkt man in der Ausstellung **»Evolution in Aktion«**. Vielleicht ein wenig gruselig ist die **»Nasssammlung«** im wiederaufgebauten Ostflügel: In zwölfeinhalb Kilometer langen Regalreihen sind hier 276 000 Glasgefäße aufgereiht mit in Alkohol konservierten Tierpräparaten – Fische und Spinnen, Krebse, Würmer, Reptilien, manche mehr als 200 Jahre alt.

★★ MUSEUMSINSEL

Lage: Am Kupfergraben, Mitte
S-Bahn: Friedrichstraße (S 1, S 2, S 25, S 26, S 5, S 7, S 75), Hackescher Markt (S 5, S 7, S 75) | **U-Bahn:** Friedrichstraße (U 6)
Bus: 100, 200 | **Tram:** M 1, 12
Bereichskarte: 18 €, 3-tägiger Museumspass 29 €; regelmäßig (Gruppen-)Führungen (ca. 1 Std., 20–25 Teilnehmer, Info und Voranmeldung online, teilweise auch für Kinder), dazu Gesprächs- und Vortragsreihen, Lesungen und Werkbetrachtungen
www.smb.museum

Die Berliner Museumsinsel ist unbestreitbar die größte Sehenswürdigkeit der Stadt, sie ist Weltkulturerbe und eines der berühmtesten und bedeutendsten Museumsareale der Welt. Sie ist aber auch eine ewige Baustelle. Einiges, was Sie hier über die Museumsinsel lesen, mag in ein paar Jahren überholt sein – hoffentlich, dann das würde bedeuten, dass der Masterplan zur Neugestaltung der Museumsinsel endlich vollendet wurde.

Als erstes Haus auf der Museumsinsel eröffnete 1830 das Alte Museum. König Friedrich Wilhelm III. hatte den Bau veranlasst, um die

OBEN: Im Vorderasiatischen Museum sind Reste der babylonischen Prozessionsstraße aufgebaut An ihrem Ende stand einst wohl der legendäre »Turm zu Babel«.

UNTEN: Bauherr Friedrich Wilhelm IV. empfängt vor der Alten Nationalgalerie hoch zu Ross.

PERGAMONMUSEUM

Museum für Islamische Kunst

1 Einführung
2 Umajaden
3 Abbasiden und Fatimiden
4 Seldschuken (Iran)
5 Seldschuken (Kleinasien), Mamelucken, Ajubiden
6 Kuppel aus der Alhambra
7 Khaniden und Timuriden
8 Spanisch-maurische Teppiche
9 Mschatta-Fassade
10/11 Buchkunst
12 Frühe Osmanen
13 Safawiden und Mogul
14 Hoch-Osmanen
15/16 Aleppo-Zimmer

Antikensammlung

Antikensammlung
Bis vorauss. 2023 geschlossen

Vorderasiatisches Museum

1 Felsreliefs aus Yazilkaya
2 Syrien, Anatolien, Mesopotamien
3 Stele des Asarhaddon
4 Assyrische Königsgräber
5 Uruk, Habuba Kabira
6 Babylonien
7 Alt-Iran
8 Prozessionsstraße aus Babylon
9 Ischtar-Tor
10a Assyrien
10b Assyrische Gräber
11 Assyrischer Königspalast
12 Assyrien
13 Urartärien
14 Stelen aus Assur

Schätze der Königlichen Schlösser auch öffentlich zu zeigen. Damit hatte er auch einem wachsenden Druck aus dem Bildungsbürgertum nachgegeben, das öffentliche Kunstsammlungen und Museen forderte. Der weitere Ausbau der Insel war die logische Folge. Als zweites Haus öffnete 1859 das Neue Museum seine Pforten, dann folgten 1876 die Nationalgalerie und 1904 das Kaiser-Friedrich-Museum (heute Bode-Museum).

Berlins größte Attraktion

Letzte Bauarbeiten am Publikumsliebling

Das Pergamonmuseum, der heutige Publikumsliebling mit rund einer Million Besucher pro Jahr, wurde erst 1930 fertig – und im Zweiten Weltkrieg ebenso wie die vier anderen Museen massiv beschädigt. Immerhin: Ein Großteil der Kunstschätze war ausgelagert worden und konnte gerettet werden.

Generalsanierung

Erst nach dem Ende der deutschen Teilung wurde die Museumsinsel wieder zu dem, als was sie konzipiert worden war: ein zentraler Ort der Kunst, von den Hochkulturen der Welt bis zur Neuzeit. Mit dem **Masterplan Museumsinsel** wird seit 1998 eine Generalsanierung durchgeführt, deren Ende nicht abzusehen ist. Außer dem Pergamonmuseum haben zwar alle Museen schon ihr Facelifting hinter sich, doch dieser letzte ist auch der größte Schritt – ist er doch nicht nur mit Renovierungsarbeiten, sondern auch einem beachtlichen Neubau und dem Zusammenschluss aller Gebäude verbunden. Statt der veranschlagten Baukosten von einer Milliarde Euro geht man jetzt von 1,5 Milliarden aus. Und länger dauert das Bauvorhaben auch. Momentan wird damit gerechnet, dass die **Bauarbeiten am Pergamonmuseum frühestens 2023 beendet** werden. Keine Sorge: Für die Besucher ist das Tohuwabohu weniger schlimm, als es klingt. Sie können alle Museen fast uneingeschränkt besuchen.

★★ Pergamonmuseum

Eingang: Kupfergraben | Di.–So. 10–18, Do. bis 20 Uhr | Eintritt: 12 €

Lohnenswert trotz Einschränkungen

Im Pergamonmuseum müssen sich Besucher auf die größten Einschränkungen gefasst machen. Während der Sanierung bleiben der **Saal mit dem Pergamonaltar** sowie der Nordflügel mit dem hellenistischen Saal **geschlossen**. Die Funde aus Uruk und Habuba Kabira sowie die Räume mit babylonischen und altiranischen Denkmälern sind daher bis auf Weiteres ebenfalls nicht zugänglich. Der Südflügel des Pergamonmuseums mit dem **Ischtar-Tor**, der **Prozessionsstraße** und dem **Markttor von Milet** sowie dem **Museum für Islamische Kunst** bleibt jedoch weiterhin **geöffnet**.

Durch die Verzögerung der Bauarbeiten würde das Prunkstück der Ausstellung, der namengebende Pergamonaltar, noch viele Jahre nicht zu sehen sein. Hier soll nun Abhilfe geschaffen werden, auf der

HORT DER KÜNSTE UND DES ALTERTUMS

Eine Kulturlandschaft ganz besonderer Art, von der UNESCO zum Weltkulturerbe erhoben: Die Museumsinsel ist einer der größten Museumskomplexe der Welt und ganz der Kunst und Archäologie gewidmet.An einem Tag ist das nicht zu bewältigen, aber das Ischtar-Tor und die Prozessionsstraße von Babylon, Nofretete und die Alte Nationalgalerie sollte man anschauen – der Pergamonaltar kann leider bis ca. 2019 nicht besichtigt werden. Kuriosum: Mittendurch rattern S-Bahn und Fernzüge.

❶ Bode Museum
Das Bode Museum ist aus dem 1904 eröffneten Kaiser-Friedrich-Museum hervorgegangen und wurde nach der Wiedereröffnung 1956 zu Ehren seines Begründers Wilhelm von Bode umbenannt. Hier sind das Münzkabinett und das Museum für Spätantike und Byzantinische Kunst zu Hause.

❷ Pergamonmuseum
Das Pergamonmuseum (1930) besteht eigentlich aus drei Museen: Antikensammlung, Vorderasiatisches Museum und Museum für Islamische Kunst. Ein neuer vierter Flügel, entworfen vom 2007 verstorbenen Kölner Architekten O.M. Ungers, ist geplant. .

❸ Alte Nationalgalerie
Die Alte Nationalgalerie (1866 bis 1876 nach Plänen von Friedrich August Stüler und Johann Heinrich Strack) war ursprünglich als »Lehr- und Festsaal für die

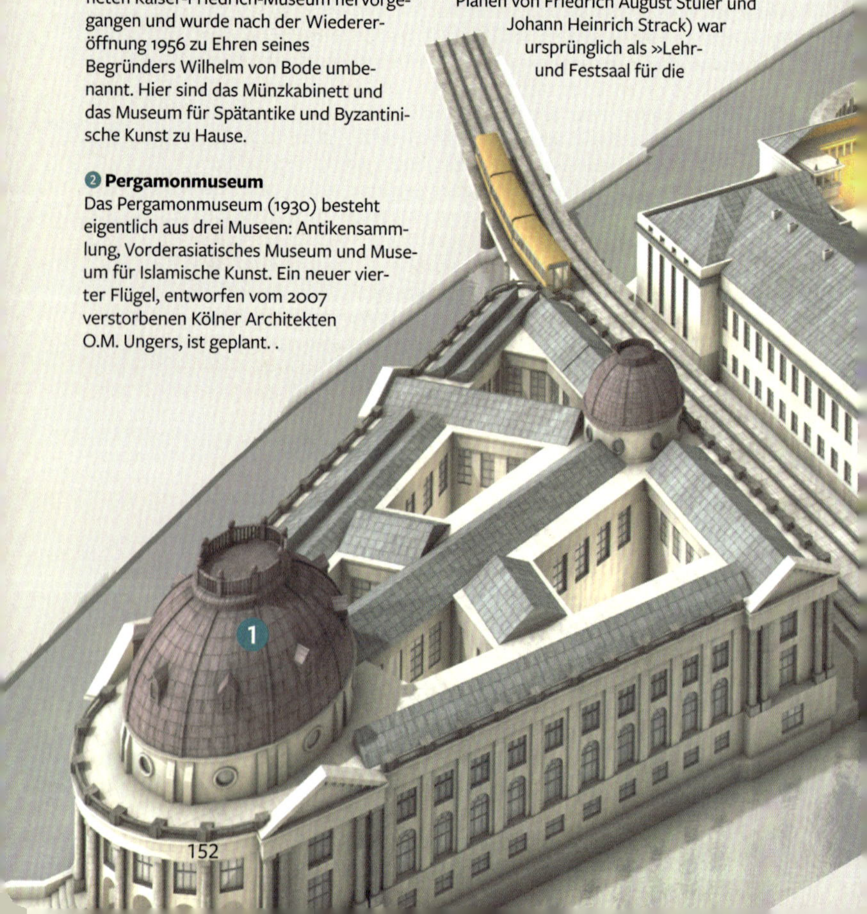

deutsche Kunst« gedacht. Sie hat die Gestalt eines korinthischen Tempels über e einem hohen Unterbau. .

④ Neues Museum
Das 1843 bis 1847 nach Plänen von Friedrich August Stüler errichtete Neue Museum ist vollständig restauriert worden. Zu sehen sind die Sammlungen aus dem Ägyptischen Museum und die des Museums für Vor- und Frühgeschichte mit der Troja-Sammlung Heinrich Schliemanns.

⑤ Altes Museum
Es wurde 1824 bis 1830 nach Entwürfen von Karl Friedrich Schinkel im Stil eines griechischen Tempels als Königliches Museum an der Nordseite des Lustgartens errichtet. Es gilt als Schinkels beste Leistung..

⑥ Neues Eingangsgebäude
David Chipperfields entwarf ein 104 m langes und insgesamt 18 m hohes Gebäude vor mit Funktionsräumen und einer 9 m hohen Säulenhalle mit dem Besucherzentrum.

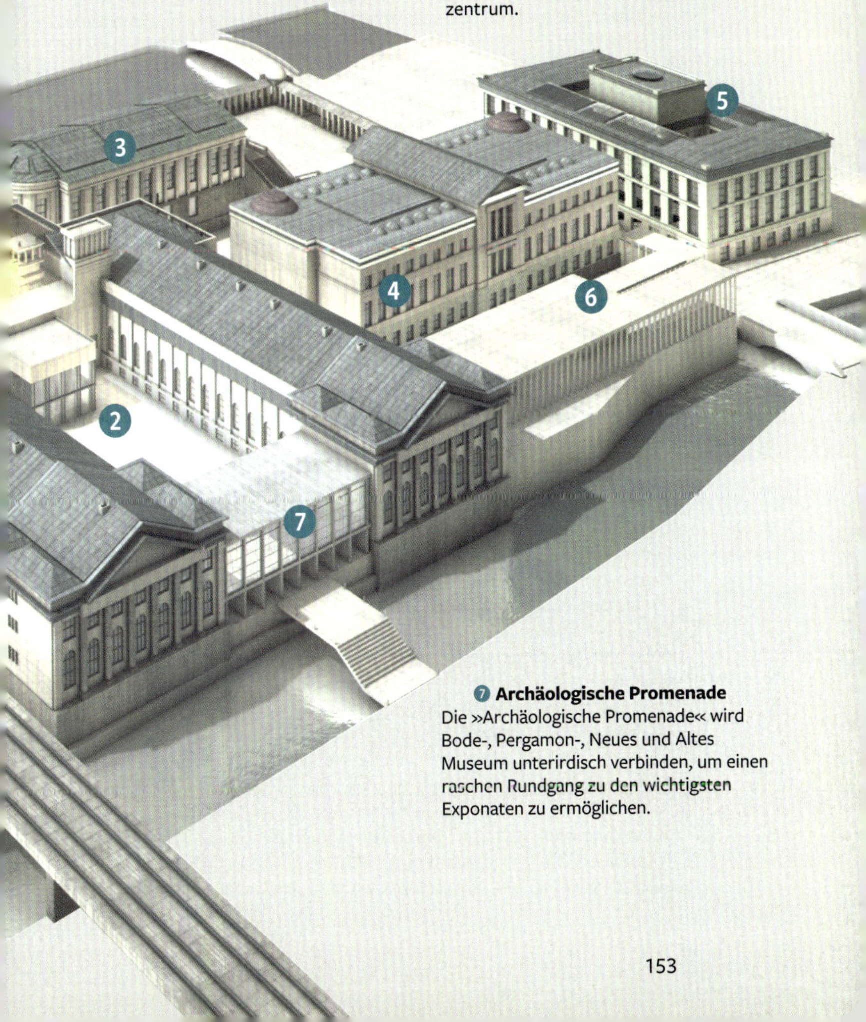

⑦ Archäologische Promenade
Die »Archäologische Promenade« wird Bode-, Pergamon-, Neues und Altes Museum unterirdisch verbinden, um einen raschen Rundgang zu den wichtigsten Exponaten zu ermöglichen.

anderen Seite des Kupfergrabens wird ein **temporärer Neubau** entstehen, in dem ab Frühjahr 2018 der Pergamonaltar zumindest teilweise wieder zu sehen sein wird. Außerdem wird auch das erstmals 2011 zur »Pergamon«-Ausstellung gezeigte **Panorama von Yadegar Asisi** erneut ausgestellt werden.

Symbol der griechischen Überlegenheit

Pergamonaltar

Der Pergamonaltar ist eines der berühmtesten Bauwerke der Antike. Er wurde um 170 v. Chr. während der Herrschaftszeit von Eumenes II. vermutlich zu Ehren der Gottheiten Zeus und Athene errichtet. Er ist 35 m breit und 33 m tief. Offenbar waren die Götter den Bewohnern Pergamons damals besonders wohlgesonnen, denn eine Inschrift auf dem Altar erklärt, dass der Tempel als »Dank für erwiesene göttliche Wohltaten« errichtet wurde. Das 113 m lange Fries, das einst die Außenseite des Altars schmückte, stellt den Kampf zwischen Göttern und Giganten dar und symbolisiert die griechische Überlegenheit gegenüber den »Barbarenvölkern«. Zwar kann man grob die Zeit der Herstellung datieren und auch mutmaßen, wem der Altar gewidmet war. Aber bis heute gibt es so viele Theorien rund um das Bauwerk, dass die Interpretation von Wolfgang Radt, dem langjährigen Leiter der Ausgrabungen in Pergamon, wohl die ehrlichste ist. Er sagt:

»

Nichts ist in der Forschung unumstritten bei diesem berühmtesten Hauptwerk der Kunst von Pergamon, weder der Bauherr, noch das Datum, noch der Anlass, noch der Zweck des Baus.

«

Bloß nicht einstürzen!

Markttor von Milet

Das Markttor von Milet, ein römischer Bau aus dem 2. Jh. n. Chr., ist 29 m lang und 17 m hoch. Vermutlich wurde es anlässlich des Besuchs von Kaiser Hadrian in der Stadt errichtet. Im Mittelalter durch ein Erdbeben zerstört, wurde das Tor zu Beginn des 20. Jh. ausgegraben und 1928 bis 1929 im Pergamonmuseum wieder errichtet. Mehr oder weniger dilettantische Rekonstruktionsversuche und ein Bombentreffer während des Zweiten Weltkriegs setzten dem Tor enorm zu – 2007/2008 sanierte man es endlich grundlegend und bewahrte es vor dem drohenden Einsturz.

Löwe, Stier und Drache

Ischtar-Tor und Prozessionsstraße

Den letzten erhaltenen Teil der einst gewaltigen Stadtmauer von Babylon kann man heute im Pergamonmuseum besichtigen: das Ischtar-Tor. Sowohl das Tor als auch die zu ihm hinführende Prozessionsstraße stammen aus der Herrschaftszeit Nebukadnezars II. (604–562 v.

BAEDEKER MAGISCHE MOMENTE

WANDELN UNTER KOLONNADEN

Tagsüber ist die Museumsinsel sicher kein Geheimtipp. Zu Recht strömen dann die Besucher zu Tausenden dorthin, um die zum Weltkulturerbe gehörenden Museen anzuschauen. Kommen Sie doch spätabends vorbei, genießen Sie das Spiel der Lichter, spazieren Sie den kurzen Kolonnadengang vor der Alten Nationalgalerie entlang und schauen hinab auf die nächtliche Spree. Im Hintergrund hören Sie den Klang sentimentaler Lieder, die der Straßenmusikant auf der nahen Friedrichbrücke spielt. Hinterher gehen Sie hinüber zur Strandbar am Monbijoupark und träumen bei einem Glas Wein hinein in die Berliner Nacht.

Chr.). Sehen Sie die Tierverzierungen aus Glasurziegeln am Tor und an den seitlichen Befestigungsmauern? Sie symbolisieren die wichtigsten Gottheiten der Babylonier. Der Löwe ist das Tier der Himmelsgöttin Iscs alhtar, der obersten Göttin der Liebe und des Krieges – eine etwas ungewöhnliche Kombination. Der Stier steht für den Wettergott Adad und der Drache für Babylons Hauptgott Marduk, der Fruchtbarkeit und ewiges Leben schenkte.
Zu dessen Heiligtum, nichts anderes als der »Turm zu Babel«, führte vermutlich die Prozessionsstraße. Schon die Reste, die im Museum ausgestellt sind, wirken riesig und beeindruckend. Sie sind aber nur ein Bruchteil des einstigen Bauwerks. So ist das Ischtar-Tor nur ein kleines »Vortor«, hinter dem das »richtige« Tor stand; die Prozessionsstraße war 250 m lang und mehr als 20 m breit, und die Mauer, die Babylon umschloss, maß stolze 18 Kilometer.

Außerdem nicht versäumen

Schauen Sie sich auch unbedingt das Riesenvogelstandbild von Tell Halaf (um 900 v. Chr.), die Statue des Wettergottes Adad (775 v. Chr.; beide Saal 2 des Vorderasiatischen Museums), die Gebetsnische aus der Maidan Moschee in Kaschan (1226; Saal 5 des Museum für Islamische Kunst) und die **Fassade des Wüstenschlosses Mschatta** (8. Jh.; Saal 10 des Museums für Islamische Kunst) an.
Einen fast schon tragischen Bezug zur Jetztzeit stellt das **Aleppo-Zimmer** her (Raum 16/17 des Museums für Islamische Kunst). Es entstand zwischen 1009 und 1012 und war der mit bunten Holzpanee-

BAEDEKER ÜBERRASCHENDES

6X GUTE LAUNE

Das hebt die Stimmung!

1. KARAOKE IM MAUERPARK

Jeden Sommersonntagnachmittag singt die Stadt. Nachmittags um drei trauen sich Talente und Mutige auf die Bühne. Manchmal schauen mehrere hundert Zuschauer den Karaoke-Stars zu. (▶ **S. 189**)

2. MULTIKULTI IN KREUZBERG

Der Berliner Karneval findet im Juni statt. Wie es sich für die deutsche Multikultihauptstadt gehört, sind dann Tanzformationen aus aller Welt unterwegs. Beim **Karneval der Kulturen** erklingen südamerikanische Rhythmen und afrikanische Trommelwirbel. (▶ **S. 327**)

3. DISCO FOX UND WALZER

Das **Café Keese** ist Kult. Seit mehr als fünfzig Jahren schwingen Berliner in dem Charlottenburger Lokal das Tanzbein. Fast täglich lädt man hier zum Paartanz oder zum nachmittäglichen Tanztee. (▶ **S. 295**)

4. LECKEREIEN

Seit über 100 Jahren verwöhnt man in der **Bonbonmacherei Kolbe & Stecher** Berliner Leckermäuler. Hier kauft man hausgemachte Bonbons und kann sogar zusehen, wie die Leckereien im Kupferkessel gekocht werden.
Oranienburger Str. 32, www.bonbonmacherei.de

5. SCHWOOF UNTER FREIEM HIMMEL

In der **Bar im Monbijoupark** in Mitte, gegenüber der Museumsinsel, kann man an jedem Abend im Sommer an einem »Blitztanzkurs« teilnehmen und danach in die Nacht hineintanzen. (▶ **S. 160**)

6. SECOND HAND

Fast jeder Stadtteil hat seinen Flohmarkt. Am bekanntesten ist der an der **Straße des 17. Juni**. Vorteil: die Auswahl ist am größten. Nachteil: Hinter den Ständen stehen fast immer Profihändler. Eine gute Alternative: der Markt am **Boxhagener Platz**. (▶ **S. 77**)

len verzierte Empfangssaal im Privathaus eines christlichen Kaufmanns. Das Haus, dem es entnommen wurde, stand bis zum Bürgerkrieg im christlichen Stadtteil von Aleppo und diente dort aus Hotel.

★★ Neues Museum

Eingang: Bodestraße | tgl. 10–18, Do. bis 20 Uhr | Eintritt: 12 €

Historische Kostbarkeit in moderner Hülle

Hier wohnt Nofretete! Für die meisten Besucher ist sie der Hauptgrund für den Besuch des Neuen Museums. Das Haus beherbergt heute das **Ägyptische Museum** und die **Papyrussammlung**, das **Museum für Vor- und Frühgeschichte** sowie ausgewählte Objekte der **Antikensammlung**.
Das 1843 bis 1847 nach Plänen von **Friedrich August Stüler** errichtete Neue Museum erlitt im Zweiten Weltkrieg schwere Schäden, mit deren Beseitigung man erst 1986 begann. Nach langer Sanierung ist es heute historische Kostbarkeit und moderne Museumshülle in einem. Restaurierte Fresken der ursprünglichen Raumgestaltung stehen neben monumentalen kühlen Ausstellungshallen aus Werkstein. Jahrelange Diskussionen waren der Wiedereröffnung im Oktober 2009 vorausgegangen. Denn das Konzept von David Chipperfield, zu erhalten, was zu erhalten war, aber neu zu bauen, wo nichts mehr zu erhalten war, gefiel nicht jedem. Noch am Eröffnungstag verteilten Demonstranten Flugblätter, auf denen von einer »Totenfeier für Stüler und Schinkel« zu lesen war. Inzwischen ist das Museum akzeptiert; mehr noch, gerade wegen seines kreativen, auf alles Historisierende verzichtenden Ansatzes ist für viele Besucher das Gebäude selbst ein wesentlicher Grund für ihren Rundgang.

Perfekt ausgeleuchtete Büste der Königin

Ägyptisches Museum

Mit der Eröffnung im Oktober 2009 ist auch das Ägyptische Museum wieder an seinen ursprünglichen Standort zurückgekehrt. Die 1912 gefundene Kalksteinbüste der Königin **Nofretete** (um 1340 v. Chr.), Ehefrau des Pharaos Echnaton, vielleicht die »berühmteste Berlinerin«, steht nun im perfekt ausgeleuchteten Nordkuppelsaal, den Blick in die Südkuppel auf monumentale Statuen der späten römischen Kaiserzeit aus dem ägyptischen Alexandria gerichtet.
Weitere einzigartige Ausstellungsstücke sind die sogenannte Familienstele mit der Darstellung von Nofretete und Echnaton mit drei ihrer sechs Töchter, der »Spaziergang im Garten« (bemaltes Relief mit Darstellung des jugendlichen Königspaares), die Porträtmasken aus der Bildhauerwerkstatt des Thutmosis in Amarna, der kleine Ebenholzkopf der Königin Teje, Mutter des Echnaton (um 1370 v. Chr.), die fast vollständig erhaltene, aber unvollendete Statue des Königs Echnaton und der »**Berliner Grüne Kopf**« (um 500 v. Chr.), der zu den überragenden Leistungen der ägyptischen Rundplastik zählt.

Hutüberzieher für Priester des Sonnenkultes

Museum für Vor- und Frühgeschichte

Das Museum für Vor- und Frühgeschichte gibt einen Überblick über die Kulturgeschichte der Alten Welt von der Steinzeit bis zum Mittelalter. Die Exponate reichen vom Faustkeil aus den Anfängen menschlicher Besiedlung Europas über die Römerzeit bis zum Mittelalter. Auch wenn Sie eigentlich nur für die Nofretete gekommen sind, schauen Sie sich unbedingt noch den **Berliner Goldhut** an. Der ist genau genommen eine Art »Hutüberzug«, den man als äußere Schmuckverkleidung über der eigentlichen Kopfbedeckung trug. Das 75 Zentimeter hohe Kunstwerk wird auf die Zeit zwischen 1000 und 800 v. Chr. datiert. Man geht heute davon aus, dass solche Goldhüte religiös-kultischen Zwecken dienten und von Priestern des Sonnenkults verwendet wurden.
Außer dem Goldhut stechen noch der Neandertaler von Le Moustier und vor allem die berühmte **Sammlung Trojanischer Altertümer von Heinrich Schliemann** hervor, die allein drei Säle für sich beansprucht.

★★ Alte Nationalgalerie

Eingang: Bodestraße | Di.–So. 10–18, Do. bis 20 Uhr | Eintritt: 10 €

Preußische Akropolis

Wie ein Tempel steht die Alte Nationalgalerie hoch über dem Ufer der Spree. Der **Kolonnadengang** vor dem Gebäude ist der perfekte Ort für Liebespaare oder für Träumer, die mit dem Blick aufs Wasser für ein paar Minuten die Hektik der Großstadt vergessen wollen. Vor allem wegen der mächtigen Nationalgalerie hat man der Museumsinsel den Beinamen Spree-Athen verliehen.
Von 1866 bis 1876 wurde an dem von **Friedrich August Stüler** entworfenen und nach dessen Tod unter der Leitung von Johann Heinrich Strack fertiggestellten Museumstempel gebaut – der »Preußischen Akropolis«. Davor erinnert eine Reiterstatue an König Friedrich Wilhelm IV., den kunstsinnigen Auftraggeber, der, nicht immer zur Freude der Architekten, mit eigenen Ideen in die Planungen eingriff.
Unter der Herrschaft der Nazis und den Zerstörungen im Zweiten Weltkrieg haben die meisten Berliner Museen gelitten – nur wenige aber so sehr wie die Alte Nationalgalerie. Ein guter Teil der Sammlung deutscher Expressionisten wurde von den braunen Machthabern zur skandalösen Ausstellung »Entartete Kunst« nach München gebracht und anschließend zu Schleuderpreisen verkauft. Die Gemälde der Alten Meister hingegen lagerte man in einen Bunker in Friedrichshain aus, dort verbrannten mehrere Hundert von ihnen kurz nach Kriegsende unter ungeklärten Umständen. Trotz der Verluste gehört die Alte Nationalgalerie, die die Periode vom Klassizismus bis zum Impressionismus und der beginnenden Moderne darstellt, zu den wichtigsten Kunstmuseen Europas.

Erhalten, was zu erhalten war, neu bauen, wo es nichts mehr zu erhalten gab. Architektonische Genialität im Neuen Museum.

Große Namen aus vielen Jahrhunderten

Rundgang durch die Ausstellung

Der Rundgang durch die Ausstellung beginnt in der Skulpturenhalle, in deren Mitte Johann Gottfried Schadows berühmtes **Doppelstandbild der Schwestern Kronprinzessin Luise und Prinzessin Friederike** steht. Links geht es zum Thema Realismus; der Höhepunkt hier sind die Werke von Adolph Menzel. Daran schließt sich die Malerei der Gründerzeit an; die beiden letzten Säle beschäftigen sich mit Secession und Jahrhundertwende. Das Treppenhaus zum ersten Stock umläuft ein Fries mit Größen der deutschen Geschichte, Kunst und Wissenschaft. Die weiteren Säle präsentieren u. a. französische Impressionisten, Realismus in Deutschland und Österreich, Historienmalerei und Salonidealismus. Das zweite Obergeschoss führt durch Goethezeit, Romantik und Biedermeier. In der Skulpturensammlung sind mehrere Werke Rodins ausgestellt.

★ Altes Museum

Eingang: Lustgarten | Di.–So. 10–18, Do. bis 20 Uhr | Eintritt: 10 €

Griechen, Römer und Etrusker

Das Alte Museum trägt seinen Namen zu Recht, wurde der Schinkelbau doch 1830 als erstes Haus auf der Museumsinsel eröffnet. Damit war es auch Preußens erstes öffentliches Museum und gehört nach dem

Nach so viel musealer Kunst und Kultur kommt ein Päuschen im Monbijou-Park gegenüber der Museumsinsel gerade recht.

Fridericianum in Kassel (1779) und der Glyptothek in München (1816–1830) zu den ältesten Museumsbauten Deutschlands.
Mit der offenen Säulenhalle und der dem römischen Pantheon nachempfundenen 23 Meter hohen Rotunde, deren umlaufende Galerie 20 korinthische Säulen stützen, bildet es einen prachtvollen Rahmen für die – zum Teil hier ausgestellte – **Antikensammlung**. Zwei Skulpturen – links Albert Wolffs »Jüngling zu Pferde«, rechts die »Berittene Amazone« von August Kiß – flankieren die Freitreppe zur Vorhalle.
Für einige Jahre gehörte das Alte Museum zu den bestbesuchten Museen Berlins, als hier Nofretete zu Gast war und auf die Renovierung des Neuen Museums – ihres heutigen Wohnorts – wartete. Als sie 2009 auszog, halbierten sich sofort die Besucherzahlen. Seitdem wurde die Ausstellung des Alten Museums »neu geordnet« und widmet sich heute ausschließlich der klassischen Antike – das heißt der Kunst der Griechen, Römer und Etrusker. Der chronologisch aufgebaute Rundgang im Untergeschoss zeigt griechische Steinskulpturen, Vasen, Kleinkunst und Schmuck. Zwei Glanzpunkte der Ausstellung sind die Statuen **»Betender Knabe«** und **»Berliner Göttin«**. Mit Berlin hat diese lebensgroße antike Marmorgrabstatue aus der Zeit um 600 v. Chr., abgesehen von ihrem heutigen Standort, nichts zu

tun. Gefunden wurde die schöne Dame in der Nähe des südattischen Ortes Olympos. Trotz ihrer Schönheit wollte sie zunächst aber niemand haben, als sie 1925 zum Verkauf stand. Sie war schlichtweg zu teuer. Amerikanische und britische Museen hatten bereits abgelehnt, als die Berliner ihr trotz des hohen Preises verfielen. Eine Million Reichsmark – damals eine gigantische Summe – brachten private Spender auf. Nach dem Zweiten Weltkrieg verschwand die großgewachsene Berlinerin erst einmal als Kriegsbeute nach Russland – erst 1959 wurde sie zurückgegeben. Der Name »Berliner Göttin« allerdings ist unsinnig. Die Dame stammt nicht nur nicht aus Berlin, sie ist nicht einmal eine Göttin – was Sie im Alten Museum sehen, ist die Grabstatue einer Frau aus reichem Hause. Ihren gesellschaftlichen Status unterstreicht das prachtvolle Gewand, das ursprünglich in leuchtendem Rot erstrahlte.
Der »Betende Knabe« hat eigentlich auch den falschen Namen. Denn die Statue aus dem 3. Jh v. Chr. stellt vermutlich einen Wagenlenker dar. Die Arme wurden dem bronzenen Knaben erst viel später angefügt, am Hof Ludwigs XIV., wohin man die Statue nach ihrer Entdeckung Anfang des 16. Jh.s auf der Insel Rhodos verkaufte.

Römisches Tafelsilber und eine riesige Suppenschüssel

Münzkabinett

Im Untergeschoss zeigt die Ausstellung noch ein Münzkabinett mit einer Auswahl der besten Stücke antiker Münzprägung. Im Obergeschoss sind Kunst und archäologische Fundstücke aus der Zeit der Etrusker und der römischen Kaiserzeit ausgestellt. Die **Sammlung etruskischer Kunst** ist eine der größten außerhalb Italiens. Die **Kollektion römischer Kunst** zeigt Kostbarkeiten wie den Hildesheimer Silberschatz, einen Fund römischen Tafelsilbers aus dem 1. Jh. n. Chr., oder die Porträtbüsten von Cäsar und Kleopatra.
Beachtenswert ist die riesige Granitschale vor dem Museum. Sie entstand 1827 nach einem Schinkel-Entwurf und wurde von den Berlinern »Suppenschüssel« genannt.

★ Bode-Museum

Eingang: Kupfergraben/Monbijoubrücke | Di.–So. 10–18, Do. bis 20 Uhr | Eintritt: 10 €

Auf der Spitze der Museumsinsel

Das Bode-Museum wurde zwischen 1898 und 1904 von Ernst von Ihne im Stil des Neobarock auf der Spitze der Museumsinsel erbaut, wo es wie ein Schiffsbug in die Spree ragt. Benannt war es ursprünglich nach dem 1888 verstorbenen Kaiser Friedrich III., seinen heutigen Namen erhielt es erst in den Fünfzigerjahren des 20. Jahrhunderts. Wilhelm von Bode, der neue Namensgeber, war Anfang des 20. Jahrhunderts Leiter der Gemäldegalerie und Direktor der Königlichen Museen.

Im Bode-Museum sind die Skulpturensammlung und das Museum für Byzantinische Kunst untergebracht. Bei Kennern besonders beliebt ist das **Münzkabinett**, das mit mehr als 60000 Münzen und insgesamt über einer halben Million Objekten zu den weltgrößten Sammlungen dieser Art gehört.
In der **Skulpturensammlung** ziehen vor allem die spätgotischen Plastiken von Hans Multscher und Tilman Riemenschneider die Besucher an. Die Kollektion mit über 1700 Skulpturen gehört zu den größten Sammlungen für ältere Plastik weltweit. Das **Museum für Byzantinische Kunst** besitzt eine ausgezeichnete Sammlung spätantiker und byzantinischer Kunstwerke aus der Zeit vom 3. bis zum 15. Jahrhundert, mit dem Schwerpunkt heidnische und christliche Sarkophage.

NEUKÖLLN

Bezirk: Neukölln | **U-Bahn:** U 7, U 8

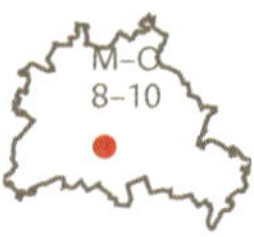

Die Fahrt nach Neukölln ist ein wenig wie eine Reise in die Vergangenheit Kreuzbergs. Wer hier ausgeht, ist jung und wild – oder hält sich dafür. Die Kneipen sind uriger, aber auch ruppiger. Touristen verirren sich nur selten hierher. Doch das gilt nicht für alle Teile Neuköllns. Die Gentrifizierung ist auf dem Vormarsch.

Wider den schlechten Ruf

In Kreuzkölln etwa, wie der Volksmund die an Kreuzberg grenzende Gegend rund um den Reuterplatz nennt, unterscheidet sich das Publikum in den Kneipen kaum noch von dem in den »reicheren« Bezirken. Das haben inzwischen auch die Immobilienmakler gemerkt, die Preise in den angesagten Gegenden des einst so billigen Stadtteils steigen deutlich. Wer im Reuterkiez wohnen will, muss inzwischen tief in die Tasche greifen. Trotzdem: Die Probleme sind auch hier noch lange nicht gelöst – die Arbeitslosenquote liegt regelmäßig weit über dem Berliner Durchschnitt, ganze Familien leben von staatlicher Unterstützung.
Im Reuterkiez steht auch die **Rütlischule**, die bekannt wurde, weil ihre Lehrer 2006 »SOS« funkten und in einem Brandbrief an den Bildungssenator darauf hinwiesen, dass sie der Gewalt durch Schüler nicht mehr standhalten könnten. Inzwischen hat man die Rütlischule in Campus Rütli umbenannt und mit Bildungsprojekten unterschiedlichster Art für Aufsehen gesorgt. So haben die Schüler beispielsweise eine eigene Kleiderkollektion kreiert und vermarktet. Die einstige Problemschule wurde zum Prestigeprojekt, das, so ist zu hoffen, die positiven Entwicklungsmöglichkeiten des gesamten Stadtteils nur vorwegnimmt.

BAEDEKER MAGISCHE MOMENTE

PACK DIE BADEHOSE EIN

Packen Sie für Ihren Berlinurlaub Badehose oder Bikini ein. In der Hauptstadt liegen nämlich spektakuläre Schwimmhallen und die Schönste ist das Stadtbad Neukölln. 1914 hat man hier einen Badetempel nach antikem Vorbild erbaut, in dem Säulen und Mosaiken die Schwimmer erfreuen und ein wasserspeiendes Walross für Erheiterung sorgt. Trotz seines Alters bietet das Bad neueste Technik, denn es wurde 2008 renoviert und bietet seitdem u. a. einen großen Saunabereich mit Dachgarten. Stadtbad Neukölln, Ganghoferstr. 3, www.berlinerbaeder.de/baeder/stadtbad-neukoelln; tgl., Mo. nur Frauen

Spielplätze, Freilichtkino und Drogen

Volkspark Hasenheide

Der Volkspark Hasenheide am Columbiadamm ist mit seinen Kleintiergehegen, einer Minigolfanlage, dem Rosengarten, seinen Spielplätzen und nicht zuletzt dem stadtbekannten Freilichtkino ein beliebtes Naherholungsziel. Er findet sich aber auch immer wieder als Drogenumschlagplatz in den Schlagzeilen der Lokalpresse wieder. »Turnvater« Jahn übte hier schon 1810, angelegt wurde der Park aber erts 1838 als kurfürstliches Hasengehege von Peter Joseph Lenné, ab 1878 war er Garnisonsschießplatz und wurde 1936 bis 1939 zum Volkspark umgewandelt. Gleich südlich des Columbiadamms spaziert man durch den trubeligen **Schillerkiez** zu den Neuköllner Eingängen des ▶Tempelhofer Felds.

Gottesacker für Glaubensflüchtlinge

★ Böhmisches Dorf

Als Ort der Ruhe erweist sich das Böhmische Dorf rund um den Richardplatz (U 7 bis Karl-Marx-Straße), wo noch die Dorfschmiede aus dem 18. Jh. steht – sie ist die älteste Berlins – und Kutschen-Schöne nostalgische Gefährte vermietet. König Friedrich Wilhelm I. ließ hier 1737 böhmische Glaubensflüchtlinge siedeln. Heute noch pflegt die Brüdergemeine ihre Bräuche wie den gemeinsamen Ostergang zum »Böhmischen Gottesacker«. Idyll im Idyll ist der **Comenius-Garten**, der an die Lehre des letzten Bischofs der Böhmischen Brüder Johann Amos Comenius (1592 bis 1670) erinnert.

Weltkultur der Moderne

Britz Südlich des Teltowkanals beginnt Britz (U 7 bis Parchimer Allee). Hier haben Bruno Taut und Martin Wagner die **Hufeisensiedlung** gebaut, eine der bekanntesten Großsiedlungen der Weimarer Republik und seit 2008 Weltkulturerbe. Kern der 1024 Wohnungen umfassenden Siedlung sind die 1924 bis 1927 errichteten Gebäude am Louise-Reuter-Ring. Im alten Dorfkern zwischen Britzer Damm und der Straße Alt-Britz überblickt die **Dorfkirche** von einem Hügel aus den Dorfteich.

Schloss, Museum und Freizeitpark

Westlich vom Dorfkern liegt an der Fulhamer Allee Schloss Britz mit dem Kulturzentrum Gutshof Britz. Es geht zurück auf das Jahr 1547.
Schloss Britz Im Inneren kann man eine Ausstellung zur Wohnkultur der Gründerzeit besuchen. Gleich nebenan gibt in einem ehemaligen Stallgebäude das **Museum Neukölln** mit der Ausstellung »99 × Neukölln« einen Einblick in die Geschichte und Gegenwart des Bezirks.

Im südlichen Britz erstreckt sich zwischen Buckower Damm und Mohriner Allee der aus der Bundesgartenschau 1985 entstandene **Britzer Garten**, ein beliebter Freizeitpark mit so originellen Punkten wie dem »Katastrophenbrunnen« oder der »Rhizomatischen Brücke«. An seinem Ostrand steht am Buckower Damm die **Britzer Mühle**, eine holländische Windmühle von 1865.

Schloss Britz: Di. – So. 10 – 18 Uhr | Eintritt: 3 €
www.schloss-britz.de
Museum Neukölln: Di. – So. 10 – 18 Uhr | Eintritt frei
www.museum-neukoelln.de
Britzer Garten: U 7 bis Britz-Süd, dann Bus 181 zum Eingang Mohriner Allee | tgl. 9 – 16/18/20 Uhr (je nach Jahreszeit) | Eintritt: 2 €
www.gruen-berlin.de

NIKOLAIVIERTEL

Lage: Mitte | **Innenstadtplan:** k II
S-/U-Bahn: Alexanderplatz (S 5, S 7, S 75, U 8)

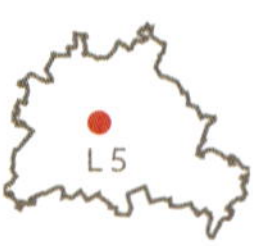

Kaum ein Gebäude im Nikolaiviertel ist älter als 40 Jahre. Wer den Ursprung Berlins kennenlernen will, muss aber trotzdem hierher kommen, denn hier hat im 12. Jahrhundert alles angefangen.

Das Nikolaiviertel liegt südwestlich des Roten Rathauses an der Spree. Hier in bevorzugter Lage am Wasser und in der Nähe einer Furt ließen sich in der zweiten Hälfte des 12. Jh. Menschen nieder.

Alt-Berlin aus der Retorte

Sie gründeten an den gegenüberliegenden Ufern die Ortschaften Berlin und Cölln, aus denen im Lauf von Jahrhunderten die deutsche Hauptstadt heranwuchs.
Was man heute sieht, hat nicht mehr viel mit dem Original zu tun, denn Bombenangriffe im Jahr 1944 legten das ganze Viertel in Schutt und Asche. Aus der Ruinenlandschaft um die **Nikolaikirche** entstand praktisch aus dem Nichts zur 750-Jahr-Feier Berlins 1987 unter Leitung des Architekten Günter Stahn nach historischen Vorbildern ein Stück Alt-Berlin. Was nicht aus historischen Bauteilen rekonstruiert werden konnte, wurde kurzerhand in Plattenbauweise hinzugefügt, wobei man diese nüchternen Betonbauten mit historischen Stilelementen verzierte.

Unter den Zwillingstürmen

★ Nikolaikirche

Das Zentrum bildet die Nikolaikirche. Die älteste Pfarrkirche Berlins stammt aus dem 13. Jh., wurde danach allerdings mehrfach umgebaut. Die für die Kirche so charakteristischen Zwillingstürme erhielten beispielsweise ihre heutige Form erst bei Renovierungsarbeiten im Jahr 1878. Nach dem Zweiten Weltkrieg blieb die Nikolaikirche lange als Ruine stehen und wurde erst anlässlich der 750-Jahr-Feier

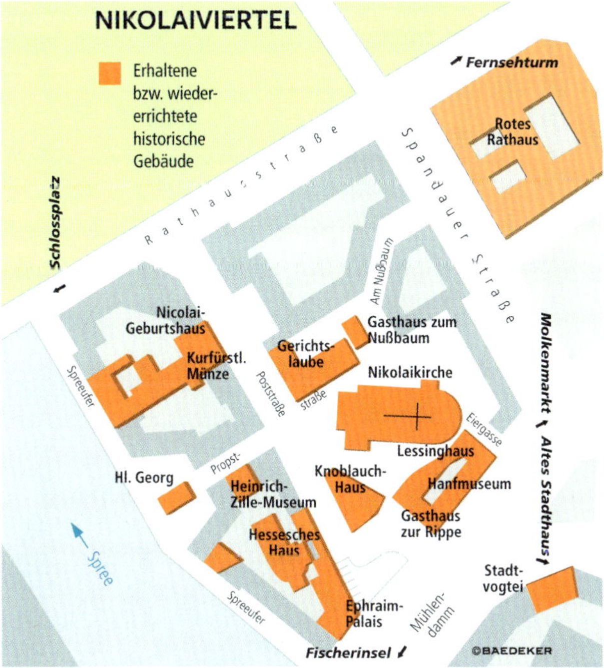

Berlins wiedererrichtet. Als Kirche wird das Gebäude allerdings nicht mehr genutzt. Als Versammlungsort hat die Nikolaikirche Nachwendegeschichte geschrieben – hier konstituierte sich 1991 das erste frei gewählte Gesamtberliner Abgeordnetenhaus.
Innen dokumentiert eine **Ausstellung des Stadtmuseums** die Bedeutung der Kirche für die Stadtgeschichte. Sehenswert sind auch die prächtige Grabkapelle für den Bankier und preußischen Minister Johann Andreas Kraut sowie das von Andreas Schlüter geschaffene Grabmal für den Hof-Goldschmied Daniel Männlich.
Stadtmuseum: tgl. 10 – 18 Uhr | Eintritt: 5 €, jeden 1. Mi. im Monat frei | »Nikolai-Musik am Freitag«: 30-minütige Orgelkonzerte ab 17 Uhr, 3 € | www.stadtmuseum.de/nikolaikirche

Bei Lessing um die Ecke

Nur wenige Schritte von der Kirche entfernt befindet sich das Knoblauchhaus, ein ansehnliches Bürgerhaus aus dem 18. Jh. Im Haus der wohlhabenden Unternehmerfamilie, zu deren Nachfahren auch Eduard Knoblauch, Architekt der Neuen Synagoge an der Oranienburger Straße (▶S. 191) gehörte, empfing man Besucher wie Lessing, Mendelssohn, Wilhelm von Humboldt, Scharnhorst und den Freiherrn vom Stein. Lessing hatte es nicht weit, wenn er die Knoblauchs besuchen wollte, er wohnte nämlich von 1752 bis 1755 gleich um die Ecke am Nikolaikirchplatz (Nr. 7, eine Rekonstruktion des ursprünglichen Gebäudes). Dort schrieb er auch sein Lustspiel »Minna von Barnhelm«. Das Knoblauchhaus zählt zu den wenigen erhaltenen Bürgerhäusern des 18. Jahrhunderts in Berlin und ist heute **Museum**. In den originalgetreu rekonstruierten Wohnräumen erhält man einen Einblick in das Leben einer Bürgerfamilie in jener Zeit. Knoblauchhaus
Knoblauchhaus: Di. – So. 10 – 18 Uhr | Eintritt frei
www.stadtmuseum.de/knoblauchhaus

Kunst und Kultur im Rokokoschmuckstück

Das Ephraimpalais stammt ebenfalls aus dem 18. Jh. und wurde 1935, weil es einer Straßenerweiterung im Weg stand, Stein für Stein abgetragen und erst 1983, um einige Meter versetzt, wieder aufgebaut. Die vergoldeten Balkone und Verzierungen machen das Rokokopalais zu einem Schmuckstück. Schon im 18. Jh. war das Gebäude von den Berlinern als »die schönste Ecke Berlins« bezeichnet worden. Hier werden heute wechselnde Ausstellungen zur Kunst- und Kulturgeschichte gezeigt. Ephraimpalais
Di., Do. – So. 10 – 18, Mi. 12 – 20 Uhr | Eintritt: 7 €

Ehrenbürger, Hanf und Drachenkampf

Im Zille-Museum sind rund 150 Zeichnungen und Fotografien des Berliner Originals und Ehrenbürgers der Stadt zu sehen. Das **Hanfmuseum** hält alles Wissenswerte über eine der vielfältigsten Pflan- Zille-Museum

Ob Lessing gleich um die Ecke an der Nikolaikirche kommt?

zen bereit. Vor dem Zille-Museum steht die Bronzestatue des heiligen Georg mit dem Drachen aus dem Jahre 1856.

Zille-Museum: tägl. 11 – 18 Uhr | Eintritt: 7 € | www.zillemuseum-berlin.de
Hanfmuseum: Di. – Fr. 10 – 20, Sa. und So. 12 – 20 Uhr
Eintritt: 4,50 € | www.hanfmuseum.de

Sightseeing macht hungrig

Restaurants

Heute tummeln sich unzählige Touristen in den engen mit Kopfsteinen gepflasterten Gassen des Nikolaiviertels und besuchen neben den Sehenswürdigkeiten häufig auch eines der Restaurants, die fast alle für deftige Berliner Kost stehen – so »**Zum Nußbaum**« an der Ecke Nikolaikirchplatz/Propststraße oder das 1665 gegründete Gasthaus »**Zur Rippe**« in der Poststraße 17.

Sitz des DDR-Ministerrats

Molkenmarkt

In der Nähe des Nikolaiviertels liegt der Molkenmarkt, der älteste Platz Berlins. Allerdings wartet da kein gemütlicher kleiner Platz – heute ist der Molkenmarkt ein stark frequentierter Verkehrsknotenpunkt, der vom Alten Stadthaus, erbaut von 1902 bis 1911 und leicht erkennbar an seinem 80 m hohen Turm, dominiert wird. Zu DDR-Zeiten war hier der Sitz des Ministerrats, und auch Lothar de Maizière, der letzte Ministerpräsident der DDR, residierte hier.

★★ PARLAMENTS- UND REGIERUNGS-VIERTEL

Lage: Tiergarten, Mitte | **S-Bahn:** Unter den Linden (S 1, S 2, S 25) | **U-Bahn:** Bundestag (U 55) | **Bus:** M 85, 100

Das geht nicht in jedem Land. In Deutschland kann man den Abgeordneten auf den Kopf schauen. Von der Reichstagskuppel hat man nämlich nicht nur einen spektakulären Blick über Berlin, sondern auch hinab in den Plenarsaal.

Knapper Sieg gegen Bonn

337 : 320. So lautete am 20. Juni 1991 im Bundestag das Ergebnis, als darüber abgestimmt wurde, ob Berlin zur Hauptstadt des vereinten Deutschlands werden solle. Was heute als eine völlig logische Entscheidung erscheint, nämlich die größte Stadt des Landes zur Hauptstadt zu machen – die einzige Stadt, die Ost und West in sich vereint

und die seit 1871 Hauptstadtfunktion hatte –, war nach der Wende umstritten. Viele Abgeordnete wollten lieber in der Bonner Provinz bleiben. Eine kleine Hauptstadt stehe dem großen Deutschland gut an, meinten sie, denn so könne man den Nachbarn die Angst vor deutscher Großmannssucht nehmen. Dann war da auch noch das finanzielle Argument. Dort zu bleiben, wo der Bundestag und die Ministerien bereits ihren Sitz hatten, war einfach billiger. Und: Viele der Politiker, die sich für Bonn als Hauptstadt einsetzten, hatten dort ihr Häuschen und wollten vermutlich einfach nicht umziehen. Aber man ist umgezogen, und der Umzug ist, wie befürchtet, teuer geworden. Doch es hat sich gelohnt, denn Berlin hat sich seit 1991 zu einer Hauptstadt entwickelt, auf die man in Deutschland stolz sein kann.

★★ Reichstag

Der Reichstag bildet das Zentrum des neuen Parlaments- und Regierungsviertels. Seit er von 1884 bis 1894 von Paul Wallot erbaut wurde, stand er immer wieder im Brennpunkt der deutschen Geschichte. Die Inschrift am Giebel – »Dem Deutschen Volke« – fehlte noch, als Wilhelm II. das Gebäude eröffnete. Für den Kaiser hatte ein solcher Schriftzug zu viel von Demokratie und Parlamentarismus. Erst 1916, mitten im Ersten Weltkrieg, wurde die Inschrift dann doch angebracht. In der Krise wollte Wilhelm einen Schulterschluss mit dem Parlament dokumentieren. Nach dem verlorenen Krieg musste der Kaiser abdanken. Am 9. November 1918 rief Philipp Scheidemann von einem Fenster des Reichstags die Republik aus.

Brennpunkt deutscher Geschichte

Vom Brand bis zur deutschen Niederlage

In der Nacht zum 28. Februar 1933 brannte der Reichstag, Teile des Gebäudes wurden zerstört. Die Nazis nutzten den Brand für ihre Ziele, inszenierten einen Schauprozess gegen den angeblichen Brandstifter, den holländischen Kommunisten Marinus van der Lubbe, und erließen noch am selben Tag die »**Verordnung zum Schutz von Volk und Staat**«, mit der die wichtigsten Bürgerrechte außer Kraft gesetzt wurden. Welch große symbolische Bedeutung der Reichstag hatte, zeigte sich in der Endphase des Kriegs, als um das Gebäude herum besonders heftige und verbissene Gefechte tobten. Hier hissten dann auch sowjetische Soldaten ihre Fahne, als symbolträchtiges Zeichen der deutschen Niederlage. Wie man heute weiß, sogar mehrmals, denn zunächst war kein Fotograf zur Stelle, der das historische und für die sowjetische Propaganda so wichtige Motiv hätte aufs Foto bannen können.

Unter den Nazis

Vernachlässigung, Verhüllung, Kuppelbau

Nach dem Krieg wurde der schwer beschädigte Reichstag nur notdürftig hergerichtet. Bundestagssitzungen durften seit dem Vier-

Nachkriegszeit

VOLKSVERTRETER

Gemessen an der Bevölkerungszahl ist der Bundestag eines der größten Parlamente der Welt. Dies wird besonders deutlich, wenn man vergleicht, wie viele Menschen von einem Abgeordneten vertreten werden. Ein Mehr an Demokratie? Auf jeden Fall eine gewaltige Bürokratie.

▶ **Anzahl der Bürger, die ein Abgeordneter vertritt**

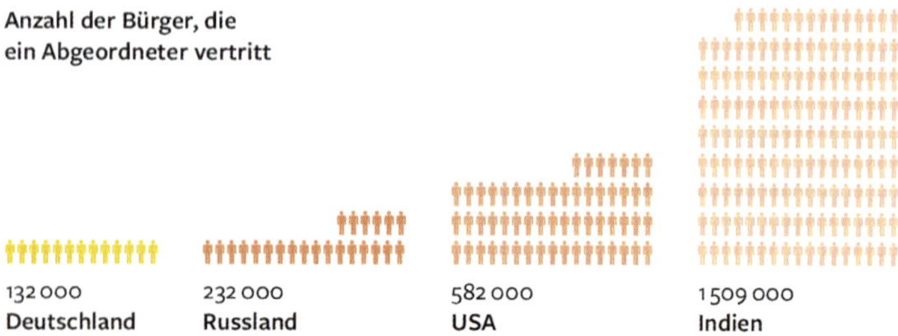

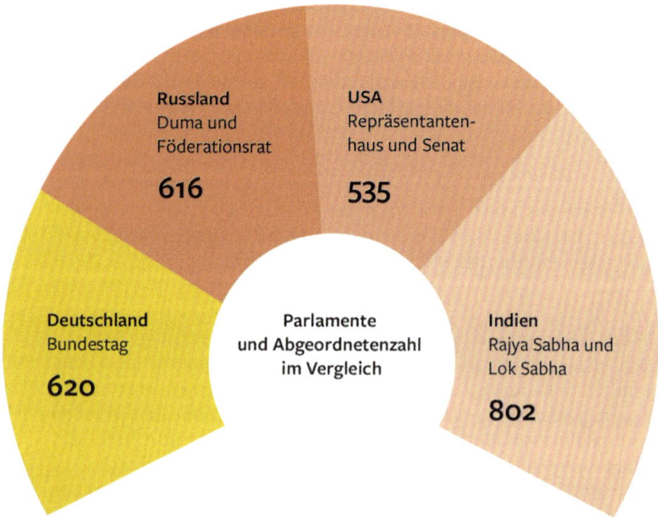

▶ **Fleißig: Reden im Bundestag 2010**

4260	Gehaltene Reden
800	Stunden Redezeit
11,16	Minuten Redezeit im Schnitt
7800	Seiten Protokolle

▶ **Frauenquote erfüllt?**
Der Frauenanteil unter den Bundestagsabgeordneten ist weit höher als in den Vorständen deutscher Dax-Unternehmen.

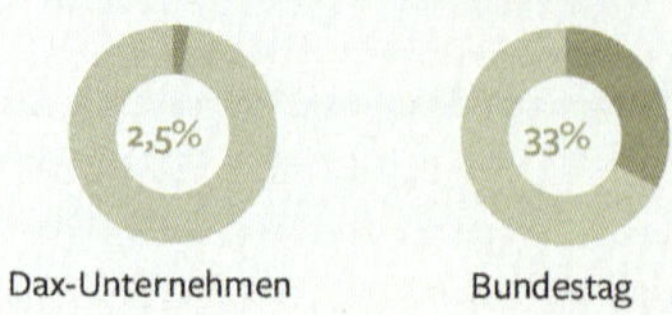

Mitarbeiter des Bundestages, der Bundesministerien und des Bundesrates
Menschen, die direkt für den Bundestag arbeiten: 28 430, Bundestagsetat: 682 Mio. €

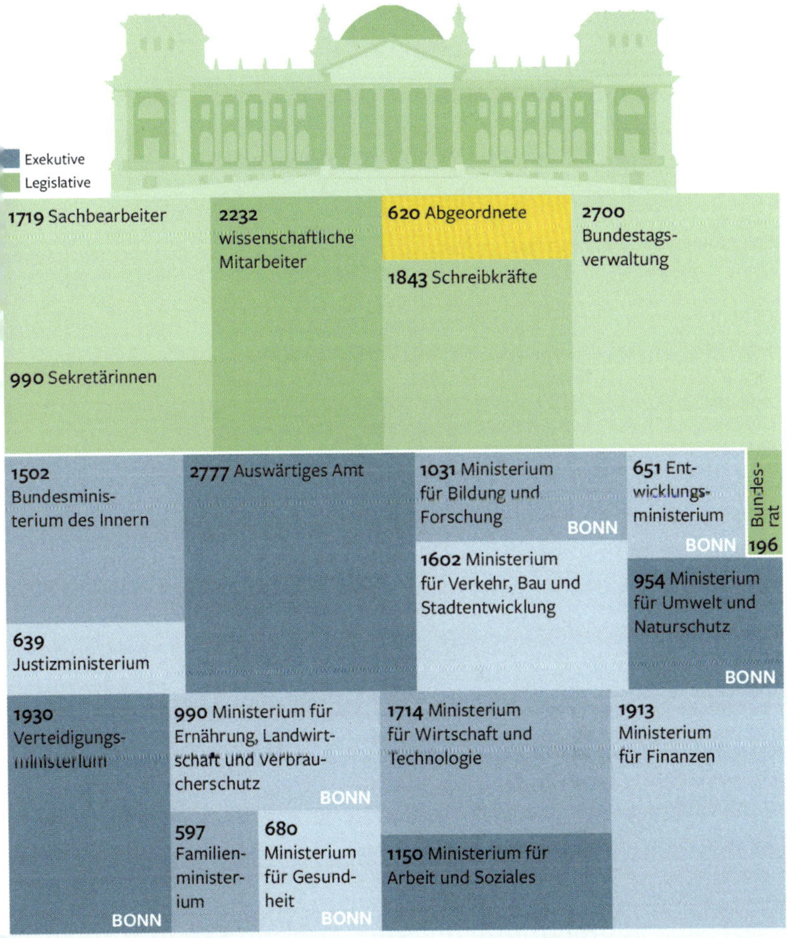

Bezüge eines Abgeordneten
(in Euro)

▶ **Großzügig bemessen**
Flächen pro MdB im Reichstagsgebäude (in m²)

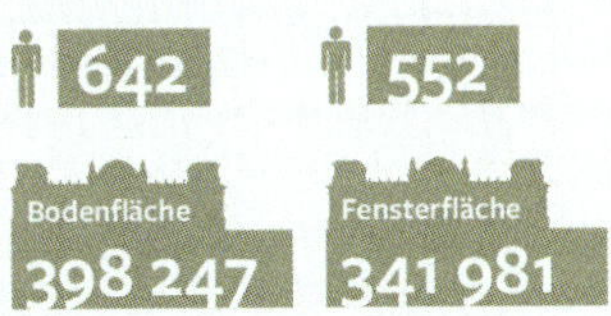

SITZ DER DEUTSCHEN PARLAMENTE

1894 eingeweiht, 1933 ausgebrannt, 1945 zerschossen, seit 1990 wieder gesamtdeutsches Parlament: Das Reichstagsgebäude hat eine wechselvolle Geschichte. Die neue Kuppel ist ein Wahrzeichen Berlins geworden.

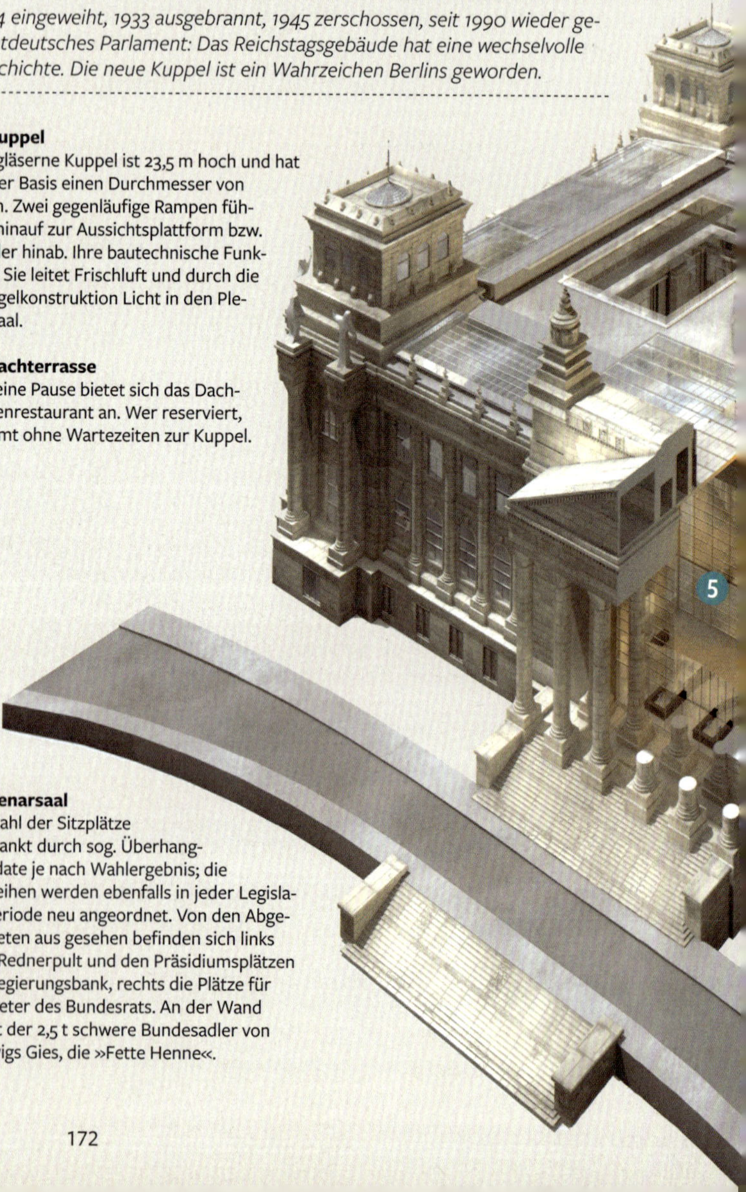

1 Kuppel
Die gläserne Kuppel ist 23,5 m hoch und hat an der Basis einen Durchmesser von 40 m. Zwei gegenläufige Rampen führen hinauf zur Aussichtsplattform bzw. wieder hinab. Ihre bautechnische Funktion: Sie leitet Frischluft und durch die Spiegelkonstruktion Licht in den Plenarsaal.

2 Dachterrasse
Für eine Pause bietet sich das Dachgartenrestaurant an. Wer reserviert, kommt ohne Wartezeiten zur Kuppel.

3 Plenarsaal
Die Zahl der Sitzplätze schwankt durch sog. Überhangmandate je nach Wahlergebnis; die Sitzreihen werden ebenfalls in jeder Legislaturperiode neu angeordnet. Von den Abgeordneten aus gesehen befinden sich links vom Rednerpult und den Präsidiumsplätzen die Regierungsbank, rechts die Plätze für Vertreter des Bundesrats. An der Wand hängt der 2,5 t schwere Bundesadler von Ludwigs Gies, die »Fette Henne«.

4 Fraktionssitzungssäle
Im Südflügel liegt unter den Sitzungssälen das Bundestagspräsidium.

5 Moderne Kunst
Künstler haben im Reichstagsgebäude ihre Arbeiten hinterlassen, so in der Eingangshalle die deutschen Farben in der Bearbeitung von Gerhard Richter und im südlichen Lichthof ein Bodenrelief von Ulrich Rückriem.

6 Graffitti
Inschriften, die sowjetische Soldaten nach der Eroberung an den Wänden angebracht haben, sind z. T. konserviert worden.

7 Sicherheitsschleuse
Bevor man auf die Kuppel darf, muss man die Sicherheitsschleuse passieren. Im gläsernen Besucheraufzug geht es hinauf.

Ausnahmsweise keine düsteren politischen Wolken über dem Reichstag

mächte-Abkommen von 1971 ohnehin nicht in Berlin abgehalten werden. Lediglich Fraktions- und Ausschusssitzungen fanden hin und wieder in den neu eingerichteten Sitzungssälen statt. Trotzdem: Im Zentrum des Hauses befand sich ein vollständig ausgestatteter Plenarsaal, in dem die Abgeordneten eines wiedervereinigten Deutschlands jederzeit hätten tagen können. Dann endlich, am **4. Oktober 1990**, fand die erste Sitzung des gesamtdeutschen Parlaments nach dem Mauerfall im Reichstag statt. Noch war das ein eher symbolischer Akt, an eine dauerhafte Verlagerung des Bundestags dachte man damals noch nicht.

Der märchenhafte Aufstieg des fast vergessenen Regierungssitzes zu einer der größten Attraktionen der Hauptstadt begann im Sommer 1995. Die Künstler **Christo und Jeanne-Claude** hüllten das gesamte Gebäude in silbrig-glänzenden Stoff, und die Neugierigen kamen in Scharen, um das Riesenkunstwerk zu bestaunen und auf der Wiese vor dem Reichstag zu feiern. Danach kam Sir Norman Foster an die Reihe. Der britische Architekt hatte mit seiner Kuppelidee den Wettbewerb um die Neugestaltung des Reichstags gewonnen. So manchem mag zwar das Herz geblutet haben, als das gesamte Innenleben des alten Reichstagsgebäudes entfernt wurde, um Platz für die neuen Ideen zu schaffen, doch diese Konsequenz hat sich bezahlt gemacht. Die gläserne 23 Meter hohe **Kuppel** ist heute eines der Wahrzeichen der Hauptstadt. Der Deutsche Bundestag eröffnete am 19. April 1999 das umgebaute Reichstagsgebäude mit einer feierlichen Sitzung, und im September desselben Jahres verlegte der Deutsche Bundestag seinen Sitz endgültig nach Berlin.

Ungewöhnliche Perspektive auf Stadt und Plenarsaal

Besuch bei den Volksvertretern

Heute zählt der Reichstag zu den am meisten besuchten Sehenswürdigkeiten der Stadt, denn aus der Kuppel hat man einen hervorragenden Blick über Berlin. Anders als beim ▶ Fernsehturm ist man hier aber nur knapp über der Dächerflut, was eine ganz andere und vielleicht sogar interessantere Perspektive eröffnet. Aber man kann auch nach unten sehen, und dann schaut man den im Plenarsaal sitzenden Abgeordneten direkt auf die Köpfe. Außerdem ist es ein preiswertes Vergnügen, denn der Eintritt ist frei. Wer es sich leisten mag, findet auf der Dachterrasse des Reichstags ein Edelrestaurant. **Anmeldung Reichstagskuppel:** Wer einen Besuch der Reichstagskuppel plant, muss sich online, per Fax oder schriftlich **spätestens zwei Werktage vor dem geplanten Besuch** unter Angabe von Name und Geburtsdatum anmelden. Kurzfristig werden im Berlin-Pavillon an der südlichen Seite der Scheidemannstraße (nur bei Verfügbarkeit und mindestens 2 Stunden vor dem geplanten Besuch) Zugangsberechtigungen ausgestellt. Beim Einlass müssen Personalausweis oder Pass vorgezeigt werden. Mit einer Platzreservierung für das Restaurant (Tel. 030 22 62 99 33, www.feinkost-kaefer.de/berlin) kommt man ohne Anmeldung und Schlangestehen in die Kuppel. Eine Personenkontrolle erfolgt aber auch dann.

Besucherdienst: Platz der Republik 1, 11011 Berlin | tgl. 8 – 24 Uhr (letzter Einlass 22 Uhr) | www.bundestag.de/besuche
Restaurant: tgl. 9 – 16.30 und 18.30 – 24 Uhr

Ausschüsse, Presidien und Medienzentrale

Spaziergang durchs Viertel

Als Ausgangspunkt für einen Spaziergang durch das Regierungsviertel bietet sich der Reichstag an. Nur wenige Schritte nördlich davon liegt das **Paul-Löbe-Haus**. Der SPD-Politiker war in der Weimarer Republik Reichstagspräsident, in der NS-Zeit dann mehrmals inhaftiert und nach dem Krieg schließlich Alterspräsident des ersten Bundestages. In dem Gebäude sind unter anderem die Sitzungssäle der Bundestagsausschüsse untergebracht. Auf der anderen Seite der Spree, durch zwei Fußgängerbrücken verbunden, steht das **Marie-Elisabeth-Lüders-Haus**. Die Brücken dienen nicht nur als Verbindung, sie sollen auch ein Symbol für das Zusammenwachsen der beiden so lange getrennten deutschen Staaten sein. Denn genau hier verlief einst die Grenze. Im Elisabeth-Lüders-Haus sind die Büros des Wissenschaftlichen Dienstes des Bundestags und die drittgrößte Parlamentsbibliothek der Welt untergebracht. Marie Elisabeth Lüders, bis 1932 für die Deutsche Demokratische Partei Mitglied des

Reichstags, war während der Nazizeit unter dem Vorwurf der Werksspionage kurzzeitig inhaftiert und wurde nach dem Krieg Bundestagsabgeordnete für die FDP. Den Namen des Mitbegründers der CDU **Jakob Kaiser** (1888–1961) trägt der flächenmäßig größte der Bundestagsneubauten. Im Gebäude ist u. a. das Bundestagspräsidium untergebracht.
Wo sich die Macht ballt, sind die Medien nicht weit: Das **ARD-Hauptstadtstudio** mit Infocenter folgt jenseits der Wilhelmstraße auf das Jakob-Kaiser-Haus am Reichstagsufer; weiter östlich direkt unterhalb vom Bahnhof Friedrichstraße steht das **Bundespresseamt**, während der Fernsehsender **RTL** gegenüber am Schiffbauerdamm sein Studio hat und das **ZDF** Unter den Linden 36–38 zu Hause ist. Die **Bundespressekonferenz** logiert nördlich vom Lüders-Haus am Schiffbauerdamm.

ARD-Hauptstadtstudio: kostenlose Führungen Mi. und Sa. 14 Uhr, Anmeldung erforderlich | Tel. 030 22 88 11 10 | www.ard-infocenter.de

Begehrtes Palais und die Waschmaschine

Bundeskanzleramt

Im weißen Gebäude des Bundeskanzleramts sind 300 Büros untergebracht, die seit 2001 auch benutzt werden. Der Chef oder die Chefin haben ihre Arbeitsräume in der 7. Etage. Acht Zentimeter dickes Panzerglas sorgt dafür, dass man sich dort auch sicher fühlen kann. Die moderne Architektur des Regierungsviertels ist bei Experten durchaus anerkannt, bei so manchem Berliner stößt sie aber auf Akzeptanzprobleme. Das verrät der Spitzname, den man dem Bundeskanzleramt verpasst hat: Wenig schmeichelhaft wird es »**Bundeswaschmaschine**« genannt.
Die **Schweizer Botschaft** ist der eigentliche Platzhirsch im Regierungsviertel. Kein Gebäude ist so alt wie sie. Das 1870 erbaute Palais ist seit 1919 Residenz des Botschafters. Die Nazis drängten die Schweizer zwar zum Umzug ins Diplomatenviertel am ▶ Tiergarten, doch deren dort errichtete Residenz wurde noch als Rohbau von Fliegerbomben zerstört. Auch die neue deutsche Regierung hätte nach der Wende den Schweizern ihr Botschaftsgebäude gern abgekauft. Doch die Eidgenossen widerstanden allem Werben. Sie sagten nicht nur »Nein«, sondern bauten sogar an – 2001 wurde der Erweiterungsbau eröffnet. Im selben Jahr war die Botschaft dann gleich bundesweit in den Medien – aber nicht aus architektonischen oder politischen Gründen. Shawne Fielding, die amerikanische Ehefrau des damaligen Schweizer Botschafters – ihres Zeichens Ex-Miss Dallas, Ex-Miss Texas und dritte bei der Wahl zur Miss America, posierte im ultrakurzen Minirock und in verführerischen Posen für ein Hochglanzmagazin vor der eidgenössischen Fahne auf dem Dach der Botschaft. Im sittenstrengen Bern kamen die Bilder gar nicht gut an und der Botschafter kam seinem Rausschmiss nur durch die Kündigung zuvor.

Vielleicht ein bisschen groß geraten, das Bundeskanzleramt?

★ PFAUENINSEL

Lage: Zehlendorf | **S-Bahn:** Wannsee (S 1, S 7), weiter mit Bus 218 zur Fähre | **Fähre:** Mai – Aug. tgl. 8 – 21, Nov. – Feb. 10 – 16; April, Sept. 9 – 19; März, Okt. 9 – 18 Uhr

Dass die Pfaueninsel der perfekte Ort für Verliebte ist, liegt daran, dass sie genau dafür gestaltet wurde. Von 1794 bis 1797 ließ Friedrich Wilhelm II. sie als Liebesnest für sich und seine damalige Geliebte, Wilhelmine Encke, die spätere Gräfin Lichtenau, herrichten.

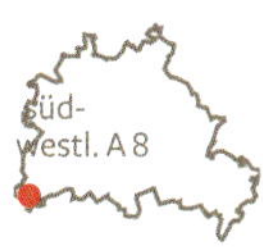

Ruhiges Idyll

Die idyllische Pfaueninsel mit ihrem uralten Baumbestand – u. a. 400 alte Eichen – und dem ältesten Rosengarten Berlins ist eines der schönsten Ausflugsziele Berlins. Hier herrscht paradiesische Ruhe,

denn die kleine Fähre bringt nur Fußgänger auf die Insel. Blickfang ist das **Schloss Pfaueninsel**. Der Architekt Johann Gottlieb Brendel baute für die Liebenden im Einklang mit der damaligen Mode eine künstliche Ruine, die einer mittelalterlichen Burg ähnelt. Angeblich soll die Skizzen für den Bau die Gräfin selbst angefertigt haben.
Die beiden Türme des weißen Holzschlösschens verbindet in luftiger Höhe eine filigrane Brücke. Inmitten der englischen Parklandschaft wirkt die Holzkonstruktion des Schlosses verspielt, unwirklich und kulissenhaft. Auch im Innern kann man träumen – von der oder dem Geliebten und von fernen Ländern. 20 Jahre vor dem Bau des Schlosses war die Südseeinsel Tahiti entdeckt worden, und weil der König von den Reiseberichten des französischen Seefahrers und Schriftstellers Louis Antoine de Bougainville so begeistert war, holte er sich die Südsee in Form eines entsprechend gestalteten Zimmers nach Brandenburg. Im **Oteihitischen Kabinett** ließ er die Wände so bemalen, dass man den Eindruck hat, als blicke man aus einer Bambushütte hinaus in den Park.
April – Okt. Di. – So. 10 – 17.30 Uhr (nur Führungen) | Eintritt: 6 €
www.spsg.de

Malerisches Ambiente des Welterbes

Park

Peter Joseph Lenné gestaltete von 1821 bis 1834 den Park, auf dem bis 1842 sogar noch wilde Tiere lebten. Theodor Fontane erinnerte sich daran in seinen »Wanderungen durch die Mark Brandenburg« und schrieb:

»
Pfaueninsel! Wie ein Märchen steigt
ein Bild aus meinen Kindertagen vor mir auf:
ein Schloß, Palmen und Kängurus;
Papageien kreischen; Pfauen sitzen auf
hoher Stange oder schlagen ein Rad, Volieren,
Springbrunnen, überschattete Wiesen;
Schlängelpfade, die überall hinführen und nirgends;
ein rätselvolles Eiland, eine Oase, ein Blumenteppich
inmitten der Mark.
«

»Zurück zur Natur«

Schmuckbauernhöfe

Ähnlich wie sich heute der städtische Geldadel nach einem Rückzugsort in der Natur sehnt, träumten die Adeligen Ende des 18. Jahrhunderts von einem unbeschwerten Leben im Grünen. Getreu dem Rousseauschen Motto »Zurück zur Natur« ließen sie sich Schmuckbauernhöfe errichten, in denen sie ein wenig Bauer spielen konnten. Die **Meierei** an der Nordspitze der Pfaueninsel, zeitgleich mit dem Schloss erbaut, ist ein solches Gebäude. Hier konnten die Majestäten romantisches Landleben genießen und sogar vorher von Bedienste-

ten blitzblank geschrubbte Kühe selbst melken. Da ein Bauernhof aber wohl doch zu profan gewirkt hätte, erhielt die königliche Meierei die Form einer Klosterruine.Im Südteil stehen das Schweizerhaus von Schinkel (1830), die Russische Rutschbahn und der Fregattenschuppen und im Zentrum der Insel kommt man zum **Kavaliershaus** von Schinkel, das 1824 bis 1826 die Fassade eines gotischen Patrizierhauses aus Danzig erhielt. Der Gedächtnistempel für Königin Luise im Nordteil trägt den ursprünglichen Sandsteinportikus des Mausoleums im Park von Schloss Charlottenburg (1829).
Bei so viel malerischem Ambiente wundert es nicht, dass auf der Pfaueninsel immer wieder Filme gedreht wurden. Für die Edgar-Wallace-Krimis der 1960er-Jahre diente die Insel gleich mehrfach als schaurig- nebliger Spielort.
Seit 1990 zählt die 1,5 km lange und 500 m breite Havelinsel als Teil der Kulturlandschaft Schlösser und Parkanlagen in Berlin und Potsdam zum UNESCO- Welterbe.
Meierei: April - Okt. Sa., So. 10 - 17.30 Uhr | Eintritt: 2 €

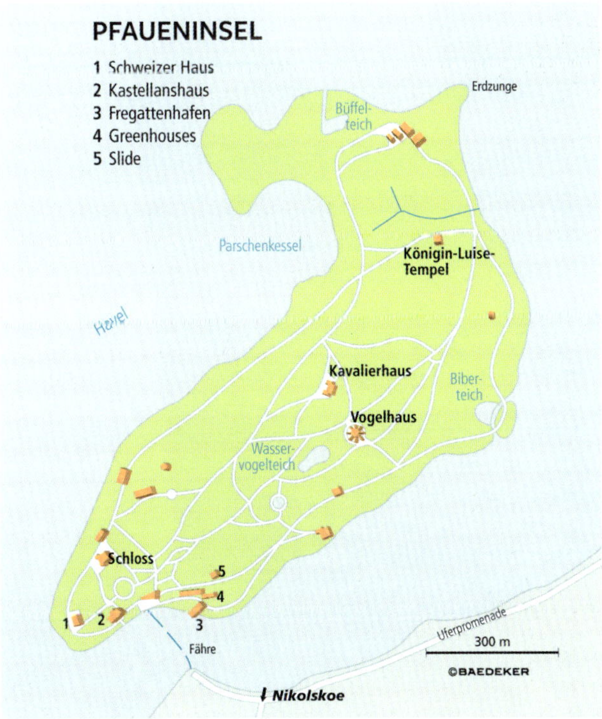

★★ POTSDAMER PLATZ

Lage: Tiergarten | **S-/U-Bahn:** Potsdamer Platz (S 1, S 2, S 25, U 2)

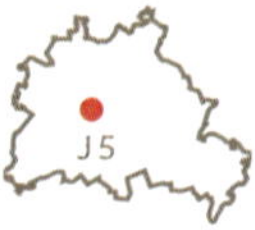

»Auferstanden aus Ruinen ...«. Diese Zeile aus der DDR-Hymne passt wohl auf keinen Berliner Platz – ja vielleicht sogar auf keinen Ort weltweit – so sehr wie auf den Potsdamer Platz.

In den Zehner- und Zwanzigerjahren des 20. Jahrhunderts war er der verkehrsreichste Platz Europas: Hier wurde **die erste Ampelanlage des Kontinents** errichtet, das Leben pulsierte, abends lockten Restaurants, Kneipen und Cabarets mit Leuchtreklamen zum Dinner und zum Tanz. Auch die Damen des Rotlichtmilieus warteten – diskret, denn ihr Wirken war illegal – auf ihre Kunden. Ernst Ludwig Kirchner

Mit nur einer Ampel bekommt man heutzutage den Verkehr am Potsdamer Platz

hat das eindrucksvoll in seinem berühmten Gemälde »Potsdamer Platz 1914« festgehalten. Während der Herrschaft der Nazis verlor der Platz an Leichtigkeit, nicht aber an Bedeutung. Das Gebäude des Volksgerichtshofs stand hier, in dem der berüchtigte Nazi-Richter Roland Freisler seine Urteile sprach. Als ob der ganze Platz für dessen Schandtaten büßen müsste, kam hier gegen Ende des Zweiten Weltkriegs Bombe um Bombe nieder, der Platz wurde in Schutt und Asche gelegt, und bei einem der Angriffe kam auch Freisler ums Leben, nur wenige Schritte von seiner blutigen Wirkungsstätte entfernt.

Pulsierend in den »Goldenen Zwanzigern«

Vom Schandfleck zum Architektentraum

Als man die Kriegstrümmer am Potsdamer Platz beiseite geräumt hatte, waren nur der alte Kaisersaal und die Weinhandlung Huth übriggeblieben. Überall in der geteilten Stadt wurde gemauert und gehämmert, Altes wurde repariert, Neues gebaut. Die Wunden des Krieges

Heilende Kriegswunden

unter dem Kalkhoff- und dem Bahntower nicht mehr in den Griff.

begannen zu heilen. Nur der Potsdamer Platz blieb unbebaut, eine Brache, Berlins Schandfleck. Er lag nun unmittelbar an der Grenze zu Ostberlin, und 1961 wurde ihm die Mauer vor die Nase gesetzt. Als die Wende kam, fand sich der Platz dann plötzlich im Zentrum der nicht mehr geteilten Stadt wieder. Den ersten großen Auftritt hatte der Platz mit dem Live-Konzertspektakel »The Wall« von Roger Waters (Pink Floyd) am 21. Juli 1990 mit mehr als 300 000 Besuchern.
Später wurde ein Traum für Architekten wahr – die berühmtesten Baumeister der Welt kamen nach Berlin. Bis dahin hatte die standardmäßige »Berliner Traufhöhe« von 22 Metern (fast) alle planerischen Höhenflüge gestoppt. Jetzt aber wurde nach oben gebaut, und Berlin erhielt, was bis dahin in Deutschland allenfalls Frankfurt hatte – **ein Hochhausviertel**, eine Art Skyline. Am Anfang wurde, wie es in Berlin in solchen Fällen die Regel ist, geschimpft und gezetert. Inzwischen – auch das ist typisch Berlin – hat man sich mit dem Neuen arrangiert, es sogar lieb gewonnen. Während in der ersten Zeit nach Büroschluss nur Touristen mit ihren Kameras durch die Hochhausschluchten irrten, haben die Einheimischen ihren Potsdamer Platz inzwischen angenommen. Man kommt zum Einkaufen, geht ins Kino und in Ausstellungen, und auch in den Restaurants wird inzwischen nicht mehr nur Englisch, Italienisch oder Spanisch gesprochen.

Filmfest, Shopping und Kunstgalerie

Quartier Potsdamer Platz

Als erstes großes Projekt wurde im Oktober 1998 das damalige Quartier DaimlerChrysler eröffnet, heute Quartier Potsdamer Platz. Sein Zentrum ist der **Marlene-Dietrich-Platz**. Hier befinden sich das kugelförmige IMAX-Kino, das Musical-Theater, die Spielbank und das Grand Hyatt Hotel. Einmal im Jahr schreiten am Berlinale-Palast die großen Filmstars der Welt über den roten Teppich, wenn sie im Februar anlässlich der **Berlinale** in die deutsche Hauptstadt kommen.
Hinter dem Kino bis zum Fontaneplatz liegen die **Potsdamer Platz Arkaden**, eine dreigeschossige überdachte Shopping Mall mit mehr als 130 Geschäften und Dutzenden Restaurants. Dem Nordeingang der Arkaden gegenüber steht etwas verloren, aber an seinem angestammten Platz, das ehemalige Weinhaus und nunmehrige **Haus Huth**, heute Repräsentanz von Daimler-Benz mit der Galerie **Daimler Contemporary** (wechselnde Ausstellungen mit Stücken aus der Daimler-Kunstsammlung), einem Restaurant und wieder einer Weinhandlung. Skulpturen und Installationen aus der Sammlung kann man nicht nur in der Ausstellung sehen, sondern auch draußen über das ganze Areal verteilt: »Riding Bikes« von Robert Rauschenberg, »Méta-Maxi« von Jean Tinguely, »Galileo« von Marc di Suvero, »Nam Sat« von Nam June Paik, »Boxer« von Keith Haring, »Prinz von Homburg« von Frank Stella und »Gelandet« von Auke De Vries.

Daimler Contemporary: tgl. 11 – 18 Uhr | Eintritt frei
http://art.daimler.com

Unter Helmut Jahns farbigem Zeltdach im Sony Center

Mauerstück als Luftfracht und der schnellste Lift Europas

Der deutsche Architekt Hans Kollhoff entwarf die zur Neuen Potsdamer Straße hin gelegenen Bauten mit Cinemaxx-Kino (19 Säle) und dem Kollhoff-Tower mit **Panoramapunkt** im 24. und 25. Stockwerk. Von dort oben hat man einen perfekten Blick über die Berliner Innenstadt. 2010 wurde ein Originalstück der Berliner Mauer per Helikopter in den 24. Stock hinauftransportiert; dort kann man sich in einer Freiluftausstellung über die Geschichte des Platzes informieren. Legen Sie im rundum verglasten **Panoramacafé** beim höchsten Cappuccino des Platzes eine Pause ein. Die 100-Meter-Fahrt zum Aussichtspunkt legen Sie mit dem schnellsten Lift Europas in gerade einmal 20 Sekunden zurück. Deutlich länger dauert es an schönen Sommertagen, um überhaupt in den Aufzug zu gelangen – Ungeduldige kaufen sich daher das teure VIP-Ticket, mit dem man an den Wartenden vorbeimarschieren kann.

Kollhoff-Tower

Panoramapunkt: Sommer tgl. 10 – 20, Winter bis 18 Uhr
Eintritt: 7,50 € | www.panoramapunkt.de

Unter dem großen Zeltdach

Im Sony Center, das schon von Weitem leicht an seinem Zeltdach erkennbar ist und das nachts in den unterschiedlichsten Farben

★ Sony Center

leuchtet, sind Kinos, mehrere Restaurants und Büros untergebracht. Das im Jahr 2000 am Kemperplatz eröffnete Ensemble wurde von Helmut Jahn geplant und besteht aus sieben Einzelbauten, dessen höchster der 103 m hohe, gläserne **Bahntower** ist.
2007 eröffnete im Sony Center das **Legoland Discovery Center**, eine Spieloase, in der sich die Kleinsten wohlfühlen. Viele Besucher klagen allerdings über den relativ hohen Eintrittspreis.
Ein wenig Ehrfurcht vor dem alten Potsdamer Platz mag mitgespielt haben, als man den **Kaisersaal**, in dem Kaiser Wilhelm II. seine Herrenabende genoss, aus der Ruine des Grandhotels Esplanade herauslöste und auf eine zwar nur 75 m weite, aber sündhaft teure Reise schickte und am neuen Standort im Sony Center wieder zum Leben erweckte.
Legoland: Mo. – So. 10 – 19, letzter Einlass: 17 Uhr | Eintritt: ab 11 € (online, an der Kasse teurer), Kinder bis 3 Jahre kostenlos; Erwachsene ohne Kinder haben keinen Zutritt
www.legolanddiscoverycentre.de/berlin

★ Filmmuseum Berlin

Ein bisschen Hollywood in Berlin
Das Filmmuseum Berlin im dritten Stock des Sony Centers lädt zu einer spannenden Multimedia-Reise durch die deutsche Filmgeschichte ein – von den ersten bewegten und handkolorierten Bildern bis zur Gegenwart. Auch das düsterste Kapitel der deutschen Filmgeschichte, die Zeit der Nationalsozialisten, die damit verbundene Zensur, die Ermordung oder Auswanderung vieler bekannter Regisseure und Filmstars, wird nicht ausgespart.
Im Zentrum der Ausstellung, mit dem Zeug zum Wallfahrtsort, stehen jedoch die drei Räume, die sich dem Leben und künstlerischen Schaffen von **Marlene Dietrich** widmen. Die Berlinerin avancierte zur Filmikone des 20. Jahrhunderts und ist einer der wenigen wirklichen Weltstars, den Filmdeutschland hervorgebracht hat. Auch Liebesbriefe, die Jean Gabin, Erich Maria Remarque und Ernest Hemingway an den »blonden Engel« geschrieben haben, kann man sich hier ansehen. Darüber vergisst man beinahe, dass das Museum noch weitere Originale wie etwa die Kulissenentwürfe zu »Das Kabinett des Dr. Caligari«, ein Kostüm von Romy Schneider als »Sissi« und die echte »Schimanski«-Jacke zeigt. Das **Fernsehmuseum** thematisiert die Entwicklung des Fernsehens in beiden deutschen Staaten – ein Wiedersehen mit alten Bekannten aus Ost und West ist garantiert.
Thematisch passend und nur wenige Schritte entfernt verläuft der **Walk of Fame** in der Mitte der Potsdamer Straße. Auf dem roten (Asphalt-)Teppich werden die größten deutschen Stars aus dem Filmgeschäft mit einem Stern geehrt. Als erste wurde 2010 Marlene Dietrich ausgezeichnet, inzwischen kamen weit über 100 bronzefarbene Sterne hinzu. Witzig: Mittels einer speziellen Trickkamera kön-

nen Sie sich Ihren Lieblingsstar für ein Erinnerungsfoto hologrammartig neben sich projizieren lassen.

Filmmuseum: Di. – So. 10 – 18, Do. bis 20 Uhr | Eintritt: 7 €
www.deutsche-kinemathek.de

Leipziger Platz und Leipziger Straße

Von Surrealisten und Spionen

Leipziger Platz

Es sind nur ein paar Schritte vom Potsdamer zum Leipziger Platz, an dem u. a. die Kanadische Botschaft steht. Im Haus Nr. 7 zeigt **»Dalí – die Ausstellung am Potsdamer Platz«** 400 Zeichnungen, Grafiken, Skulpturen und Buchillustrationen des spanischen Surrealisten. Unmittelbar daneben befasst sich das 2015 eröffnete **Deutsche Spionagemuseum** mit Spionage weltweit, seinen Schwerpunkt legt es aber auf die Geheimdienste der beiden deutschen Staaten zu Zeiten des Kalten Kriegs. Auch neueste Entwicklungen wie die weltweiten Abhöraktionen des amerikanischen Geheimdienstes NSA (National Security Agency) werden beleuchtet. An der Erna-Berger-Straße südlich des Platzes steht noch ein alter **Mauer-Wachturm**. Auf der Leipziger Straße folgt rechts das 1904 vollendete ehemalige preußische Herrenhaus, nun **Sitz des Bundesrats**; gegenüber zog sich auf fast der gesamten Länge das Kaufhaus Wertheim hin, das damals größte Kaufhaus Europas. Heute stürmen hier die Besucher in die **Mall of Berlin** (www.mallofberlin.de) mit 270 Läden.

Dalí-Ausstellung: tgl. 12 – 20; Juli, Aug. tgl.10 – 20 Uhr
Eintritt: 12,50 € (online) | www.daliberlin.de
Deutsches Spionagemuseum: tgl. 10 – 20 Uhr | Eintritt: 12 €
www.deutsches-spionagemuseum.de

Ältestes Postmuseum der Welt

★ Museum für Kommunikation Berlin

Bald darauf, jenseits der Wilhelmstraße, kommt man an der Ecke Mauerstraße zum ehemaligen Ministerium für Post- und Fernmeldewesen, gekrönt von einer Gigantengruppe mit flankierenden Allegorien auf die Wissenschaft (links) und den Verkehr (rechts). Es firmiert heute als Museum für Kommunikation Berlin, hinter dem sich das ehemalige Reichspostmuseum verbirgt. Generalpostmeister Heinrich von Stephan (1831 – 1897) initiierte die Gründung des Museums, das 1875 bescheiden begann, 1898 in großem Stil an der Leipziger Straße eröffnet wurde und somit ältestes Postmuseum der Welt ist.
Die Ausstellung reicht von nostalgischen Exponaten bis hin zu modernster Kommunikationstechnik und macht vieles selbst erfahrbar. Unter dem Lichthof geht es in die Schatzkammer, mit den wertvollsten Stücken, darunter die legendäre **Blaue und Rote Mauritius**.

Di. 9 – 20, Mi. – Fr. 9 – 17, Sa., So. 10 – 18 Uhr | Eintritt 5 €
www.mfk-berlin.de

PRENZLAUER BERG

Bezirk: Pankow | **U-Bahn:** Senefelderplatz, Eberswalder Straße, Schönhauser Allee (U 2)

Der Prenzlauer Berg ist sozusagen ein Wendegewinner, hat sich gewandelt vom düster-grauen Entlein DDR-Berlins zum blütenweißen Schwan der Nachwendezeit. Der Kiez, in dem früher kaum einer leben wollte, gehört inzwischen zu den begehrtesten Wohngegenden der Stadt.

Von der alternativen Enklave zum hippen Viertel

Vor der Wiedervereinigung war der Prenzlauer Berg alles andere als beliebt. Wer konnte, zog weg in die modernen Plattenbauten am Stadtrand. Dorthin, wo jede Wohnung eine eigene Toilette hatte und man fürs nächtliche Geschäft nicht aufs Gemeinschaftsklo auf der »halben Treppe« hinaus musste; dorthin, wo eine Heizung die Wohnung wärmte und man nicht hinter schimmeligen Wänden und zugigen Fenstern dem nächsten Frühjahr entgegenzitterte. Die wenigen, die blieben, suchten eine andere Art von Wärme – soziale Nähe und gegenseitige Unterstützung in der Opposition zum DDR-Regime.
Wer blieb, nutzte den Freiraum, den die Ruinen boten, um ein Leben **fernab des DDR-Alltags** zu leben. Man feierte Partys, diskutierte über eingeschmuggelte Westliteratur und schimpfte über den Machtmissbrauch der Oberen. Der Stasi-Staat sperrte im Prenzlauer Berg seine Ohren besonders weit auf. Solange es aber nicht darum ging, sich aktiv gegen die DDR zu stellen, sondern nur darum, sich aus ihr zurückzuziehen, schritten »die staatlichen Organe« nur selten ein. So wurde der Prenzlauer Berg zu einer kleinen Enklave für alle diejenigen, die innerlich mit dem Arbeiter- und Bauernstaat abgeschlossen hatten.

Luxussanierter Künstlerkiez

Zuzug und steigende Mieten

Nach der Wende entdeckten Studenten und Künstler den Kiez für sich – der Wohnraum war billig, die Freiheiten riesig. Plötzlich passierte etwas im Prenzlauer Berg, und das nicht nur im Geheimen, sondern öffentlich. Kneipen entstanden und Galerien wurden eröffnet. Auf einmal war der Prenzlauer Berg hip.
Bald hatten auch Immobilienhaie die Beute gewittert. Wohnungen wurden renoviert und modernisiert; sobald das Wohnumfeld besser wurde, stiegen die Mieten, die sich viele Mieter der ersten Nachwendegeneration dann nicht mehr leisten konnten. Menschen zogen weg, andere kamen her. Vier von fünf Bewohnern des Prenzlauer Bergs sind erst nach der Wendezeit hierhergezogen. Interessanterweise kamen vor allem diejenigen, die noch vor zehn, zwanzig Jahren ganz ähnlich gelebt hatten wie der Vormieter, der aus der neuen Loft-

wohnung hinaussaniert worden war. Inzwischen hat es sich vor allem die obere Mittelschicht im Prenzlauer Berg gemütlich gemacht – statt für den Weltfrieden engagiert man sich lieber für Mülltrennung.

Mühlen, Fiedhöfe und Brauereien

Vor dem Stadttor

Heute leben die Gutsituierten im Prenzlauer Berg, früher waren es die Armen. Die Besiedlung des Gebiets begann relativ spät. Noch im 18. Jh. endete Berlin an der **Torstraße**, an der die Stadttore standen und die heute die Grenze zum Stadtteil Mitte bilde. Später wurden am »Prenzlauer Berg« Mühlen gebaut, denn hier auf der Hochfläche, 30 Meter über der Stadt, war es am windigsten. Dann folgten die Friedhöfe, denn innerhalb der Stadttore war der Raum für Bestattungen knapp geworden, und schließlich siedelten sich Mitte des 19. Jh. Brauereien an. Der Höhenzug, der dem Viertel den Zusatz »Berg« im Namen beschert, bot günstige Voraussetzungen für den Bau von Gärkellern. Außerdem gab es auch damals schon nur vor den Toren der Stadt genügend Platz für Brauereien und deren große Biergärten. Durch Letztere avancierte der Prenzlauer Berg zu einem Ausflugsziel, zu dem man am Wochenende hinausfuhr oder -spazierte.

Ein Fixpunkt und deshalb ein idealer Startpunkt für eine Erkundungstour ist der U-Bahnhof Eberswalder Straße. Gegenüber kann man sich bei Konnopke's stärken.

Spaziergang durchs Viertel

Kreuzung Schönhauser Allee/Eberswalder Straße

Das Zentrum des Prenzlauer Bergs ist die Kreuzung Schönhauser Allee/Eberswalder Straße. Die U-Bahnstation »Eberswalder Straße« hat schon in manchen Filmen mitgespielt – und sie ist der ideale Ausgangspunkt für einen Spaziergang durch den Kiez. Richtung Süden sind es nur wenige Schritte bis zur **Kastanienallee**, einer der großen Ausgehstraßen des Prenzlauer Bergs. Hier gibt es besonders viele Cafés, Restaurants, Boutiquen und den Prater-Biergarten, mit Eröffnungsjahr einer der ältesten der Stadt. Da sich die Straße in den letzten Jahren ein wenig zum Laufsteg des Viertels entwickelt hat und es hier auch darum geht, »gesehen zu werden«, hat sie sich den Spottnamen »Casting-Allee« eingehandelt.

Die **Kulturbrauerei** ist auch nur einen Steinwurf entfernt. In dem großen Areal, in dem sich heute ein Großkino, mehrere Theater, Konzert- und Veranstaltungsräume und Restaurants befinden, wurde einst Bier gebraut. Das ehemalige Gebäude der Schultheiss-Brauerei stammt von 1891 und wurde von Franz Schwechten, dem Architekten des Anhalter Bahnhofs und der Kaiser-Wilhelm-Gedächtniskirche, erbaut. Auf dem Areal steht auch das **Museum in der Kulturbrauerei** mit der Dauerausstellung zum **Alltag in der DDR**.

Museum: Knaackstr. 97 | Di. – So. 10 – 18, Do. bis 20 Uhr
Eintritt frei | www.hdg.de/berlin/museum-in-der-kulturbrauerei

Im Mittelpunkt der Prenzlberger Ausgehszene

Kollwitzplatz

Die Knaackstraße führt von der Kulturbrauerei zum Kollwitzplatz. Mitten auf dem Platz ehrt eine Bronzeplastik, die namengebende Bildhauerin Käthe Kollwitz. Die Statue ist besonders bei Kindern beliebt, denn auf ihrem Schoß lässt es sich bequem sitzen. Der Kollwitzplatz ist der Mittelpunkt der Prenzlauer Ausgehszene und entsprechend von Kneipen und Cafés umgeben. Jeden Donnerstag ab 12 Uhr findet rund um den Platz ein **Ökomarkt** statt. In der Nähe des 1877 erbauten **Wasserturms**, Wahrzeichen des Kiezes, gibt es ebenfalls viele Kneipen. Beliebt (und teuer) sind die kuchenförmig geschnittenen Wohnungen im Turm. Den Maschinenraum des Turms missbrauchten die Nazis als Gefängnis und Folterkeller (Gedenktafel). Wenige Schritte weiter in der Rykestraße befindet sich in Nr. 53 **die einzige Synagoge Deutschlands, die die Nazis in der Pogromnacht 1938 nicht zerstörten**. Zu groß war die Angst, dass durch einen gelegten Brand in der von Mietshäusern eng eingefassten Synagoge auch die Nachbarschaft in Mitleidenschaft gezogen würde. Allerdings wurde das jüdische Gotteshaus trotzdem geschändet und als Lager missbraucht. 1976 bis 1978 stellte man die Synagoge äußerlich wieder her. Nach weiteren Sanierungsarbeiten konnte sie 2007 wieder eröffnet werden und bietet Raum für 1200 Gläubige.

Soziale Widersprüche auf dem Silbertablett

Helmholtzplatz

Die Gegend zwischen Kollwitzplatz und Wasserturm ist bei Touristen sehr beliebt, viele Einheimische gehen deswegen lieber in die Kneipen und Cafés am Helmholtzplatz. Der rechteckige Platz zwischen Duncker-, Lychener-, Raumer- und Lettestraße blickt auf eine mehr als 100-jährige, bewegte Geschichte zurück. Einst war er Mittelpunkt eines klassischen Arbeiterviertels, dann Ort der DDR-Opposition, später Sammelbecken für alternative Lebensformen und schließlich Sanierungsgebiet mit Vorzeigefassaden. Aber auch die sozialen Widersprüche im Kiez sind nicht zu übersehen, denn auch die Trinker haben nach wie vor ihre Stammplätze am »Helmi«.

Karaoke und Flohmarkt auf dem Grenzstreifen

Mauerpark

Der Mauerpark liegt auf dem ehemaligen Grenzstreifen zwischen Ost- und Westberlin (www.mauerpark.info), am Sonntagnachmittag treffen sich hier Hunderte Fans zum Karaoke, man shoppt auf dem Flohmarkt (www.flohmarktimmauerpark.de, So. 9–18 Uhr) oder kehrt im **Biergarten Mauersegler** ein (www.mauersegler-berlin.de, Mai–Okt. tgl. 14–2 Uhr). Von hier aus sind es nur einige hundert Meter bis zur ▸**Gedenkstätte Berliner Mauer** in der Bernauer Straße.

Wo die Wende begann

Gethsemanekirche

Am nördlichen Rand des Prenzlauer Bergs steht in der Nähe der S-Bahnstation Schönhauser Allee die Gethsemanekirche. Erbaut in den

Schüchtern sollte man nicht sein beim Karaoke-Singen im Mauerpark.

Neunzigerjahren des 19. Jh.s, war sie im Wendeherbst 1989 Treffpunkt der DDR-Opposition. Deswegen fand hier 1990 der Eröffnungsgottesdienst der einzigen frei gewählten DDR-Volkskammer statt.
Gethsemanekirche: Stargarder Str. 77 | Mai – Sept. tgl. 17 – 19 Uhr

Sozialistisches Relikt

Ernst-Thälmann-Park

Die Wende überstanden hat der Ernst-Thälmann-Park östlich abseits des szenigen Prenzlauer Bergs inkl. des monumentalen Denkmals für den 1944 im KZ Buchenwald ermordeten KPD-Führer. Sternengucker gehen hier ins **Zeiss-Großplanetarium**.
Zeiss-Großplanetarium: Prenzlauer Allee 80 | www.stdb.de

Größter jüdischer Friedhof Europas

Jüdischer Friedhof Weißensee

Nur eine kurze Tramfahrt nach Nordosten wartet der größte jüdische Friedhof Europas. Auf dem 40 ha großen Jüdischen Friedhof Weißensee, dessen Eingangsbereich und die Trauerhalle von Hugo Licht stammen, befinden sich 115 000 Gräber, u. a. von »Hertie«-Gründer Hermann Tietz, dem Verleger Samuel S. Fischer und Stefan Heym. Außerdem ruhen auf dem Friedhof 809 in Konzentrationslagern ermordeten Juden in Urnenstätten und rund 3000 Menschen in Gräben, die während der Nazi-Zeit Selbstmord begingen.
Herbert-Baum-Straße/Markus-Reich-Platz | Tram: M 4 bis Anton-Platz

SCHEUNENVIERTEL · HACKESCHER MARKT

Lage: Mitte
S-Bahn: Oranienburger Str. (S 1, S 2), Hackescher Markt (S 5, S 7, S 75) | **U-Bahn:** Oranienburger Tor (U 6), Weinmeisterstraße, Rosenthaler Platz (U 8), Rosa-Luxemburg-Platz (U 2)

Mehr Mitte geht nicht. Der Hackesche Markt ist nicht nur ein Verkehrsknotenpunkt und das Zentrum des Bezirks Mitte, sondern gleichzeitig auch die Mitte des Berliner Nachtlebens. Zumindest wer nicht zwingend nach Alternativkultur sucht, fühlt sich hier wohl.

Jüdische Tradition

Der Große Kurfürst ließ 1672 vor dem Sppandauer Tor 27 Scheunen für brennbares Material anlegen. 1737 hatte Friedrich Wilhelm I., der »Soldatenkönig«, dann befohlen, dass alle jüdischen Berliner, die kein eigenes Haus besaßen, ins Scheunenviertel, der heutigen Gegend um den Hackeschen Markt. ziehen mussten. Da Juden zudem damals nur durch die beiden nördlichen Tore – die in der Nähe des Scheunenviertels – die Stadt betreten durften, wurde die Gegend bald zu ihrer Heimat. Jiddisch hörte man auf den Straßen so häufig wie Deutsch (►S. 22). Heute sind rund um den Hackeschen Markt Sprachen aus aller Welt zu hören, das Viertel gehört zu den erklärten Lieblingszielen der Touristen.

Buntes Leben der Gründerzeit in acht Höfen

★ Hackesche Höfe

Die Hackeschen Höfe wurden von 1906 bis 1908 erbaut und boten schon damals eine »Durchmischung von Wohnen und Arbeiten«, wie es Städteplaner heute wieder als Ideal anstreben. Seite an Seite lagen Wohnungen für Arme und Reiche, Kneipen und Restaurants, Läden, Festsäle und Varietés. Und das alles innerhalb von nur acht Höfen. Zu DDR-Zeiten wurden die meisten Räumlichkeiten als Lager verwendet. Erst nach der Wende hielt hier wieder das bunte Leben aus der Gründerzeit Einzug. In den 1990er-Jahren saniert, locken heute Kneipen und Kinos, ein Theater, ein Varieté, ein Billardsalon und eine ganze Reihe von Läden. Das Prachtstück ist der Hof I mit seiner Jugendstilfassade aus lasierten Klinkern und farbigen Ornamenten.

Feiern nonstop zwischen schicken Lokalen und Straßenstrich

Oranienburger Straße

Gleich nebenan in der Oranienburger Straße wird an 365 Tagen im Jahr fast rund um die Uhr gefeiert. In den Abendstunden kann man hier auch die eine oder andere knapp bekleidete Dame auf dem Weg zu ihrem Arbeitsplatz beobachten. Die Oranienburger ist nämlich auch Straßenstrich. Trotz der Damen aus dem Gewerbe ist die Oranienburger aber eine ganz normale Straße ohne jedes Schmuddelimage geblieben, in der alleinreisende Frauen selbst spät nachts noch unbesorgt flanieren können. Auf einer Länge von fast zwei Kilometern stehen hier Dutzende von Lokalen Seite an Seite – von der einfachen Imbissbude und der Studentenkneipe bis zu Cocktailbars und Restaurants der höheren Preisklasse.

Reviervorsteher rettet goldene Kuppel

★ Neue Synagoge

Das schönste Gebäude in der Oranienburger Straße ist die Neue Synagoge. Ihre fünfzig Meter hohe goldene Kuppel glänzt in der Berliner Sonne, als stünde sie an der Seidenstraße im Orient. Der Architekt Eduard Knoblauch entwarf sie 1857 im maurisch-byzantinischen Stil, die Synagoge war mit 3200 Sitzplätzen das Gotteshaus der größten jüdischen Gemeinde Deutschlands. Von der Synagoge ist heute nur noch ein Rest einstiger Größe zu sehen. Das Hauptgebäude wurde 1943 durch Bombardierung beschädigt, dabei war es fast ein Wunder, dass es zu der Zeit überhaupt noch stand: In der Pogromnacht vom 9. November 1938 war es geplündert worden; ein mutiger Polizist verhinderte, dass die SA das Haus anzündete. Eine Gedenktafel neben der Synagoge erinnert an ihn, den Reviervorsteher Wilhelm Krützfeld. Am 9. November 1988, 50 Jahre nach der Pogromnacht, wurde der Grundstein zum Wiederaufbau gelegt. Heute ist dort das **Centrum Judaicum** untergebracht.

Jan – März und Okt. – Dez. Mo. – Do., So. 10 – 18, Fr. bis 15 (Kuppel geschl.); April – Sept. Mo. – Fr. 10 – 18, So. bis 19 Uhr (Kuppel geöffnet) | Eintritt 5 € | www.centrumjudaicum.de

Vom besetzten Künstlerhaus zum Spekulationsobjekt

Tacheles

Am Ende der Oranienburger Straße taucht wie ein Fremdkörper das Tacheles auf. Zu Anfang des 20. Jh. als Kaufhaus erbaut, während des Zweiten Weltkriegs beschädigt, zu DDR-Zeiten zum Teil abgerissen, sollte der Komplex nach der Wende endgültig verschwinden und das Baugrundstück in bester Innenstadtlage versilbert werden. Kurz vor der geplanten Sprengung im Frühjahr 1990 besetzten Künstler das Haus und erhielten nach viel Gezänk und langen Verhandlungen tatsächlich einen Mietvertrag bis 2008. Das Tacheles wurde zur interessantesten »Ruine« der Welt. Maler und Bildhauer zogen ein, regelmäßig fanden Ausstellungen, Lesungen und Partys statt. Sogar ein Kino gab es, und das hatte nicht nur den Filmsaal mit den bequemsten Sitzen der Stadt, sondern ein anspruchsvolles Programm. Bald wurde das Tacheles zur Touristenattraktion. Doch dann lief der Mietvertrag aus. Vier Jahre wurde noch vor Gericht gestritten, das Haus mehrfach geräumt, unwürdige Szenen spielten sich ab. 2012 schließlich hatte der Kommerz über die Kunst gesiegt. Die Immobilie in Bestlage wurde zum Objekt von Investoren und ist momentan bei einer New Yorker Vermögensverwaltung gelandet. Was weiter geschehen wird, ist noch ungeklärt. Der Investor hat keine Eile, denn bei den gegenwärtig steigenden Immobilienpreisen wird sein Grundstück mit jedem Tag wertvoller. Dass alternative Kultur hier noch einmal einen Platz bekommen wird, glauben die größten Optimisten nicht.

» Misstraut den Grünanlagen! «

Große Hamburger Straße

So beginnt der DDR-Schriftsteller Heinz Knobloch sein Buch »Herr Moses in Berlin«. Zentrale Figur ist der deutsch-jüdische Philosoph Moses Mendelssohn. Dieser starb am 4. Januar 1786 in Berlin und wurde auf dem **Jüdischen Friedhof** in der Großen Hamburger Straße beerdigt. Doch wo genau dieses Grab war, weiß niemand mehr. Den ganzen Friedhof gibt es nicht mehr, an seiner Stelle befindet sich eine kleine Grünanlage, genau das meinte Knobloch mit seinem berühmt gewordenen Satz: Oftmals ersetzten Grünanlagen ehemalige jüdische Einrichtungen, sollte »Gras wachsen« über die Verwüstung, wie in diesem Fall über einen Friedhof. Als die Nationalsozialisten ihn

Die Hackeschen Höfe: ob szenig (oben) oder klassisch (unten): Hier warten Cafés neben Kneipen und Kinos auf Kundschaft und Publikum.

1943 zerstörten, standen dort 3000 Grabsteine. Die Große Hamburger Straße führt durch das Scheunenviertel, nördlich des Hackeschen Marktes. Der jüdische Friedhof wurde 1672 angelegt, er war der älteste in Berlin. Lange erinnerte nur der später wieder aufgestellte Grabstein für Moses Mendelssohn daran. 1985 wurde das Bronze-Denkmal **»Jüdische Opfer des Faschismus«** aufgestellt; hier stand das Jüdische Altersheim, ab 1941 Sammellager für die jüdischen Berliner vor dem Abtransport in die Vernichtungslager.

Proletarische Revolution neben barockem Gotteshaus

★ Sophienkirche

Etwa auf Höhe des St.-Hedwig-Krankenhauses zweigt die Sophienstraße von der Großen Hamburger ab – die Berliner kennen die Straße vor allem wegen des alternativen Weihnachtsmarkts, der an den Dezemberwochenenden hier stattfindet. Für Gäste der Stadt lohnt der Blick in die 1712 von Königin Sophie gestiftete Sophienkirche, die den wohl schönsten barocken Kirchturm Berlins besitzt. Auf dem Kirchhof sind u. a. der Baumeister und Komponist Carl Friedrich Zelter († 1832; links der Kirche) und der Historiker Leopold von Ranke († 1886; Grabplatte rechts in der Mauer) begraben. In den **Sophie-Gips-Höfen** in Nr. 21 ist ein Galerie- und Kunstzentrum untergebracht. Die private **Sammlung Hoffmann** zeigt dort zeitgenössische Kunst. In den **Sophiensälen** (Nr. 18, www.sophiensaele.com), schrieb die kommunistische Bewegung Geschichte: Im Oktober 1918 rief hier Karl Liebknecht die proletarische Revolution aus, im November 1918 konstituierte sich der Spartakusbund und 1920 vereinigten sich hier KPD und USPD. Heute wird ihier Theater gespielt.

Sammlung Hoffmann: Führungen Sa. 11 – 16 Uhr nach Voranmeldung Tel. 030 28 49 91 20 | Eintritt: 10 € | www.sammlung-hoffmann.de

Fotos, Bilder und Skulpturen

Auguststraße

Kurz hinter der Sophienstraße quert die Auguststraße die Große Hamburger Straße. Schön ist sie eigentlich nicht – renovierte Altbauwohnungen stehen neben Plattenbauen und Nachkriegszweckbauten. Auf den zweiten Blick hat die Auguststraße aber mehr zu bieten als viele andere, »schönere« Straßen: Auf knapp einem Kilometer Länge gibt es mehr als 20 Galerien. Ob Fotos, Bilder oder Skulpturen, Werke von Nachwuchskünstlern oder Etablierten, egal ob preisgünstig oder nahezu unbezahlbar – in der Auguststraße gibt es in puncto Kunst nichts, was es nicht gibt. In die ehemalige Jüdische Mädchenschule in der Hausnummer 11 ist 2012 das **Museum The Kennedys** eingezogen, außerdem befindet sich in dem Gebäude auch die **CWC Gallery**. Im Haus mit der Nummer 69 hat sich das **KW Institute for Contemporary Art** niedergelassen. Auf dem Gelände einer ehemaligen Margarinefabrik entstanden hier nach der Wende ein Ausstellungszentrum, Wohnungen für Kunststipendiaten und ein Café. Im **Me Collectors Room Berlin** zeigt der ehemalige Aufsichtsratsvor-

sitzende der Wella AG Thomas Olbricht seine Kunstsammlung. Ein gemeinsamer Auftritt vor allem der Galerien aus der Auguststraße ist das regelmäßig Ende April/Anfang Mai stattfindende **Galerienwochenende**. Dann locken mehr als zwanzig Galerien in und um die Auguststraße mit verlängerten Öffnungszeiten.
Wollen Sie das Tanzbein schwingen? **Clärchens Ballhaus** ist stadtbekannt und lädt regelmäßig zum »Schwoofen« ein. Wer nur Messer und Gabel bewegen will – die Pizzen sind ausgezeichnet, und die kann man im Sommer sogar draußen im malerischen Vorgarten genießen.

Museum The Kennedys: Di. – Fr. 10 – 18, Sa., So. ab 11 Uhr
KW Institute for Contemporary Art: Mi. – Mo. 11 – 19, Do. bis 21 Uhr | www.kw-berlin.de
Me Collectors Room Berlin: Auguststr. 68 | Di. – So. 12 – 18 Uhr www.me-berlin.com
Clärchens Ballhaus: Auguststr. 24 | www.ballhaus.de

Letzte Zuflucht für Verfolgte

Rosenthaler Straße

Rechts geht es die Rosenthaler Straße hinab und zurück zum Hackeschen Markt. Im Hof von Nr. 39 – der einzige in unsaniertem Zustand erhaltene, was auch so bleiben soll – betrieb Kleinfabrikant Otto Weidt seit Beginn der 1940er-Jahre eine Bürstenmacherei (**Blindenwerkstatt Otto Weidt**). Er beschäftigte jüdische und nichtjüdische Gehörlose und Blinde in seinem als »wehrwichtig« anerkannten Betrieb, der dadurch oft die letzte Zuflucht für die Verfolgten und ihre Angehörigen war. Im selben Hof informiert die **Gedenkstätte Stille Helden** über Menschen, die verfolgten Juden halfen.

Blindenwerkstatt Otto Weidt: tgl. 10 – 20, Führungen So. 15 Uhr Eintritt frei | www.museum-blindenwerkstatt.de
Gedenkstätte Stille Helden: tgl. 10 – 20 Uhr | Eintritt frei www.gedenkstaette-stille-helden.de

SCHLOSSPLATZ

Lage: Mitte
S-Bahn: Hackescher Markt (S 5, S 7, S 75) | **Bus:** 100, 200

Lange wurde über den Schlossneubau gestritten, nach der Grundsteinlegung im Juni 2013 ging es dann plötzlich ganz schnell – und bis jetzt liegt man voll im Plan. Im Herbst 2019 soll das Stadtschloss eröffnet werden. Dann, so schwärmen die Befürworter des Wiederaufbaus, darf sich Berlin endlich wieder zu Recht als »Spreeathen« bezeichnen lassen.

Köngliche und repub-likanischee Paläste

Das Berliner Stadtschloss ging auf eine unter Kurfürst Friedrich II. 1443 bis 1451 errichtete Burg zurück und erreichte gewaltige Ausmaße: 200 m lang, 120 m breit und in der Kuppel 70 m hoch. Seine allseits gepriesene barocke Form und die prächtige Innenausstattung verdankte es dem um 1700 unter **Andreas Schlüter** durchgeführten Ausbau. Nach 1945 war es eine ausgebrannte Ruine, für deren Wiederaufbau sich jedoch viele aussprachen. Doch die DDR-Führung sah in ihm ein Symbol für die »feudalistische und imperialistische« Vergangenheit und ordnete die Sprengung der Reste an, die sie 1950 vornehmen ließ. Es entstand ein weiter, leerer Platz für Demonstrationen und Aufmärsche, konsequenterweise nun auch Marx-Engels-Platz genannt.

An Stelle des Schlosses erbaute man zwischen 1973 und 1976 den **Palast der Republik**. Er war ein Prestigeobjekt für die DDR-Regierung und wurde deshalb in der Bevölkerung auch wenig schmeichelhaft als »Palazzo Prozzo« oder gar »Erichs Lampenladen« verspottet. Das 180 x 85 m messende Gebäude war Sitz der Volkskammer der DDR und populärer Veranstaltungsort. Im September 1990 musste der Palast wegen des beim Bau verwendeten Asbests geschlossen werden. Der Asbest wurde entsorgt und der Bau 2009 abgerissen.

Schlossfassade vor Baustelle

Pläne zum Wiederaufbau

Über die Frage, was an seine Stelle treten soll und ob man das Stadtschloss wieder aufbaut, wurde jahrelang diskutiert. Eine Expertenkommission empfahl Anfang 2002 den Wiederaufbau. Dieses **Humboldt-Forum** getaufte Gebäude mit vorgehängter Schlossfassade soll u. a. ein Museum zur Geschichte des Orts (mit archäologischem Fenster) sowie das Museum für Asiatische Kunst und das Ethnologische Museum aus Dahlem aufnehmen und im September 2019 fertig sein.

Wie das Humboldt-Forum aussehen und was darin ausgestellt werden wird, erfährt man in der **Humboldt-Box**. Der Förderverein Förderverein Berliner Schloss, die Stiftung Berliner Schloss – Humboldtforum und die zukünftigen Nutzer Staatliche Museen und Humboldt-Universität – stellen sich in wechselnden Ausstellungen vor. Ein Stadtmodell zeigt die Mitte Berlins um 1900, mit dem historischen Berliner Schloss. Von der Aussichtsterrasse auf dem Dach blickt man auf die Baustelle des Stadtschlosses. 2019 wird die Box wieder abgerissen.

Humboldt-Box: tgl. 10 – 19 Uhr | Eintritt frei | www.humboldt-box.com

Bürger auf der Riesenwippe

Einheitsdenkmal

Vor dem Schlossneubau, zum Schinkelplatz hin (►S. 226), wird das Freiheits- und Einheitsdenkmal stehen. Nicht Künstler oder Architekten haben es entworfen, sondern eine Kommunikations- und Event-

So war es einmal: der Schlossplatz um 1905. Im Vordergrund links ein »Café Achteck«, das berühmte Berliner Pissoir.

Agentur in Kooperation mit der Choreografin Sasha Waltz. Entsprechendes kam heraus: Eine begehbare Riesenwippe, die sich je nach Menge und Bewegung der Besucher hebt oder senkt und solcherart »Bürger in Bewegung« symbolisieren und zeigen soll, wie Menschen gemeinsam Veränderungen bewirken können.

Frühbarock und sozialistische Republik

Ehemaliges Staatsratsgebäude

An der Südseite des Platzes steht das Gebäude des ehemaligen Staatsrats der DDR. In seine Fassade ist das sogenannte Portal IV des Stadtschlosses integriert, von dem Karl Liebknecht 1918 die sozialistische Republik ausrief.

An der links am ehemaligen Staatsratsgebäude vorbeilaufenden Breiten Straße liegt der **Neue Marstall** (1896 – 1901), dessen beide Flügel den Alten Marstall von 1670 umfassen, den einzigen erhaltenen Frühbarockbau Berlins.

Vom Märkischen Adel bis zur letzten Zugbrücke

★ Ribbeckhaus

Darauf folgt das viergiebelige Ribbeckhaus, 1624 für die von Theodor Fontane literarisch verewigte märkische Adelsfamilie derer von Ribbeck erbaut. Es ist das einzige erhaltene Renaissancewohnhaus Berlins und beherbergt heute das **Zentrum für Berlin-Studien**, erste Adresse für alle, die sich mit dem Thema Berlin beschäftigen. An das

Ribbeckhaus schließt die **Stadtbibliothek** an. Ihre Tür zieren 117 Variationen des Buchstabens »A«, gestaltet von Fritz Kühn.
Von der Breiten Straße kommt man über die Neumannsgasse zur **Brüderstraße**, wo in Nr. 33 Andreas Schlüter wohnte. Nr. 10 ist das sogenannte **Galgenhaus**, 1688 für den Kammerrat von Happe erbaut und eines der wenigen im Kern noch barocken Berliner Bürgerhäuser. Davor soll einst die Magd des Rats wegen des angeblichen Diebstahls eines silbernen Löffels unschuldig gehängt worden sein.
Von der Brüderstraße geht es durch die Sperlingsgasse und auf der 1798 erbauten **Jungfernbrücke**, der letzten Zugbrücke Berlins, über den Spreekanal und rechts hinauf am Außenministerium entlang zum Schinkelplatz (►S. 226).

SCHÖNEBERG

Bezirk: Tempelhof-Schöneberg
S-Bahn: Schöneberg (S 1, S 41, S 42, S 47)
U-Bahn: Viktoria-Luise-Platz, Rathaus Schöneberg (U 4), Bayerischer Platz (U 4, U 7), Eisenacher Straße (U 7)

In Schöneberg wurde eine der berühmtesten Reden der deutschen Nachkriegsgeschichte gehalten. Hier verkündete vor dem Rathaus der damalige US-amerikanische Präsident John F. Kennedy: »Ich bin ein Berliner.«

Schwule, Lesben, Kennedy

Schöneberg ist in Berlin und darüber hinaus als Zentrum der Schwulen- und Lesbenkultur bekannt. Besonders im Bereich des U-Bahnhofs Nollendorfplatz, der Kulmer Straße und der Motzstraße gibt es viele Kneipen, Bars und Läden, die sich auch und vor allem an ein homosexuelles Publikum richten. Logisch, dass Schöneberg auch Heimat des lesbisch-schwulen Straßenfestes ist, das jedes Jahr im Juni eine Woche vor dem Christopher Street Day stattfindet. Das Straßenfest ist aber ein Event für alle Berliner, an dem Hetero- wie Homosexuelle gleichermaßen teilnehmen.
Ohnehin ist Schöneberg weit mehr als der Kiez der Schwulen und Lesben. Der Nollendorfplatz gab auch die Kulisse ab für viele Bücher; so spielen einige der Geschichten von Erich Kästners »Emil und die Detektive« in dieser Gegend. Rund um den **Winterfeldtplatz** und in seinen Seitenstraßen reiht sich eine Kneipe an die andere. Auf dem nach dem preußischen Generalleutnat Hans Karl von Winterfeldt (1707–1757) benannten Platz findet jeden Mittwoch und Samstag ein Markt statt. Besonders an den Samstagen ist viel los, wenn an 250 Ständen Lebensmittel aus dem Umland angeboten werden. Hier

zahlt man zwar ein bisschen mehr als auf vielen anderen Märkten der Stadt, dafür ist die gebotene Qualität aber auch ausgezeichnet.

Wohnort vieler Juden

Bayerisches Viertel

Im nahegelegenen Bayerischen Viertel geht es etwas ruhiger zu. Früher lebten hier sehr viele Juden, unter anderem auch Albert Einstein, von 1917 bis 1932 in der Haberlandstraße 5 (heute Nr. 8). Die Stele, die an seinen Aufenthalt erinnert, steht vor einem Neubau, denn das Haus, in dem der weltbekannte Physiker wohnte, wurde im Krieg zerstört. Weitere 80 Gedenktafeln, die an Lampenmasten angebracht sind, erinnern in dem Viertel an die »Ausgrenzung und Entrechtung, Vertreibung, Deportation und Ermordung von Berliner Juden in den Jahren 1933 bis 1945«.

»Kennedy ist einer von uns.«

Rathaus Schöneberg

Zu Zeiten der Mauer war Schöneberg der Bezirk Westberlins, in dem große Politik gemacht wurde. Im Gebäude des Kammergerichts am Heinrich-von-Kleist-Park hatte der Alliierte Kontrollrat seinen Sitz und im von 1911 bis 1914 erbauten Rathaus Schöneberg war während der Teilung das Abgeordnetenhaus untergebracht. Vor dem Rathaus hielt der damalige US-Präsident John F. Kennedy am 26. Juni 1963 seine berühmte Rede, in der der legendäre Satz fiel: »Ich bin ein

Am Viktoria-Luise-Platz erhält sich der Stadtteil den Charme der Gründerzeit.

Berliner.« Eine Gedenktafel links neben dem Haupteingang erinnert an Kennedys Berlinbesuch.
Im 70 Meter hohen **Rathausturm** hängt die Freiheitsglocke, die Berlin von der Bevölkerung der USA gestiftet wurde. Die Inschrift »Möge diese Welt mit Gottes Hilfe die Wiedergeburt der Freiheit erleben« ist angelehnt an Abrahams Lincolns berühmte »Gettysburg Address« von 1863.

Schmuddelkind im Aufschwung

Potsdamer Straße

Die Potsdamer Straße, die längste Straße des Kiezes, ist gleichzeitig auch sein Schmuddelkind – allerdings eines mit großer Vergangenheit und, wie es scheint, guten Zukunftsaussichten. Ursprünglich als Ausfallstraße in Richtung Potsdam angelegt, war sie zu Beginn des 20. Jh. die verkehrsreichste Straße Deutschlands. Hier war bis zum Zweiten Weltkrieg das eigentliche Zentrum Berlins. Nach dem Krieg verlor die Potsdamer rapide an Bedeutung, denn damals bekam sie die Mauer vor die Nase gesetzt. Durch den Bau der neuen City am ▶ Potsdamer Platz strahlt der Anfangsteil der Straße bereits wieder in altem Glanz. Der liegt allerdings im Stadtteil Tiergarten. Der Schöneberger Teil braucht wohl noch ein bisschen, bis er soweit ist, er führt durch soziale Brennpunkte und ist zum Teil Straßenstrich. Aber auch dort tut sich etwas, eine alljährlich stattfindende **Medienmesse** und die **»Magistrale«**, eine lange Nacht der Kultur in der Potsdamer Straße, sind die ersten Vorboten des Aufschwungs.

Von Künstlern und Kommunarden

Friedenau

Der Ortsteil Friedenau im Süden von Schöneberg ist ein schöner Stadtteil mit viel alter Bausubstanz, in dem sich der intellektuelle Mittelstand wohlfühlt. Aber: Etwas langweilig ist er doch. In den Zwanzigerjahren des 20. Jahrhunderts war es ganz anders. Damals lebten in Friedenau rund 300 Schriftsteller, Journalisten, Schauspieler und Maler in der **Künstlerkolonie in der Niedstraße** und den angrenzenden Straßen, darunter Lil Dagover, Joachim Ringelnatz, Erich Kästner, Ernst Bloch, Willi Kollo sowie der Psychoanalytiker Wilhelm Reich.
In der Nachkriegszeit war Friedenau noch lange Zeit der Teil Berlins, in dem Künstler lebten und solche, die sich dafür hielten. Die **»Kommune I«** um Fritz Teufel, Dieter Kunzelmann und Rainer Langhans wurde im Januar 1967 hier gegründet, und ihre Mitglieder lebten für kurze Zeit in der besetzten Wohnung des damals in den USA weilenden Schriftstellers Uwe Johnson in der Niedstraße 14. Dort hatte in den Zwanzigerjahren schon einmal ein anderer berühmter Künstler gewohnt, der expressionistische Maler Karl Schmidt-Rottluff. Nachbar der Kommunarden war übrigens Günter Grass, späterer Literaturnobelpreisträger, der damals in Hausnummer 13 wohnte.

Marlene Dietrich ist auf dem kleinen **Friedhof Stubenrauchstraße** beerdigt; nicht weit davon: das Grab von Helmut Newton (S-/U-Bahn: Bundesplatz).

SCHLOSS SCHÖNHAUSEN

Lage: Tschaikowskistr. 1, Pankow
S-/U-Bahn: Pankow (S 4, S 8, U 2), dann Tram M 1
Führungen April – Okt. Di. – So. 10 – 18, Nov. – März nur Sa., So. 10 – 17 Uhr | **Eintritt:** 6 € | **www.spsg.de**

Im Schloss Schönhausen wurde gleich mehrfach deutsche Geschichte geschrieben – letztmalig im Juni 1990, als sich Vertreter der ehemaligen Weltkriegs-Alliierten und der beiden deutschen Staaten zu Gesprächen über die deutsche Wiedervereinigung trafen.

Vom Sommerschlösschen zum Gästehaus

Kern des heutigen Schlosses Schönhausen ist ein 1685 von Staatsminister Joachim Ernst von Grumbkow erbautes Sommerschlösschen, das Johann Arnold Nering (ab 1691) und Johann Friedrich Eosander von Göthe (ab 1704) für Kurfürst Friedrich III. umbauten. Von 1740 bis 1797 lebte Elisabeth Christine, Gemahlin Friedrichs II., den Sommer über in dem Schloss, das 1760 von russischen Truppen verwüstet und anschließend durch Johann Boumann d. Ä. wieder hergestellt wurde. Nach dem Tod Friedrich Wilhelms III. zog dessen zweite Ehefrau, die Fürstin Liegnitz ein. Unter den Nazis Depot für »Entartete Kunst«, war das Schloss von 1949 bis 1960 **Amtssitz des ersten Staatspräsidenten der DDR**, Wilhelm Pieck, danach Gästehaus der Regierung. Am Ende der DDR trafen sich Staat und Volk hier am Runden Tisch und und in der Präsidialkanzlei wurde mit den **Zwei-plus-Vier-Gesprächen** die deutsche Wiedervereinigung vorbereitet.
Authentisch wiederhergestellt sind einige Räume von Königin Elisabeth Christine im Erdgeschoss. Im Obergeschoss kann man das Arbeitszimmer von Pieck besichtigen und ein Gästeappartement, wo u. a. Fidel Castro und Indira Gandhi nächtigten.

Bei Honeckers zuhause

Majakowskiring

Am benachbarten Majakowskiring wohnte – bis zum Umzug nach Wandlitz 1960 – die DDR-Führung, u. a. Pieck, Grothewohl, die Ulbrichts und die Honeckers.

SPANDAU

Bezirk: Spandau
U-Bahn: Altstadt Spandau, Rathaus Spandau, Zitadelle (U 7)

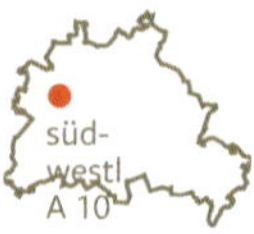

Spandau verdankt seine Entstehung der einstigen Lage an der Ostgrenze des mittelalterlichen Deutschen Reichs. Daher ist auch die Zitadelle die interessanteste Sehenswürdigkeit.

Der kleine Nachbar

Spandau wurde 1197 erstmals urkundlich erwähnt und erhielt 1232 die Stadtrechte. Pech für die Spandauer und bis heute ihr Trauma, dass gleich nebenan mit Berlin die Hauptstadt Preußens und später Deutschlands heranwuchs. Spandau war immer der kleine und unbedeutende Nachbar. Lange Zeit dachte, wer »Spandau« sagte, ohnehin in erster Linie an das berüchtigte Gefängnis, das bis Ende des 19. Jh.s sogar mitten in der Altstadt stand. Das außerhalb gelegene Kriegsverbrechergefängnis, in dem unter Bewachung der vier Siegermächte als letzter Gefangener bis zu seinem Selbstmord 1987 Hitler-Stellvertreter Rudolf Heß einsaß, ist schon lange abgebrochen und durch ein Einkaufszentrum ersetzt.
Von der **Spandauer Altstadt** am Westufer der Havel haben Bombenangriffe und auch der U-Bahn-Bau nicht allzu viel übrig gelassen, lediglich um den Reformationsplatz hat sich die Kleinteiligkeit erhalten. Dort steht auch die dreischiffige **St.-Nikolai-Kirche**. In ihr fällt der 8 m hohe, reich skulptierte und bemalte Altar aus Kalkstein und Stuck ins Auge – ein **Prunkstück der Spätrenaissance**. Die Barockkanzel wurde um 1700 für die Kapelle des Potsdamer Stadtschlosses geschaffen, der Taufkessel stammt aus dem Jahr 1398.

Mehr als 100 Militärflugzeuge

Militärhistorisches Museum der Bundeswehr

Den weit südlich der Altstadt am Westufer der Havel liegenden, 1935 eröffneten Militärflugplatz Gatow übernahmen nach Kriegsende die Briten. Seit 1995 stellt dort das Militärhistorische Museum der Bundeswehr im Freigelände über hundert Militärflugzeuge vom Ersten Weltkrieg bis zur Gegenwart aus. Im Tower und in den Hangars geht es um die Geschichte der deutschen Militärluftfahrt.

Bus 135 ab Rathaus Spandau Richtung Alt-Kladow bis Seekorso oder Kurpromenade, dann ca. 15 Min. zu Fuß | Di. – So. 10 – 18 Uhr
Eintritt frei | http://mhm-gatow.de

★ Zitadelle

Kein toter Winkel

Die größte Sehenswürdigkeit des Bezirks ist aber die Zitadelle – die einzige erhaltene Renaissancefestung Deutschlands. Als sie von 1559 bis 1594 erbaut wurde, galt sie als **die modernste Festung nördlich der Alpen** – die von damals führenden italienischen Baumeistern mit allen Raffinessen ausgestattet wurde. Die entscheidende Neuerung war, dass es durch die besondere Bauweise keine toten Winkel gab und sich Feinde somit nicht mehr unerkannt anschleichen bzw. an geschützten Stellen Deckung finden konnten.

Heute ist die Zitadelle Spandaus wichtigste Kultureinrichtung, in der mehrere Museen und Ausstellungen untergebracht sind. Im Proviantmagazin befasst sich seit April 2016 die **Ausstellung »Enthüllt«** mit Berlin und seinen Denkmälern. Im Archäologischen Fenster in der Westkurtine kann man alte **Grabungsfunde** bestaunen. In den Räumen des Kommandantenhauses ist eine Ausstellung zur **Geschichte der Burg** untergebracht. In der Exerzierhalle werden **historische Kanonen** gezeigt. Und im Zeughaus stellt das **Stadtgeschichtliche Museum** seine Schätze aus. In der Galerie Kronprinz hängen die Bilder der **Spandauer Kunstsammlung**.

1 Kommandantenhaus (Torgebäude; Kasse)
2 Kasematten
3 Palas
4 Juliusturm
5 Verwaltung und Offiziantenhaus
6 Kanonenturm (Kavalier)
7 Proviantmagazin
8 Exerzierschuppen
9 Neues Zeughaus (Museum)
10 Reste vom Alten Zeughaus
11 Statue Albrecht der Bär

Ausblick und Reichskriegsschatz

Juliusturm

Den besten Überblick über Spandau gewinnt man vom Juliusturm, zu dessen Aussichtsplattform 153 Stufen hinaufführen. Bei gutem Wetter reicht der Blick sogar bis zum Berliner Fernsehturm. Der Juliusturm, erbaut zu Beginn des 13. Jh., ist das älteste Profanbauwerk der Stadt. Als im 16. Jh. die Zitadelle errichtet wurde, beschloss man den Turm zu erhalten und in die Festung zu integrieren. Die Tresortür, durch die man den Turm betritt, erinnert daran, dass hinter den 3,60 m dicken Mauern nach dem Deutsch-Französischen Krieg von 1870/1871 der sogenannte Reichskriegsschatz gelagert wurde.

Besuch bei Batmans Freunden

Fledermäuse

Die größten Stars der Zitadelle sind aber die etwa 10 000 Fledermäuse, die hier den Winter verschlafen. Die Gewölbe der alten Festung bieten viele Verstecke und sind daher für die Tiere ideal. In einem Fledermausschauraum, dem Fledermauskeller, kann man lebende

Exemplare aus Südamerika beobachten (). Spannend und unterhaltsam wird hier außerdem Wissenswertes über die geschützten heimischen Fledermäuse vermittelt. Zum Frühjahrsbeginn, wenn die kleinen Flieger allmählich munter werden, starten auch die Fledermausführungen (Infos zur Anmeldung: www.bat-ev.de).
In der Zitadelle Spandau finden regelmäßig Konzerte, Festivals und andere **Veranstaltungen** statt, wie beispielsweise ein jährliches Mittelalterfest.

Tgl. 10 – 17 Uhr | Eintritt: 4,50 € | www.zitadelle-spandau.de

TEMPELHOFER FELD

Bezirk: Tempelhof-Schöneberg
S-Bahn: Tempelhof (S 41, S 42, S 45, S 46)
U-Bahn: Tempelhof (U 6) bzw. Leinestr. oder Boddinstr. (U 8)

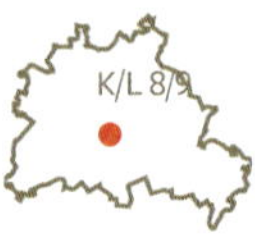

Lust auf einen richtig langen Spaziergang? Oder lieber Rad fahren, ohne auf Autos achten zu müssen, einen Drachen steigen lassen? Dann kommen Sie doch zum Tempelhofer Feld. Der einst größte Flughafen Europas ist heute ein riesiger Park.

Wiege der zivilen Luftfahrt

In Tempelhof steht die Wiege der deutschen Zivilluftfahrt. Hier wurde 1923 auf einem ehemaligen Exerzierplatz ein Flugfeld angelegt und noch im selben Jahr der Linienflugverkehr zwischen Berlin und Königsberg, dem heutigen Kaliningrad, aufgenommen. Auf dieser Strecke absolvierte drei Jahre später erstmals ein Passagierflugzeug einen Nachtflug – in Zeiten ohne Radar eine Weltsensation. Auch Zeppeline starteten und landeten in Tempelhof. Da der Flugverkehr ständig zunahm – Anfang der 1930er-Jahre war Tempelhof der größte europäische Flughafen –, wurde ein Ausbau geplant. Ab 1934 entstand unter Federführung von Ernst Sagebiel das **Flughafengebäude**, wie wir es heute kennen. Damals war dieses Gebäude mit seinen 284000 m² das flächenmäßig größte der Welt, und bis heute wird es in dieser Rangliste nur vom Pentagon in Washington und dem Parlamentspalast in Bukarest übertroffen. Am 28. April 1945, wenige Tage vor Ende des Zweiten Weltkriegs, besetzten sowjetische Truppen den Flughafen. Wäre es nach der Naziführung gegangen, hätte dies nie passieren dürfen: Sie hatte dem Flughafenkommandanten befohlen, die gesamte Anlage zu sprengen. Der aber verweigerte den Befehl und nahm sich das Leben. Nach dem Krieg stand der Flughafen zunächst unter der Verwaltung der USA. In Tempelhof landeten die meisten der Versorgungsflugzeuge, die **»Rosinenbomber«**, während der Blockade West-Berlins 1948/1949. Zeitweise rollten die Flie-

Über dem weiten Feld weht immer ein Lüftchen – für Drachen, Kites und Segel.

ger im 90-Sekunden-Takt über die Piste. Innerhalb von elf Monaten beförderten 380 Maschinen mehr als 2,3 Mio. t Güter. Die Flugzeuge landeten außer in Tempelhof auch in Tegel und Gatow, Flugboote sogar auf dem Wannsee.
Ab Mitte der 1960er-Jahre wurde Tempelhof zu klein; allmählich verlagerte sich der Verkehr zum Flughafen Tegel. Am 30. Oktober 2008 startete offiziell das letzte Flugzeug von Tempelhof. In den weitläufigen Hallen des Flughafengebäudes wurden 2016, als viele Flüchtlinge nach Berlin kamen, **Notaufnahmelager** geschaffen. Diese sollen bis spätestens Ende 2019 wieder geschlossen werden.
Flughafengebäude: U-Bahn: Platz der Luftbrücke (U 6) | tgl. finden Führungen zu den unterschiedlichsten Themen statt
www.thf-berlin.de/fuehrungen

Symbol dreier Luftkorridore
Luftbrücken-denkmal Tempelhof

Von Juni 1948 bis zum Mai 1949 versorgte die von den US-Generälen Clay und Wedemeyer organisierte Luftbrücke Berlin mit allen lebensnotwendigen Gütern und brachte die sowjetische Blockade zum Scheitern. Das 1951 vor dem Haupteingang des Flughafens aufgestellte, 20 m hohe Luftbrückendenkmal von Eduard Ludwig, **»Hungerkralle«** genannt, symbolisiert die drei Luftkorridore, die Berlin mit Westdeutschland verbanden. Identische Mahnmale stehen am Flughafen Frankfurt am Main und am Heeresflugplatz Celle.

Sportler, Spaziergänger, Picknicker: Alle lieben den Park

Neue Ideen nach der Schließung

Als der Flughafen Tempelhof 2008 geschlossen wurde, hatte die Stadt noch keine Pläne für die weitere Nutzung des Geländes. In Zeiten klammer Kassen scheiterten alle Optionen am fehlenden Geld. Also beschloss der Senat, das Flugfeld für die Öffentlichkeit freizugeben und es zu einem Park zu deklarieren. Auf dem Tempelhofer Feld entstand eine der größten innerstädtischen für die Öffentlichkeit zugänglichen Freiflächen der Welt. Wie gut **die »Park-Idee«** war, zeigte sich schon am Eröffnungswochenende im Mai 2010, als eine Viertelmillion Besucher kam. Hier gibt es im Überfluss, was in einer Großstadt normalerweise fehlt: Platz. Picknick- und Sportfans nahmen schnell Besitz von der neuen Freifläche. Bis heute hat das Tempelhofer Feld nichts von seiner Beliebtheit eingebüßt. Da aber eine unbebaute Fläche im Zentrum einer Großstadt früher oder später doch die Begehrlichkeiten von Politikern und Investoren weckt, war bald von Plänen die Rede, nach denen eine »Randbebauung« des Areals vorgesehen war. Die Berliner wollten von ihrem Park aber nichts mehr hergeben und lehnten bei einem **Volksentscheid** im Jahr 2014 jede Art von Bebauung ab.
Wegen der nahen Grillplätze, Gemeinschaftsgärten und Spielwiesen sind vor allem die Zugänge im Schillerkiez (▶Neukölln) zum Feld sehr beliebt.

Tempelhofer Feld: Zugänge Tempelhofer Damm (2 Eingänge), Columbiadamm (2 Eingänge), Oderstraße (6 Eingänge) | tgl. Dez., Jan. 7.30 – 17, Feb., Nov. 7 – 18, März 6 – 19, April, Sept. 6 – 20.30, Mai, Aug. 6 – 21.30, Juni, Juli 6 – 22.30, Okt. 7 – 19 Uhr

★ TIERGARTEN

Lage: beiderseits der Straße des 17. Juni
S-Bahn: Tiergarten, Bellevue (S 5, S 7, S 75) | **U-Bahn:** Hansaplatz (U 9) | **Bus:** 100, 106

In Berlin sagen sich Fuchs und Hase mitten in der Stadt gute Nacht. Der Tiergarten ist die drittgrößte innerstädtische Parkanlage Deutschlands und bietet viel Platz für wilde Tiere – aber auch Jogger, Fahrradfahrer und, im Sommer, Sonnenanbeter.

König der Berliner Parks

Der Große Tiergarten ist, wenn man so will, der König unter den Parks in Berlins Innenstadt – er erstreckt sich vom Brandenburger Tor bis zum Bahnhof Zoo. Für den über drei Kilometer langen Spaziergang quer durch den Park ist man fast eine Stunde unterwegs. Vorausgesetzt, man findet den richtigen Weg. Denn der Park wird

Zum Sommer in Berlin gehört der Biergarten am Neuen See.

von einem Labyrinth von Wegen durchzogen, sodass man sich schon mal verlaufen kann. Das macht aber nichts, denn in dem von 1833 bis 1838 von dem berühmten Landschaftsarchitekten Peter Joseph Lenné gestalteten Park gibt es viel zu sehen: dekorativ verteilte Baumgruppen, weite Rasenflächen, kleine Bäche und den **Neuen See**. In dem darf man zwar nicht baden, dafür können Sie aber Ruderboote mieten oder es sich im Biergarten an seinem Ufer gut gehen lassen. An einer Schleuse des Landwehrkanals am Rand des Tiergartens liegt ein weiterer beliebter Biergarten – im **»Schleusenkrug«** schaut man, während man sein Bier trinkt, zu, wie die Rundfahrtboote angehoben bzw. abgesenkt werden.

Vom Bundespräsidenten bis zum Sonnenanbeter

Immer viel los

Aber es gibt noch anderes zu entdecken: Am nördlichen Parkrand stehen das Haus der Kulturen der Welt, das Bundeskanzleramt und das **Schloss Bellevue**, der Sitz des Bundespräsidenten. Gleich daneben, im **Englischen Garten**, finden jedes Sommerwochenende kostenlose Jazzkonzerte statt. Auch die Grillmeister strömen im Sommer in Scharen in den Park. Vor einigen Jahren wurden der Obrigkeit die zurückgelassenen Müllberge zu viel, seitdem ist das Grillen streng reglementiert und nur auf ausgewiesenen Flächen zugelassen. Nicht nur diejenigen, die Kalorien zu sich nehmen, auch die, die sie loswerden wollen, bevölkern den Tiergarten: Jogger, Spaziergänger, Fahrradfahrer. Und im Sommer sind da auch noch die Sonnenanbeter, die ihre mehr oder weniger edlen Körper bräunen.

Einst Jagdrevier, dann Brennholz

Vom »Lustpark« zur Wiederaufforstung

Bevor Lenné den Park im 19. Jahrhundert in einen Volkspark umwandelte, war der Tiergarten das Jagdrevier der Kurfürsten. Unter der Regentschaft von Friedrich dem Großen – der selbst kein Jäger war – wurde der Zaun um den Park niedergerissen und der Tiergarten zu einem »Lustpark« für die Bevölkerung.

Der Zweite Weltkrieg hätte fast das Ende des Tiergartens gebracht. Bei den Kämpfen in den letzten Kriegstagen wurde der Park stark in Mitleidenschaft gezogen. Noch schlimmer erging es ihm aber in den ersten Nachkriegsjahren, als die Berliner auf der Suche nach Brennholz fast alle Bäume fällten. Im Jahr 1949 begann man mithilfe von Baumspenden aus anderen deutschen Städten mit der Wiederaufforstung.

Großer Stern und Siegessäule

Viktoria thront auf Kanonen dreier Kriege

★ Siegessäule

Der Große Stern liegt zwar nicht exakt in der Mitte des Tiergartens, ist aber dessen Verkehrsdrehscheibe. In seiner Mitte, von Autos umtost, steht 69 m hoch die Siegessäule. Sie wurde zur Erinnerung an die drei siegreichen Kriege von 1864 gegen Dänemark, 1866 gegen Österreich und 1870/1871 gegen Frankreich am Sedantag, dem 2. September 1873, in Anwesenheit Kaiser Wilhelms I. mit einer Militärparade eingeweiht. Bis 1938 stand die Säule auf dem Königsplatz (heute: Platz der Republik) 1,6 km vom Großen Stern entfernt. Dann musste sie den Speerschen Plänen für die Reichshauptstadt »Germania« weichen. Ihr Schaft, in den Geschützrohre aus der Kriegsbeute eingelassen sind, steht auf einem hohen Granitsockel mit Bronzereliefs, die Szenen aus den drei Kriegen zeigen. In ihrem unteren Teil symbolisiert ein von Anton von Werner entworfenes Mosaik den Zusammenschluss zum deutschen Kaiserreich 1870/1871. Von der Spitze blickt **»Goldelse«** über Berlin, die 8 m hohe Figur der Siegesgöttin Viktoria, modelliert von Friedrich Drake. Über 285 Stufen kann man bis zur **Aussichtsplattform** in 51 m Höhe steigen (▶Baedeker Wissen S. 74).

April – Okt. Mo. – Fr. 9.30 – 18.30, Sa. und So. bis 19; Nov. – März bis 17 bzw. 17.30 Uhr | Eintritt: 3 €

Bismarck, Moltke, von Roon

Denkmäler am Rondell

Am Rondell des Großen Sterns steht das Nationaldenkmal für Bismarck, 1901 von Reinhold Begas geschaffen. Daneben erkennt man

Generalfeldmarschall Moltke (von Joseph Uphues, 1905) und Kriegsminister von Roon (von Harro Magnussen, 1904). Auch diese drei standen einst vor dem Reichstag.

Schloss Bellevue

Sommerpalais, Landschaftspark und Ellipse

Schloss Bellevue, nordöstlich des Großen Sterns, ist seit 1994 erster Amtssitz des Bundespräsidenten. Das 1785 erbaute Sommerpalais von Prinz August Ferdinand, jüngster Bruder Friedrichs des Großen, war im Zweiten Weltkrieg zerstört worden. Beim Wiederaufbau wurde auch der ovale Festsaal, 1791 von Carl Gotthard Langhans gestal-

Amtssitz des Bundes-präsidenten

Alles nur PR-Gag: Die sowjetische Besatzungsmacht kurvt schon lange nicht mehr um die Siegessäule.

tet, stilgerecht wiederhergestellt. Der westliche Teil des Schlossparks (20 ha) im Stil eines englischen Landschaftsparks ist öffentlich zugänglich. Hier finden im strohgedeckten Parkhaus auch Ausstellungen und Konzerte statt. Im Park unmittelbar südwestlich vom Schloss steht das mit schwarzem Granit verkleidete **Bundespräsidialamt**, ein von den Frankfurter Architekten Martin Gruber und Helmut Kleine-Kraneburg entworfener, ellipsenförmiger Bau.

Nördlicher Tiergarten

Schutzmarke von Friedrich dem Großen

Königliche Porzellan-Manufaktur (KPM)

Die Königliche Porzellan-Manufaktur Berlin hat seit 1868 ihren Sitz in der Wegelystr. Nr. 1. Sie ging aus der 1751 von Wilhelm Kaspar Wegely gegründeten und 1763 von Friedrich dem Großen übernommenen ersten Berliner Porzellanfabrik hervor. Friedrich war es auch, der das noch heute gültige kurbrandenburgische blaue Zepter als Schutzmarke einführte. Von den alten Bauten sind Dreherei und Formerei von 1871 an der Spree erhalten. Nach wie vor produziert die Manufaktur hochwertiges Gebrauchs- und Zierporzellan. Die ganze Bandbreite und die Geschichte der Manufaktur zeigt die **KPM-Welt**.

Mo. - Sa. 10 - 18 Uhr | Eintritt: 10 € | www.kpm.de

Kosmopolitisches unterm geschwungenen Dach

Haus der Kulturen der Welt

Das Haus der Kulturen der Welt in der Nordostecke des Tiergartens versteht sich als Forum für die Länder der Dritten Welt und veranstaltet dazu regelmäßig Ausstellungen und Konzerte. Den passenden Rahmen dazu gibt die **ehemalige Kongresshalle**, ein Markstein moderner Architektur. Sie wurde als US-Beitrag zur Internationalen Bauausstellung 1957 am Ort der Krolloper erbaut, in die nach dem Reichstagsbrand 1933 der Reichstag gezogen war. Seinem kühn geschwungenen Dach verdankt die Kongresshalle ihren Spitznamen **»Schwangere Auster«**. Im Sommer 1980 stürzte das Dach in sich zusammen. Nach dem Wiederaufbau wurde die Kongresshalle zum Stadtjubiläum 1987 wiedereröffnet und 1989 zog das Haus der Kulturen der Welt ein (Veranstaltungsprogramm unter www.hkw.de). Die Plastik »Zwei Formen« im Wasserbecken vor der Halle stammt von Henry Moore. Neben der Kongresshalle steht ein 42 m hoher Glockenturm mit dem viertgrößten **Carillon** der Welt (und dem größten Europas), das täglich um 12 und 18 Uhr erklingt.

In Bronze gegossene Kriegsdenkmäler

Straße des 17. Juni

Breit zieht die Straße des 17. Juni – nach dem Aufstand in der DDR am 17. Juni 1953 – durch den Tiergarten zum ▶Brandenburger Tor. Das **Sowjetische Ehrenmal** an der Nordseite wurde 1945/1946 errichtet, u. a mit Baumaterial der zerstörten Reichskanzlei. Es stellt

ENTSCHLEUNIGEN

Das waren noch Zeiten, als der Gaslaternenanzünder abends durch die Straßen zog. Träumen Sie sich ein bisschen zurück und entschleunigen Sie im Gaslaternen-Freilichtmuseum im Tiergarten. Vom Parkweg am Berlin Pavillon bis zur Schleusenbrücke und am Joseph-Haydn-Weg können Sie unter bald hundert Lampen aus ganz Europa aus der Zeit von 1826 bis in die 1950er-Jahre schlendern .

einen in Bronze gegossenen Soldaten der Roten Armee in Feldausrüstung dar. Zwei Panzer, die 1945 in Berlin eingerollt sind, flankieren das Mahnmal, in dem 2500 beim Kampf um die Stadt gefallene Sowjetsoldaten bestattet sind.
Ein Stück weiter steht auf dem Mittelstreifen die 3 m hohe Bronze-Skulptur **»Der Rufer«** von Gerhard Marcks. Der Granitsockel trägt eine Inschrift des italienischen Dichters Petrarca (1304 – 1374): »Ich gehe durch die Welt und rufe: ›Friede, Friede, Friede.‹«

Endlos-Film und frische Blumen

Mahn- und Denkmale

Vor dem Brandenburger Tor nach links Richtung Reichstag (►S. 169). sieht man rechts das Holocaust-Mahnmal (►S. 63). Gegenüber ist am Simsonweg im Mai 2008 das **Denkmal für die im Nationalsozialismus verfolgten Homosexuellen** eingeweiht worden. Die dänisch-norwegischen Künstler Elmgreen und Dragset schufen einen Betonkubus mit Fenster, durch das man einen Endlos-Film mit zwei sich küssenden Männern sieht. Etwas weiter den Weg hinauf folgt das **Denkmal für die im Nationalsozialismus ermordeten Sinti und Roma** (2012), ein Wasserbecken mit einem den KZ-Winkel symbolisierenden Dreieck in der Mitte, auf dem immer eine frische Blume liegt.

Südlich des Tiergartens

Vorbei an Botschaften zur Glaswand

Diplomatenviertel

Das Areal südlich der Tiergartenstraße zwischen Stauffenberg- und Klingelhöferstraße war das **Diplomatenviertel** des Dritten Reichs. Nach dem Krieg, den nur die italienische und die japanische Botschaft – schwer beschädigt – überstanden hatten, lag das Gelände brach und ist nun mit weiteren Botschaftsgebäuden (u. a. Indien, Österreich) und der sich keineswegs in Bescheidenheit übenden Landesvertretung von Baden-Württemberg bebaut worden.
Tiergartenstaße Nr. 4 (heute Rückfront der Philharmonie am ▶Kulturforum) war die Adresse einer Villa, in der die »Zentraldienststelle T 4« ihren Sitz hatte, die die Ermordung von Behinderten und psychisch Kranken im Dritten Reich durchführte. An die Opfer erinnert seit 2014 das **Mahnmal für die Opfer der »Euthanasie«-Morde**, entworfen von den Architekten Ursula Wilms und Heinz W. Hallmann (die auch die Gedenkstätte ▶Topographie des Terrors konzipierten) sowie dem Künstler Nikolaus Koliusis als 24 m lange Glaswand.
Am **Tiergartendreieck** zwischen Stüler-, Klingelhöferstraße und Landwehrkanal stehen weitere Botschaftsgebäude (u. a. das gemeinsame Botschaftsgebäude der nordischen Länder); die CDU-Bundeszentrale schiebt sich wie ein gläserner Schiffsbug in die Kreuzung.

★ TIERPARK FRIEDRICHSFELDE

Lage: Lichtenberg | **U-Bahn:** Tierpark (U 5)
April – Sept. tgl. 9 – 18.30, Nov. – Feb. bis 16.30; März, Sept. u. Okt. bis 18 Uhr | **Eintritt:** 13 € | **www.tierpark-berlin.de**

Tiere schauen in der Großstadt. Dazu haben Sie in Berlin gleich zweimal die Gelegenheit. Einmal im »West-Zoo« und dann im »Ost-Tierpark«. Letzterer hat auf jeden Fall den Vorteil, das er größer ist und daher Mensch und Tier mehr »Auslauf« bietet.

Bauten und Anlagen entwarf der langjährige Direktor Heinrich Dathe. Im Vergleich zum ▶ Zoologischen Garten ist der Tierpark sehr viel großzügiger und weniger gedrängt angelegt, sowohl was die Freianlagen als auch die Tierhäuser anbelangt. So setzt sich das **Alfred-Brehm-Haus** aus einer großen Flughalle für annähernd hundert Vogelarten, tropischer Vegetation, einem Baumwipfelpfad sowie einem außerordentlich großzügigen Raubtierhaus mit in der Halle befindlichen Freilaufanlagen zusammen; Stolz der Raubtiersammlung sind die Sumatra-Tiger. Im **Dickhäuterhaus** tummeln sich neben Elefanten, Nashörnern und Flusspferden, in einem großen Schaubecken auch seltene Nagelmanatis (Seekühe) aus der Karibik. Im **Vari-Wald** kann man auf Tuchfühlung mit dieser in Madagaskar beheimateten Lemurenart gehen, und auch in der begehbaren **Känguru-Anlage** kommt man den Tieren nahe. Der Tierpark hat sich zudem besonders bei der Zucht seltener Huftiere hervorgetan, etwa bei den Takinen aus Birma, auch Goldrind oder Gnuziege genannt.

Groß-zügig und weitläufig

Prominenter Gefangener aus der Völkerschlacht

Schloss Friedrichsfelde

Schloss Friedrichsfelde wurde 1685 von Benjamin Raulé, seines Zeichens Marinedirektor des Großen Kurfürsten, nach Plänen von Johann Arnold Nering erbaut. 1719 ließ es der neue Besitzer Markgraf Albrecht Friedrich von Brandenburg-Schwedt erweitern. Heute zeigt es sich als frühklassizistisches Kleinod, wie es ab 1800 Herzogin Catharina von Holstein-Beck gestalten ließ. Prominentester Gast war

Ein Zoo mit Schloss. Auch diese Großfamilie Pelikane nutzt die Gelegenheit zu einem Ausflug und watschelt durch den Park von Schloss Friedrichsfelde.

1814 Sachsens König Friedrich August I. – als Gefangener aus der Völkerschlacht bei Leipzig 1813. Im östlichen Seitenflügel erzählt eine Ausstellung die Geschichte des Schlosses; einige der schönsten Räume können besichtigt werden.

Sommer Di. – So. 10 – 18, Winter Di. – So. 10 – 16.30 Uhr
im Tierpark-Eintritt inbegriffen

★ TOPOGRAPHIE DES TERRORS

Lage: Niederkirchnerstr. 8, Mitte | **Innenstadtplan:** h IV
S-/U-Bahn: Potsdamer Platz (S 1, S 2, S 25, U 2)
❶ tgl. 10 – 20 Uhr | Eintritt frei | **www.topographie.de**

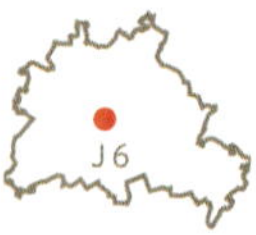

Die Topographie des Terrors ist ein Ort, der zum Nachdenken und Innehalten anregt. Das Dokumentationszentrum erinnert an die Verbrechen der Nazizeit. Mit über einer Million Besuchern im Jahr 2016 gehört die Ausstellung zu den meistbesuchten Gedenkorten in Berlin.

Zentrale des Naziterrors

Wo früher das Zentrum des Naziterrors war, wo Gestapo, SS und Reichssicherheitshauptamt ihren Sitz hatten, wird heute der Opfer des Terrorregimes gedacht und dessen Verbrechen aufgearbeitet. Die **Dauerausstellung** ist chronologisch aufgebaut und in fünf Bereiche unterteilt: Die nationalsozialistische Machtübernahme (I), Institutionen des Terrors – SS und Polizei (II), Terror, Verfolgung und Vernichtung im Reichsgebiet (III), SS und Reichssicherheitshauptamt in den besetzten Gebieten (IV) sowie Kriegsende und Nachkriegszeit (V).
Bei Grabungen, die eine Bürgerinitiative initiierte, stieß man 1986 entlang der Niederkirchnerstraße auf Kellerwände und konnte den Zellenboden des ehemaligen Gestapo-»Hausgefängnisses« freilegen. Dies war der Auftakt für eine zunächst provisorische Ausstellung über die an diesem Ort organisierten Verbrechen. Seit 2010 wird die Ausstellung nun in angemessenem Rahmen in einem Neubau präsentiert. Die **Freilichtausstellung »Berlin 1933–1945«** setzt sich mit der Naziherrschaft in der Stadt auseinander.

Rußgeschwärzte Portalfiguren mahnen

Martin-Gropius-Bau

Der Martin-Gropius-Bau an der Niederkirchnerstraße 7 ist eine feste Adresse im Berliner Kulturbetrieb, denn hier finden regelmäßig

Mit der Entdeckung der Reste des Gestapo-Hausgefängnisses begann die systematische Erforschung der Terrorzentrale Nazideutschlands.

hochkarätige Ausstellungen statt. Der 1877 bis 1881 von Martin Gropius, Großonkel von Walter Gropius, und Heino Schmieden in hellenischer Renaissance errichtete monumentale Ziegelbau, der bis 1921 das preußische Kunstgewerbemuseum beherbergte, wurde nach schwerer Beschädigung im Zweiten Weltkrieg erst ab 1979 restauriert. Dabei erstanden die reich verzierten Fassaden der West-, Süd- und Ostseite originalgetreu wieder; die Nordseite zur Niederkirchnerstraße hin, vor der unmittelbar die Mauer verlief, wurde erst nach der Wiedervereinigung wiederhergestellt, wobei die rußgeschwärzten und beschädigten Portalfiguren als Mahnung stehen blieben. Innen überzeugt der Bau mit einer umlaufenden Galerie und eindrucksvollen Raumproportionen.

Mi.–Mo. 10 – 19 Uhr | Eintritt: je nach Ausstellung ca. 10 €, unter 16 Jahren frei | www.gropiusbau.de

Rücken an Rücken

Berliner Abgeordnetenhaus

Direkt gegenüber vom Martin-Gropius-Bau steht quasi Rücken an Rücken mit dem ehemaligen Preußischen Herrenhaus und jetzigen Bundesrat (▶Potsdamer Platz, Leipziger Straße) der ehemalige Preußische Landtag, 1892 bis 1897 erbaut. Hier tagt nun das Berliner Abgeordnetenhaus und hier steht auch das von Hermann Schievelbein geschaffene **Denkmal des Reichsfreiherrn Karl vom und zum Stein**, 1870 weiter östlich an der Leipziger Straße vor dem damaligen Preußischen Abgeordnetenhaus enthüllt. Es wurde im Zweiten Weltkrieg schwer beschädigt und 1981 am Beginn der Linden aufgestellt.

BAEDEKER WISSEN

DEUTSCHE GESCHICHTE VERORTET

Berlin war von der Gründung des Kaiserreichs 1871 bis zum Ende der Nazi-Herrschaft 1945 die Hauptstadt des Deutschen Reichs. Die wichtigsten Ministerien, Kanzleien und Botschaften waren entlang der vom Pariser Platz abgehenden Wilhelmstraße und deren Seitenstraßen konzentriert.

Dieser Stadtteil ist die **Friedrichstadt**, die ab 1688 als eigenständige Gemeinde südlich von Berlin und Cölln entstanden war und 1710 der preußischen Hauptstadt eingegliedert wurde. Unter Friedrich Wilhelm I. entstanden hier in der ersten Hälfte des 18. Jh.s mehrere Adelspaläste, die nach der Reichsgründung im Jahr 1871 zu Regierungsgebäuden umgewandelt wurden. Die weitere Entwicklung Berlins als Reichshauptstadt brachte dann im zweiten Drittel des 19. Jh.s einen erheblichen Zuwachs von Neubauten in der Friedrichstadt, die dadurch zum **Regierungsviertel** und zur »vornehmsten Gegend der Residenz« wurde, wie der Berlin-Baedeker aus dem Jahr 1878 vermerkt. Die Weimarer Republik übernahm die Regierungsgebäude unverändert; erst die Nationalsozialisten veränderten das Gesicht des Viertels mit den gigantomanen Neubauten der »Neuen Reichskanzlei« an der Voßstraße und des Reichsluftfahrtministeriums noch einmal einschneidend. Nach dem Krieg bebaute die DDR-Regierung die gesamte Westseite der zerstörten, nun nach Ministerpräsident Otto Grotewohl benannten Straße zwischen Pariser Platz und Voßstraße etwa 20 m hinter der ursprünglichen Bauflucht mit Wohnhäusern, um die Erinnerung an die Vergangenheit zu tilgen. Unmittelbar dahinter begann der Grenzstreifen zum Potsdamer Platz hin.
Ungefähr auf Höhe der alten Nr. 77, heute Ecke An der Kolonnade, erinnert ein 2011 eingeweihtes Denkmal an den Hitler-Attentäter Georg Elser.

Rückblick

Von der Vorkriegsbebauung ist in diesem Abschnitt der Wilhelmstraße mit Ausnahme des ehemaligen Reichsluftfahrtministeriums nichts mehr erhalten. Der abgedruckte Plan und die im Folgenden angegebenen Hausnummern geben den Stand von1939 wieder.

Rechte Seite Wilhelmstraße (»Reichsseite«):
Nr. 70: seit 1884 britische Botschaft, ehemals Palais des Dr. Strousberg; nun Neubau britische Botschaft.
Nr. 72: Palais des Prinzen August Wilhelm von Preußen (1735), im Dritten Reich Landwirtschafts- und Ernährungsminsterium.
Nr. 73: 1734 – 1737 für den Grafen Schwerin erbaut, seit 1872 Ministerium des Königlichen Hauses, seit 1919 Amtssitz der Reichspräsidenten Friedrich Ebert und Paul von Hindenburg. Nach dem Tod Hindenburgs von 1934 an unbenutzt, wurde es dann ab 1939 Dienstwohnung des Außenministers.
Nr. 74: 1731 erbaut für Geheimrat v. Kellner, 1848 zunächst preußisches Staatsministerium, dann Reichskanzleramt, bis 1919 Reichsamt des Innern,

danach Sitz des Auswärtigen Amts zusammen mit den Gebäuden **Nr. 75** (ehemalige Hofdruckerei Decker, bereits seit 1882 Auswärtiges Amt) und **Nr. 76** (seit 1870 Auswärtiges Amt).

Nr. 76: 1735 erbaut für Oberst v. Pannwitz, bis 1877 Bismarcks Dienstwohnung.

Nr. 77: erbaut 1736 – 1739 für General v. d. Schulenburg, von 1795 an Palais des Fürsten Radziwill, umgebaut 1875/1876, danach Reichskanzlerpalais, bis 1890 auch Privatwohnung Bismarcks. 1878 fand hier der »Berliner Kongress« statt.

Nr. 78: Neues Palais des Fürsten von Pless, zunächst als Teil der Reichskanzlei genutzt; 1927 abgerissen, 1931 Neubau, danach in die »Neue Reichskanzlei« integriert.

Nr. 79: zunächst Handelsministerium, später Reichsbahndirektion.

Nr. 80: Reichsverkehrsministerium.

Nr. 82 – 97: Reichsluftfahrtministerium, 1935/1936 auf dem Gelände des preußischen Kriegsministeriums errichtet; einziges erhaltenes Gebäude des alten Regierungsviertels südlich der Linden. In der DDR Haus der Ministerien, dann Sitz der Treuhandanstalt (»Detlev Rohwedder-Haus«, nach dem ermordeten Leiter der Treuhand), nun Bundesfinanzministerium.

Links um die Ecke Prinz-Albrecht-Straße Nr. 5, das Preußische Abgeordnetenhaus. 1934/1935 vorübergehend Sitz des berüchtigten »Volksgerichtshofs«, machte Göring es zum »Haus der Flieger«. Heute Sitz des Berliner Abgeordnetenhauses. Das an der Leipziger Straße an das Finanzministerium anschließende ehemalige preußische Herrenhaus ist nun Sitz des Bundesrats.

Nr. 102: Prinz-Albrecht-Palais, 1737 als Palais des Barons Vernezobre erbaut und 1830 von Prinz Albrecht von Preußen, Sohn König Friedrich Wilhelms III., erworben. Ab 1939 Sitz des Reichssicherheitshauptamts der SS. Viele weitere Gebäude in diesem Abschnitt der Wilhelmstraße und der Prinz-Albrecht-Straße beherbergten ebenfalls Dienststellen von SS und Gestapo und waren das Zentrum des »SS-Staats«.

Linke Seite Wilhelmstraße (»Preußenseite«):

Nr. 65: zunächst preußisches, dann Reichsjustizministerium.

Nr. 64 u. 63: preußisches Staatsministerium und »Verbindungsstab des Stellvertreters des Führers« Rudolf Heß.

1934: Die SS steht Spalier in der Wilhelmstraße für den Trauerzug für Paul von Hindenburg.

Nr. 62: einstiger Sitz des Kolonialministeriums, während der Weimarer Republik Ministerium für Wiederaufbau.
Nr. 61 a und Wilhelmplatz 8 – 9: Wilhelmplatz 8 – 9 wurde 1737 für den Großmeister des Johanniterordens erbaut und 1827 / 1828 von Schinkel umgestaltet, dann von 1937 bis 1939 erweitert.
Zusammen mit Wilhelmstraße 61a war hier der Sitz des Goebbels-Ministeriums für »Volksaufklärung und Propaganda« und der Reichskulturkammer.
Nr. 60 u. 61: ursprünglich Wilhelmplatz 1, als Auswärtiges Amt geplant, dann Reichsschatzamt, schließlich Reichsfinanzministerium.
Nr. 55: Hitlers Privatkanzlei.

Voßstraße
Hier hatten ursprünglich mehrere Behörden ihren Sitz, so in Nr. 1 (Borsigsches Palais) die Preußische Pfandbriefbank, in Nr. 4 und 5 das Reichsjustizamt und die Berliner Gauleitung der NSDAP (Nr. 11). Hitler ließ durch seinen Leibarchitekten Albert Speer entlang der gesamten Nordseite der Voßstraße (Nr. 1 – 19) die **»Neue Reichskanzlei«** erbauen (1939 fertiggestellt), einen 430 m langen, den Größenwahn der Nationalsozialisten architektonisch manifestierenden Bau. Nach Kriegsende wurde das nur mäßig beschädigte Gebäude gesprengt. Bei den Bauarbeiten für den Potsdamer Platz sind einige SS-Wach- und Bereitschaftsräume der Reichskanzlei freigelegt und mittlerweile versiegelt worden.

Auf die Blütezeit folgt die Sprengung

Anhalter Bahnhof

Vom ehemaligen Prachtbahnhof, einst Berlins Tor zum Süden, zeugt nur der Portikus am Askanischen Platz (Ecke Stresemann-/Anhalter Straße). Der erste, recht bescheidene Anhalter Bahnhof wurde 1839 eröffnet; 1841 zog von hier **August Borsigs erste Lokomotive** einen Zug bis Jüterbog. Mit dem Bau eines deutlich größeren Bahnhofs wurden 1875 der Architekt Franz Schwechten, u. a. Erbauer der Kaiser-Wilhelm-Gedächtniskirche, betraut. Die 170 m lange und 60 m breite Bahnsteighalle erlebte ab 1900 ihre Blütezeit: Pro Tag fuhren 58 Züge ein und aus, um 40000 Menschen ein- und aussteigen zu lassen. Nach einem Bombenangriff am 23. November 1943 musste der Fernverkehr eingestellt werden. Nach Kriegsende verfiel der Bahnhof und wurde 1961 gesprengt. Auf die Sprengung des Portikus wurde wegen massiver Bürgerproteste verzichtet. Nach der Wende wurde das lange verwaiste Gelände zu einer Sportanlage umgestaltet; dahinter sieht man die Betonzelte des legendären Veranstaltungsorts Tempodrom.
Auf dem Bahnhofsgelände steht zur Schöneberger Straße hin noch der 1943 errichtete **Anhalter Luftschutzbunker**, dessen Geschichte mitsamt Fundsachen im zweiten Untergeschoss dokumentiert ist. In den Geschossen darüber bietet das **Berlin Story Museum** Stadtgeschichte im Schnelldurchlauf an.

Berlin Story Museum: tgl. 10 – 19 Uhr | Eintritt: 6 €
www.berlinstory-bunker.de

★ TREPTOWER PARK

Lage: Puschkinallee, Treptow
S-Bahn: Treptower Park (S 8, S 9, S 41, S 42)

Der große Park rund ums Sowjetische Ehrenmal ist ein beliebtes Ausflugsziel – hier kann man nämlich nicht nur ein riesiges Denkmal besuchen, sondern auch picknicken, Fahrrad fahren oder einfach am Ufer der Spree sitzen.

Ausflugsziel mit ernstem Hintergrund

Der erste Berliner städtische Gartendirektor und Lenné-Schüler Gustav Meyer schufen den Park zusammen mit dem östlich anschließenden Plänterwald zwischen 1876 bis 1882. 1896 fand hier die »Große Berliner Gewerbeausstellung« statt. Zum Ende des Kaiserreichs und in der Weimarer Republik war der Treptower Park häufig Schauplatz großer Arbeiter-Kundgebungen.
Nahe beim S-Bahnhof legen die Spreedampfer an. Hinter dem Bahnhof steigen die 1997/1998 erbauten, 125 m hohen Allianz Treptowers auf. Am Spreeufer entlang spaziert man zur Ausflugsgaststätte

Von den geschätzt 78 000 in der Schlacht um Berlin gefallenen Sowjetsoldaten sind 7000 im Treptower Park begraben.

»Zenner«. Sie ist Nachfolgerin des 1821/1822 von Carl Ferdinand Langhans erbauten »Neuen Gasthauses an der Spree«. Gegenüber liegt die Abteiinsel, heute **Insel der Jugend** (hier auch Vermietung von Kanus). Nach dem Zenner geht es hinein in den naturbelassenen **Plänterwald** mit dem verwilderten **Spreepark**, einem geschlossenen, von einem Riesenrad überragten Vergnügungspark.

Letzte Ruhe für 7000 Gefallene

★ Sowjetisches Ehrenmal

Die Hauptsehenswürdigkeit des Treptower Parks ist das große Sowjetische Ehrenmal, das 1947 bis 1949 als zentrale Gedenkstätte für die 1945 bei den Kämpfen um Berlin gefallenen Sowjetsoldaten erbaut wurde. Der größte Teil der Anlage besteht aus schwedischem Granit, aus dem die Nazis in Moskau einen Triumphbogen errichten wollten. Die Frauenfigur »Mutter Heimat« auf der Zugangsallee wurde aus einem 50 t schweren Granitblock gemeißelt. Eine breite, mit Trauerbirken bepflanzte Promenade führt zum Ehrenhain, der die letzte Ruhestätte von 7000 gefallenen sowjetischen Soldaten ist. Mittelpunkt der Anlage ist ein Ehrenhügel, auf dem das Heldengräbern aus der Donebene nachgebildete Mausoleum mit dem **Hauptmonument des Sowjetsoldaten** steht: Eine 11,60 m hohe Soldatenfigur, die auf dem linken Arm ein Kind trägt, steht auf einem zerschlagenen Hakenkreuz. Der Kuppelsaal unter dem 70 t schweren Denkmal ist mit Mosaikbildern des Malers Gorpenko zum Thema »Die Vertreter aller Unionsrepubliken gedenken ihrer Toten« ausgeschmückt. An der Decke erkennt man den Orden des Sieges der UdSSR.

Die größte Linse und die ersten Menschen im All

Archenhold-Sternwarte

Hinter dem Ehrenmal kommt man zur Archenhold-Sternwarte, 1896 erbaut und nach ihrem Gründer benannt, dem Astronomen Friedrich Simon Archenhold. Ihre Hauptattraktion ist das 21 m lange, 130 t schwere und mit einem Linsendurchmesser von 68 cm größte Linsenfernrohr der Welt. Das **Himmelskundliche Museum** beschäftigt sich mit der Geschichte der Sternwarte und astronomischen Themen. Der **Hain der Kosmonauten** neben der Sternwarte erinnert an die sowjetischen Raumflüge. Hier stehen die Büsten von Juri Gagarin, des ersten Menschen im Weltall überhaupt, und des DDR-Kosmonauten Sigmund Jähn, des ersten Deutschen im Weltraum.

Mi. – So. 14 – 16.30 Uhr, Führungen: Do. 20, Sa. und So. 15 Uhr
Besuch kostenlos, Führungen 6 €
http://sdtb.de/archenhold-sternwarte

★★ UNTER DEN LINDEN

Lage: Mitte, zwischen Schlossbrücke und Pariser Platz
S-/U-Bahn: Westende: Brandenburger Tor (S 1, S 2, S 25, U 55); **Ostende:** Hackescher Markt (S 5, S 7, S 75) | **Bus:** 100, 147, 200

Machen Sie sich auf Berlins geschichtsträchtigsten Spaziergang: die 1,4 Kilometer lange Strecke vom Schlossplatz zum Brandenburger Tor. Verlaufen können Sie sich nicht, denn Unter den Linden geht es immer nur geradeaus.

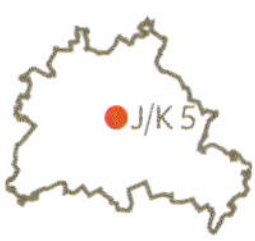

Berlins Prachtboulevard

Am Anfang stand ein sandiger Reitweg, der 1573 auf Geheiß des brandenburgischen Kurfürsten Johann Georg angelegt worden war und für die edlen Herrschaften eine Verbindung vom Schloss zu den Jagdrevieren im Tiergarten herstellte. Johann Georg nimmt in der Geschichte Berlins keinen besonders ruhmreichen Platz ein, ordnete er doch ein Pogrom gegen Juden an. Hintergrund der Aktion war, dass der Kurfürst bei den jüdischen Händlern hoch verschuldet war, und da im Zuge der Judenverfolgung auch alle Schuldscheine öffentlich verbrannt wurden, war Johann Georg mit einem Schlag seine Geldsorgen los.

Im Dreißigjährigen Krieg (1618–1648) wurden das Schloss und die kurfürstlichen Gartenanlagen zerstört. Mitte des 17. Jh. ließ Kurfürst Friedrich Wilhelm neue Gärten und Alleen anlegen. Jetzt wurde der alte Jagdweg in sechs Reihen mit je eintausend Nuss- und Lindenbäumen bepflanzt. Die Nussbäume hielten dem Berliner Wetter nicht lange stand, die Linden aber gediehen prächtig und wurden zu den Namensgebern des Boulevards. Damals hatte die Straße aber noch nichts wirklich Großstädtisches.

Streit zwischen Architekt und König

Forum Fridericianum

Es dauerte abermals fast hundert Jahre, bis die Straße mit den prächtigen Bauten eingefasst wurde, wie wir sie heute kennen. Friedrich II. beauftragte seinen Mentor und Freund **Georg Wenzeslaus von Knobelsdorff** mit dem Bau des repräsentativen Forums Fridericianum. Nachdem sich Architekt und König bei der Planung für Schloss Sanssouci (▶ S. 244) aber zerstritten hatten, wurde von Knobelsdorff, nachdem er das Opernhaus (die heutige Staatsoper Unter den Linden) vollendet hatte, aus »gesundheitlichen Gründen« von weiteren Aufgaben entbunden. Als sich dann noch herausstellte, dass ein Bauschreiber, der für von Knobelsdorff arbeitete, falsche Rechnungen ausgestellt hatte, war das Tuch zwischen dem König und seinem Stararchitekten endgültig zerschnitten. Die Prachtbauten Unter den Linden stammen daher großteils nicht von dem damals führenden Architekten.

Dichterlob und Kriegsbomben

Schlagader Berlins

Im Lauf der Zeit entwickelte sich Unter den Linden zusammen mit der Friedrichstraße zur Schlagader Berlins. **Heinrich Heine** (1797–1856) schwärmte:

»
Ja, Freund, hier unter den Linden
kannst du dein Herz erbaun,
Hier kannst du beisammen finden
die allerschönsten Frau'n.
Sie blühn so hold und minnig
im farbigen Seidengewand;
Ein Dichter hat sie sinnig
wandelnde Blumen genannt.
«

Der Zweite Weltkrieg verschonte aber auch Berlins Prachtstraße nicht. Wiederaufbau und Neubepflanzung begannen schon in den 1950er-Jahren. Im östlichen Teil nahe der Schlossbrücke wurde viel von der ursprünglichen Bausubstanz wiederhergestellt, doch weiter westlich in Richtung auf das Brandenburger Tor entstanden mehrere gesichtslose Neubauten, die noch heute den Gesamteindruck stören.

Von der Schloßbrücke zum Bebelplatz

Athene, Iris und Nike

★ Schloßbrücke

Vom Schlossplatz kommend überquert man auf der von Karl Friedrich Schinkel 1822 bis 1824 erbauten Schloßbrücke den Kupfergraben. Die acht **Skulpturengruppen** aus weißem Carraramarmor zeigen auf der **rechten Seite**: »Iris trägt den gefallenen Helden zum Olymp empor« (August Wredow, 1857), »Anstürmender Jüngling, dem Athene schützend zur Seite steht« (Gustav Blaeser, 1854), »Minerva begleitet den ausziehenden Krieger« (Albert Wolff, 1853) und »Nike, einen verwundeten Krieger stützend« (Ludwig Wichmann, vor 1857). Auf der **linken Seite**: »Nike krönt den Sieger« (Friedrich Drake, 1857), »Athene bewaffnet den Krieger zum ersten Kampf«

Schloßbrücke, linke Seite: Gustav Blaesers »Anstürmender Jüngling, dem Athene schützend zur Seite steht«

(Heinrich Möller, 1851), »Pallas Athene unterrichtet den Knaben im Speerwurf« (Hermann Schievelbein, 1853) und »Nike lehrt Heldengeschichte« (Emil Wolff, 1847).

Ein Ausstellungsstück pro Quadratmeter

★ Zeughaus

Rechter Hand hinter der Brücke fällt sofort das Zeughaus ins Auge, **der bedeutendste Barockbau der Stadt**, 1695 nach Entwürfen von Johann Arnold Nehring begonnen, 1706 als Waffenmagazin provisorisch übergeben und erst 1730 vollendet. Herausragend ist der Skulpturenschmuck wie die allegorischen Frauengestalten auf Sockeln am Haupteingang des französischen Bildhauers Guillaume Hulot, die die Feuerwerkskunst, die Arithmetik, die Geometrie und die Mechanik darstellen. Vonn Hulot stammen auch die Dachtrophäen wie die »Marsgruppe« nach Skizzen von Jean de Bodt. Den **Schlüterhof** sollte man nicht schnellen Schrittes durchqueren, sondern nach oben schauen zu den berühmten »**Masken der sterbenden Krieger**«, die Andreas Schlüter 1696 geschaffen hat. Sie hatten damals schon erhebliche Diskussionen ausgelöst, denn eigentlich sollte der Künstler heldenhafte und nicht leidende Gesichter abbilden und damit die Fassade schmücken. Da sie nicht den Vorstellungen der Auftraggeber entsprachen, wurden sie schließlich in den Innenhof verbannt.
Im Zeughaus ist seit 1990 das **Deutsche Historische Museum** untergebracht. Auf 8000 m² Ausstellungsfläche reihen 8000 Exponate die deutsche Geschichte auf. Im Neubau des chinesisch-amerikanischen Stararchitekten Ieoh Ming Pei, der 2003 angefügt wurde, finden Wechselausstellungen statt. Auch die Überdachung des Schlüterhofs mit einer Glas-Stahl-Konstruktion stammt von ihm.
Deutsches Historisches Museum: tgl. 10 – 18 Uhr | Eintritt: 8 €
www.dhm.de

Kronprinzen, Prinzessinnen und die deutsche Einigung

Kronprinzenpalais und Kommandantenhaus

Dem Zeughaus gegenüber stand von 1967 bis Ende 1995 das Hochhaus des DDR-Außenministeriums. Es ersetzte das im Krieg schwer beschädigte Haus des Berliner Stadtkommandanten von 1653, dem wiederum der Neubau der **Bertelsmann-Stiftung** (Unter den Linden 1) nachempfunden ist. Auf das Kommandantenhaus folgt das Kronprinzenpalais, erbaut im Jahr 1664. In dem Gebäude wohnten im Lauf der Jahre Könige, Kaiser und eben auch Kronprinzen – so ab 1793 Kronprinz Friedrich Wilhelm mit seiner beim Volk so beliebten Gemahlin Luise. Wilhelm II., der letzte deutsche Kaiser, kam am 27. Januar 1859 hier zur Welt. Im Zweiten Weltkrieg erlitt das Gebäude, von dem keine Bauunterlagen mehr existierten, schwere Schäden. So rekonstruierte es Richard Paulick 1968/1969 nach alten Stichen und es entstand ein Kultur- und Gästehaus der DDR, nunmehr »Palais Unter den Linden«. Paulick war auch einer der Architekten der Stalinal-

Barock meets Moderne:
Zu Unter den Linden hin strahlt der Portalschmuck des Haupteingangs (oben).
Wer Ieoh Ming Peis Anbau sehen will, muss sich zur Rückseite aufmachen (unten).

lee, der heutigen Karl-Marx-Allee. Einen zentralen Punkt in der deutschen Geschichte nimmt das Kronprinzenpalais spätestens seit dem 31. August 1990 ein, als hier der **Einigungsvertrag** zwischen der Bundesrepublik Deutschland und der Deutschen Demokratischen Republik unterzeichnet wurde. Richard Paulick hat auch das benachbarte **Prinzessinnenpalais**, ursprünglich erbaut von 1733 bis 1737, nach dem Zweiten Weltkrieg wiedererrichtet. Hier wohnten bis zu ihrer Verheiratung die drei Töchter Friedrich Wilhelms III., was den Namen erklärt. Im **Prinzessinnengarten** stehen Standbilder der Generäle Blücher, Gneisenau, Scharnhorst und Yorck, allesamt von Christian Daniel Rauch.

BAEDEKER MAGISCHE MOMENTE

LICHTER DER GROSSSTADT

... können Sie im Herbst in Berlin besonders spektakulär erleben, denn im September bzw. Oktober finden nahezu zeitgleich zwei Festivals statt. Beim »Festival of Light« und bei »Berlin leuchtet« setzen Lichtkünstler berühmte Gebäude farbenprächtig in Szene. Spazieren Sie am besten Unter den Linden entlang – vom Brandenburger Tor bis zum Schlossplatz kommen Sie gleich an einigen leuchtenden Highlights vorbei. Auuch die Humboldt-Universität zeigt sich dann in ganz anderem Licht.

Berühmter Kopf und zwei Unbekannte

Schinkelplatz

Hinter Kronprinzenpalais und Kommandantenhaus liegt der Schinkelplatz, der sich mit drei Denkmälern schmückt: Den namensgebenden Architekten Karl Friedrich Schinkel werden Sie sicher kennen, die beiden Herren, die ihm zur Seite gestellt wurden, vielleicht aber nicht – der eine ist der Agrarreformer Albrecht Thaer (1752–1828), der andere der Wirtschaftspolitiker Christian Wilhelm Beuth (1781–1853). Hinter den drei Herren wird in den nächsten Jahren die **Schinkelsche Bauakademie** als Nachbau wiedererstehen.
Am rechten Südende des Platzes steht die neugotische zweitürmige **Friedrichswerdersche Kirche**, 1824 bis 1830 nach Plänen von Karl Friedrich Schinkel erbaut. Als vor einigen Jahren in ihrer Nähe eine Baugrube für die Tiefgarage eines Hochhauses mit Luxuswohnungen ausgehoben wurde, geriet das alte Gotteshaus aus dem Gleichgewicht – da Statiker den Einsturz befürchteten, musste die Kirche auf unbestimmte Zeit geschlossen werden. Damit hat auch das in ihr untergebrachte **Schinkelmuseum** seine Heimat verloren. Im Neubau gegenüber dem Schinkelplatz ist das **Bundesaußenministerium** untergebracht. Es verdeckt das 1934 bis 1938 erbaute **Reichsbankgebäude**, in das 1958 das Zentralkomitee der SED einzog.

Zentrales Mahnmal

★ Neue Wache

Auf das Zeughaus folgt die Neue Wache, die zentrale Gedenkstätte der Bundesrepublik Deutschland. Sie entstand 1816 bis 1818 nach Plänen von **Karl Friedrich Schinkel** an Stelle der vorherigen Königswache. Dem kastellartigen Backsteinbau setzte er einen dorischen Säulenportikus vor. Reichspräsident Paul von Hindenburg bestimmte die Neue Wache zum Ehrenmal für die Gefallenen des Ersten Weltkriegs. Die DDR-Führung ließ das Gebäude 1960 als Mahnmal für die Opfer des Faschismus und Militarismus gestalten mit der Ewigen Flamme über den Urnen eines unbekannten KZ-Häftlings und eines unbekannten Soldaten. Ende 1993 wurde dann hier die zentrale Gedenkstätte der Bundesrepublik Deutschland eingeweiht, in der nun eine überlebensgroße Bronze-Pietà von Käthe Kollwitz steht, die an die Opfer von Krieg und Gewaltherrschaft erinnert; die ursprünglich kleine Figur wurde von Hermann Haacke auf die vierfache Größe gebracht.
Tgl. 10 – 18 Uhr | Eintritt frei

Wo ist denn nun der Festungsgraben?

»Kastanienwäldchen«

Eigentlich sind es nur ein paar Bäume, die hinter der Neuen Wache stehen – insofern mag es etwas hochtrabend klingen, dass man in Berlin vom »Kastanienwäldchen« spricht. An den kleinen Park schließt sich unmittelbar das 1753 erbaute **Palais am Festungsgraben** an. In ihm wohnten bis 1945 die preußischen Finanzminister, von

1804 bis 1807 auch Freiherr zum Stein. Zu DDR-Zeiten kannte man das Gebäude als Haus der Deutsch-Sowjetischen Freundschaft. Falls Sie wegen des Namens in der Gegend nach einem Festungsgraben suchen – die Mühe ist vergebens. Den Kanal, den man im 17. Jh. als Abzweig von der Spree ausgehoben hatte, gibt es schon lange nicht mehr. Das benachbarte **Maxim-Gorki-Theater**, erbaut 1827 im klassizistischen Stil, gehört zu den führenden Häusern der Stadt.
Nach der Neuen Wache erreicht man das Hauptgebäude der von 1748 bis 1766 erbauten **Humboldt-Universität** mit den Marmorstatuen der Brüder Alexander und Wilhelm von Humboldt vor dem Eingang.

Der Alte Fritz auf seinem Lieblingspferd

★ Reiterstandbild Friedrichs des Großen

Auf dem Mittelstreifen von Unter den Linden erhebt sich das samt Sockel 13,50 m hohe Reiterstandbild Friedrichs des Großen von **Christian Daniel Rauch** aus dem Jahr 1851. Das Meisterwerk Rauchs zeigt den Preußenkönig im Krönungsmantel mit Dreispitz, Krückstock und Stulpenstiefeln auf seinem Lieblingspferd »Condé«. Vier Tafeln am unteren Sockel führen die Namen 60 bedeutender Zeitgenossen des Königs auf. Im mittleren Teil sind preußische Feldherren dargestellt, an der Westseite – unter dem Hinterteil des Pferds – Männer aus Politik, Kunst und Wissenschaft, an den Ecken Reiterfiguren des Prinzen Heinrich von Preußen, des Herzogs Ferdinand von Braunschweig und der Generäle Friedrich Wilhelm von Seydlitz und Hans Joachim von Ziethen. Den oberen Teil schmücken Flachreliefs mit Szenen aus dem Leben Friedrichs sowie allegorische Gestalten.

Ein Standbild in Bewegung

Die SED und Friedrich der Große

Genauso bemerkenswert wie der künstlerische Wert der Statue ist ihre jüngere Geschichte. Im Zweiten Weltkrieg war sie zum Schutz vor Luftangriffen eingemauert worden. Als man sie nach dem Krieg wieder freilegte, wurde sie zunächst nicht von Kunstfreunden, sondern von Wertstoffsammlern beachtet, die sich mit Hammer und Meißel Bronzestücke herausschlugen. Die **Zerstörung des Denkmals** konnte man in allerletzter Minute verhindern. Da der »Alte Fritz« zu DDR-Zeiten als Sinnbild des Militarismus gesehen wurde, sollte sein Standbild verschwinden. Zunächst wurde es nach Potsdam gebracht und dort im Schuppen einer Baufirma gelagert. Zehn Jahre später wollten dann die Hardliner in der Partei das Denkmal einschmelzen lassen. Doch in der SED gab es auch einige Funktionäre mit Kunstsinn und Geschichtsverständnis. Mit **viel Trickserei** und in geheimen nächtlichen Aktionen schafften sie es, den König erneut verschwinden zu lassen. Gleichzeitig stellte die Schmelze ein Dokument aus, das bescheinigte, dass der »Alte Fritz« eingeschmolzen worden sei. Doch der tauchte 1962 wieder in der Öffentlichkeit auf. Wie das Denkmal damals in das Hippodrom im Park von Schloss Charlottenhof kam, weiß man

bis heute nicht. Auf jeden Fall nahm weder die Presse noch die Politikprominenz vom mysteriösen Auftauchen des Standbilds Kenntnis. Und so stand der König jahrelang unbehelligt und weitgehend unbeachtet in einem Park in Potsdam.
In den 1980er-Jahren änderte sich dann das Geschichtsverständnis in der DDR. Man besann sich auf die **preußische Tradition** und sah sich durchaus auch in deren Nachfolge. Auf persönlichen Befehl Erich Honeckers wurde deswegen das Denkmal restauriert und schließlich Ende der 1980er-Jahre wieder Unter den Linden aufgestellt. Und da steht es noch heute: sechs Meter östlich des ursprünglichen Standorts. Die Berliner, für ihre »Schnauze« bekannt, dichteten schon kurz, nachdem Friedrich der Große wieder Unter den Linden ritt:

»
Lieber Friedrich, steig hernieder und regiere Preußen wieder. Lass in diesen schweren Zeiten lieber unsern Erich reiten.
«

Bebelplatz und ★ Staatsoper

Auf der gegenüberliegenden Straßenseite öffnet sich der Bebelplatz, der 1947 nach dem Mitbegründer der SPD August Bebel benannt wurde. Hier, am »Forum Fridericianum«, sollten nach dem Willen Friedrichs des Großen Preußen und die Monarchie ihren Glanz verbreiten. Umrahmt wird der Platz vom Operngebäude (1741–1743), auf der Westseite stehen die Königliche Bibliothek (1775–1780) und das Alte Palais, die heute beide von der Humboldt-Universität genutzt werden. Mit dem Bau der **Staatsoper** von 1741 bis 1743 bereitete Georg Wenzeslaus von Knobelsdorff dem Klassizismus die Bahn. Es ist darüber hinaus der erste deutsche Theaterbau außerhalb eines Fürstenschlosses und war – mit 2000 Zuschauerplätzen, allerdings nur für geladene Gäste – seinerzeit der größte in Europa. Erst 1789 wurde die Oper für gewöhnliches Publikum geöffnet. Das Gebäude wird seit Längerem saniert; Aufführungen finden bis zum Abschluss der Arbeiten im Schillertheater in Charlottenburg statt.
An die Alte Bibliothek, heute Teil der Universität, schließt das wiederaufgebaute **Alte Palais** an. Hier lebte **Wilhelm I.** fünfzig Jahre lang – als Kronprinz, preußischer König und deutscher Kaiser – bis zu seinem Tod 1888. Das letzte Fenster links im Erdgeschoss ist das »historische Fenster«. Von hier soll der Monarch jeden Tag zur Mittagszeit das Aufziehen der Wache an der Neuen Wache gegenüber beobachtet haben, denn:

»
Die Leute warten auf meinen Gruß – so steht's im Baedeker.
«

Das **Denkmal zur Erinnerung an die Bücherverbrennung** kann man leicht übersehen. Schauen Sie nach unten: Zwar befindet es sich in der Mitte des Bebelplatzes, doch zunächst sieht man es trotzdem nicht. Das Mahnmal ist nämlich unter der Erde angelegt und kann nur durch eine Glasscheibe betrachtet werden. Es besteht aus einem 25 m² großen Raum mit leeren Regalen, die Platz bieten für die 20 000 Bücher verfemter Autoren, die die Nazis am 10. Mai 1933 an eben dieser Stelle verbrannten. Erich Kästner erinnerte sich später an die Bücherverbrennung und schrieb 1946 in »Bei Durchsicht meiner Bücher«:

»

Im Jahre 1933 wurden meine Bücher in Berlin, auf dem großen Platz neben der Staatsoper, von einem gewissen Herrn Goebbels mit düster-feierlichem Pomp verbrannt. Vierundzwanzig deutsche Schriftsteller, die symbolisch für immer ausgetilgt werden sollten, rief er triumphierend beim Namen. Ich war der einzige der Vierundzwanzig, der persönlich erschienen war, um dieser theatralischen Frechheit beizuwohnen. Ich stand vor der Universität, eingekeilt zwischen Studenten in SA-Uniform, den Blüten der Nation, sah unsere Bücher in die zuckenden Flammen fliegen und hörte die schmalzigen Tiraden des kleinen abgefeimten Lügners.

«

Zeichen religiöser Toleranz oder Beschwichtigung?

★ St.-Hedwigs-Kathedrale

Die barocke St.-Hedwigs-Kathedrale an der Südostecke des Bebelplatzes, erbaut von 1747 bis 1773, hat das Pantheon in Rom zum Vorbild. Sie ist heute Sitz des katholischen Bischofs von Berlin. Das Grundstück für den Kirchenbau bekam die katholische Gemeinde, die bis dahin nur ein einziges Gotteshaus in der Stadt hatte, von Friedrich dem Großen geschenkt. Das war als eine Art »Beschwichtigung« des katholischen schlesischen Adels zu verstehen, denn kurz zuvor hatten die Armeen des Königs Schlesien überfallen und in zwei Kriegen erobert. Außerdem wollte Friedrich im protestantischen Preußen ein Zeichen der religiösen Toleranz setzen. Bei einem Bombenangriff im Zweiten Weltkrieg wurde die Kirche 1943 bis auf die Umfassungsmauern zerstört und von 1952 bis 1963 wieder aufgebaut.

Vom Bebelplatz zum Pariser Platz

Kreuzung Friedrichstraße

Kaffeehäuser mit Geschichte

An der **Staatsbibliothek** vorbei kommt man zur Kreuzung mit der Friedrichstraße. Hier gibt es zwar heute nichts mehr Spektakuläres zu

sehen, zu erzählen gibt es aber einiges. Zum Beispiel vom **Café Bauer**, das schon allein deswegen erwähnenswert ist, weil es das erste Kaffeehaus der Stadt »mit elektrischem Lichte« war. Legendär war das Bauer auch, weil hier Tag für Tag 800 europäische Tageszeitungen für die Gäste auslagen. Schräg gegenüber an der gleichen Ecke stand das nicht minder bekannte **Café Kranzler**. Beide Kaffeehäuser wurden im Zweiten Weltkrieg zerstört.
Von hier ab bis zum Pariser Platz entwickelte sich im 19. Jh. ein Boulevard mit Geschäften, Cafés, Restaurants und Hotels, den man auf dem Mittelstreifen, wirklich »unter den Linden«, entlang flanierte – das ginge auch heute noch, wenn nicht gerade die Baustelle für die »Kanzler-U-Bahn« die Mitte der Straße für sich in Anspruch nehmen würde.

Friedensnobelpreis und Wachskammeraden

Nordseite

Aus der Vorkriegszeit ist allerdings kein Gebäude mehr erhalten. An der Nordseite entstanden in den vergangenen Jahren u. a. das Hauptstadtbüro des ZDF (Nr. 36–38, mit ZDF-Souvenirshop; ehem. Zollernhof), das Haus Pietzsch (Nr. 42) mit dem Café Einstein und die lange Front der Bundestagsbüros. Ecke Schadowstraße zeichnet das **Forum Willy Brandt Berlin** das politische Leben des langjährigen Regierenden Bürgermeisters von Berlin, Bundeskanzlers und SPD-Vorsitzenden nach. Zu sehen sind u. a. die Verleihungsurkunde des Friedensnobelpreises und die Taschenuhr des Parteigründers August Bebel, die Brandt besaß. Im anschließenden ehemaligen Gebäude der polnischen Botschaft hat die Deutschland-Dependance von **Madame Tussauds Wachsfigurenkabinett** eröffnet.

Forum Willy Brandt Berlin: Di. – So. 10 – 18 Uhr | Eintritt frei
www.willy-brandt.org/forum-berlin
Madame Tussauds: tgl. 10 – 19 Uhr | Eintritt: 16 € (Online-Preis)
www.madametussauds.com/berlin

Neubauten mit historischem Vorbild

Südseite

Auf ein historisches Gebäude geht die **Russische Botschaft** (Nr. 65) auf der Südseite zurück: An dieser Stelle stand das Palais der Prinzessin Amalie, Schwester Friedrichs des Großen. 1832 zog der russische Gesandte ein; nach der Oktoberrevolution residierte hier bis 1941 der sowjetische Botschafter. Im Zweiten Weltkrieg wurde das Gebäude zerbombt und war nach 1945 das erste Bauwerk, das Unter den Linden wiederaufgebaut wurde (1950–1953), als Sitz der Botschaft der Sowjetunion in der DDR. Nun ist es wieder Botschaft der Russischen Föderation.
Von hier hat man es dann, über die Wilhelmstraße hinweg und am berühmten **Hotel Adlon** vorbei, nicht mehr weit bis zum Pariser Platz vor dem ▶Brandenburger Tor. Obwohl es so scheinen mag, als hätte das Adlon den Zweiten Weltkrieg unbeschadet überstanden – die Wahrheit ist: Das heutige Gebäude ist ein historisierender Neubau von 1997 in Anlehnung an das im Krieg zerstörte Vorgängergebäude.

WANNSEE

Lage: Zehlendorf | **S-Bahn:** Wannsee (S 1, S 7)

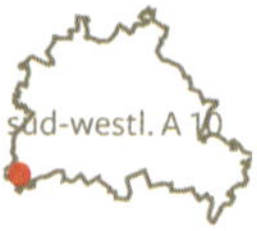

Conny Froboess hat den Wannsee deutschlandweit bekannt gemacht. Spätestens seit ihrem populären Schlager aus den 1950er-Jahren kennt jeder den kleinen See am Rande Berlins. Heute wie damals gehört er zu den beliebtesten Ausflugszielen der Hauptstädter.

Strandbad Wannsee

An Sommerwochenenden geht es im Strandbad Wannsee oft eng zu – dann, wenn die Berliner hinausfahren zu einem der größten Seefreibäder Europas. 1907 hatte die königliche Regierung das Bad eröffnet, wenn auch nicht ganz freiwillig. Berlin platzte aus allen Nähten, die Menschen lechzten nach Luft, Licht – und Wasser. Wo immer möglich, stürzten sie sich in die Fluten, das aber war im sittenstrengen Preußen verboten. Polizisten mit Pickelhauben jagten die Sonnenhungrigen. Doch letztendlich konnten sie das unkeusche Treiben nicht verhin-

Ein wenig streng schaut Max Liebermann schon von seinem Portrait ...

dern und schließlich gab die Regierung 1906 am Wannsee eine 200 Meter lange Uferstrecke als Badestelle frei. Im darauffolgenden Mai eröffnete das Strandbad: Am vierten Sonntag nach Eröffnung wurden 200000 Badegäste gezählt. Wohlgemerkt: nicht während der ersten vier Wochen, sondern an diesem einen Tag. Zum Vergleich: Heute kommen an Spitzentagen 50000 Besucher.

Wannseebadweg 25 (Zehlendorf) | S-Bahn: Nikolassee (S1, S7), dann 10 Min. zu Fuß | April – Sept. tgl. ca. 10 – 18 Uhr (im Sommer früher und länger, konkrete Zeiten s. Homepage) | Eintritt: 5,50 €, erm. 3,50 € | www.berlinerbaeder.de

Teure Anwesen mit Seepanorama

Villen

Wer sich eine Villa in Wannseelage leisten konnte, kam dem »Ideal« ziemlich nahe, das Kurt Tucholsky im gleichnamigen Text beschrieben hatte:

»
Ja, das möchste:
Eine Villa im Grünen mit großer Terrasse,
vorn die Ostsee, hinten die Friedrichstraße ...
«

Am Wannsee entstand eine regelrechte Villenkolonie, das bis heute berühmteste Anwesen dort ist die **Liebermann-Villa**, das Sommerhaus des Malers am Westufer, heute ein Museum. Den malerischen Garten, die Blumenbeete und das Seepanorama hat Max Liebermann oft auf Leinwand gebannt und so über die Grenzen der Stadt hinaus bekannt gemacht.

Liebermann-Villa: Colomierstr. 3, Bus 114 ab S-Bahnhof Wannsee
April – Sept. Mi. – Mo. 10 – 18, Do. und So. bis 19, Okt. – März
Mi. – Mo. 11 – 17 Uhr | Eintritt: 8 € (Sommer), 6 € (Winter)
www.liebermann-villa.de

Der Völkermord wird geplant

Villa Marlier

In der Nachbarschaft der Liebermann-Villa liegt die hochherrschaftliche Villa Marlier. Sie steht in engster Verbindung mit dem unheilvollsten Kapitel deutscher Geschichte. Hier trafen sich am 20. Januar 1942 unter dem Vorsitz von Reinhard Heydrich ranghohe Nazis aus Minsterien, Partei, SS und Justiz zu einer geheimen Konferenz. Bei der Zusammenkunft wurden der Plan, sämtliche Juden in Europa zu ermorden, und die Einzelheiten seiner Umsetzung besprochen. In den Räumlichkeiten der heute **Haus der Wannseekonferenz** genannten Villa dokumentiert die Dauerausstellung die Entwickung des Antisemitisnus und den Ablauf der Konferenz sowie die Akteure.

Am Großen Wannsee 56 – 58 | Bus 114 | tgl. 10 – 18 Uhr
Eintritt frei | www.ghwk.de

Letzte Ruhe für wunde Seelen

Grab des Dichters Heinrich von Kleist

Am Ostufer des Kleinen Wannsees (Bismarckstraße, direkter Zugang vom Bahnhof Wannsee) liegt das Grab des Dichters Heinrich von Kleist. Gemeinsam mit Henriette Vogel wählte Kleist nahe dieser Stelle 1811 den Freitod, erschoss erst Henriette, dann sich selbst. In seinem Abschiedsbrief hatte er geschrieben:

» Aber ich schwöre Dir, es ist mir ganz unmöglich länger zu leben; meine Seele ist so wund, dass mir, ich möchte fast sagen, wenn ich die Nase aus dem Fenster stecke, das Tageslicht wehe tut, das mir darauf schimmert. «

★ ZOOLOGISCHER GARTEN

Lage: Tiergarten
S-/U-Bahn: Zoologischer Garten (S 5, S 7, S 75, U 2, U 9)
Eingänge: Hardenbergplatz 8 (Löwentor), Budapester Str. 34 (Elefantentor)
Nov. – Feb. 9 – 16.30, März, Okt. 9 – 18, April – Sept. 9 – 18.30 Uhr; Aquarium ganzjährig tgl. 9 – 18 Uhr
Eintritt: Zoo und Aquarium 20 €, Einzelkarten jew. 14,50 €
www.zoo-berlin.de | www.aquarium-berlin.de

Die Berliner lieben tierische Stars: Knut oder Knautschke, Bulette, Bao Bao oder Yan Yan – der Zoologische Garten bringt regelmäßig Berühmtheiten hervor.

Eisbär-baby als Besucher-magnet

Knut! Der kleine Eisbär, 2006 geboren, von seiner Mutter verstoßen und dann von seinem Pfleger per Hand aufgezogen, hat den Berliner Zoo weltberühmt gemacht. Egal ob Sydney, New York oder Stockholm – überall landete das putzige Kerlchen auf den Titelseiten und bescherte dem Zoo einen nie dagewesenen Besucheransturm. Fast 3,2 Millionen Menschen besuchten Knut und sorgten dafür, dass der Zoologische Garten zum meistbesuchten weltweit wurde. Heute steht der 2011 gestorbene Eisbär ausgestopft im ▶Museum für Naturkunde.

Supergut auch ohne Knut

Ältester Zoo Deutschlands

Aber auch ohne den knuddeligen Bären hat der Berliner Zoologische Garten einiges zu bieten, zumal nach wie vor Eisbären im ältesten

Wenn schon der Eingang so schön ist wie das Elefantentor, wie wrd es dann erst im drinnen ausschauen?

Zoo Deutschlands leben, der 1844 auf Initiative von Alexander von Humboldt gegründet wurde. Mit fast 20000 Tieren gehört der Berliner Zoo zu den größten der Welt. Das jüngste Highlight, das im Juni 2016 eröffnete **Vogelhaus**, hat zum »Bevölkerungszuwachs« im Zoo einen großen Anteil beigetragen.

Berühmte Flusspferde und Aktiengeschäfte

Knautschke und Co.

Stars im Zoo gab es auch schon vor Knut. Der erste von ihnen war Knautschke, eines von nur 91 Zootieren, die den Zweiten Weltkrieg überlebten. Der Flusspferdbulle wurde schnell zum Liebling der Berliner. Vielleicht, weil er ihr Kriegsschicksal geteilt und mit ihnen eine schwere Zeit durchgestanden hatte. Knautschkes Tochter Bulette schlossen die Berliner ebenso ins Herz wie später die Pandabären Bao Bao und Yan Yan. Mit den beiden wollte man ein großes Zuchtprogramm starten, das den Fortbestand der seltenen Tierart sichern sollte. Bao Bao, den Berlin 1980 von der Chinesischen Regierung geschenkt bekam, zeigte aber so gar kein Interesse am weiblichen Geschlecht. Inzwischen leben die Pandas nicht mehr, aller Voraussicht nach wird der Zoo aber noch 2017 ein neues Paar bekommen.

Den Zoo können Sie übrigens nicht nur besuchen, sondern auch kaufen – zumindest einen Teil davon. Er ist nämlich eine Aktiengesellschaft und wer einen Anteilschein kauft, der allerdings über 5000 Euro kostet, erhält als Dividende eine lebenslange Dauerkarte.

Meeresschildkröten im Hai-Becken

Aquarium

Gleich neben dem Zoologischen Garten steht das 1911–1913 errichtete Aquarium, das zu den größten der Welt zählt. Im Altbau befinden sich 72 Becken mit einem Volumen bis zu 12 000 Litern, in denen Süß- und Meerwasserfische aus aller Welt zu sehen sind. Im eindrucksvollen Zylinderaquarium schweben die schwer zu haltenden

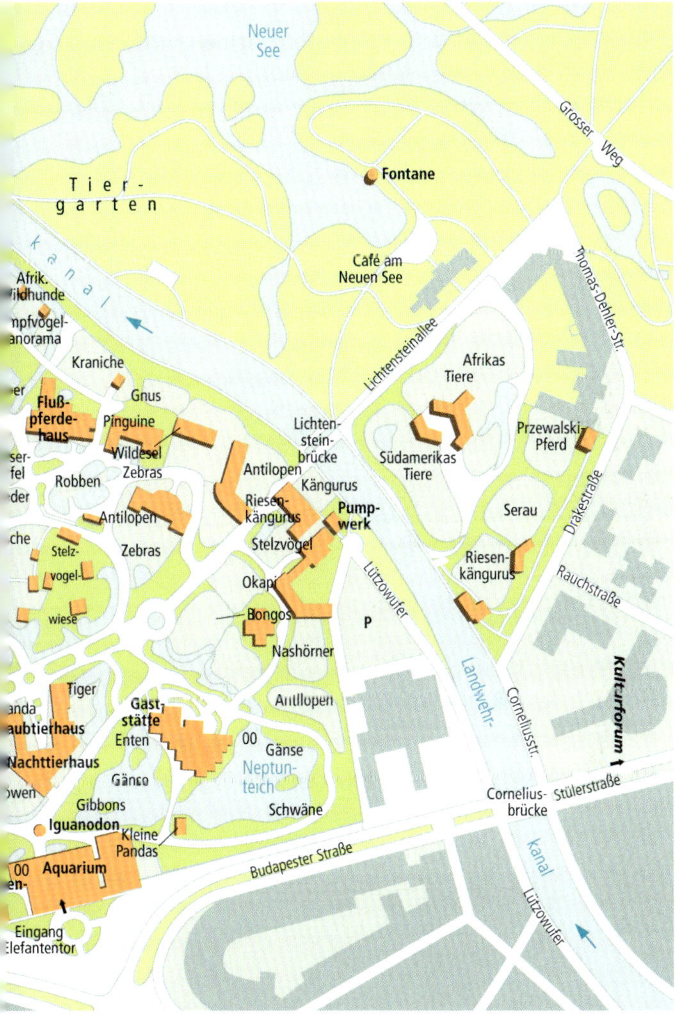

Quallen durchs Wasser. Im Neubau gibt es sieben Großbecken zu sehen, eine der größten Attraktionen ist ein Rundumbecken für Haie und Meeresschildkröten. Auch die schwül-warme Krokodilhalle gehört zum Pflichtprogramm beim Aquariumbesuch.

S
SEHENS-WERTES

in Potsdam

Nur eine halbe S-Bahn-Stunde vom Zentrum Berlins tauchen Sie ein in Preußens vergangene Glorie

POTSDAM

S-Bahn: Potsdam Hbf. (S 7) | **Regionalbahn:** RE 1

Noch immer schwingt im Namen Potsdam ein »preußischer Unterton« mit – kein Wunder, denn die Stadt am Ufer der Havel war früher Sommerresidenz preußischer Könige und deutscher Kaiser. Seinem Kranz aus Schlössern und Parkanlagen verdankt das »Versailles des Nordens« die Aufnahme in die UNESCO-Liste des Weltkulturerbes.

Mehr als zweite Wahl

Fernab von Handelswegen entwickelte sich das Landstädtchen erst, als Kurfürst Friedrich Wilhelm (1640 – 1688) es zu seiner zweiten Residenz neben Berlin wählte und das Stadtschloss (1664 – 1670) erbauen ließ. Friedrich II. der Große (1740 – 1786) ließ es erweitern und begann mit dem Bau von Schloss Sanssouci und Neuem Palais. Quartiere mit barocken Bürgerhäusern wuchsen heran. Alsbald lockte Potsdam Schriftsteller, Philosophen und Musiker an. Im April 1945 zerstörten britische Bomber die Innenstadt. DDR-Stadtplaner setzten das Zerstörungswerk fort, indem sie die Ruine des Stadtschlosses, die Garnisonskirche sowie zahlreiche alte Bürgerhäuser sprengten und breite Magistralen anlegten, die einst angelegte Sichtachsen verbauten. Heute sind viele Gebäude restauriert, insbesondere der Alte Markt ist durch die Rekonstruktion wieder auferstanden.

Alter Markt und Innenstadt

Das Herz Potsdams schlägt wieder

★ Alter Markt

Der Alte Markt war das Zentrum von Potsdam. Hier ließ der Große Kurfürst 1664 bis 1670 das Stadtschloss errichten, dem zwischen 1744 und 1753 Georg Wenceslaus von Knobelsdorff seine äußere Gestalt gab. Bei dem Bombenangriff am 14. April 1945 brannte es völlig aus und wurde 1959/1960 abgerissen. Der 2014 eröffnete, auch mit großzügigen Privatspenden finanzierte **Neubau des Stadtschlosses** als Sitz des brandenburgischen Landtags wurde von Besuchern überrannt: ein Gebäude an historischem Ort, von außen fast wie zu Zeiten Friedrichs des Großen, innen nach Plänen von Peter Kulka ein moderner schlichter Zweckbau mit weißem Plenarsaal – auch deshalb an der Fassade frei nach René Magritte das Motto »Ceci n'est pas un château – Dies ist kein Schloss«. Zur Nikoliakirche hin öffnet sich das bereits 2002 wiederhergestellte Fortuna-Tor, von Jean de Bodt 1701 anlässlich der Erhebung Preußens zum Königtum errichtet.
Die **Nikolaikirche** geht zurück auf eine 1721 bis 1724 von Philipp Gerlach erbaute, 1795 abgebrannte Saalbaukirche. Erst 1830 entschied

Die Kuppel der Nikolaikirche leuchtet mit den Blumen im Park um die Wette; davor der Turm des Alten Rathauses.

man sich für den von Karl Friedrich Schinkel vorgeschlagenen Kuppelbau, doch die 78 m hohe Kuppel kam erst nach seinem Tod hinzu.

Der von Knobelsdorff entworfene und im Krieg zerstörte **Obelisk** auf dem Platz wurde 1979 neu erbaut, dabei ersetzte man die ursprünglich angebrachten Bildnisse preußischer Herrscher durch die preußischer Baumeister.

Auf dem Turm des **Alten Rathauses** trägt der vergoldete Atlas die Weltkugel. Das **Potsdam Museum** präsentiert hier nun frühe Neuzeit und Zeitgeschichte, Tradition und Moderne, alte und zeitgenössische Kunst.

Im Palais Barberini rechts vom Rathaus zeigt das im Januar 2017 eröffnete **Museum Barberini** herausragende Werke aus der Kunstsammlung des Hasso-Plattner-Stiftung: von den Alten Meistern bis heute, u.a. Impressionismus, Amerikanische Moderne, Kunst der DDR und Malerei nach 1989.

Potsdam Museum: Di., Mi., Fr. 10 – 17, Do. bis 19, Sa., So. bis 18 Uhr
Eintritt: 5 € | www.potsdam-museum.de

Museum Barberini: tgl. außer Di. 11 – 19 Uhr | Eintritt: 14 €
http://museum-barberini.com

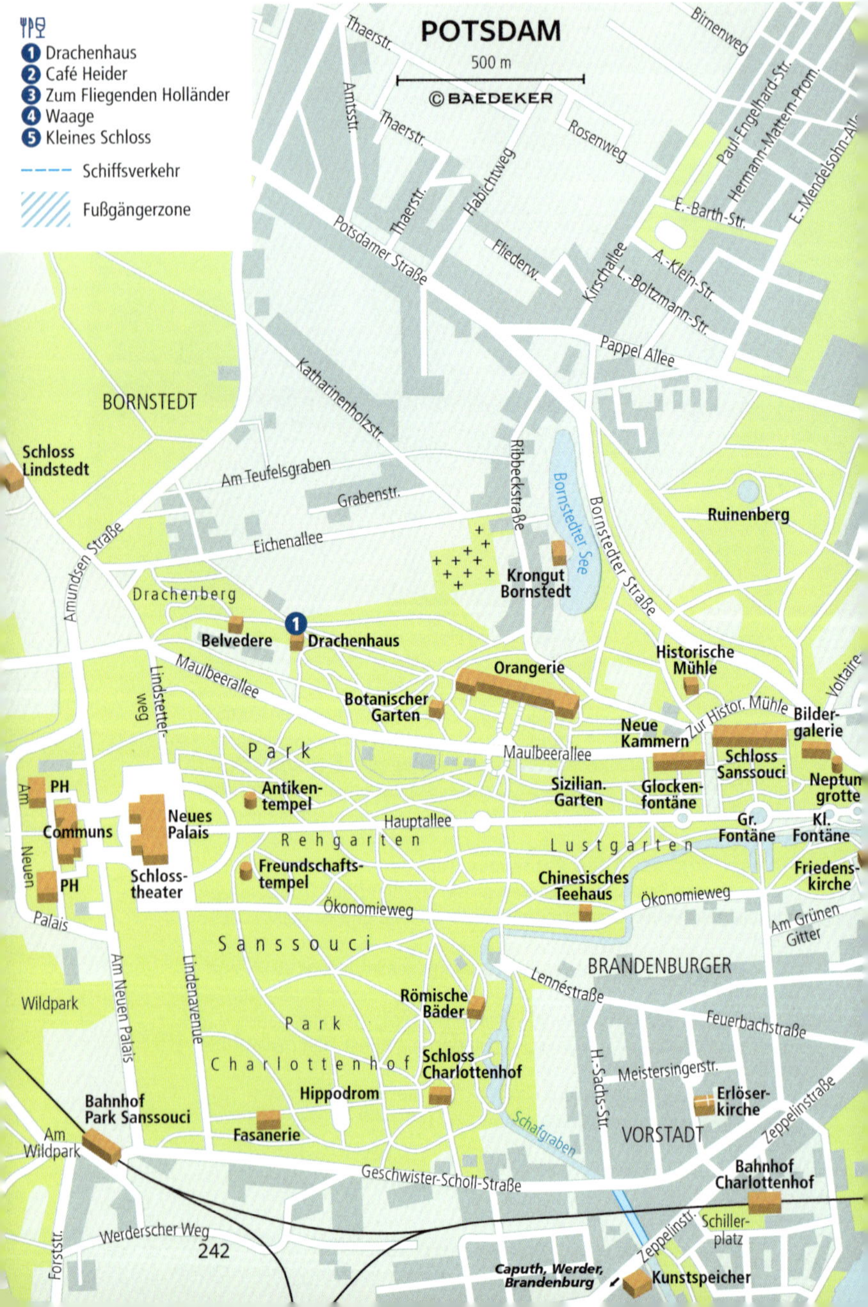
POTSDAM
500 m
© BAEDEKER
1 Drachenhaus
2 Café Heider
3 Zum Fliegenden Holländer
4 Waage
5 Kleines Schloss
Schiffsverkehr
Fußgängerzone
BORNSTEDT
Schloss Lindstedt
Thaerstr.
Amtsstr.
Habichtweg
Birnenweg
Rosenweg
Paul-Engelhard-Str.
Hermann-Mattern-Prom.
E.-Mendelsohn-Allee
E.-Barth-Str.
A.-Klein-Str.
L.-Boltzmann-Str.
Kirschallee
Fliederw.
Potsdamer Straße
Pappel Allee
Katharinenholzstr.
Am Teufelsgraben
Grabenstr.
Eichenallee
Amundsen Straße
Ribbeckstraße
Bornstedter See
Bornstedter Straße
Ruinenberg
Krongut Bornstedt
Drachenberg
Belvedere
Drachenhaus
Orangerie
Historische Mühle
Maulbeerallee
Lindstetter-weg
Botanischer Garten
Zur Histor. Mühle
Voltaire-
Neue Kammern
Bilder-galerie
Park
Schloss Sanssouci
Neptun grotte
PH
Am Neuen Palais
Antiken-tempel
Sizilian. Garten
Glocken-fontäne
Communs
Neues Palais
Hauptallee
Gr. Fontäne
Kl. Fontäne
Rehgarten
Lustgarten
Schloss-theater
Freundschafts-tempel
Chinesisches Teehaus
Friedens-kirche
Ökonomieweg
Am Grünen Gitter
Sanssouci
BRANDENBURGER
Lennéstraße
Wildpark
Am Neuen Palais
Lindenavenue
Römische Bäder
Feuerbachstraße
Park Charlottenhof
Schloss Charlottenhof
H.-Sachs-Str.
Meistersingerstr.
Hippodrom
Erlöser-kirche
Bahnhof Park Sanssouci
Zeppelinstraße
Fasanerie
Schafgraben
VORSTADT
Am Wildpark
Geschwister-Scholl-Straße
Bahnhof Charlottenhof
Werderscher Weg
Schiller-platz
Forststr.
Zeppelinstr.
Caputh, Werder, Brandenburg
Kunstspeicher

Berlin
Am Pfingstberg
BUGA-
PARK
G.-Hermann-Allee
Nedlitzer Str.
Belvedere
NAUENER
VORSTADT
Jungfernsee
Schloss
Cecilienhof
Grünes
Haus
H.-Kasack-Str.
Alexander-
Newski-
Kirche
Puschkin Allee
Hessestr.
Weinmeisterstraße
Leistikowstr.
Gedenkstätte
Leistikowstraße
Neuer
Rotes
Haus
Eingang
Parktor
Kieperheuer Allee
C.-C.-
Horvath-
Str.
G.-Hermann-Allee
Fachhochschule
Potsdam
Am Neuen Garten
Garten
Heiliger
Tizianstr.
Marmor-
palais
BERLINER
VOR-
STADT
RUSSISCHE
KOLONIE
ALEXAN-
DROWKA
Puschkin Allee
Am Schragen
Orangerie
L.-Richter-Str.
Seestraße
Rubensstr.
See
Glienicker Brücke
Pappel Allee
JÄGER-
VORSTADT
Eisenhartstraße
Am Neuen Garten
Berliner Str.
Schloss Babelsberg
weg
Brentano-
weg
H.-Lange-
Str.
Helmholtzstr.
Gotische
Bibliothek
Mangerstr.
Behlertstraße
Rathaus,
Landrats-
amt
Fr.-Ebert-Straße
Jägerallee
Gregor-Mendel-Straße
Behlertstraße
Tiefer See
Nauener
Tor
Kurfürstenstraße
Weinbergstr.
Amtsgericht
3
Leibelstr.
2
Holländisches
Viertel
Am
Jägertor
Mittelstr.
Obelisk
Hans-Otto-
Theater
Museum
Fluxus+
Schopenhauer
Hegelallee
Jägerstr.
Gutenbergstraße
Gedenkstätte
Lindenstraße
Peter- u.
Paulskirche
Klinikum
Berliner Straße
Humboldt-
brücke
Brandenburger Str.
Franz.
Kirche
Brandenburger
Tor
Charlottenstr.
Nuthestr.
Luisen-
platz
Alte
Wache
Friedrich-Ebert-Straße
Posthofstr.
Luisen-
str.
Straße
Am Kanal
5
Lindenstraße
Dorfustr.
Yorckstr.
Nikolai-
kirche
Neuer
Markt
4
Naturkunde-
museum
Potsdam
Altes
Rathaus
Potsdam Mus.
Alte Fahrt
Humboldtring
Breite Str.
Filmmuseum
Potsdam
Alter
Markt
Dampfmaschinen-
haus
Breite Str.
Marstall
Museum
Barberini
Neue Fahrt
Kiezstr.
Landtag
(Stadt-
schloss)
Freundschafts-
insel
L.-Pulewka-Str.
Babelsberg, UFA
Neustädter
Havelbucht
Lange
Brücke
Nuthe
Babelsberger Str.
Lustgarten
Potsdam Center/
Potsdam Hbf.
Friedrich-List-Straße
Untere Planitz
Obere
Planitz
Havel
Caputh,
Einsteinturm
Beelitz
TELTOWER VORSTADT

Bezauberndes Holland in Preußen

★ Holländisches Viertel

Über den Bassinplatz, wo im Schatten der von Stüler entworfenen Peter-und-Pauls-Kirche (1870) täglich Markt ist, kommt man ins Holländische Viertel, 134 wirklich bezaubernde Häuser, gebaut zwischen 1732 und 1742 für angeworbene holländische Handwerker, die in altvertraute fünfgeschossige Traufen- und dreiachsige Backstein-Giebelhäuschen einziehen konnten. Liebevoll restauriert, sind viele heute Läden (viel Kunsthandwerk), Kneipen und Cafés.

Noch eines

Brandenburger Tor

Die Brandenburger Straße endet am Luisenplatz mit dem 1770 zur Erinnerung an den Siebenjährigen Krieg errichteten Brandenburger Tor. Von der Nordwestecke geht die kurze Allee nach Sanssouci ab. Die **Gedenkstätte Lindenstraße** (Nr. 54/55) für die Opfer politischer Gewalt im 20. Jahrhundert ist im 1737 erbauten Großen Holländischen Haus eingerichtet: Hinter der barocken Fassade tut sich ein beklemmend-labyrinthisches Gefängnis auf, in dem nacheinander Nazis, Sowjets und die Stasi politische Häftlinge drangsalierten.

Gedenkstätte Lindenstraße: Di. – So. 10 – 18 Uhr | Eintritt: 2 €
www.gedenkstaette-lindenstrasse.de

Zurück zu den Stummfilmzeiten

Marstall

Der barocke Marstall ist der einzige Überrest des 1685 von Nehring errichteten und 1746 von Knobelsdorff umgestalteten Stadtschlosses. Es beherbergt das **Filmmuseum**, das die Geschichte der Babelsberger Filmstudios wieder aufleben lässt.

Di. – So. 10 – 18 Uhr | Eintritt: 5 € | www.filmmuseum-potsdam.de

★★ Schloss und Park Sanssouci

Architektonisches und gärtnerisches Gesamtkunstwerk

Ensemble von Schlössern und Gärten

Der 290 ha große Park Sanssouci ist ein Ensemble von Schlössern und Gartenanlagen, die im 18. Jh. unter Friedrich II. dem Großen begonnen und im 19. Jh. durch Friedrich Wilhelm IV. (1840 – 1861) erweitert wurden. Schloss Sanssouci, die Sommerresidenz Friedrichs des Großen, bildet mit den Weinbergterrassen den ältesten Teil und damit den Ausgangspunkt der weiteren Parkgestaltungen. Der Park in seiner heutigen Form geht auf den Gartenarchitekten **Peter Joseph Lenné** (1789 – 1866) zurück.

Man betritt die weitläufige Parkanlage am östlichen Eingang der Hauptallee (Schopenhauerstraße). Den Obelisk und und das Hauptportal hat Hans Georg Wenzeslaus von Knobelsdorff entworfen, der Hauptvertreter des Rokoko in Potsdam (1747). Unweit nördlich liegt die Neptungrotte (1751 – 1754), ebenfalls von Knobelsdorff.

SCHLOSS SANSSOUCI

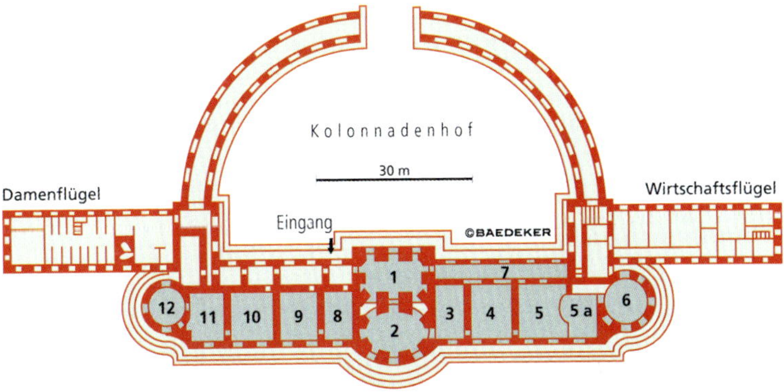

1 Vestibül
2 Marmorsaal
3 Audienzzimmer
4 Konzertzimmer
5 Arbeits- und Wohnzimmer (Sterbezimmer Friedrichs d. Gr.)
5 a Alkoven
6 Bibliothek
7 Kleine Galerie
8 Erstes Gästezimmer
9 Zweites Gästezimmer (»Blauweißes Zimmer«)
10 Drittes Gästezimmer (»Rotweißes Zimmer«)
11 Viertes Gästezimmer (»Voltairezimmer«)
12 Fünftes Gästezimmer (»Rotenburgzimmer«)

Ein wüster Berg ohne Sorgen

Schloss Sanssouci

Friedrich II. ließ ab 1744 den ehemaligen »Wüsten Berg« terrassieren und in einen Weinberg umgestalten. Ein Jahr später begann Knobelsdorff nach Skizzen des Königs mit dem Bau des Schlosses, das als Meisterwerk des friderizianischen Rokoko gilt. Die Schauseite zum Garten zeigt reichen plastischen Schmuck (von F. C. Glume); auf der Schlossrückseite wird der Ehrenhof im Stil der französischen Klassik durch eine halbrunde Säulenkolonnade eingefasst. Man sieht von hier den **Ruinenberg** mit dem Normannischen Turm (1846). Auf der Ostseite der Terasse ist der Bauherr gemeinsam mit seinen Windspielen begraben. Bereits 1744 hatte er bestimmt, dass er in Sanssouci begraben werden wolle, doch erst 1991 wurden seine sterblichen Überreste von der Burg Hohenzollern überführt. Meist liegen einige Kartoffeln auf der Grabplatte, denn schließlich hat Friedrich II. ihren Anbau in Preußen durchgesetzt

Mittelpunkt des Schlosses ist der Marmorsaal; der andere große Festsaal ist der prunkvolle **Grottensaal**. Im Westflügel liegen die Gästezimmer, darunter das sog. Voltaire-Zimmer, im Ostflügel die Räume des Königs mit Konzertzimmer und der prächtigen Bibliothek. Den Damenflügel im Westen und den Wirtschaftsflügel im Osten ließ Friedrich Wilhelm IV. 1841/1842 von Ludwig Persius anfügen.

April–Okt. Di.–So. 10–18, Nov.–März Di.–So. 10–17 Uhr
Eintritt: 12 € | **www.spsg.de**

Dicht gepackte Kunst

Bildergalerie

Die von 1755 bis 1764 rechts vom Schloss erbaute Bildergalerie, das private Museum Friedrichs II., ist ein langgestreckter, prachtvoller Saal. Hier hängen Bilder, wie im Barock üblich, dicht neben- und übereinander, vorwiegend Historiengemälde holländischer und italienischer Meister wie Rubens, van Dyck, Tintoretto und Caravaggio.

Mai–Okt. Di.–So. 10–18 Uhr | Eintritt: 6 €

Es war doch nicht der Müller

Neue Kammern

Westlich vom Schloss entstanden 1747 bis 1748 die Neuen Kammern (Knobelsdorff). Ursprünglich Orangerie, wurden sie von 1771 bis 1774 zum Gästewohnhaus Friedrichs II. umgestaltet.

Oberhalb der Neuen Kammern drehen sich die Flügel der **Historischen Mühle** (Nachbau der 1790 erbauten Mühle). Die Legende, dass ihr Geklapper Friedrich II. gestört habe, der Müller aber erfolgreich gegen den Abriss klagen konnte, hat sich tatsächlich als solche entpuppt.

Neue Kammern: April–Okt. Di.–So. 10–18 Uhr | Eintritt: 6 € | **Windmühle:** April–Okt. tgl. 10–18 Uhr; Jan.–März, Nov. Sa. und So. 10–16 Uhr | Eintritt: 3 €

Auf einen Kaffee im Drachenhaus

Orangerie und Drachenhaus

Die Orangerie ist nach Entwürfen von L. Persius von den Schinkel-Schülern Stüler und Hesse im Stil italienischer Renaissancepaläste ausgeführt (1851–1864). Vor dem Eingang steht die Statue des Bauherrn Friedrich Wilhelm IV.; das Reiterstandbild im Parterre stellt Friedrich II. dar. Innen sind Kopien von Raffael-Gemälden zu sehen. Vom Turm bietet sich ein schöner Ausblick.

Von der oberen Terrasse der Orangerie gelangt man über die Lindenallee zum Drachenhaus, 1770 von Gontard im chinesischen Stil als Wohnhaus des königlichen Winzers erbaut und heute ein Café. Schließlich erreicht man das **Belvedere** auf dem Klausberg, einen zweigeschossigen Pavillon oberhalb der Obstterrassen (1770–1772, Unger), der rekonstruiert wurde, nachdem er 1945 abgebrannt war.

Orangerie: April Sa./So. 10–18, Mai–Okt. Di.–So. 10–18 Uhr Eintritt: 4 €

Pure Angeberei

★★ Neues Palais

Am Westende der Hauptallee baut sich das Neue Palais auf, der letzte und zugleich gewaltigste Schlossbau im Park, der als »Fanfaronade« (= Prahlerei) nach dem eben beendeten Siebenjährigen Krieg Preußens Macht und Glorie zum Ausdruck bringen: das dreigeschossige Neue Palais (1763–1769, Büring und Gontard). 428 Sandsteinfiguren schmücken die 240 m lange Anlage mit rund 200 Repräsenta-

Glücklich durfte sich schätzen, wer zu Friedrichs Tafelrunde geladen wurde.

tions- und Wohnräumen und einem Theater, ca. 60 Räume sind zu besichtigen. Die Einrichtungsgegenstände, Mobiliar und Porzellan sowie Gemälde stammen zum großen Teil aus dem 1960/1961 abgerissenen Potsdamer Stadtschloss. Die beiden mit Kuppelaufsatz, Kolonnaden und Treppenanlagen versehenen Gebäude hinter dem Neuen Palais (1766–1769), die **Communs**, dienten als Unterkunft für die Dienerschaft und Wirtschaftsgebäude.

April–Okt. Mi.–Mo. 10–18, Nov.–März Mi.–Mo. 10–17 Uhr
Eintritt: 8 €

Romantik, Römer und Chinamode

Im südlichen Park

Im ebenfalls von Lenné angelegten südlichen Teil des Parks steht das spätklassizistische **Schloss Charlottenhof** (1826–1829, nach Schinkel). Hier wohnten Kronprinz Friedrich Wilhelm IV. und seine Frau Elisabeth. Sehenswert sind die Räume Alexander von Humboldts sowie einige romantische Gemälde von Caspar David Friedrich, Carl Gustav Carus und Carl Blechen.

Gleich am Maschinenteich liegen die **Römischen Bäder**, acht Gebäude im Stil italienischer Landhäuser, die 1829–1835 nach Entwürfen von Schinkel und Persius entstanden sind.

Das **Chinesische Haus** (1754–1757, J. G. Büring) ist ein Musterbeispiel für die Chinamode des 18. Jh.s; hier ist eine Sammlung chinesischen, japanischen und Meissener Porzellans zu sehen.

Die spätklassizistische **Friedenskirche** (1845–1854, Persius) ist der letzte große Bau im Park von Sanssouci. Extra aus Italien beschafft wurde das Apsismosaik (frühes 12. Jh.). Unter dem Altar befindet sich die Gruft mit den Sarkophagen von Friedrich Wilhelm IV. und seiner Frau Elisabeth; Kaiser Friedrich III., seine Frau Viktoria und König Friedrich Wilhelm I. sind im Mausoleum beigesetzt.

Schloss Charlotenhof: Mai–Okt. Di.–So. 10–18 Uhr | Eintritt: 6 €
Römische Bäder: Mai–Okt. Di.–So. 10–18 Uhr | Eintritt: 5 €
Chinesisches Haus: Mai–Okt. Di.–So. 10–18 Uhr | Eintritt: 3 €
Friedenskirche: Mitte März–April u. Okt. Mo.–Sa. 11–17, So. 12–17, Mai–Sept. Mo.–Sa. 10–18, So. 12–18, Nov.–Mitte März Sa. 11–16, So. 12.30–16 Uhr | Eintritt frei

★ Neuer Garten

Der Neue Garten erstreckt sich auf 74 ha am Westufer des Heiligen Sees bis zum Jungfernsee. Friedrich Wilhelm II. hatte ihn als »sentimentalen« Landschaftsgarten gestalten lassen.

Von der Hauptallee sieht man zum Südende des Heiligen Sees mit der Gotischen Bibliothek (1794) von Langhans. Links liegt das Holländische Etablissement mit Damenhaus, Ställen und Remisen und danach die **Orangerie**, die mit einer Sphinx, zwei schwarzen Wächtern von Gottfried Schadow und der Isis-Statue zum See hin ägyptisch anmutet. Hier erhielt 1812 Friedrich Wilhelm III. die Nachricht über die »Konvention von Tauroggen«, die den Abfall Preußens von Napoleon einleitete.

Sommersitz mit Eispyramide

Das Hauptgebäude des Neuen Gartens ist das 1787 bis 1791 als Sommersitz für König Friedrich Wilhelm II. erbaute Marmorpalais. Bei einer Führung kann man den Konzertsaal und die Gesellschaftszimmer im Obergeschoss mit wunderbaren Aussichten auf die Seen und die Gärten genießen. Die Pyramide nördlich vom Marmorpalais, wurde als Kühlschrank und Eiskeller genutzt.

★ Marmorpalais

April Sa. und So. 10 - 18, Mai - Okt. Di. - So. 10 - 18, Nov. Sa. und So. 10 - 16 Uhr | Eintritt: 6 €

Hier wurde Weltgeschichte geschrieben

Am Nordrand des Neuen Gartens versteckt sich hinter Bäumen der Cecilienhof, letzter Schlossbau der Hohenzollern in Preußen, 1913 bis 1917 im Auftrag des Kronprinzen Wilhelm im englischen Landhausstil errichtet. Vom 17. Juli bis zum 2. August 1945 trafen sich im Cecilienhof die Führer der Siegermächte – Stalin (UdSSR), Truman (USA) und Churchill (Großbritannien), nach verlorener Wahl von Attlee abgelöst – zur **Potsdamer Konferenz** und legten mit dem Potsdamer Abkommen die Nachkriegsordnung in Europa fest. Anziehungspunkt ist der Sitzungssaal mit dem Verhandlungstisch.
Truman, Stalin und Attlee wohnten während der Konferenz in Babelsberger Villen. Der US-Präsident bezog die Villa Müller-Grote, das »Little White House« seiner Memoiren. Hier ordnete er den Abwurf der Atombombe auf Hiroshima an.

★ Schloss Cecilienhof

Schloss Cecilienhof. April - Okt. Di. - So. 10 - 18, Nov. - März Di. - So. 10 - 17 Uhr | Eintritt: 6 €

In den Vorstädten

Ein »Geschenk« des Zaren

Die 13 Häuser der Kolonie Alexandrowka nördlich der Innenstadt wurden per »Allerhöchste Cabinets-Ordre« Friedrich Wilhelms III. vom 10. April 1826 für zwölf russische Sänger gebaut, die 1812 als Kriegsgefangene, die General Yorck noch an der Seite Napoleons gemacht hatte, nach Potsdam gebracht worden waren. Sie dienten als Chorsänger und mussten nach Napoleons Niederlage als »Geschenk« des Zaren Alexander bleiben.

Russische Kolonie Alexandrowka

März, Nov. Fr. - So. 10 - 17, April - Okt. Di. - So. 10 - 18 Uhr
Eintritt: 3,50 € | http://alexandrowka.de

OBEN: Vom Park Babelsberg hat man einen wunderbaren Blick auf die Glienicker Brücke.
UNTEN: der Einstein-Turm, in dem der Namensgeber nie war

Einstein war nie hier

Auf dem Telegrafenberg (94 m ü. d. M.) südlich des Potsdamer Bahnhofs entstanden nach 1871 mehrere Forschungsanlagen, darunter der 1920/1921 nach Plänen von Erich Mendelsohn erbaute, 16 m hohe **Einsteinturm**, eines der bedeutendsten Bauwerke des Expressionismus, heute ein Observatorium. Albert Einstein war hier allerdings nie am Werk.

Telegrafenberg

Deutsches Hollywood

Babelsberg ist die flächenmäßig größte Vorstadt Potsdams und hat sich als Film- und Medienzentrum einen Namen gemacht. 1912 ließ sich hier die UFA nieder, 1946 wurde die DEFA gegründet. In der Villenkolonie Neubabelsberg am Ufer des Griebnitzsees bauten namhafte Architekten (u. a. Mies van der Rohe) tolle Villen. In den 1920er- und 1930er-Jahren zog es auch Filmstars wie Marika Rökk hierher. Jüdische Neubabelsberger wurden von den Nazis zur Emigration gezwungen oder deportiert.

Babelsberg

Schloss Babelsberg steht auf dem Babelsberg, den der spätere Kaiser Wilhelm I. 1833 von seinem Vater Friedrich Wilhelm III. in Erbpacht erhalten hatte. Schinkel baute für ihn und seine Frau Augusta von Sachsen-Weimar, eine Verehrerin des Tudorstils, das Schloss. Über rund 130 ha erstreckt sich zwischen dem Tiefen See und der Glienicker Lake der von Lenné und später Fürst Pückler-Muskau gestaltete **Park Babelsberg**. Von der Höhe grüßt als Wahrzeichen der 46 m hohe **Flatowturm**. Auf der Bismarckbrücke unterhalb soll Wilhelm I. Bismarck zum preußischen Ministerpräsidenten ernannt haben. Nordöstlich vom Flatowturm steht die mittelalterliche, 1872 hierher versetzte Berliner **Gerichtslaube**, die dem Roten Rathaus (►S. 49) weichen musste. Vom Park hat man einen schönen Blick über über das Bowlinggreen hinüber zur Glienicker Brücke (► S. 104) und zum Glienicker Park.

Auf dem rund 45 ha großen ehemaligen UFA-Gelände wurde seit 1912 deutsche Filmgeschichte geschrieben. Heute werden in der Medienstadt Babelsberg Kinofilme und TV-Serien produziert. Im **Filmpark Babelsberg** kann man hinter die Kulissen schauen, u. a. Janoschs Traumland und die Gärten des Kleinen Muck besuchen, die Stuntshow im Vulkan verfolgen oder sich in das Kabinett des Dr. Caligari wagen.

Filmpark Babelsberg: Mitte April – Anfang Nov. tgl. 10 – 18 Uhr
Eintritt: 22 €, Familienkarte: 65 € | www.filmpark-babelsberg.de

H

HINTER-GRUND

Direkt, erstaunlich, fundiert

Unsere Hintergrundinformationen beantworten (fast) alle Ihre Fragen zu Berlin.

DIE STADT UND IHRE MENSCHEN

Hauptstadt und Regierungssitz, multikulturell wie keine andere deutsche Stadt, immer noch ein wenig Ost-West-Denken, Magnet für Wochenend-Partygänger aus ganz Europa – Berlin hat wahrlich viele Seiten.

Einwanderer prägen die Stadt

Berlin und die Mark Brandenburg sind im 13. Jh. von Kolonisten aus dem Harzvorland und vom Niederrhein besiedelt worden. Großen Einfluss auf die Bevölkerungsstruktur hatten die rund 20 000 französischen **Hugenotten**, die nach dem Edikt von Potsdam (1685) in die Mark kamen. Allein 6000 dieser »Réfugiés« ließen sich in Berlin nieder und machten damit etwa ein Drittel der Bevölkerung aus. Auch mit der Industrialisierung strömten nach 1800 immer mehr Menschen nach Berlin, das nach der Erhebung zur Reichshauptstadt 1871 noch rasanter wuchs und 1943 schließlich mit ca. 4,3 Mio. Menschen die bis dato höchste Einwohnerzahl verzeichnete. Die politische Entwicklung nach dem Zweiten Weltkrieg, wirtschaftliche Probleme und

Der Bundestag und die Reichstagskuppel sind gut besucht: Wo kann man schließlich schon seinen Abgeordneten aufs Haupt schauen?

der Bau der Mauer 1961 führten zu einer völligen Veränderung der Bevölkerungsströme und -struktur. Ließen die Rückkehr der Evakuierten und der Flüchtlingsstrom aus der DDR die Bevölkerung Westberlins bis 1957 zunächst ständig ansteigen, verminderte sich der Zuwachs nach dem 13. August 1961 erheblich. In Ostberlin nahm die Zahl, bedingt durch den Flüchtlingsstrom ständig ab, stieg seit 1961 jedoch wieder geringfügig, aber kontinuierlich an. Seit dem Fall der Mauer sind über 1,3 Mio. Menschen aus der Stadt weggezogen, was aber durch die Zahl der nach Berlin Gekommenen mehr als ausgeglichen wird. Über 496 000 Berliner haben ausländische Wurzeln (▶ S. 16).

Hauptstadt, Bundesland, Kommune

Parlaments- und Regierungssitz

Seit dem **Bundestagsbeschluss vom 20. Juni 1991** ist Berlin Sitz von Parlament und Regierung des vereinten Deutschlands. Aber erst acht Jahre später, als Bundestag und Bundesregierung Bonn verließen, konnte sich Berlin als echte Hauptstadt fühlen. Um Bonn zu entschädigen, hat jedes Bundesministerium einen ersten und einen zweiten Amtssitz in Berlin bzw. Bonn; die meisten haben ihren Erstsitz allerdings an der Spree (▶ Baedeker Wissen S. 170).

Bundesland Berlin

Der Stadtstaat Berlin ist ein Bundesland der Bundesrepublik Deutschland. Die Stadtregierung, gleichzeitig Landesregierung, ist der vom Abgeordnetenhaus gewählte **Senat**, den der einem Ministerpräsidenten entsprechende **Regierende Bürgermeister** leitet. Dieses Modell entspricht den Westberliner Verhältnissen von 1950 bis 1990; Ostberlin hatte das traditionelle Modell – Magistrat mit dem Oberbürgermeister als Stadtoberhaupt – beibehalten. Das Abgeordnetenhaus von Berlin wird alle vier Jahre gewählt und tagt im ehemaligen Preußischen Landtag.

Bezirke

Zur Jahreswende 2000/2001 wurden Berlins Bezirke von 23 auf zwölf verringert. Sie werden von den Bezirksämtern mit einem Bezirksbürgermeister an der Spitze verwaltet. Zwei der neu geschaffenen Bezirke (Mitte = Mitte/Tiergarten/Wedding und Friedrichshain-Kreuzberg) überwinden die alte Ost-West-Teilung.

Von der Industrie- zur Dienstleistungsstadt

Große industrielle Tradition

Berlin war vor dem Zweiten Weltkrieg eines der großen Wirtschaftszentren Deutschlands, in dem die wichtigsten Banken, Versicherungen und Verbände ihren Sitz hatten. Firmen wie Borsig, Siemens & Halske und AEG (Allgemeine Elektrizitätsgesellschaft) standen für den Ruf als größte deutsche Industriestadt. Nach Kriegsende litt die Wirtschaft unter den Zerstörungen, den Demontagen durch die sowjetische Besatzungsmacht und unter der Blockade: Gegenüber der Vorkriegszeit hatte Berlin 77 % seiner Industriekapazität eingebüßt. Dennoch entwickelten sich beide Teile der Stadt – unter konträren wirtschaftspolitischen Voraussetzungen – zu bedeutenden Handels- und Industriestandorten: Westberlin wurde trotz seiner zwangsisolierten Lage zu einer der wichtigsten Industriestädte im Wirtschaftsbereich der Bundesrepublik, Ostberlin wuchs zum Wirtschafts- und Planungszentrum und größten Industrieplatz der DDR heran.

Zusammenführung der Wirtschaft

Nach dem Fall der Mauer prallten die völlig verschiedenen Wirtschaftssysteme aufeinander. Die Betriebe im Ostteil waren größtenteils veraltet und die Absatzchancen für ihre Produkte gingen gegen Null. Viele mussten schließen oder ihre Belegschaft erheblich reduzieren. Doch auch im Westteil machte sich das plötzliche Entstehen eines vereinten Wirtschaftsraums negativ bemerkbar: Der Wegfall der Berlin-Förderung führte dazu, dass viele Betriebe nicht mehr rentabel produzieren konnten; viele verlagerten ihren Standort in andere Regionen, insbesondere in die neuen Bundesländer, aber auch in den Ostteil Berlins. In Zahlen ausgedrückt: Von den 400 000 Industriearbeitsplätzen zur Zeit der Wende sind seit 1989 im Osten 100 000 und im Westen 200 000 weggefallen.
Die Hauptstadtfunktion hat andererseits manch großen Konzern bewogen, seinen Firmensitz nach Berlin zu verlegen, etwa die Deutsche Bahn AG, Coca-Cola und die Europazentrale von Sony.

Industrie

In Berlin sind über 800 Industriebetriebe ansässig. An erster Stelle steht die Elektroindustrie (ehem. AEG, Siemens, DeTeWe, Bosch, Osram) zweitgrößter Industriezweig ist der Maschinen- (Rotaprint, ABB, Otis) und Fahrzeugbau (BMW-Motorräder, Mercedes Benz, Ford); es folgen das Druck- und Papiergewerbe mit ca. 400 Betrieben (darunter der Axel-Springer-Verlag) und die Bekleidungsindustrie. Die Nahrungs- und Genussmittelindustrie produziert vor allem Tabak -(Philip Morris) und Backwaren, die chemische Industrie vorwiegend Pharmazeutika (Bayer Schering). Auch Gillette (Rasierer etc.) ist ein wichtiger Arbeitgeber.

Handel und Dienstleistungen

Handel und Dienstleistungen sind die Triebkraft des Wirtschaftslebens geworden. Mit über 8000 Firmen stehen die Bereiche Software, Telekommunikation, Medien, Musik und Film an der Spitze und schaffen Zehntausende Arbeitsplätze; zu den größten Berliner Arbeitgebern zählen u. a. auch Vivantes (Gesundheit) und die Charité.
Das Ausstellungs- und Messegelände macht Berlin zum herausragenden Platz für **Kongresse und Messen**, von denen die Internationale Funkausstellung, die Internationale Tourismusbörse (ITB), die Grü-

ne Woche und die Internationale Luft- und Raumfahrt-Ausstellung Berlin-Brandenburg (ILA) die wichtigsten sind.

Tourismus

Berlin ist **das wichtigste Städtereiseziel** in Deutschland: ca. 800 Beherbergungsstätten mit 135 000 Betten stehen bereit. 2014 waren über 28 Mio. Übernachtungen zu verzeichnen. Immer mehr internationale Hotelketten wollen an der Spree vertreten sein; so hat die Luxusmarke Waldorf Astoria ihren ersten Hotelneubau in Europa in Berlin platziert.

Gut 10 % der Touristen kommen aus dem Ausland, vor allem Briten, Italiener, Niederländer und Spanier. Die Billigfliegerei hat Berlin einen ganz eigenen Touristenboom beschert, den sog. **Easyjetset**, der nur zum Feiern jedes Wochenende zu Tausenden kommt. Die hauptsächlich jungen bis sehr jungen Leute bewegen sich zwischen Donnerstag und Sonntag auf der neuen (alten) Technostrecke mit ca. einem halben Dutzend Clubs zwischen Alexanderplatz, Oberbaumbrücke und Ostbahnhof und schaffen eine zahlenmäßig bemerkenswerte Subkultur, die der normale Berliner kaum bemerkt, die aber zum Renommee als hippe, billige **Feier-Hauptstadt Europas** beiträgt.

Viel Jugend kommt zum Party machen in die Feierhauptstadt Europas. Nicht alle Berliner sind begeistert.

Lage:
Norddeutsche Tiefebene
Höhe 31–115 m ü.d.M.
Gegründet im 13. Jh. am Schnittpunkt wichtiger Handelsstraßen an Spreeübergang

Fläche:
892 km²
Länge: 38 km
Breite: 45 km

Einwohner: **3,52 Mio.**
Im Vergleich:
London: 8,41 Mio.
Paris: 2,24 Mio.
New York: 8,33 Mio.

Bevölkerungsdichte:
3991 Einwohner pro km²

▶ Politischer Status

Bundesland
Stadtoberhaupt:
Regierender Bürgermeister, einem Ministerpräsidenten gleichgestellt

▶ Einwohner-Entwicklung

von 2001 bis 2016

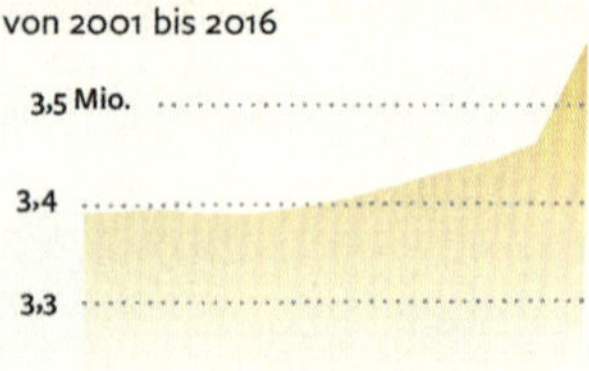

▶ Tourismus

12,7 Mio. Besucher in 2016
(Rang 1 in Deutschland, Rang 3 in Europa)

Übernachtungen
von 2011 bis 2016

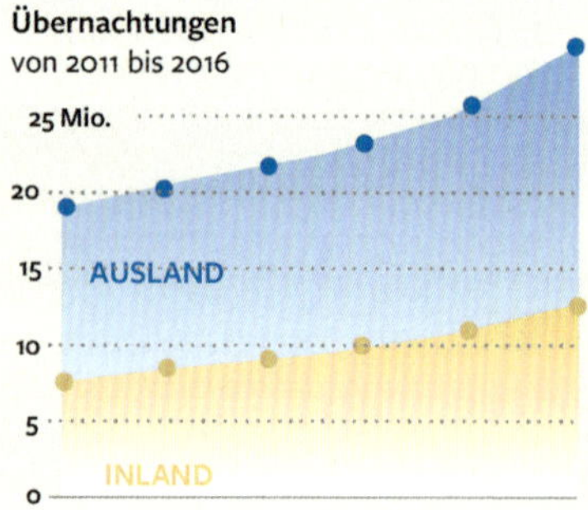

▶ Bezirke

Bevölkerungsreichster Bezirk:
Pankow mit 384000 Einwohnern
Dichtest besiedelter Bezirk:
Friedrichshain-Kreuzberg
mit 12500 Einwohnern pro km²
Berliner mit **ausländischen Wurzeln: 13,4 %**

▶ Verkehr

Fluggäste (2016): 32,9 Mio.
15 S-Bahnlinien (331,5 km Strecke)
10 U-Bahnlinien (146,2 km)
23 Straßenbahnlinien (189,4 km)
130 Buslinien
6 Fährlinien
1,28 Mio. Kraftfahrzeuge
77 km innerstädtische Autobahn

Wirtschaft

Bruttoinlandsprodukt 2016:
129,4 Mrd. €

Beschäftigungsstruktur:

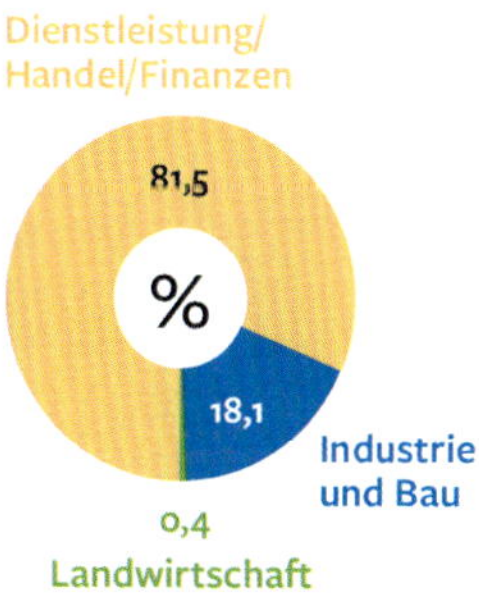

Arbeitslosenquote (2016):
9,8 %
Verschuldung (2014):
59,7 Mrd. €

Das Wetter

Durchschnittstemperaturen

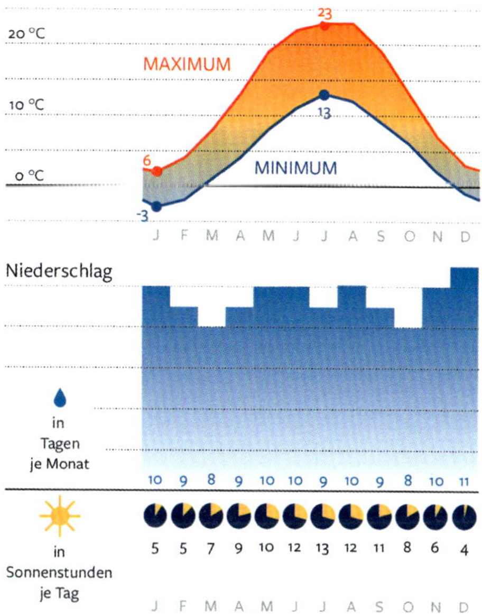

West-Berlin unter Beobachtung

399 West-Berliner spionierten noch im Dezember 1988 für die Stasi. So unterhielt die Hauptverwaltung Aufklärung der DDR-Stastssicherheit im früheren West-Berlin das bundesweit dichteste Netz von inoffiziellen Mitarbeitern (IM) und Kontaktpersonen (KP) – darunter:

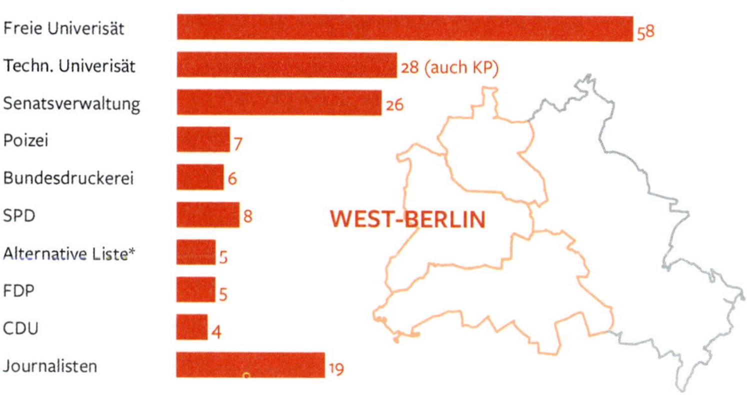

* VORGÄNGER-PARTEI DER GRÜNEN / QUELLE: ROSENHOLZ-DATEIEN

GESCHICHTE

Vom Handelsposten an der Spreefurt stieg Berlin zu Preußens und schließlich zur Hauptstadt des Deutschen Reichs auf. Mit dessen Ende ging auch Berlin beinahe unter. Nach der Überwindung der Teilung strahlt die Stadt erneut.

Germanen, Slawen und Askanier

Germanen

In der römischen Kaiserzeit siedeln die germanischen Semnonen an der Havel, u. a. im heutigen Buch (Pankow), in Lichterfelde (Steglitz) und im heutigen Park von Schloss Bellevue.

Slawen

Um 600 n. Chr. wandern westslawische Stämme ein. Sie gründen u. a. **Spandau** und **Köpenick** und können sich bis zum Jahr 928 halten, als König Heinrich I. ihre Burg Brandenburg erobert. König Otto der Große gründet 948 die Bistümer Havelberg und Brandenburg.

Askanier

Kaiser Lothar setzt 1134 den Askanier **Albrecht den Bären** als Markgraf der Nordmark ein. Das zieht Siedler aus dem askanischen Stammland, dem Harz, vom Rhein und aus Franken an. Aus einem Handelsposten am Ort des heutigen Mühlendamms gehen **Berlin und Cölln** hervor. Wohl um 1230 verleihen die Markgrafen Johann und Otto III. diesen Siedlungen das Stadtrecht; die erste urkundliche Erwähnung von Cölln überhaupt findet sich jedoch erst 1237 (als Stadt erst 1251), Berlin als Stadt ist erstmals 1244 genannt. 2008 gemachte Funde auf der Fischerinsel wurden allerdings auf 1170 bzw. 1192 datiert! Dennoch wird 1237 heute als offizielles Gründungsdatum Berlins angesehen.
Die Doppelstadt kann sich bald eine Stadtmauer und Gotteshäuser wie die Marienkirche und die Nikolaikirche leisten. 1307 bauen die beiden Städte ein gemeinsames Rathaus. Als 1319 mit Markgraf Wolder letzte Askanier stirbt, ist es mit den friedlichen Zeiten vorbei, denn bald geraten beide Städte zwischen die Fronten des Streits der Luxemburger und der Wittelsbacher um die Mark.

Kurfürstliche Residenz

Aufstieg zur Residenz

Kaiser Sigismund setzt 1411 den Burggrafen von Nürnberg, Friedrich VI. von Hohenzollern, als Statthalter ein und beendet die Zwistigkeiten. Friedrich erobert von den Adligen Johann und Dietrich Quitzow geraubte Ländereien zurück und wird dafür auf dem Konstanzer Konzil von 1415 mit dem Kurfürstentum Brandenburg belehnt. 1432 vereinigen sich Berlin und Cölln, doch Friedrichs Sohn **Friedrich II., »der**

EPOCHEN

GERMANEN, SLAWEN UND ASKANIER

um 600	Einwanderung der Westslawen
1134	Albrecht der Bär wird Graf der Nordmark.
1237	Erste urkundliche Erwähnung von Cölln: offizielles Stadtgründungsdatum

KURFÜRSTLICHE RESIDENZ

1415	Friedrich VI. von Hohenzollern wird Kurfürst von Brandenburg.
1432	Vereinigung von Berlin und Cölln
1640–1688	Der Große Kurfürst

HAUPTSTADT DES KÖNIGREICHS PREUSSEN

1701–1713	König Friedrich I.
1713–1740	König Friedrich Wilhelm I.
1740–1786	König Friedrich II. der Große
1806–1808	Französische Besatzung
1848	Märzrevolution

HAUPTSTADT DES DEUTSCHEN REICHS

1871	18. Januar: Proklamation des Kaiserreichs
1918	Proklamation der Republik
1919	Spartakusaufstand
1933	Hitler wird Reichskanzler
1936	XI. Olympische Sommerspiele
1945	8. Mai: Kapitulation der Wehrmacht in Karlshorst

DIE GETEILTE STADT

1946	Zwangsvereinigung von KPD und SPD zur SED
1948–1949	Berlin-Blockade
1949	23. Mai: Gründung der Bundesrepublik Deutschland 7. Oktober: Gründung der DDR
1953	17. Juni: Aufstand in der DDR
1961	13. August: Beginn des Mauerbaus
1971/72	Viermächte- und Berlin-Abkommen
1989	9. November: Öffnung der Grenzen

DAS WIEDERVEREINIGTE BERLIN

1990	3. Oktober: Deutsche Einheit
1991	20. Juni: Bundestagsbeschluss über Berlin als Parlaments- und Regierungssitz
1999	Bundestag und -regierung ziehen nach Berlin.
2012-??	Die Eröffnung des Flughafens Berlin Brandenburg International wird wiederholt verschoben

Eisenzahn«, Kurfürst von 1440 hebt den Zusammenschluss wieder auf, woran auch der Aufstand der Städte 1447/1448 im »Berliner Unwillen« nichts ändert. Berlin wird zur Residenz ausgebaut und das 1443 begonnene Schloss zu »Cölln an der Spree« 1470 ständiger Wohnsitz des Kurfürsten. Kurfürst **Joachim II.**, seit 1539 Protestant, holt Künstler in die Stadt und lässt u. a. die Zitadelle Spandau bauen. Sein Tod 1571 stürzt die Mark und Berlin in ernste wirtschaftliche Not.
Um 1600 hat Berlin noch ca. 12 000 Einwohner. Der Dreißigjährige Krieg zieht vor allem die Mark Brandenburg stark in Mitleidenschaft; die Vorstädte Berlins brennen ab.

Der Große Kurfürst

1640 übernimmt **Friedrich Wilhelm** die Kurfürstenwürde. Friedrichswerder und die Dorotheenstadt entstehen, Schloss Köpenick wird gebaut, der Lustgarten angelegt und Berlin zur Festung ausgebaut. Der Bau des Oder-Spree-Kanals (Friedrich-Wilhelm-Kanal) 1662 bis 1668 macht Berlin zum Umschlaghafen zwischen Hamburg und Breslau. 1671 lässt er die Gründung der Jüdischen Gemeinde zu und mit dem Edikt von Potsdam 1685 holt er 20 000 Frankreich verfolgte **Hugenotten** in die Mark, von denen sich ca. 6000 in Berlin niederlassen – ca. ein Drittel der Bevölkerung! Nicht umsonst geht er als »Der Große Kurfürst« in die Geschichte ein. Sein Sohn Friedrich III. setzt die Tradition fort, indem er 1696 die Akademie der Künste gründen lässt. 1700 ruft **Gottfried Wilhelm Leibniz** die Akademie der Wissenschaften ins Leben.

Hauptstadt des Königreichs Preußen

Preußen wird Königreich

1701 krönt Friedrich III. sich in Königsberg eigenhändig als Friedrich I. zum ersten »König in Preußen«. Er lässt die Friedrichstadt anlegen, es entstehen erste Prachtbauten wie das Zeughaus und Schloss Charlottenburg, auch die Charité lässt er 1710 gründen. Im selben Jahr werden Berlin, Cölln, Friedrichstadt, Friedrichswerder und Dorotheenstadt **zur preußischen Hauptstadt vereint**. Sie hat 56 000 Einwohner.

Der Soldatenkönig

Der »Soldatenkönig« Friedrich Wilhelm I., Sohn Friedrichs I., ist, was Sinn für Prachtentfaltung angeht, das Gegenteil seines Vaters, der ihm leere Staatskassen hinterlassen hat. Das hindert ihn allerdings nicht daran, das Heer zu vergrößern und die Stadtbefestigung voranzutreiben, aber auch Straßen, Nutzbauten und Wohnhäuser zu bauen und das Schulwesen zu fördern. Die Sitten sind streng, man lebt spartanisch – der Lustgarten wird Exerzierplatz.

Deutschlands »Hauptstadt der Aufklärung«

In der Regierungszeit Friedrichs II., genannt »der Große«, noch bekannter als der »Alte Fritz«, entwickelt sich Berlin zur Stadt von eu-

Preußens Residenz auf einem Kupferstich von 1729. Noch außerhalb: die »Linden«.

ropäischem Rang. Er holt den größten Geist seiner Zeit, **Voltaire**, an den Hof macht und ihn zum Haupt seiner illustren Tafelrunde von Künstlern und Denkern. Durch sie und durch Männer wie **Friedrich Nicolai** und **Moses Mendelssohn** entwickelt sich Berlin zur »deutschen Hauptstadt der Aufklärung«. Friedrich veranlasst den Ausbau der Linden, den Bau von Schloss Bellevue und des Neuen Flügels von Schloss Charlottenburg. Baumwoll- und Seidenmanufakturen entstehen, sodass Berlin zur größten Textilstadt in Deutschland aufsteigt. 1761 wird die Königliche Porzellan-Manufaktur gegründet. Kurz zuvor allerdings erlebten die Berliner auch die andere Seite der königlichen Politik: Im Siebenjährigen Krieg beschießen 1760 die Österreicher und die Russen die Stadt und besetzen sie für vier Tage. Im Todesjahr Friedrichs des Großen hat Berlin 150 000 Einwohner.

Das moderne Berlin entsteht

Mit Friedrichs Tod tritt Preußen von der politischen Bühne ab, doch Berlin, um 1800 mit 200 000 Einwohnern nach London und Paris die drittgrößte Stadt Europas, bleibt das geistige Zentrum Preußens. Insbesondere die **deutsche Romantik** – Schlegel, Tieck, Chamisso und E.T.A. Hoffmann – hat hier eine ihrer Hochburgen. Daran ändert auch die zweijährige französische Besatzungszeit nichts, die am 27. Oktober 1806 mit dem Einzug Napoleons I. beginnt.
Danach beginnt Berlins Aufstieg zur modernen Stadt und am Ende des 19. Jh.s schließlich zur Weltstadt: Wilhelm von Humboldt grün-

det 1810 die Friedrich-Wilhelms-Universität, 1816 fährt das erste in Deutschland gebaute Dampfschiff, die »Princess Charlotte«, auf der Spree, 1826 liefert die erste Gasanstalt den begehrten Brennstoff, 1837 eröffnet die Maschinenfabrik Borsig, 1838 wird die Eisenbahnlinie Berlin – Potsdam in Betrieb genommen und 1839 die erste Pferdeomnibuslinie Alexanderplatz – Potsdamer Platz. Eine rege Bautätigkeit, für die **Karl Friedrich Schinkel** steht, lässt Neue Wache, Schauspielhaus und Altes Museum entstehen. Der Preis der Industrialisierung ist eine Fülle sozialer Probleme, die aus den erbärmlichen Lebensverhältnissen der Arbeiter erwachsen.

März-revolution 1848

Die in ganz Europa laut werdenden Forderungen nach dem Ende der Karlsbader Beschlüsse ertönen auch in Berlin. Am 18. März 1848 schießen Truppen in die Menge vor dem Schloss, angeblich auf Befehl von Prinz Wilhelm, dem Bruder des Königs, wofür man ihn als »Kartätschenprinz« tituliert. Bei den Straßenkämpfen gibt es über 250 Tote (**»Märzgefallene«**). Am 19. März aber gewährt der König Friedrich Wilhelm IV., der sich als »Romantiker auf dem Königsthron Preußens« sieht, Presse-, Versammlungs- und Koalitionsfreiheit sowie das Wahlrecht. Doch obwohl er in einer Proklamation am 21. März erklärt hatte, sich zur Rettung des Vaterlandes an die Spitze Deutschlands stellen zu wollen, lehnt er am 3. April 1849 die ihm vom Frankfurter Parlament angebotene Kaiserkrone ab. 1861 tritt besagter »Kartätschenprinz« als König Wilhelm I. seine Nachfolge an; ein Jahr später wird Otto von Bismarck preußischer Ministerpräsident. 1866 wird Berlin Hauptstadt des Norddeutschen Bunds und Sitz des Reichstags.

Hauptstadt der deutschen Arbeiter-bewegung

Berlin steigt aber auch zur Hauptstadt der deutschen Arbeiterbewegung auf. War bereits im August und September 1848 der erste deutsche Arbeiterkongress in Berlin abgehalten worden, veröffentlicht **Ferdinand Lasalle** dort im April 1862 sein »Arbeiter-Programm«; 1868 findet der Allgemeine Deutsche Arbeiterkongress zur Gründung der ersten Gewerkschaften statt.

Hauptstadt des Deutschen Reichs

Das wilhel-minische Berlin

Am 18. Januar 1871 wird in Versailles das deutsche Kaiserreich proklamiert und der preußische König Wilhelm I. zum Kaiser ausgerufen. Reichshauptstadt und Residenz wird Berlin, das nun 823 000 Einwohner zählt. Politisch gerät Berlin durch den Berliner Kongress von 1878, das **Dreikaiserjahr 1888** – der Nachfolger Wilhelms I., Friedrich III., stirbt nach nur 99 Tagen im Amt; ihm folgt Wilhelm II. – und die **Entlassung von Otto von Bismarck** ins Rampenlicht.
Für den Berliner Alltag wird aber anderes wichtiger gewesen sein: 1879 brennen die ersten elektrischen Lampen und fährt die **erste**

OBEN: Donnerwetter! Tadellos! Wilhelm II. prägte eine ganze Epoche ...

UNTEN: ... die in den 1920ern radikal auf den Kopf gestellt wurde. Otto Dix hielt es im »Großstadt-Triptychon« fest.

elektrische Bahn der Welt in Moabit; 1881 wird der Fernsprechbetrieb aufgenommen und die erste elektrische Straßenbahn verkehrt in Lichterfelde, ein Jahr später wird die Stadtbahn eröffnet. 1902 verkehrt die erste Hoch- und U-Bahn (Zoo – Warschauer Tor), 1905 fahren Motorbusse durch die Straßen. Durch die Industrialisierung wächst die Stadt ungemein – um 1900 leben bereits 1,9 Mio. Menschen in Berlin, viele in den neuen, so typischen Mietskasernen unter alles andere als angenehmen Bedingungen.

Erster Weltkrieg und Revolution

Im Ersten Weltkrieg bekommt Berlin die Kriegslast durch Rationierung und Hunger zu spüren. Die Kriegsmüdigkeit mündet in die Revolution: Am 9. November 1918 ruft der Sozialdemokrat **Philipp Scheidemann** aus einem Fenster des Reichstags heraus die Republik aus, um damit der Bildung einer sozialistischen Republik zuvorzukommen, die **Karl Liebknecht** noch am selben Tag vor dem Stadtschloss verkündet. Am 10. November geht Kaiser Wilhelm II. direkt vom deutschen Hauptquartier im belgischen Spa ins niederländische Exil. Der Gegensatz zwischen sozialdemokratisch geführter Regierung und den Kommunisten bricht im Januar 1919 im **Spartakusaufstand** aus. Besonders im Zeitungsviertel toben schwere Straßenkämpfe. Am 15. Januar werden die Führer der KPD, **Rosa Luxemburg** und Karl Liebknecht, von Freikorpssoldaten ermordet. Nachdem die äußerste Linke geschlagen ist, tritt die Rechte im März 1920 zum sog. Kapp-Putsch an. Die Regierung flieht nach Stuttgart, doch ein Generalstreik beendet den Putsch. Noch in diesem Krisenjahr werden Berlin und seine Vororte in 20 Bezirke gegliedert und bilden die Stadtgemeinde Groß-Berlin, die nun nach London die zweitgrößte Stadt Europas ist.

Die »Goldenen Zwanziger«

In der Weimarer Republik wird Berlin zu einem wirtschaftlichen, politischen, kulturellen und gesellschaftlichen Zentrum Europas und die **Film-, Theater- und Pressehauptstadt** Deutschlands. Für diese rauschende Zeit sthen Namen wie Erwin Piscator, Max Reinhardt, Fritz Lang, Elisabeth Bergner, Josephine Baker, Kurt Tucholsky oder Bertolt Brecht. 1923 wird die erste Rundfunksendung Deutschlands aus dem Vox-Haus ausgestrahlt.

Mit dem Erstarken der Nationalsozialisten unter ihrem »Gauleiter Berlin« **Joseph Goebbels** nehmen die Auseinandersetzungen zwischen links und rechts zu. Saalschlachten und Schlägereien auf offener Straße sind im von der Weltwirtschaftskrise schwer getroffenen Berlin fast an der Tagesordnung.

Berlin unter der NSDAP

Am 30. Januar 1933 wird **Adolf Hitler** zum Reichskanzler ernannt, was die SA mit einem Fackelzug durch das Brandenburger Tor feiert. Der Brand des Reichstagsgebäudes am 28. Februar gibt den Nazis Gelegenheit, ihre Gegner auszuschalten. Bereits am 1. April werden

Berlin am Ende: ein sowjetischer Panzer im Mai 1945 vor den Resten des Brandenburger Tors

jüdische Geschäfte boykottiert, am 10. Mai auf dem Opernplatz Bücher linker, demokratischer und jüdischer Schriftsteller verbrannt. 1936 beginnt die erzwungene Auswanderung von Juden. Im selben Jahr nutzen die Nazis die XI. Olympischen Sommerspiele in Berlin mit großem Propagandaaufwand zur Imagepflege: Aus dem Stadtbild verschwindet alles, was auf Antisemitismus hindeuten könnte; selbst jüdische Sportler werden in die deutsche Mannschaft aufgenommen. 1937 ernennt Hitler Albert Speer zum »Generalinspektor für die Neugestaltung Berlins«, der es zur pangermanischen Hauptstadt »Germania« umwandeln werden soll. In der **Pogromnacht** vom 9. auf den 10. November 1938 werden die rund 80 Synagogen Berlins zerstört oder schwer beschädigt.

Berlin im Zweiten Weltkrieg

Bei Ausbruch des Zweiten Weltkriegs hat Berlin 4,3 Mio. Einwohner, davon 82 000 jüdischen Glaubens – 1933 waren es noch 160 000. Die Berliner erleben am 25. August 1940 den ersten Luftangriff und den ersten wirklich schweren am 1. März 1943. Damit hat der »totale Krieg«, den Goebbels zwei Wochen zuvor am 18. Februar in seiner berüchtigten Rede im Sportpalast proklamiert hatte, die Stadt erreicht. Nach dem missglückten Attentat auf Hitler am 20. Juli 1944 werden viele der Verschwörer noch am selben Tag im sog. Bendlerblock erschossen. Im April 1945 beginnt die Rote Armee den Angriff auf Berlin. Hitler begeht am 30. April im »Führerbunker« Selbstmord. Am 2. Mai wird Berlin von sowjetischen Truppen eingenommen, am 8. Mai unterzeichnet die Wehrmachtführung in Karlshorst die bedingungslose Kapitulation. Es leben noch 2,8 Mio. Menschen in der Stadt; 7247 jüdische Bürger haben die Verfolgung überlebt. 75 Mio. m^3 Schutt liegen auf den Straßen, ein Fünftel aller Gebäude ist irreparabel zerstört, **das Zentrum ist zu 75 % vernichtet**.

Die geteilte Stadt

Viersektorenstadt Berlin

Im Juni 1945 wird Berlin Sitz des **Alliierten Kontrollrats**. Am 4. Juli besetzen britische und US-Truppen ihre Sektoren, am 12. August folgen die Franzosen. Schon bald zeigen sich Risse in der Allianz, die schließlich zur Teilung der Stadt führen und Berlin zur »Frontstadt« des Kalten Kriegs machen.
Bereits im Juni 1945 lässt die sowjetische Militäradministration in ihrem Sektor wieder Parteien zu. SPD und KPD werden am 21. April 1946 zur SED zwangsvereinigt. Am 20. Oktober 1946 finden Wahlen zur Stadtverordnetenversammlung statt – die ersten freien Wahlen seit 13 Jahren und zugleich auch die letzten für die kommenden 44 Jahre in ganz Berlin. Klarer Sieger ist die SPD. Am 24. Juni 1948 beginnt als Höhepunkt und Abschluss im Streit um die Währungsreform die **Berlin-Blockade**: Die Sowjets sperren die Zufahrtswege nach Westberlin. Bis zur Aufhebung der Blockade am 12. Mai 1949 versorgt nur die legendäre **»Luftbrücke«** die Bevölkerung. Am 13. Oktober 1948 verlegt der rechtmäßig gewählte Magistrat seinen Amtssitz gezwungenermaßen von Ost- nach Westberlin. Die politische Entwicklung verläuft von nun an völlig getrennt.

Zwei deutsche Staaten

Am 23. Mai 1949 wird das Grundgesetz der Bundesrepublik Deutschland verkündet; in Ostberlin wird am 7. Oktober die Deutsche Demokratische Republik ausgerufen. Die neue Berliner Verfassung vom 1. Oktober 1949 erklärt Berlin zu einem Land der Bundesrepublik Deutschland und beansprucht Geltung für die ganze Stadt. Die Jahre bis zum Bau der Mauer bringen den Aufstand des **17. Juni 1953**, ausgelöst durch den **Streik der Bauarbeiter an der Stalinallee** gegen überhöhte Normen, der mit Hilfe sowjetischer Truppen niedergeschlagen wird, und symbolisch-propagandistische Aktionen beider Seiten. Dazu gehören im Westen seit dem Oktober 1955 Sitzungen des Bundestags im Reichstag, auf Ostseite u. a. das vom sowjetischen Parteichef **Nikita Chruschtschow** 1958 gestellte »Berlin-Ultimatum«: Berlin soll den Viermächte-Status verlieren und eine »freie«, entmilitarisierte Stadt werden. Auch ökonomisch driften die beiden Teile auseinander: Während Westberlin bald zu einem der wichtigsten Industriestandorte der Bundesrepublik wird, schleppt sich die Entwicklung in Ostberlin dahin. Die DDR hat mit einem immensen Problem zu kämpfen: Über die noch durchlässige Sektorengrenze fliehen immer mehr Menschen in den Westen.

Im Zeichen der Mauer

Um dem Einhalt zu gebieten, riegelt die DDR am 13. August 1961 Ostberlin ab und beginnt mit dem Bau der Mauer (▶ S. 270). Unvergessen bleibt US-Präsident **John F. Kennedy**, der am 26. Juni 1963 vor dem Schöneberger Rathaus erklärt: »Alle freien Menschen, wo immer sie leben mögen, sind Bürger dieser Stadt Westberlin, und deshalb bin ich als freier Mensch stolz darauf, sagen zu können: **Ich bin ein Berliner**«.

Wandel durch Annäherung

Stille Diplomatie erreicht Verbesserungen – **Egon Bahr** prägt das Wort vom »Wandel durch Annäherung«. So wird im Dezember 1963 das erste **Passierschein-Abkommen** geschlossen: Westberliner können – erstmal seit 28 Monaten – Verwandte in Ostberlin besuchen. 1971 wird der seit 1952 unterbrochene Telefonverkehr wieder aufgenommen. Das **Viermächte-Abkommen** vom 3. September 1971 ist ein Meilenstein in der Nachkriegsgeschichte. Wichtigste Punkte sind die Anerkennung des Status quo in Berlin, eine Gewaltverzichtserklärung und die Erklärung der Sowjetunion, den Verkehr zwischen der Bundesrepublik Deutschland und Westberlin sowie die Kommunikati-

Tristesse in jeder Hinsicht: die Mauer am Brandenburger Tor

NIEMAND HAT DIE ABSICHT …

»Ich verstehe Ihre Frage so, dass es in Westdeutschland Menschen gibt, die wünschen, dass wir die Bauarbeiter der Hauptstadt der DDR dazu mobilisieren, eine Mauer aufzurichten. Mir ist nicht bekannt, dass eine solche Absicht besteht. Die Bauarbeiter unserer Hauptstadt beschäftigen sich hauptsächlich mit Wohnungsbau. (...) Niemand hat die Absicht, eine Mauer zu errichten.«

Mit inbrünstiger Empörung antwortete der DDR-Staatsratsvorsitzende und SED-Generalsekretär **Walter Ulbricht** am 15. Juni 1961 einer Journalistin, die sich Aufklärung über schon lange schwirrende Gerüchte erhoffte. Nicht ganz zwei Monate später, gegen 2 Uhr in der Nacht vom 12. auf den 13. August 1961, riegelten Volkspolizei, Betriebskampfgruppen und Nationale Volksarmee den Ostteil Berlins zur »verlässlichen Bewachung und wirksamen Kontrolle der Staatsgrenze« entlang der Grenze des sowjetischen Sektors ab und begannen, Straßensperren aufzubauen und Stacheldrahtzäune zu ziehen. Stunden später konnte dem Verantwortlichen, **Erich Honecker**, Vollzug gemeldet werden.

Schlupfloch Berlin

Schon jahrelang hatte den Regierenden der DDR der ständige Strom von Flüchtlingen über die Berliner Sektorengrenzen erhebliches Kopfzerbrechen bereitet. Seit 1952 die Grenze zur Bundesrepublik Deutschland geschlossen worden war, war Berlin **das einzige Schlupfloch durch den Eisernen Vorhang**, denn hier garantierten die vier Siegermächte Freizügigkeit. Von 1952 bis zum Mauerbau nutzten ca. 2,7 Millionen Menschen diese Chance – der DDR drohte das Volk wegzulaufen, und die SED sah ihren letzten Ausweg darin, die Menschen einzusperren. Selbstverständlich wurde dies von offizieller Seite nie zugegeben, vielmehr verkaufte man den Mauerbau als friedensrettende Aktion und Schutzmaßnahme gegen »ständige Provokationen von Westberliner Seite« – das Propagandawort vom **»antifaschistischen Schutzwall«** war geboren.

Berlin wird eingemauert

Gleichzeitig mit den ersten Sperrungen wurde die Zahl der Übergänge von 81 zunächst auf zwölf und wenig später auf sieben reduziert, der S- und U-Bahn-Verkehr – ausgenommen im Bahnhof Friedrichstraße – gänzlich unterbrochen, sodass die Ostberlin unterquerenden beiden U-Bahn-Linien U 6 und U 8 und die S-Bahn-Linien S 1 und S 2 fortan durch von Volkspolizisten bewachte Geisterbahnhöfe fahren mussten. Bereits am 15. August wurde damit begonnen, die Straßensperren und den Stacheldraht durch eine erste Baustein- und Betonplattenmauer zu ersetzen. Häuser, die genau auf der Grenzlinie lagen wie etwa an der **Bernauer Straße**, wurden vom 19. August an geräumt und die nach Westen zeigenden Eingänge und Fenster zugemauert. Viele entkamen durch einen Sprung aus dem Fenster nach Westberlin, wo Passanten, Polizei und Feuerwehr sie aufzufangen versuchten. Schon am 24. August wurde der erste Flüchtling beim Durchschwimmen des Humboldthafens erschossen. Schlagartig war Berlin

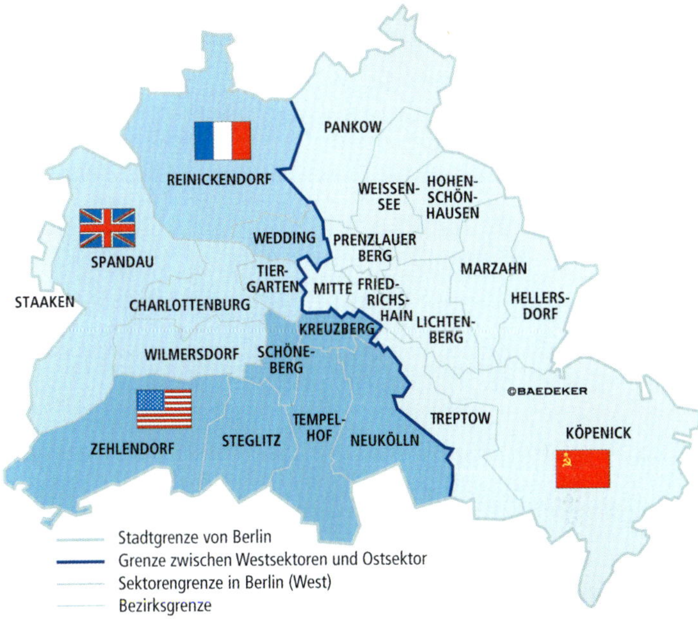

geteilt. Die innerstädtische Mauer trennte die westlichen Bezirke Reinickendorf, Wedding, Tiergarten, Kreuzberg und Neukölln von den östlichen Pankow, Prenzlauer Berg, Mitte, Friedrichshain und Treptow. Im Lauf der Jahre wurde die zunächst mehr oder weniger hastig errichtete Mauer technisch perfektioniert und zum fast unüberwindbaren Hindernis ausgebaut (▶ Baedeker Wissen S. 92).

Fluchtversuche

Insgesamt 136 Menschen kamen bei Fluchtversuchen ums Leben. Ihrer wird mit Gedenkkreuzen und -steinen an vielen Orten, u. a. an der Bernauer Straße, am Reichstagsgebäude und an der Zimmerstraße gedacht. Weit über 100 Menschen wurden durch Schüsse der DDR-Grenztruppen verletzt, über 3000 Festnahmen konnten von Westberliner Seite beobachtet werden. Einer Vielzahl von Menschen gelang jedoch auch die Flucht; welche verzweifelte Fantasie, welchen Erfindungsreichtum und Mut sie dabei entwickelten, zeigt mit Fotos, Dokumenten und originalen Fluchtapparaten eindrucksvoll das **Museum Haus am Checkpoint Charlie** (Ecke Zimmerstraße/Friedrichstraße; S. 86).

Nahtstelle der Systeme

Checkpoint Charlie (»Allied Checkpoint Charlie«; nach dem NATO-Alphabet für »C«; »A« wie Alpha war der Grenzübergang Helmstedt, »B« wie Bravo der Kontrollpunkt Dreilinden) war der in aller Welt bekannte Sektorenübergang für Ausländer, ausgewählte DDR-Bürger, Diplomaten, zum Austausch anstehende Agenten und Militärs im Herzen Berlins an der Grenze des US- zum sowjetischen Sek-

1961, der Anfang: Streng bewacht mauert ein Arbeiter die Sperre.

tor. Wie kaum an einem anderen Ort war hier die Atmosphäre des Kalten Kriegs zu spüren, wenn sich Westberliner Polizei, französische, britische und US-Soldaten auf der einen und DDR-Grenzer und sowjetische Soldaten auf der anderen Seite argwöhnisch beäugten. Entsprechend aufwendig waren die Sicherungsanlagen auf östlicher Seite: Mehrere Schlagbäume, Schikanen, durch die sich die Fahrzeuge schlängeln mussten, bewaffnete Posten auf Wachtürmen sollten jeglichen Durchbruchversuch verhindern. Auf dem Höhepunkt der **Berlin-Krise** standen sich vom 25. bis 28. Oktober 1961 hier amerikanische und sowjetische Panzer mit laufenden Motoren gegenüber, als die Amerikaner sich ihr Recht auf unkontrollierten Zugang in den Ostsektor der Stadt erzwangen. Von alldem ist heute kaum etwas zu sehen, ein übrig gebliebener Wachturm duckt sich im Schatten des American Business Center, ein Band auf der Straße markiert den Grenzverlauf, das Kontrollhäuschen ist nachgebaut.

Die Mauer ist weg

Das Ende der Mauer kam mit der Öffnung der DDR-Grenzen zu Westberlin und zur Bundesrepublik Deutschland am **9. November 1989**. Von 22 Uhr an strömten an diesem und den folgenden Tagen die Ostberliner nach Westberlin. Am 11. November wurde der Schießbefehl aufgehoben; bis zum 14. November waren neun neue Übergänge geöffnet, am 22. Dezember beendete die Öffnung des Brandenburger Tors nach 28 Jahren symbolisch die Teilung Berlins. Schon in der Nacht vom 9. auf den 10. November 1989 rückten die »Mauerspechte« dem Betonmonstrum mit Hammer und Meißel zuleibe, später wurde es mit schwerem Gerät abgerissen und zu Betongranulat verarbeitet – bis Dezember 1990 war eine Million Tonnen Beton entsorgt! Viele große Teile – insbesondere solche, die von bekannten Künstlern bemalt wurden – sind aber auch in alle Welt verkauft worden.

Spuren

Wer heute in Berlin Mauerspuren sucht, wird sich schwer tun – vielfach kann man ihren einstigen Verlauf nur noch erraten. Die mit erläuternden Tafeln versehene Geschichtsmeile Berliner Mauer markiert aber mit einer Doppelreihe Pflastersteine den Verlauf der Mauer. Innen-und Außenverlauf kann man auf dem Berliner Mauerweg, in 14 Abschnitte eingeteilt, abwandern oder mit dem Rad abfahren. Erste Adresse für umfassende Information ist die Gedenkstätte Berliner Mauer an der Bernauer Straße (▶ S. 88), wo u. a. Teile der Sperranlagen mit Hinterland- und Vorderlandmauer, Kolonnenweg und Lichttrasse erhalten sind. Weitere Überreste finden sich u. a. am Gelände der »Topographie des Terrors« an der Niederkirchnerstraße, am Invalidenfriedhof, im Mauerpark in Prenzlauer Berg und, 1300 m lang, mit der von z.T. namhaften Künstlern bemalten und zur Attraktion gewordenen East Side Gallery. Allerdings dürfte nur Wenigen bewusst sein, dass es sich hier um ein Stück Hinterlandmauer handelt. Über weitere Mauerreste informiert Baedeker Wissen auf S. 90).

1989, das Ende: Mauerspechte picken sich durch den Beton.

on zwischen Westberlin und den angrenzenden Gebieten nicht zu behindern bzw. sie zu verbessern. Im Gegenzug erkennen die Westalliierten den besonderen Status Westberlins an. Im 1972 geschlossenen **Berlin-Abkommen** wird Westberlinern wieder gestattet, nach Ostberlin und in die DDR einzureisen; der Transitverkehr zwischen der Bundesrepublik und Westberlin wird wesentlich erleichtert. 1974 richtet die Bundesrepublik eine **ständige Vertretung in Ostberlin** ein. Während des gesamten Bestehens der Mauer aber finden zahlreiche Menschen bei dem Versuch, sie zu überwinden, den Tod.

Entwicklung in Westberlin

Ende der 1960er-Jahre wird Westberlin ein Zentrum der westdeutschen Neuen Linken und der Außerparlamentarischen Opposition. Am 2. Juni 1967 erschießt während einer Demonstration gegen den Besuch des Schahs von Persien ein Polizist den Studenten **Benno Ohnesorg**. Das Jahr 1968 sieht zahlreiche Demonstrationen der APO vor allem gegen den Vietnamkrieg und gegen den Springer-Verlag. Am 11. April wird **Rudi Dutschke** auf dem Kurfürstendamm durch ein Attentat schwer verletzt. In den 1980er-Jahren machen Hausbesetzungen vor allem in Kreuzberg Schlagzeilen.

Entwicklung in Ostberlin

In Ostberlin hat die Stasi die Situation im Griff. Die DDR-Oberen bemühen sich, ihrer Stadt den Hauptstadtstempel aufzudrücken. So entsteht an Stelle des 1950 gesprengten Stadtschlosses der Palast der Republik. Die Linden, das Nikolaiviertel, der Gendarmenmarkt (Platz der Akademie) werden restauriert, und mit dem Fernsehturm bekommt Berlin ein neues Wahrzeichen. Doch der Unmut über die ökonomische und politische Krise ist Ende der 1980er-Jahre im Zeichen von **Perestroika und Glasnost** nicht mehr zu unterdrücken, auch als am 7. Oktober 1989 noch mit großem Aufwand 40 Jahre DDR gefeiert werden. Der sowjetische Staats- und Parteichef **Michail Gorbatschow** kommentiert die Situation in der DDR mit den Worten: **»Wer zu spät kommt, den bestraft das Leben«**. Folgerichtig setzt das Politbüro am 18. Oktober Staats- und Parteichef Erich Honecker ab und macht Egon Krenz zum Nachfolger. Unbeeindruckt von dieser kosmetischen Operation demonstriert am 4. November rund eine Million Menschen für demokratische Reformen. Am 7. November tritt die Regierung der DDR geschlossen zurück; am 8. November werden Politbüro und Regierung neu besetzt.

Die Grenzen öffnen sich

Am Abend des 9. November gibt Politbüro-Mitglied **Günter Schabowski** aus Versehen die Öffnung der Grenzen zu Westberlin und zur Bundesrepublik bekannt. Schlagartig drängen Zehntausende DDR-Bürger in den Westen. Die Öffnung der Mauer am Brandenburger Tor am 22. Dezember beendet nach 28 Jahren symbolisch die Teilung Berlins. Ab 24. Dezember herrscht freier Reiseverkehr zwischen den beiden deutschen Staaten ohne Einreisevisum und Zwangsumtausch.

10. November 1989 am Brandenburger Tor: Die Mauer ist kein Hindernis mehr.

Das wiedervereinigte Berlin

Der Weg zur Wiedervereinigung

Als Ergebnis der DDR-Kommunalwahlen vom 6. Mai 1990 löst eine SPD-geführte Große Koalition den alten Magistrat von Ostberlin ab. Senat und Magistrat von Berlin treffen sich am 12. Juni zu ihrer ersten gemeinsamen Sitzung. Seit dem 20. Juni haben die Berliner Abgeordneten volles Stimmrecht im Deutschen Bundestag. Am 1. Juli tritt die Währungs-, Wirtschafts- und Sozialunion zwischen der Bundesrepublik Deutschland und der DDR in Kraft. Im Palais Unter den Linden (Kronprinzenpalais) wird am 31. August der **Einigungsvertrag** zwischen den beiden deutschen Staaten unterzeichnet. Am 12. September unterzeichnen in Moskau die Außenminister der beiden deutschen Staaten, Frankreichs, Großbritanniens, der Sowjetunion und der USA den Schlussvertrag der sog. **Zwei-plus-Vier-Verhandlungen**, in dem die Siegermächte mit sofortiger Wirkung ihre besonderen Rechte in Bezug auf Deutschland als Ganzes und auf Berlin suspendieren. In der Nacht vom 2. auf den 3. Oktober steigt das große Vereinigungsfest rund um das Brandenburger Tor und am Tag darauf tritt das aus Volkskammer und Bundestag gebildete **gesamtdeutsche Parlament** im Reichstag zusammen. Am 2. Dezember werden zum ersten Mal seit 1946 wieder freie Wahlen in ganz Berlin und ganz Deutschland abgehalten. Im Lauf von 1990 und 1991 wird die Mauer fast komplett abgerissen.

Hauptstadt Berlin

Am 17. Januar 1991 tritt der erste für ganz Deutschland frei gewählte Deutsche Bundestag im Reichstagsgebäude zusammen. Am 20. Juni beschließt er die Verlegung des Sitzes von Parlament und Regierung von Bonn nach Berlin. Im Juni 1994 verabschieden sich die Truppen der Westalliierten mit einer Parade auf der Straße des 17. Juni; die russischen Truppen paradieren in Köpenick.
Am 17. Oktober 1992 wird der verstorbene **Willy Brandt**, Regierender Bürgermeister während des Mauerbaus, mit einem Staatsakt im Reichstag geehrt. Der Sommer 1995 lockt mit dem von Christo und Jeanne-Claude **verhüllten Reichstag** Kunstfreunde aus aller Welt nach Berlin. Am 19. April 1999 verlegt der Bundestag seinen Sitz von Bonn nach Berlin, und mit dem Einzug von Bundeskanzler Schröder ins ehemalige Staatsratsgebäude am 23. August hat auch **die Regierung offiziell ihre Arbeit in der Hauptstadt aufgenommen**.

Im 21. Jahrhundert

Mit der Eröffnung des Sony Centers Anfang 2000 enden die Bauarbeiten am **Potsdamer Platz** zum größten Teil. Zur Jahreswende 2000/2001 werden Berlins 23 Bezirke auf zwölf reduziert. Am 4. Juli 2002 beschließt der Bundestag den Wiederaufbau des historischen Stadtschlosses; im Mai 2006 wird der neue Hauptbahnhof im Spreebogen offiziell eröffnet, dafür im Oktober 2008 der Flughafen Tempelhof geschlossen. Parallel dazu beginnt in Schönefeld der Ausbau zum Großflughafen **Berlin Brandenburg Willy Brandt**. Das Projekt entwickelt sich zum Albtraum: Die mehrfach erschobene Eröffnung kommt nach wie vor nicht zustande und die ursprünglich geplanten Kosten von 2 Mrd. € werden mittlerweile auf 5,4 Mrd. geschätzt. Im Dezember 2014 löst Michael Müller (SPD) den nach 13 Amtsjahren zurückgetretenen Klaus Wowereit als Regierenden Bürgermeister ab.

KUNST UND KULTUR

Was war das »Friderizianische Rokoko«? Gibt es noch Spuren der Architektur des Dritten Reichs in Berlin? Wo steht die größte Skulptur der Stadt? Wer hat das »Neue Berlin« gebaut?

Das heutige architektonische Gesicht Berlins hat sich in den letzten 150 Jahren herausgeschält. Aus der Zeit davor existiert nur noch wenig und wenn, sind es meist Rekonstruktionen.
Industrialisierung und die Erhebung zur Reichshauptstadt veränderten die bis dahin ländlich-schläfrige Stadt radikal und brachten die berühmt-berüchtigten Mietskasernen, große Fabrik- und Verkehrsanlagen, Verwaltungs- und Repräsentationsbauten. Nach dem Zweiten Weltkrieg stand nicht mehr viel davon. Was dann zwischen 1945 und 1990 gebaut wurde, ob Nachkriegsmoderne im Westen oder sozialistischer Realismus im Osten, hat nicht immer überzeugt. Die große Chance, nach dem Mauerfall das »Neue Berlin« zu bauen, mündete in die »Vielfalt der Einheit«, die zwischen großen Entwürfen namhafter Architekten und viel Mittelmaß schwankt.

Kunst als Sache der Fürsten

Wenig aus Mittelalter und Renaissance

Aus dem Mittelalter sind einige Sakralbauten erhalten: die **Marienkirche** (13./14. Jh.) und die ehemalige **Heiliggeist-Kapelle** (Spandauer Str. 1) sowie die nach dem Zweiten Weltkrieg wiederaufgebaute älteste Pfarrkirche, die **Nikolaikirche** (um 1230), während die **Klosterkirche** (um 1250) Ruine blieb. Nicht weit von dieser steht an der Waisenstraße noch ein Stück Stadtmauer. Viele der ca. 20 Dorfkirchen, z. B. in Marienfelde und Mariendorf, gehen auf das 13. Jh. zurück. Spandau besitzt noch die spätgotische Nikolaikirche und mit dem Gotischen Haus den einzigen gebliebenen Profanbau. Auch aus der Renaissance ist wenig geblieben, vor allem nichts vom 1538 begonnenen Neubau des kurfürstlichen Schlosses am Ort der alten Burg. Ältestes Zeugnis ist das vom Nürnberger Peter Vischer d.Ä geschaffene Grabmal des Kurfürsten Johann Cicero (im Dom; 1532). Außer dem Schloss entstanden das Jagdschloss Grunewald (ab 1542), die Spandauer Zitadelle (ab 1560) und Bürgerhäuser, die bis auf das **Ribbeckhaus** in der Breiten Straße verschwunden sind.

Barock

Den langen Stillstand des künstlerischen Lebens nach dem Dreißig jährige Krieg beendete erst der Große Kurfürst. Er holte in den Niederlanden geschulte oder gebürtige niederländische Künstler nach Berlin. Zu ihnen gehörte Hofbaumeister **Johann Arnold Nering**, der das Zeughaus entwarf.

Eigentlich hat sich nichts verändert: Historische Postkarte mit Zeughaus, Neuer Wache und Berliner Dom.

Andreas Schlüter (1659 – 1714), der bedeutendste norddeutsche Künstler seiner Zeit und seit 1694 am Berliner Hof, beendete die niederländische Tradition und brachte durch den italienischen Barock eine energische Neuorientierung. Als Schlossbaudirektor fiel er in Ungnade, als Bildhauer hinterließ er mit dem **Reiterstandbild des Großen Kurfürsten**, des ersten deutsche Reiterdenkmals unter freiem Himmel (heute vor dem Charlottenburger Schloss), und den 21 Masken sterbender Krieger im Lichthof des Zeughauses großartige Werke. Als Schlossbaumeister löste ihn der Schwede Johann Friedrich Eosander von Göthe ab, dessen wichtigstes Werk der Mittelteil mit Turm von **Schloss Charlottenburg** ist. Der Dorotheenstädtischen Kirche (1687; im Zweiten Weltkrieg zerstört) als erstem protestantischen Kirchenneubau folgten u. a. der Französische (1705) und der Deutsche Dom (1708) am Gendarmenmarkt als Zentralbauten. »Soldatenkönig« Friedrich Wilhelm I. ließ als Abschluss der Dorotheen- und Friedrichstadt die von Philipp Gerlach geplanten drei großen Plätze Quarré (Pariser Platz), Oktogon (Leipziger Platz) und Rondell (Belle-Alliance-Platz, heute Mehringplatz) anlegen und verwandelte außerdem den Lustgarten in einen Paradeplatz.

Friderizianisches Rokoko

Friedrich der Große prägte das von Frankreich beeinflusste »Friderizianische Rokoko«, das in seiner klassizistischen Abwandlung in Preußen länger als anderswo lebendig blieb. **Georg Wenzeslaus von Knobelsdorff** (1699 – 1753) setzte Friedrichs Ideen in den Bauten von Schloss Rheinsberg, Schloss Charlottenburg, in Sanssouci und Potsdam und vor allem beim Forum Fridericianum mit dem Opernbau, seinem Hauptwerk, zur vollen Zufriedenheit des Monarchen um. Friedrichs Versuch, auch französische Künstler nach Berlin zu holen, war kaum Erfolg beschieden: Letztlich bleibt nur der Name **Antoine Pesne** (1683 bis 1757), dessen bedeutendster Berliner Schüler Christian Bernhard Rode besonders als Deckenmaler in den Königsschlössern tätig war. Mit den Themen des Malers und Kupferstechers **Daniel Chodowiecki** (1726 - 1801) kam eine bürgerliche Komponente in die Kunstlandschaft Berlins.

Klassizismus und Romantik

Der Klassizismus hat in Berlin bedeutende Denkmäler hinterlassen., zuallerst natürlich das Brandenburger Tor vom Direktor des Oberhofbauamts **Carl Gotthard Langhans** (1732 - 1808). Klassizismus und Romantik vereinte zu Beginn des 19. Jh.s vereinte der aus Neuruppin stammende **Karl Friedrich Schinkel** (1781 - 1841). Mit seinen ca. 30 Berliner Bauten, v.a. natürlich Neue Wache, Schauspielhaus, Altes Museum, Schlossbrücke, Friedrichswerdersche Kirche und Nikolaikirche in Potsdam, begründete er die Schinkel-Schule .

»
Nichts ist historisch. ... Historische Gebäude entstehen, wenn berücksichtigt wird, was das Neue bringt.
«

mit Namen wie Friedrich August Stüler (Neues Museum) und Johann Heinrich Strack (Nationalgalerie, Siegessäule).
Die wichtigsten Bildhauer der ersten Jahrhunderthälfte waren **Gottfried Schadow** (1764 - 1850; Quadriga auf dem Brandenburger Tor, »Prinzessinnengruppe«) sowie sein einflussreicherer Schüler **Christian Daniel Rauch** (1777 - 1857), Schöpfer des Reiterdenkmals von Friedrich dem Großen und des Sarkophags der Königin Luise.

Auf in die Moderne!

Historismus

Doch zuvor propagierte der Mitte des 19. Jh.s aufkommende Historismus erst einmal im Zurückgreifen auf historische Stilformen eine Wiedergeburt der Kunst. In Berlin hinterließ große öffentliche Bauten wie Hermann Friedrich Waesemanns Rotes Rathaus oder den Reichstag von **Paul Wallot** (1841 bis 1912).
Das Stadtbild wesentlich einschneidender veränderte allerdings der sog. Wilhelminische **Mietskasernengürtel**, mit dem der alte Stadtkern mit vier- bis fünfgeschossigen Mietshäusern dicht umzogen wurde. Viele der Bauherren ließen sich derweil stattliche Domizile in den sprichwörtlichen Villenvierteln erreichten.

Seit der Mitte des Jahrhunderts fehlte der Berliner Bildhauerschule ein überragender Meister. Allein **Reinhold Begas** machte sich einen Namen mit dem Bismarckdenkmal, heute am Großen Stern. In der Malerei beherrschte Anton von Werners pathetische Historienmalerei die Szene. Einsam ragt **Adolph Menzel** (1815–1905) hervor, der in seinen Gemälden die friderizianische Epoche wiedererweckte und als Chronist seiner Zeit wirkte. Einsam war aber auch sein Leben –außergewöhnlich kleingewachsen, mit mächtigem kahlen Schädel als »Kleine Exzellenz« verspottet, mied er die Gesellschaft.

Architektur bis 1939

Lange prägte Ludwig Hoffmann (1852–1932) als Stadtbaurat die Architekturszene mit seinen Rückgriffen auf Renaissance und Barock das »Wilhelminische Berlin«. Alfred Messel schuf mit seinem Wertheim-Bau (1896–1906) einen zweckgerechten Warenhausstil, Peter Behrens beschritt mit der AEG-Turbinenhalle (1909) neue Wege im Industriebau. In den 1920er-Jahren bestimmten **Walter Gropius, Ludwig Mies van der Rohe**, Erich Mendelssohn, Hans Poelzig, Bruno und Max Taut und **Hans Scharoun** das Bild, insbesondere durch Wohnsiedlungen wie der Hufeisensiedlung in Britz (Taut und Wagner), Onkel Toms Hütte in Zehlendorf (Taut, Hugo Häring und Otto Rudolf Salvisberg) und Siemensstadt (Scharoun, Gropius u.a.). **Olympiastadion** mit der Langemarckhalle und Waldbühne von Werner March atmen bereits den Geist des Nationalsozialismus. Die gigantomanen Pläne Albert Speers, von Hitler 1937 zum Generalbauinspektor ernannt und mit der Neugestaltung einer »**Reichshauptstadt Germania**« beauftragt, wurden nur in Ansätzen verwirklicht. Kern sollte die 120 m breite Nord-Süd-Achse von Tempelhof bis zum Spreebogen werden, wo eine 290 m hohe »Volkshalle« aufragen sollte. Für den Skulpturenschmuck sollte u.a. Arno Breker sorgen. Ironie der Geschichte: Der Nachkriegs-Kahlschlag im Spreebogen und südlich davon wurde nicht allein durch Bomben verursacht, sondern schon von Speers Abrissbaggern begonnen.

Olympiastadion: April – Okt. tgl. 9 – 19, Aug. 9 – 20, Nov. – März 10 – 16 Uhr | Besichtigung 8 € | www.olympiastadion-berlin.de

Malerei bis 1933

Neue Ziele schrieb sich die 1898 von dem in Berlin geborenen **Max Liebermann** (1847–1935), einem der Hauptmeister des deutschen Impressionismus, und Walter Leistikow, dem Maler der märkischen Landschaft, gegründete **Sezession** aufs Panier. Ihr schlossen sich Lovis Corinth, Max Slevogt und Lesser Ury an. Eine sozialkritische Richtung vertraten Käthe Kollwitz (1867–1945) und **Heinrich Zille** (1858–1929), der volkstümliche Schilderer des Berliner »Milljöhs«. Den **Expressionismus** förderten Kunsthändler wie Herwarth Walden (Herausgeber der Zeitschrift »Der Sturm«), Paul Cassirer und Alfred Flechtheim. Max Beckmann, Ernst Ludwig Kirchner, Emil Nolde, Max Pechstein, Erich Heckel, Karl Schmidt-Rottluff und Oskar

Heinrich Zille kommentierte das Berlin seiner Zeit.

Kokoschka entwickelten in Berlin ihren Stil. Die Berliner **Dada**-Bewegung bestimmten wesentlich Hannah Höch und George Grosz, den **Realismus** prägten Otto Dix und Rudolf Schlichter. Grosz emigrierte 1933 in die USA, Dix wurde mit Ausstellungsverbot belegt.

Auferstanden aus Ruinen

Wiederaufbau

Architekten aus aller Welt kamen zum Wiederaufbau. Herausragend im Westen sind die **Kongresshalle** (1957) von Hugh A. Stubbins, die Unité d'Habitation (1957) von Le Corbusier, die neue **Kaiser-Wilhelm-Gedächtniskirche** (1960/1961) von Egon Eiermann, die Philharmonie (1963) von Hans Scharoun, die Neue Nationalgalerie (1968) von Ludwig Mies van der Rohe, der Flughafen Tegel (1975) von Gerkan, Marg und Nickels, die Staatsbibliothek (1979) von Scharoun, das Bauhaus-Archiv (1979) von Walter Gropius und das erst nach 1989 abgeschlossene **Kulturforum am Kemperplatz** nach einem Konzept von Scharoun. Dass man auch im Osten kräftig baute, zeigen Hermann Henselmanns **Stalinallee**, der inzwischen abgeris-

OBEN: Frank O. Gehrys DZ Bank am Pariser Platz: außen schlicht – innen schlicht unglaublich

UNTEN: Die Molecule Men des amerikanischen Bildhauers Jonathan Borofsky tanzen in der Spree.

sene Palast der Republik von Heinz Graffunder oder die Neubebauung der Friedrichstraße, die ebenfalls wieder rückgängig gemacht wurde. Über allem ragt aber der auch international anerkannte **Fernsehturm** (1965 – 1969) von Dieter und Franke auf.
Als Konglomerat moderner Wohnideen ist das **Hansaviertel** zur Internationalen Bauausstellung 1957 in die Architekturgeschichte eingegangen, zu dem 48 Architekten aus 13 Ländern beitrugen, darunter Alvar Aalto, Walter Gropius und Oscar Niemeyer. Die Wohnsiedlungen der **Gropiusstadt** (1973) in Buckow und im Märkischen Viertel (1974) sollten neu Wege in der Wohnarchitektur weisen, taten es aber letztendlich genauso wenig wie die Ende der 1970er-Jahre hochgezogenen Plattenbauten in Marzahn, Hellersdorf und Hohenschönhausen im Osten.
Das vereinte Berlin hat einen Bauboom ohnegleichen erlebt. Teils gewaltige Projekte, allen voran der **Potsdamer Platz**, die Wiederbebauung des Pariser Platzes, der Neubau des Hauptbahnhofs (ehem. Lehrter Bahnhof), des Kanzleramts und des Parlamentsviertels wurden verwirklicht, ganz zu schweigen von der Sanierung alter Bausubstanz wie der Museumsinsel. Etwas im Schatten der Großprojekte stehen Bauten wie das Jüdische Museum von Daniel Libeskind, Frank O. Gehrys DZ-Bank am Pariser Platz oder das Mosse-Zentrum an der Zimmerstraße in Mitte. Auch an der Peripherie entstand Neues, so in Treptow die 125 m hohen Treptowers und die markanteren Twin-Towers sowie in Dahlem die Bibliothek der philologischen Fakultät (»The Brain«) von Norman Foster. Auf fast einhellige Ablehnung der Kritiker stieß der Neubau der Zentrale des Bundesnachrichtendiensts (Jan Kleihues) an der Chausseestraße.

Kunstszene

Namen wie Georg Baselitz und Markus Lüpertz setzten Berlins internationalen Ruf als Kunststadt fort, was ihnen in den 1980er-Jahren die Jungen Wilden wie Salome und Rainer Fetting nachtaten, der u. a. die Willy-Brandt-Skulptur für die SPD-Zentrale schuf. Was 1987 mit dem **Skulpturen**boulevard Kurfürstendamm begann, hat sich fortgesetzt mit Plastiken prominenter Künstler, etwa Rauschenbergs »Riding Bikes« am Potsdamer Platz oder Claes Oldenbourgs »Houseball« in der Mauerstraße. Den Vogel abgeschossen hat Jonathan Borofsky – seine »Molecule Men« aus Aluminium ragen 30 m hoch am Treptower Spreeufer auf.
Wer wissen will, wohin die neuesten Trends gehen, hat **über 630 Galerien** zur Auswahl, mehr als London oder New York. Nach August- und Linienstraße in Mitte entwickeln sich neue Kunstzentren in der Potsdamer Straße und am Rosa-Luxemburg-Platz, in der Rudi-Dutschke-Straße und der Lindenstraße in Kreuzberg, am Holzmarkt in Friedrichshain und auch hinter dem Hamburger Bahnhof in der Heidestraße. **Berlin Biennale** (in geraden Jahren) und **Art Forum** beleben den Kunstmarkt.

INTERESSANTE MENSCHEN

Erster SPD-Kanzler: Willy Brandt

1913 – 1992
Bundeskanzler

Willy Brandt wurde am 18. Dezember 1913 als Herbert Frahm in Lübeck geboren. Als Mitglied der Sozialistischen Arbeiterpartei floh er 1933 nach Norwegen und legte sich den Untergrundnamen »Willy Brandt« zu. Nach Kriegsende kam er als Presseattaché nach Berlin, trat 1947 der SPD bei und war 1949 Mitglied des ersten Deutschen Bundestags. 1957 wurde er zum Regierenden Bürgermeister von Berlin gewählt. 1969 wurde Willy Brandt in einer Koalition mit der FDP erster sozialdemokratischer Bundeskanzler. Unter der Losung **»mehr Demokratie wagen«** wollte er das Potenzial der 68er-Generation in das gesellschaftliche Leben kanalisieren.

Seine Ostpolitik – seine große historische Leistung – brachte die Aussöhnung mit den von Hitlerdeutschland überfallenen Ländern Osteuropas. Unvergessen seine große Geste, als er 1971 am Mahnmal für die Opfer des Warschauer Ghettos auf die Knie sank. Er erhielt im selben Jahr den Friedensnobelpreis; nur in Deutschland wurde er als »Verzichtpolitiker« und »Vaterlandsverräter« beschimpft. Er starb am 8. Oktober 1992 in Bonn-Unkel und erhielt in Berlin ein Staatsbegräbnis.

Diva und Weltstar: Marlene Dietrich

1901 – 1992
Schauspielerin und Sängerin

Die Offizierstochter aus Schöneberg hatte schon in 17 Stummfilmen mitgewirkt, als ihr 1930 mit der Rolle der anrüchigen Lola in **»Der blaue Engel«** der Durchbruch gelang. Von nun an hatte sie ihren Ruf als Femme fatale weg. Noch im selben Jahr folgte sie Josef von Sternberg, dem Regisseur des »Blauen Engels«, nach Hollywood. Die namhaftesten Regisseure – Lubitsch, Hitchcock, Welles – drehten mit ihr Filme mit ebenso namhaften Stars. Nach dem Zweiten Weltkrieg – in dem die überzeugte Hitlergegnerin als Truppenbetreuerin vor US-Soldaten auftrat – zog sie sich allmählich vom Film zurück, landete aber mit »Das Urteil von Nürnberg« und »Zeugin der Anklage« noch einmal große Erfolge. Auch abseits des Filmgeschäfts blieb sie im Gespräch, sie trat als Sängerin auf allen Bühnen der Welt auf und festigte damit ihren Ruf als Diva mit zahlreichen Affären. Trotzdem ließ sie sich nie von ihrem Mann Rudolf Sieber scheiden. 1974 gab sie nach einem Sturz auf der Bühne ihre Karriere auf. Fortan lebte sie abgeschieden in Paris. Sie ist in Berlin-Friedenau beerdigt (▶ Schöneberg).

Ein Berliner Weltstar mit Haltung: Marlene Dietrich

APO-Anführer: Rudi Dutschke

1940 – 1979
Studentenführer

Als die deutsche Studentenschaft daran ging, den »Muff von tausend Jahren« aus den Talaren zu stäuben, fand sie in Rudi Dutschke ihren charismatischen Anführer. Am 7. März 1940 in Schönefeld bei Luckenwalde geboren, war er kurz vor dem Mauerbau nach Westberlin gekommen. Er engagierte sich im Sozialistischen Deutschen Studentenbund (SDS), bald sah man ihn an der Spitze der Proteste gegen den Krieg in Vietnam. Sein politisches Anliegen – die gewaltfreie Umwandlung der von ihm als repressiv eingeschätzten bundesdeutschen Gesellschaft – fasste er in das Credo vom **»langen Marsch durch die Institutionen«**. Rudi Dutschke war die Symbolfigur der APO-Zeit schlechthin – und für die Blätter des Springer-Verlags der Prototyp des gewalttätigen Bürgerschrecks. Nicht zuletzt deshalb wurde er am 11. April 1968 angeschossen und erlitt schwerste Kopfverletzungen. Nach der Genesung ging er ins Ausland. Er starb Heiligabend 1979 an einem epileptischen Anfall als Spätfolge des Attentats.

Lange nach seinem Tod sorgte Rudi Dutschke noch einmal für Aufregung: Erst nach einem Volksentscheid wurde 2008 die Kochstraße zwischen Friedrichstraße und Axel-Springer-Straße nach ihm benannt – sie führt ausgerechnet direkt vorbei am Axel-Springer-Hochhaus.

Der Alte Fritz: Friedrich II. der Große

1712 – 1786
König von
Preußen

Der Vater des dritten preußischen Königs, Friedrich Wilhelm I. (1688 – 1740), der »Soldatenkönig«, war ein streng-pragmatischer Mann, sein Sohn dagegen musisch begabt. Er sympathisierte sogar mit den Ideen der Aufklärung und korrespondierte mit Voltaire. Der Konflikt eskalierte derart, dass er 1730 mit Hilfe seines Freundes Leutnant von Katte einen Fluchtversuch nach England unternahm und dafür von seinem Vater vor Gericht gestellt wurde (▶ Alt-Köpenick). Nach der Verlobung mit Elisabeth Christine von Braunschweig-Bevern 1732 schrieb Friedrich seine Idee von der Stellung des Fürsten als »ersten Diener des Staates« im **»Antimachiavelli«** nieder. 1740 bestieg er den Thron. Seine Herrschaft kennzeichnet zum einen die territoriale Erweiterung Preußens zur europäischen Großmacht; zum anderen setzte er die von seinem Vater eingeleitete innere Stabilisierung fort, indem er den Staat streng ständisch organisierte. Seine späten Jahre waren gekennzeichnet von Vereinsamung und Misstrauen. Der Beiname »der Alte Fritz« drückt die Ambivalenz seiner Person aus: das in vielen Anekdoten überlieferte Bild vom väterlichen Herrscher hier und der zurückgezogen lebende, zynisch gewordene König ohne Erben dort.

Forschen und Lehren: Gebrüder Humboldt

Alexander und Wilhelm von Humboldt waren als weit gereiste, geistreiche Gesprächspartner gern gesehene Gäste der Berliner Gesellschaft, der literarischen Salons und am preußischen Hof.

Alexander von
Humboldt
1769 – 1859

Alexander von Humboldt, in Berlin geboren, gilt als Begründer der Landwirtschaftskunde, der Meteorologie, der Meereskunde und der Pflanzengeografie. Zunächst studierte er mit seinem Bruder Wilhelm Jura in Frankfurt an der Oder, ging aber dann an die Bergakademie in Freiberg (Sachsen). 1790 bereiste er Europa, mit dem französischen Botaniker A. Bonpland unternahm er von 1799 bis 1804 eine ausgedehnte Expeditionsreise nach Süd- und Mittelamerika. Er erklomm den 6310 m hohen Chimborazo in Ecuador, den damals höchsten bekannten Berg der Erde, bis auf ca. 5300 m Höhe und damit höher als jeder Europäer vor ihm – in Gehrock, Poncho und Stulpenstiefeln. Von 1807 bis 1827 lebte er meist in Paris und wertete seine Südamerika-Reise aus. 1827 kehrte er nach Berlin zurück, hielt Vorlesungen an der Friedrich-Wilhelms-Universität und unternahm 1829 eine weitere Reise in das asiatische Russland. Von 1845 bis 1858 arbeitete er an seinem Hauptwerk **»Kosmos«**. Er starb am 6. Mai 1859.

Wilhelm von
Humboldt
1767 – 1835

Weniger aufregend, aber nicht minder wirkungsträchtig verlief das Leben des in Potsdam geborenen Wilhelm von Humboldt. Er studierte Jura in Frankfurt an der Oder und in Göttingen und vertrat von 1802 bis 1808 Preußen in Rom, bis er 1809 vom Freiherrn vom Stein zum Leiter des preußischen Kultus- und Unterrichtswesens nach Berlin gerufen wurde. Auf diesem Posten und geleitet vom Ideal der **»humanistischen Bildung«** initiierte er bedeutende Reformen und baute die Berliner Universität (Friedrich-Wilhelms-Universität) auf. Er starb am 8. April 1835 in seinem Schloss am Tegeler See.

Urberliner Original: Harald Juhnke

1929 – 2005
Schauspieler
und Entertainer

Harald Juhnke, in Charlottenburg zur Welt gekommen, im Wedding aufgewachsen und somit Ur-Berliner, wollte so unbedingt Schauspieler werden, dass er dafür die Schule verließ. In den 1950er- und 1960er-Jahren spielte er in allen erdenklichen Wirtschaftswunder-Filmkomödien mit. In den 1970ern begann er seine Fernsehkarriere als Showmaster, die er jedoch wegen seiner Alkoholkrankheit abbrechen musste. In den 1990ern hatte er noch einmal Erfolg als ernsthafter Schauspieler (u.a. in der Fallada-Verfilmung »Der Trinker«), bevor er nach einem letzten schweren Alkoholabsturz 2000 nicht mehr auftreten konnte. Die letzten Jahre seines Lebens verbrachte er im Pflegeheim.

Als Sünderin an den Broadway: Hildegard Knef

1925 – 2002
Schauspielerin,
Sängerin und
Schriftstellerin

»Berlin, dein Gesicht hat Sommersprossen« oder »Ich hab' noch einen Koffer in Berlin« – es waren solche, mit rauchiger Stimme vorgebrachte Chansons, mit denen Hildegard Knef das Lebensgefühl im isolierten Westberlin der 1960er-Jahre musikalisch auf den Punkt brachte. Sie wurde in Ulm geboren, wuchs aber in Berlin auf, wo sie ab 1942 Schauspielunterricht erhielt. Ihre erste Hauptrolle spielte sie im ersten deutschen Nachkriegsfilm, dem 1946 von Wolfgang Staudte gedrehten »Die Mörder sind unter uns«; 1948 erhielt sie beim Filmfest in Locarno den Preis für die beste weibliche Hauptrolle in »Film ohne Titel«. Richtig Furore machte aber ihr sekundenkurzer Nacktauftritt in **»Die Sünderin«** (1951). Ihren endgültigen Durchbruch schaffte sie in den USA, wo sie am Broadway auftrat. 1963 startete sie ihre Karriere als Chansonsängerin – Ella Fitzgerald nannte sie »die größte Sängerin ohne Stimme«.

Ballonfahrt zum Mond: Paul Lincke

1866 – 1946
Komponist

Die »Berliner Nationalhymne« **»Das ist die Berliner Luft, Luft, Luft«** ist Paul Lincke zu verdanken, Sohn eines Berliner Magistratsdieners. In seiner berühmteste Operette »Frau Luna« schmettert eine Handvoll Berliner auf ihrer Ballonfahrt zum Mond diesen Marsch. Lincke war bereits mit 18 Jahren Kapellmeister, dirigierte vor allem an Unterhaltungsbühnen, ging einige Zeit nach Paris und machte dann in Berlin Karriere.

Mit Pauke, ohne Zeigefinger: Wolfgang Neuss

1923 – 1989
Kabarettist

Als »Mann mit der Pauke«, der die Politik der frühen 1960er-Jahre aufs bissigste kommentierte, wurde der in Breslau geborene Wolfgang Neuss berühmt. Nach dem Notabitur war er zunächst fünf Jahre lang Soldat, bis er sich den linken Zeigefinger wegschoss und sich so der Front entzog. Nach Kriegsende begann er seine Kabarettistenkarriere und spielte in Unterhaltungsfilmen. Sein eigentliches Feld war jedoch die Satire auf der Bühne und im Film, wo er sich als Autor, Produzent und Hauptdarsteller zusammen mit seinem kongenialen Freund **Wolfgang Müller** in Werken wie »**Wir Kellerkinder**« und »**Genosse Münchhausen**« auszeichnete. Seine größten Erfolge hatte er ab 1963 in Westberlin in seinem Kabarett »Das jüngste Gerücht«. Er sympathisierte mit linken Gruppen und war einer der Begründer des Republikanischen Clubs. Seit Anfang der 1970er-Jahre wurde es immer stiller um Neuss.

Schaut auf diese Stadt! Ernst Reuter

1889 – 1953
Regierender Bürgermeister

Ernst Reuter wurde im dänischen Apenrade geboren. Seit 1912 Mitglied der SPD, wurde er 1932 Reichstagsabgeordneter, musste aber bald emigrieren. Nach seiner Rückkehr 1947 wurde er zum Oberbürgermeister von Berlin gewählt, bis 1948 aber durch sowjetisches Veto am Amtsantritt gehindert. Von 1950 bis zu seinem Tod am 29. September 1953 war er Regierender Bürgermeister. In seine Amtszeit fiel die Blockade Berlins. Berühmt wurde sein Aufruf vor dem Reichstag während einer Demonstration gegen die Blockade:

> »
> Ihr Völker der Welt! Ihr Völker in Amerika, in England, Frankreich und Italien! Schaut auf diese Stadt und erkennt, dass ihr diese Stadt und dieses Volk nicht preisgeben dürft, nicht preisgeben könnt. Es gibt nur eine Möglichkeit für uns alle: Gemeinsam so lange zusammenzustehen, bis dieser Kampf gewonnen, bis dieser Kampf endlich durch den Sieg über die Feinde, durch den Sieg über die Macht der Finsternis gewonnen ist. Das Volk Berlins hat gesprochen. Wir haben unsere Pflicht getan, und wir werden unsere Pflicht weiter tun.
> «

Leise sein war ihr Ding nicht: Claire Waldorff (links) sang »Wer schmeißt denn da mit Lehm«, Wolfgang Neuss (oben) haute auf die Pauke und Rudi Dutschke (unten) verkündete den »Marsch durch die Institutionen«.

Der war Spitze: Hans Rosenthal

1925 – 1987
Showmaster

Hans Rosenthal, jüdischen Glaubens, war einer der beliebtesten deutschen Radio- und Fernsehshowmaster. Der Sohn eines Bankbeamten verlor 1937 seinen Vater und 1941 seine Mutter; sein Bruder wurde in Riga im Konzentrationslager ermordet. Zwischen 1940 und 1943 musste er Zwangsarbeit leisten, bis er in der Lichtenberger Kleingartenanlage »Dreieinigkeit« untertauchen konnte. Nach Kriegsende kam er zum Berliner Rundfunk und wechselte 1948 zum RIAS. Dort machte er schnell Karriere als Redakteur, Regisseur, Ideenlieferant und insbesondere als Quizmaster. Ab 1971 moderierte er im ZDF das erfolgreiche Quiz **»Dalli-Dalli«** moderierte.
Hinter dem fröhlichen Star steckte ein Mann, der als Direktoriumsmitglied im Zentralrat der Juden in Deutschland und als Vorsitzender der Repräsentantenversammlung der Jüdischen Gemeinde zu Berlin für die Versöhnung zwischen Juden und Deutschen arbeitete.

Gewitzt: Wilhelm Voigt

1849 – 1922
»Hauptmann von Köpenick«

Wilhelm Voigt stammte aus dem ostpreußischen Tilsit. Schon mit 18 Jahren wurde er zu zwölf Jahren Zuchthaus verurteilt. Danach führte er einige Jahre ein geregeltes Leben, doch bald kam er wieder mit dem Gesetz in Konflikt. Dabei lernte er die Sturheit der Beamten und ihre Unterwürfigkeit gegenüber Uniformträgern kennen. Am 16. Oktober 1906 nahm er in einer Hauptmannsuniform vom Trödler den Bürgermeister von Köpenick fest und »beschlagnahmte« die Stadtkasse, indem auf die zuvor in schneidigem Ton für requiriert erklärten Soldaten zeigte: »Befehl ist Befehl. Hinterher könnense sich beschweren.« Ganz Deutschland lachte Vogt erhielt vier Jahre Gefängnis, wurde aber schon nach zwei Jahren wieder entlassen. 1910 begab er sich auf die Reise nach Übersee und trat im US-Zirkus als »Hauptmann von Köpenick« auf. Noch im selben Jahr kehrte er aber zurück nach Luxemburg, wo er am 3. Januar 1922 starb.

Kesse Röhre: Claire Waldoff

1884 – 1957
Schauspielerin und Kabarettistin

Die am 21. Oktober 1884 geborene Claire Waldoff war Schauspielerin, vor allem jedoch Kabarettistin und mit ihrer »Schnauze« **Inbegriff des Berliner Chansons** (»Wer schmeißt denn da mit Lehm? Der sollte sich was schäm'«). In frechen, auch besinnlichen Couplets besang sie die Stadt, das »Zillemilljöh«, die Kümmernisse und Freuden der kleinen Leute. Ihre kesse »Röhre« wurde auf vielen Schallplatten festgehalten, ihr roter Schopf und ihre kleine rundliche Gestalt war für die Berliner Brettlkunst ein Markenzeichen. Mit ihrem Tod am 22. Januar 1957 ging ein Original. Sie wurde im Familiengrab ihrer Lebensgefährtin Olga von Roeder in Stuttgart beigesetzt.

Humor der Hinterhöfe: Heinrich Zille

1858 – 1929
Sozialkritischer Zeichner

Heinrich Zille kam im sächsischen Radeburg zur Welt. Der Chronist des Berliner »Milljöhs« stammte selbst aus ärmlichen Verhältnissen. Er war Schüler des populären Malers Theodor Hosemann und begann als Lithograf, wurde dann Mitarbeiter des »Simplicissimus«, der »Jugend« und der »Lustigen Blätter« und schließlich Mitglied der Preußischen Akademie der Künste. Zille machte sich mit den sozialkritischen Blättern aus dem Elendsmilieu der Berliner Hinterhöfe einen Namen. Mit karikierendem Humor, meisterhaftem Strich und scharfem Auge für komische Situationen wollte er aber nicht durch Heiterkeit besänftigen, sondern die Ursachen von Armut und Not offen zu legen (▶ Abb. S. 281).

Der Erfinder des Reiseführers: Karl Baedeker

1801 – 1859
Verleger

Als Buchhändler kam Karl Baedeker viel herum, und überall ärgerte er sich über die »Lohnbedienten«, die die Neuankömmlinge gegen Trinkgeld in den erstbesten Gasthof schleppten. Nur: Wie sollte man sonst wissen, wo man übernachten könnte und was es anzuschauen gäbe? In seiner Buchhandlung hatte er zwar Fahrpläne, Reiseberichte und gelehrte Abhandlungen über Kunstsammlungen. Aber wollte man das mit sich herumschleppen? Wie wäre es denn, wenn man all das zusammenfasste? Gedacht, getan: Zwar hatte er sein erstes Reisebuch, die 1832 erschienene »Rheinreise«, noch nicht einmal selbst geschrieben. Aber er entwickelte es von Auflage zu Auflage weiter. Mit der Einteilung in »Allgemein Wissenswertes«, »Praktisches« und »Beschreibung der Merk-(Sehens-)würdigkeiten« fand er die klassische Gliederung des Reiseführers, die bis heute ihre Gültigkeit hat. Bald waren immer mehr Menschen unterwegs mit seinen **»Handbüchlein für Reisende, die sich selbst leicht und schnell zurechtfinden wollen«**. Die Reisenden hatten sich befreit, und sie verdanken es bis heute Karl Baedeker. Berlin beschrieb er erstmals im 1878 erschienen Band »Baedekers Berlin und Potsdam«.

»
Musterhaft ist die Sauberkeit der Stadt,
wie sie sonst wohl nur noch in New York zu finden ist.
«

Baedekers »Berlin und Umgebungen«, 11. Auflage 1900

E

ERLEBEN & GENIESSEN

Überraschend, stimulierend, bereichernd

Mit unseren Ideen erleben und genießen Sie Berlin.

AUSGEHEN

In keiner Stadt Deutschlands ist das Angebot für Nachtschwärmer so groß wie in Berlin. Jeden Abend kann der Gast aus mehr als 300 Veranstaltungen der unterschiedlichsten Art wählen.

Überblick Drei große Opernhäuser und ein kleines (meist gespielte Oper: »Die Zauberflöte«), 31 Theater, 29 Kleinkunstbühnen, 18 Kindertheater und 15 Kabaretts, eine unüberschaubare Menge von Clubs mit Konzertbühnen oder Dancefloors, kleine Musiklokale und große Veranstaltungsorte wie das Olympiastadion in Charlottenburg, die Mercedes-Benz-Arena in Friedrichshain und die Columbia-Halle. Im Sommer erweitern die Waldbühne in Charlottenburg, die Zitadelle Spandau und die Kindl-Bühne Wuhlheide das Spektrum von ca. 250 Veranstaltungsorten, nicht zu vergessen ein gutes Dutzend Open-Air-Kinos.

Auch die Jugend schwoofft gern in Clärchens Ballhaus.

Über Etikette

Falsch angezogen ist man in fast keinem Fall. Auch die Hochkultur verzeiht Besuchern aus aller Welt, dass sie den Rucksack an der Theater-Garderobe abliefern. Penibler reagieren die Türsteher mancher Clubs auf Turnschuhe, während andere an den Sneakers erkennen, wer nach Outfit und Mentalität zu ihnen passt. Während die Musiklokale oft um 20, 21 oder 22 Uhr öffnen, kommen Club-Besucher meist um Mitternacht noch zu früh, dafür nie – vor allem am Wochenende – zu spät, besonders im Bermudadreieck zwischen Alexanderplatz, Ostbahnhof und Oberbaumbrücke inklusive Spreeufer – also in Mitte, Friedrichshain und Kreuzberg.
Mit **www.clubmatcher.de** soll Berlin-Touristen geholfen werden, den passenden Club für den Abend zu finden. Suchen kann man – auf Englisch – nach Bezirk, nach Musikrichtung, altersmäßig passender Gesellschaft (18–40 Jahre) oder Styling.

Raucher?

Notorische Raucher müssen nicht darben. 650 Kneipen sind als Raucherlokale angemeldet, das geht bei einer Raumgröße bis 75 m², sofern dort keine Mahlzeiten zubereitet werden und der Zutritt nur Menschen ab 18 Jahren gestattet wird. Raucher-Lounges gibt es aber auch in gehobenen Hotels.

TANZEN, KNEIPE, KINO – WOHIN?

❶ etc. ▶ Plan S. 316–319
Ohne Nr.: außerhalb des Plans

CLUBS, TANZEN, MUSIK HÖREN

⓭ ARENA UND BADESCHIFF
Theater, Konzert, Tanz und Kino im ehemaligen Busdepot; 800 (Sonnen-)Plätze mit Bademöglichkeit im Sommer ab 8 Uhr morgens im Badeschiff.
Eichenstr. 4 (Treptow)
Tel. 030 5 33 20 30
www.arena-berlin.de
S-Bahn: Treptower Park
(S 41, S 42, S 8)

⓫ BERGHAIN
Legendärer Techno-Club mit den besten DJs, aber auch einer berüchtigten Türpolitik
Am Wriezener Bahnhof
(Friedrichshain)
www.berghain.de
S-/U-Bahn: Ostbahnhof
(S 5, S 7, S 75, U 1)

⓰ CAFÉ KEESE
Der Klassiker unter den Berliner Tanzcafés
Bismarckstr. 108
(Charlottenburg)
Tel. 030 312 91 11
http://cafekeese.de
U-Bahn: Ernst-Reuter Platz, Deutsche Oper (U 2)

❺ CLÄRCHENS BALLHAUS
Nostalgischer Klassiker unter den Berliner Tanzlokalen, aber nicht nur für ältere Semester: Es ist angehübscht, man sitzt nachmittags im Biergarten und abends tanzt auch das Jungvolk.

Auguststr. 24 (Mitte)
Tel. 030 2 82 92 95
www.ballhaus.de
S-Bahn: Hackescher Markt
(S 5, S 7, S 75)

7 GRÜNER SALON IN DER VOLKSBÜHNE
Live-Musik, Chansons, aber auch Swing-, Tango- und Salsa-Abende
Rosa-Luxemburg-Platz (Mitte)
Tel. 030 28 59 89 38
U-Bahn: Rosa-Luxemburg-Pl. (U 2)

4 KAFFEE BURGER
Gypsie-Jazz, Elektro, Russendisko und Lesungen in der »Tanzwirtschaft«
Torstr. 60 (Mitte)
Tel. 030 28 04 64 96
www.kaffeeburger.de
U-Bahn: Rosa-Luxemburg-Pl. (U 2)

1 KULTURBRAUEREI
Top-Adresse für Musik, Lesungen, Ausstellungen und Theater
Sredzkistr. 15 (Prenzlauer Berg)
Tel. 030 4 43 15-100
www.kulturbrauerei.de
U-Bahn: Eberswalder Str. (U 2)

14 WATERGATE
Berlins vielleicht schönstgelegener Club im Lagerhaus am Wasser, mit Aussicht auf Spree und Oberbaumbrücke, auch von der Terrasse
Falckensteinstr. 49 (Kreuzberg)
Tel. 030 61 28 03 94
www.water-gate.de
S-Bahn: Ostbahnhof
(S 5, S 7, S 75, U 1)

JAZZ UND BLUES

17 A TRANE JAZZCLUB
Etwas für Liebhaber: Modern Jazz, Jam Late Night Sessions
Bleibtreustr. 1 (Charlottenburg)
Tel. 030 3 13 25 50
www.a-trane.de
S-Bahn: Savignyplatz
(S 5, S 7, S 75)

6 B-FLAT
Kleines Jazzlokal mit Auftritten großer Musiker
Rosenthaler Str. 13 (Mitte)
Tel. 030 2 83 31 23
www.b-flat-berlin.de
S-Bahn: Hackescher Markt
(S 5, S 7, S 75)

20 QUASIMODO
Der Westklassiker für Jazz, Blues, Folk, Funk, Soul
Kantstr. 12 a (Charlottenburg)
Tel. 030 3 12 80 86
www.quasimodo.de
S- / U-Bahn: Zoolog. Garten
(S 5, S 7, S 75, U 2, U 9)

BARS, KNEIPEN, SZENE

12 ANKERKLAUSE
Was ist eigentlich das Besondere hier? Vielleicht doch die Veranda über dem Landwehrkanal mit Ausblick auf die guten Restaurants gegenüber.
Kottbusser Damm 104 / Maybachufer (Kreuzberg)
Tel. 030 6 93 56 49
www.ankerklause.de
U-Bahn: Kottbusser Tor (U 1, U 8)

22 GREEN DOOR
Alles Grün und eine endlose Cocktailkarte
Winterfeldtstr. 50 (Schöneberg)
Tel. 030 2 15 25 15
U-Bahn: Nollendorfplatz (U 1, U 4)

21 HARRY'S NEW YORK BAR
Live-Pianomusik und exzellente Cocktails am langen Tresen aus Granit
Lützowufer 15, im Grand Hotel Esplanade (Tiergarten)
Tel. 030 2 54 78-0
U-Bahn: Nollendorfplatz (U 1, U 4)

Kultige Kneipen müssen Sie in Berlin nicht lange suchen.

19 TIMES BAR

Havannas warten im Humidor auf den – oft intellektuellen – Gast.
Fasanenstr. 9, im Hotel Savoy (Charlottenburg)
Tel. 030 3 11 03-0
www.hotel-savoy.com
U-Bahn: Kurfüstendamm (U 1)

8 THE LIBERATE

Seide und Palisander und viel Glamour unter der S-Bahn in einer kurzen dunklen Straße; unterm Kronleuchter werden erstklassige Spirituosen serviert. Nur Mi. – Sa.
Kleine Präsidentenstr. 4 (Mitte)
Tel. 030 88 67 77 78
www.theliberate.com
S-Bahn: Hackescher Markt (S 5, S 7, S 75)

2 METZER ECK

Mal was anderes in Prenzlauer Berg: Urberliner Kneipe seit 1913, deftige Berliner Küche
Metzer Str. 33 (Prenzlauer Berg)
Tel. 030 4 42 76 56
U-Bahn: Senefelderplatz (U 2)

24 MONKEY BAR

Schöner Blick über Berlin und auf die Gedächtniskirche vom 10. Stock des Hotels »25 hours« im Bikini-Haus am Ku'damm
Budapester Str. 38 – 50 (Charlottenburg)
Tel. 030 12 02 21 21-0
U-Bahn: Kurfürstendamm (U 1, U 9)

3 SAPHIRE-BAR

Die 1970er-Jahre, elegant auferstanden
Bötzowstr. 31 (Prenzlauer Berg)
Tel. 030 25 56 21 58
www.saphirebar.de
S-Bahn: Greifswalder Str. (S 41, S 42)

9 BAR TAUSEND

Keine Turnschuhe. Das Alter der Gäste: 30 +, die Lichtinstallation mondän, die Cocktails erlesen; So.und Mo. geschl.
Schiffbauerdamm 11 (Mitte)
www.tausendberlin.com
S-/U-Bahn: Friedrichstr. (S 1, S 2, S 5, S 7, S 75, U 6)

10 WINDHORST
Klassiker mit hervorragenden Cocktails und guten Snacks; So. geschl.
Dorotheenstr. 65 (Mitte)
Tel. 030 20 45 00 70
www.windhorst-bar.de
S-/U-Bahn: Friedrichstr.
(S 1, S 2, S 5, S 7, S 75, U 6)

15 WÜRGEENGEL
Stilvolle Cocktailbar mit Jazz
Dresdener Str. 122 (Kreuzberg)
Tel. 030 6 15 55 60
www.wuergeengel.de
U-Bahn: Kottbusser Tor
(U 1, U 15, U 12, U 8)

23 YORCKSCHLÖSSCHEN
Kreuzberger Kneipeninstitution mit Biergarten, regelmäßig Jazz oder Blues, sonntags Tatortgucken
Yorckstr. 15
(Kreuzberg)
Tel. 030 2 15 80 70,
www.yorckschloesschen.de
S- / U-Bahn: Yorck- / Großgörschenstr. (S 1, U 7)

18 ZWIEBELFISCH
Richtige Kneipe mit 68er-Tradition, gemütlich und preiswert
Savignyplatz 7
(Charlottenburg)
Tel. 030 3 12 73 63
www.zwiebelfisch-berlin.de,
S-Bahn: Savignyplatz
(S 5, S 7, S 75)

ENTSPANNEN WIE AM MEER

Genießen Sie zum Sonnenuntergang einen leckeren Cocktail in einer der vielen Strandbars und die Spree wird zum Ozean. Manche sind so flüchtig wie der aufgeschüttete Sand; hier einige Etablierte: Capital Beach am Ludwig-Erhard-Ufer (Mitte), Strandbar Mitte in der Monbijoustraße (Mitte) und die YAAM Bar, An der Schillingbrücke 3 (Friedrichshain).

KINO

Die meisten Kinos,die alle Blockbuster bringen, findet man in Mitte und Friedrichshain-Kreuzberg, in allen Bezirken auch Programmkinos. Zunehmend zeigt man auch Filme im Originalton mit Untertiteln.

FILMFESTSPIELE

Jährlich im Februar finden die 1951 gegründeten und mit immer mehr Glamour und Leinwandstars ausgestatteten Internationalen Filmfestspiele Berlin (Berlinale) statt, u. a. mit dem Wettbewerb um den Goldenen Bären. Aufführungsort sind überwiegend die Kinos am Potsdamer Platz, dazu das Filmzentrum Zoo-Palast am Bahnhof Zoo.

PROGRAMMAUSKUNFT

www.kino berlin.de
www.kinokompendium.de

ASTOR FILM LOUNGE

Wer Doorman und Valet-Parking schätzt, gern bequem sitzt, sich am Platz bedienen lassen möchte und dafür auch etwas mehr bezahlt, ist in diesem Kuschel-Kino richtig.
Kurfürstendamm 225
(Charlottenburg)
Tel. 030 8 83 85 51
www.astor-filmlounge.de
U-Bahn: Kurfürstendamm
(U 1, U 9)

BABYLON

Das einzige erhaltene Uraufführungskino der Stummfilmzeit (1928)wurde nach Entwürfen des expressionistischen Architekten Hans Poelzig erbaut. Retrospektiven bedienen sich u. a. aus dem Fundus des ehemaligen Filmarchivs der DDR.
Rosa-Luxemburg-Str. 30 (Mitte)
Tel. 030 2 42 59 69
www.babylonberlin.de
U-Bahn: Rosa-Luxemburg-Pl. (U 2)

MOVIEMENTO

1907 als »Kinematografen-Theater« eröffnet und somit Berlins ältestes Kino, zeigt es heute Arthouse, Filmklassiker und Premieren.
Kottbusser Damm 22
(Kreuzberg)
Tel. 030 6 92 47 85
www.moviemento.de
U-Bahn: Hermannplatz (U 7, U 8)

IMAX

Weltgrößte Leinwand für 3D-Filme, 25 000-Watt-Tonsystem
Potsdamer Str. 4, Sony Center
(Tiergarten)
Tel. 030 26 06 64 00
www.cinestar.de
S-/U-Bahn: Potsdamer Platz
(S 1, S 2, S 25, U 2)

ZOO-PALAST

Aus dem einstigen Premierenkino ist wieder ein großes Filmtheater geworden, mit Stil und Komfort von gestern und der Technik von heute: sieben Säle (Saal 1 mit Wasserfallvorhang), Logen mit Service und Lounge
Hardenbergstr. 29 a
(Charlottenburg)
Tel. *01805 222 966
www.zoopalast-berlin.de
U-Bahn: Zoologischer Garten
(U 2, U 9), Kurfürstendamm
(U 1, U 9)

FREILUFTKINO

Sommerkinos in Kreuzberg, Friedrichshain und im Wedding
www.freiluftkino-berlin.de

Sommerkino Kulturforum
Potsdamer Platz
www.yorck.de

Freiluftkino Hasenheide
www.freiluftkino-hasenheide.de

THEATER · KONZERTE · KLEINKUNST

In Berlin, wo Gerhart Hauptmann, Henrik Ibsen, August Strindberg und Bertolt Brecht ihren Durchbruch erlebten und Regisseure wie Max Reinhardt, Erwin Piscator und Gustaf Gründgens gearbeitet haben, wurde ein wesentlicher Teil der deutschen Theatergeschichte geschrieben. Heute kommt zu den bald 100 regelmäßig spielenden Theatern eine große Zahl freier Theatergruppen Damit steht Berlin zumindest numerisch an erster Stelle im deutschsprachigen Theaterbetrieb.

VORVERKAUFSSTELLEN

BERLINER THEATER- UND KONZERTKASSE BTK

Spreeufer 6 (Nikolaiviertel)
Tel. 030 2 41 46 35
www.btk-berlin.de

THEATERKASSE ALEXANDERPLATZ

in der Galeria Kaufhof
Tel. 030 24 74 16 64
www.ctm-theaterkassen.de

HEKTICKET AM ZOO / AM ALEX

Manche Karten für Vorstellungen am selben Tag zum halben Preis ab 14 Uhr erhältlich.
Hardenbergstr. 29 d
(im Foyer der Deutschen Bank)
Tel. 030 2 30 99 30
Karl-Liebknecht-Str. 13
(Kulturkiosk am Berlin Carré)
Tel. 030 24 31 24 31
www.hekticket.de

THEATER- UND KONZERTKASSE

S-Bahnhof Alexanderplatz
Tel. 030 24 72 16

Autorenlesungen? Gegenwartsdramen? Alles geboten im Maxim-Gorki-Theater.

BERLINER BÜHNEN

BERLINER ENSEMBLE
Modernes Schauspiel, zeitgenössisches und klassisches Theater – und natürlich Brecht-Stücke
Theater am Schiffbauerdamm
Bertolt-Brecht-Platz 1 (Mitte)
Tel. 030 2 84 08 -155 (Karten), -153 (Infos, Führungen)
www.berliner-ensemble.de
S-/U-Bahn: Friedrichstraße
(S 1, S 2, S 25, S 5, S 7, S 75, U 6)

DEUTSCHES THEATER UND KAMMERSPIELE
Klassisches und Modernes
Schumannstr. 13 a (Mitte)
Tel. 030 2 84 41-225
www.deutschestheater.de
U-Bahn: Oranienburger Tor (U 6)

HAU 1 (HEBBEL AM UFER)
Theater, Tanz, Musik
Stresemannstr. 29 (Kreuzberg)
Tel. 030 25 90 04 27
www.hebbel-theater.de
U-Bahn: Hallesches Tor (U 1, U 6)

HAU 2
Hallesches Ufer 32 (Kreuzberg)
Tel. s.o.
U-Bahn: Möckernbrücke (U 1, U 7)

HAU 3
Tempelhofer Ufer 10 (Kreuzberg)
Tel. s.o.
U-Bahn: Möckernbrücke (U 1, U 7)

MAXIM-GORKI-THEATER UND GORKI-STUDIO
Gegenwartsdrama
Am Festungsgraben 2 bzw. Hinter dem Gießhaus (Mitte)
Tel. 030 20 22 11 15
www.gorki.de
S-Bahn: Hackescher Markt
(S 5, S 7, S 75)

RENAISSANCE-THEATER
Schauspiel und Komödie
Knesebeckstr. 100
(Charlottenburg)
Tel. 030 3 12 42 02
www.renaissance-theater.de
S-Bahn: Savignyplatz
(S 5, S 7, S 75)

SCHAUBÜHNE AM LEHNINER PLATZ
Modernes klassisches Schauspiel
Kurfürstendamm 153
(Charlottenburg)
Tel. 030 89 00 23
www.schaubuehne.de
U-Bahn: Adenauerplatz (U 7)

SCHLOSSPARKTHEATER
Nach Jahren des Dornröschenschlafs seit 2009 unter der Leitung von Dieter Hallervorden – aber nicht Comedy und Klamauk, sondern anspruchsvoll und mit namhaften Schauspielern.
Schlossstr. 48 (Steglitz)
Tel. 030 78 95 66 71 00
www.schlossparktheater.de
U-Bahn: Rathaus Steglitz (U 9)

SOPHIENSÄLE
Spielort der Avantgarde, Theater-Performance
Sophienstr. 18 (Mitte)
Tel. 030 2 83 52 66
www.sophiensaele.com
S-Bahn: Hackescher Markt
(S 5, S 7, S 75)

THEATER 89
Freie Bühne für Autorentheater, im Wendejahr 1989 gegründet
Torstr. 216 (Mitte)
Tel. 039852 49 81 51
www.theater89.de
U-Bahn: Rosa-Luxemburg-Platz
(U 2)

THEATER UND KOMÖDIE AM KURFÜRSTENDAMM
Anspruchsvolles und zeitgemäßes Boulevardtheater
Kurfürstendamm 206/209
(Charlottenburg)

Tel. 030 88 59 11 88
www.komoedie-berlin.de
U-Bahn: Uhlandstraße (U 1), Kurfürstendamm (U 9)

VOLKSBÜHNE AM ROSA-LUXEMBURG-PLATZ

Unter neuer Leitung. Man darf gespannt sein, was Castorf-Nachfolger Chris Dercon, zuletzt Direkktor derTate Modern in London, aus der Provokation-Intsitution macht.
Rosa-Luxemburg-Platz (Mitte)
Tel. 030 2 40 65-777
www.volksbuehne-berlin.de
U-Bahn: Rosa-Luxemburg-Platz (U 2)

OPER · OPERETTE · BALLETT

Vier Opernhäuser stehen bereit: die Staatsoper Unter den Linden, die Deutsche Oper Berlin, die Komische Oper und die Neuköllner Oper. Dazu kommen viele Orchester, deren renommierteste das Berliner Philharmonische Orchester (Spielort: Philharmonie, Kulturforum) und das Berliner Sinfonie-Orchester (Konzerthaus am Gendarmenmarkt) sind.

DEUTSCHE OPER BERLIN

Bismarckstr. 35 (Charlottenburg)
Tel. 030 34 38 43 43
www.deutscheoperberlin.de
U-Bahn: Deutsche Oper (U 2)

STAATSOPER

Unter den Linden 5-7 (Mitte)
Tel. 030 20 35 45 55
www.staatsoper-berlin.de
S-Bahn: Hackescher Markt (S 5, S 7, S 75)

KOMISCHE OPER BERLIN

Behrenstr. 55 – 57 (Mitte)
Tel. 030 47 99 74 00
www.komische-oper-berlin.de
U-Bahn: Franz. Straße (U 6)

NEUKÖLLNER OPER

Karl-Marx-Str. 131 – 133 (Neukölln)
Tel. 030 68 89 07 77
www.neukoellneroper.de
U-Bahn: Karl-Marx-Str. (U 7)

KONZERTE (VERANSTALTUNGSORTE)

COLUMBIAHALLE

Columbiadamm 9 – 11 (Tempelhof)
Tel. 030 69 81 28 14
http://columbiahalle.berlin
U-Bahn: Platz der Luftbrücke (U 6)

HUXLEYS NEUE WELT

Hasenheide 107 – 113 (Kreuzberg)
Tel. 030 78 09 98 10
www.huxleysneuewelt.com
U-Bahn: Hermannplatz (U7, U 8)

KONZERTHAUS BERLIN

Gendarmenmarkt (Mitte)
Tel. 030 2 03 09-21 01
www.konzerthaus.de
U-Bahn: Französ. Str. (U 6)

MERCEDES-BENZ-ARENA (EHEM. O_2-WORLD)

Am Ostbahnhof (Friedrichshain)
Tel. 030 20 60 70 88 99
www.mercedes-benz-arena-berlin.de
S-/U-Bahn: Warschauer Straße (S 5, S 7, S 75, U 1)

PHILHARMONIE

Herbert-von-Karajan-Str. 1 (Tiergarten)
Tel. 030 2 54 88-999

Laue Sommernacht zum Konzert in der Waldbühne

www.berliner-philharmoniker.de
S- / U-Bahn: Potsdamer Platz
(S 1, S 2, S 25, U 2)

RADIALSYSTEM V

Zeitgenössischer Tanz, Alte Musik, Klassik und Pop im ehemaligen Pumpwerk
Holzmarktstr. 33 (Friedrichshain)
Tel. 030 2 88 78 85 88
www.radialsystem.de
S-Bahn: Ostbahnhof
(S 5, S 7, S 75, U 1)

TEMPODROM

Legendärer Veranstaltungsort: klassische und Rockkonzerte, Musicals und Zirkus etc. etc.
Möckernstr. 10 (Kreuzberg)
Tel. *01806 55 41 11
www.tempodrom.de
S-Bahn: Anhalter Bahnhof
(S 1, S 2, S 25)

WALDBÜHNE

Glockenturmstr. 1
(Charlottenburg)
Tickethotline *01806 57 00 70
www.waldbuehne-berlin.de
S-Bahn: Pichelsberg (S 5)

FIGURENTHEATER

DIE SCHAUBUDE

Greifswalder Str. 81 – 84
(Prenzlauer Berg)
Tel. 030 4 23 43 14
www.schaubude-berlin.de
S-Bahn: Greifswalder Straße
(S 41, S 42)

SHOW

FRIEDRICHSTADTPALAST

Europas größtes Revuetheater bietet nach wie vor die klassische Großrevue mit befrackten Herren und langbeinigen Tänzerinnen.
Friedrichstr. 107 (Mitte)
Tel. 030 23 26 23 26
www.palast.berlin/de
S- / U-Bahn: Friedrichstraße
(S 1, S 2, S 25, S 5, S 7, S 75, U 6)

BLUEMAN GROUP

Bluemax Theater
Potsdamer Platz / Marlene-Dietrich-Platz 4 (Tiergarten)
Tel. *01805 44 44
www.bluemangroup.de

S-/U-Bahn: Potsdamer Platz
(S 1, S 2, S 25, U 2)

STARS IN CONCERT
Live-Show mit Doppelgängern der Mega-Stars
Sonnenallee 225 (Estrel Festival Center, Neukölln)
Tel. 030 68 31 68 31
www.stars-in-concert.de
S-Bahn: Sonnenallee (S 41, S 42)

KABARETT, KLEINKUNST, COMEDY

ADMIRALSPALAST
Friedrichstr. 101 (Mitte)
Tel. *01805 20 01
www. admiralspalast.de
S- / U-Bahn: Friedrichstraße
(S 1, S 2, S 25, S 5, S 7, S 75, U 6)

BAR JEDER VERNUNFT
Kabarett und Chansons unter dem Spiegelzeltdach
Schaperstr. 24 (Wilmersdorf)
Tel. 030 8 83 15 82
www.bar-jeder-vernunft.de
U-Bahn: Spichernstr. (U 1, U 7)

BKA – BERLINER KABARETT ANSTALT
Kabarett, Chanson, Tango
Mehringdamm 34 (Kreuzberg)
Tel. 030 2 02 20 07
www.bka-theater.de
U-Bahn: Mehringdamm (U 6, U 7)

CHAMÄLEON VARIETÉ
Rosenthaler Str. 40 / 41(Mitte)
Tel. 030 4 00 05 90
www.chamaeleonberlin.de
S-Bahn: Hackescher Markt
(S 5, S 7, S 75)

DISTEL
Berlins dienstältestes Ost-Kabarett spielt im Admiralspalast.
Friedrichstr. 101 (Mitte)
Tel. 030 2 04 47 04
www.distel-berlin.de
S- / U-Bahn: Friedrichstraße
(S 1, S 2, S 25, S 5, S 7, S 75, U 6)

QUATSCH COMEDY CLUB
Für Freunde der leichteren Muse
Friedrichstr. 107 (Mitte)
Tel. *01805 25 55 65
www.quatsch-comedy-club.de
S-/ U-Bahn: Friedrichstr.
(S 1, S 2, S 25, S 5, S 7, S 75, U 6)

BAEDEKER MAGISCHE MOMENTE

AB INS KIEZTHEATER!
Immer mehr Kieztheater widmen sich erfolgreich der Situation und den Problemen vor ihrer Tür. Spaß macht zuschauen trotzdem. Mit Stücken wie »Arabboy« und »Arabqueen« macht der Heimathafen Neukölln von sich reden (www.heimathafen-neukoelln.de). Das Prime Time Theater hat mit der Sitcom »Gutes Wedding, schlechtes Wedding« einen kultigen Dauerbrenner auf die Bühne gebracht (www. primetimetheater.de).

U-Bahn: Bundestag (U 55)

UFA-FABRIK
Varieté, Kabarett, Musik, Zirkus
Viktoriastr. 10 – 18 (Tempelhof)
Tel. 030 75 50 30
www.ufafabrik.de
U-Bahn: Ullsteinstraße (U 6)

DIE WÜHLMÄUSE
Gegründet von Dieter Hallervorden
Pommernallee 2 – 4
(Charlottenburg)
Tel. 030 30 67 30 11
www.wuehlmaeuse.de
U-Bahn: Theodor-Heuss-Platz (U 2)

DIE STACHELSCHWEINE
Berlins dienstältestes West-Kabarett spielt im Europa-Center.
Tauentzienstr. (Charlottenburg)
Tel. 030 2 61 47 95
www.diestachelschweine.de
S- / U-Bahn: Zoolog. Garten
(S 5, S 7, S75, U 2, U 9)

TIPI
Schöne große Dependance der Bar jeder Vernunft
Zelt an der Großen Querallee am Kanzleramt (Mitte)
Tel. 030 39 06 65 50
www.tipi-am-kanzleramt.de

ESSEN & TRINKEN

Kulinarisch hat Berlin allemal Hauptstadtniveau, wie sich an der Zahl hochgelobter Spitzenrestaurants ablesen lässt. Auch für den normalen Geldbeutel gibt es eine breite Palette guter Restaurants, und wer mit Buletten und Currywurst nicht glücklich wird, wählt unter Küchen aus aller Welt.

Spitzenküche

Restauranttester kommen gern nach Berlin und verteilen großzügig ihre Kochlöffel, Hauben und Sterne. Die Gourmet-Hauptstadt rangiert in der Kategorie Michelin-Sterne knapp vor Hamburg und München. Berlins junge Köche entdecken regionale Produkte neu, lieben den Purismus, entwickeln mit Fantasie und Weltoffenheit jedoch ihren authentischen Stil. Während man Berlins Spitzenköche vor wenigen Jahren noch in Fünf-Sterne-Hotels suchen musste, machten sie sich auf den Weg in die Selbstständigkeit. **Tim Raue**, asiatisch inspiriert, zog aus dem Adlon in die Rudi-Dutschke-Straße 26 in Kreuzberg. In Berlins Mitte, aber in den Edison-Höfen fast versteckt, hat **Daniel Achilles** sein Restaurant »Reinstoff« eröffnet. Mit besten Zutaten – gerne Hummer –, ohne Verfremdung und künstliche Effekte, erkochte sich **Christian Lohse** vom Restaurant »Fischers Fritz« im Regent Hotel zwei Sterne. Spitzenköche arbeiten aber auch in unzähligen anderen Restaurants. Sie locken oft nicht nur mit Speisekarten, sondern auch mit individuellem Ambiente.

Gut ist es auch anderswo

Die Konkurrenz ist groß. Weiße Servietten, bunte Wände und etwas Kitsch zur Dekoration reichen deshalb schon lange nicht mehr. Das Fischernetz ist beim Italiener ebenso verschwunden wie das Sirtaki-Endlosband beim Griechen und die roten Lämpchen beim Chinesen. Selbst die vielen, oft kleinen Ethno-Restaurants, in denen man sich in manchen Straßen durch die Welt essen kann, werben eher mit günstigem Mittagstisch und Schnelligkeit als mit auffälligem Dekor. Wer Eisbein mit Erbspüree noch für ein typisches Berliner Gericht hält, wird es finden, eher selten, aber dann auch in der passenden traditionellen Umgebung.

Alt-Berliner Küche So richtig alt ist nicht, was als Berliner Küche gilt. Karg war die Ernährung wie das, was auf sandigem Boden zwischen Oder und Elbe wuchs. Ab dem 17. Jh. veränderten dann Einwanderer den Speiseplan und die kulinarische Identität der Stadt. Die **Hugenotten**, so wird angenommen, brachten Bulette und Weißbier, **Holländer** legten brandenburgisches Sumpfland trocken und führten Blumenkohl, Spinat, Gurken und Spargel ein, und erst im 19. Jh. entstand diejenige Berliner Küche, die heute mit Kohlrouladen, Eisbein, Kartoffelpuffer und Kalbsleber, Kassler und Rollmops verbunden wird.

Vegan ist Trend Berlin wird zur europäischen Veganer-Hauptstadt. Längst sind es nicht nur Asketen, die Tofuschnitzel essen und Sojamilch im Latte Macchiato erwarten. Die »Berlin-Vegan«-App (www.berlin-vegan.org/app) listet mehr als 500 Restaurants, Imbisse und Eiscafés, Supermärkte, Mode- und Drogerieläden auf. Wöchentlich eröffnen neue vegane Läden

Typischer geht's fast nicht: Currywurst mit Pommes – wenn da nur nicht die Porzellanschälchen wären ...

Frühstück und Kaffee

Frühstücken bis 16 Uhr und Brunch am Sonntag gehören zu den Berliner Gepflogenheiten. Eine kulinarische Lücke allerdings tut sich für diejenigen auf, die nach durchfeierter Nacht ein kräftiges Frühstück im Morgengrauen brauchen. Jahrelang war das Schwarze Café in der Charlottenburger Kantstraße einzige Anlaufstelle für Nachtschwärmer. Zwischen Mitte und Prenzlauer Berg eröffneten nun allerdings einige Läden mit (fast) 24-Stunden-Betrieb.

Schnell was auf die Hand

Wer es schneller mag, leidet keinen Mangel. Am Alexanderplatz und an der Friedrichstraße duften Bratwürste beim Grillwalker. Überall entstehen Imbisse, die Pizzastücke anbieten, in Straßenküchen gibt es den japanischen Snack Onigiri, auch Maki, eigentlich ungeschnittenes Sushi, als »Roll to go«. Bánh Mì ist vietnamesisch belegtes Baguette, und die ersten Burrito-Verkäufer stehen schon am Herd. **Food-Trucks** möbeln zumindest sprachlich die Imbisswagen auf, rollen mit kreativer Straßenküche durch die Stadt und halten an, wo sie genug Hungrige vermuten wie in der Kulturbrauerei **(www.streetfoodaufachse.de)**. Aber ohne Burger geht nichts.
Selbstverständlich gibt es **Currywurst** – mit und ohne Darm, auch von Neulandfleisch zu handgeschnittenen Pommes (▶Baedeker Wissen, S. 310) – und **Döner**, und am Mehringdamm treffen täglich die Schlangen vor Curry 36 auf die rasant wachsende Menge Hungriger vor dem benachbarten Gemüse-Döner-Stand. Wer vor der Abendveranstaltung keine Zeit zum Essen hatte, kann sich darauf verlassen, dass mindestens ein Brezelverkäufer vor dem Theater wartet.

Berliner Bier

1860 wurden noch etwa 340 000 Hektoliter Weißbier und 150 000 Hektoliter untergäriges Bier in Berlin gebraut. Dann wurden die Bayern den Berlinern zum Verhängnis, denn die brachten den Weißbiertrinkern ein untergäriges Bier, das ihnen besser schmeckte als das einheimische und das die meisten Berliner Brauereien nicht in gleicher Qualität produzieren konnten. Die **Berliner Weiße**, ein alkoholschwaches Weizenschankbier, rot (mit Himbeersirup)oder grün (Waldmeistersirup), genießen heute fast nur Touristen gern als typisches Berliner Getränk. Oft werden auch böhmische Biere (Pilsener Urquell, Budweiser, Staropramen, Krusovice) gezapft.
Wenn die heutigen großen Berliner Brauereien Schultheiß und Berliner Kindl mittlerweile in der Radeberger Gruppe aufgegangen sind, heißt das nicht, dass die Berliner zu ausschließlichen Weintrinkern geworden sind, aber tatsächlich haben sich die Gewichte in den vergangenen Jahren verschoben. Neue **Kleinbrauereien** – 14 an der Zahl – bieten in Spandau und Kreuzberg, in Mitte, Köpenick und Neukölln süffige Getränke an. Friedrichshainer und Weddinator, Rollberger, Rixdorfer, Heller Stern und Bellevue-Pils heißen die Getränke, die Ortskundigen verraten, wo sie gebraut und auch getrunken wer-

TYPISCHE BERLINER GERICHTE

... die angesichts der Internationalisierung der Essgewohnheiten (und gesünderer Ernährungsweisen) in den Restaurants schon seit Jahren auf dem Rückzug sind –

Schrippe: Vorbei die Zeiten, als die Bestellung eines »Brötchens« in Berlin mit einem harschen »Hamwanich« abgefrühstückt wurde. Das Personal hinter dem Tresen kann in mindestens der Hälfte der Bäckereien auf migrantischen Hintergrund verweisen, Neulinge deuten im Zweifel auf den meist richtigen Korb. Probleme macht somit nicht mehr die gemeine Schrippe (helles Brötchen mit Sollbruchstelle in der Mitte), sondern wo es die echte gibt: Die meist nachts als Teigling ausgefahrene und morgens im Laden aufgebackene, luftige und nur begrenzt knusprige wird in manchen Bezirken als Westschrippe geschmäht, im Gegensatz zur kompakten Ostschrippe aus herkömmlicher Bäckerei.

Zander: Kaum ein Restaurant mit Berliner Küche, das etwas auf sich hält und nicht Zanderfilet anbietet. Es gibt unzählige Abwandlungen und »Aufwertungen« des Havelzanders. Der Klassiker ist das auf der Haut gebratene Filet. Dazu schmecken Lauch, Kohlrabi oder Salat.

Eisbein: Die Zubereitung eines Eisbeins – zwei Stunden in Salzwasser kochen – ist an sich einfach, lässt sich jedoch mühelos komplizieren, indem man das Haxenstück mit Zwiebeln und Nelken spickt und abwägt, welche Gewürze ins Kochwasser sollen, und ob Sauerkraut und Erbspüree auch selbst hergestellt oder erworben werden – für den vollendeten Genuss sind beide unerlässlich.

Königsberger Klopse: Berlin ist nicht Königsberg, hat aber Schmackhaftes von Zuwanderern von dort übernommen. Königsberger Klopse stehen immer wieder auch auf den Speisetafeln von Szenelokalen. Der Kniff bei den gekochten Klopsen ist die Vermengung von Hackfleisch und Sardellenfilets, dazu Kapern und die helle Soße.

Buletten: Mögen sie anderswo Frikadellen heißen, die Grundrezepte gleichen sich: gemischtes Hackfleisch, Ei, eine Zwiebel, Salz und Pfeffer und ein altes Brötchen – das ist am schwierigsten, denn ein richtiges muss es sein (s. Schrippe). Pflichtbeilage immer und überall: Kartoffelsalat

Leber Berliner Art: Innereien gehören nicht zur Berliner Küche, mit einer Ausnahme: Leber Berliner Art, in etlichen Restaurants angeboten. Kalbs- oder Rinderleber, in Mehl gewälzt, wird in heißem Fett gebraten, dazu im selben Fett gebratene Zwiebelringe und entkernte Apfelscheiben Kartoffelpüree ist die angemessene Beilage.

GESCHÜTZTES WARENZEICHEN 721 319

An der Currywurst scheiden sich die Geister (mit Darm oder ohne), die Imbissbuden scheinen die Kundschaft zum Vergleich anzuspornen und sie wird in Internetforen bewertet. In Berlin wird sie in solchen Mengen verzehrt, dass ihre Produzenten nicht umhin konnten, sie als Ökoware mit Bio-Pommes anzubieten, um die Konkurrenz zu übertrumpfen.

Schließlich wurde die Wurst in Berlin erfunden, und zwar am 4. September 1949 in einer heute nicht mehr existierenden Würstchenbude am Stuttgarter Platz von der 1999 verstorbenen **Hertha Heuwer**. Deren Mann hatte in US-Gefangenschaft Spare Ribs mit Ketchup lieben gelernt und schwärmte seiner Gattin ständig davon vor. Mit Spare Ribs aber war im Nachkriegs-Berlin nichts, doch Brühwürste gab es zuhauf. Frau Hertha mixte aus Tomatenpampe und allerlei Gewürzen solange Soßen, bis ihr Mann – und sie – zufrieden waren. Flugs über die Wurst geschüttet, war die Currywurst geboren und trat, warenrechtlich als »Chillup« unter Nr. 721 319 geschützt, ihren Siegeszug an. Auf der Strecke blieben mit der Zeit die althergebrachten Bratheringe, Buletten, Soleier, Salzgurken und die Bockwurst vom »Wurst-Maxe«. Wer tiefer in die Geschichte der Kultwurst eindringen will, dem sei ein Besuch im Deutschen Currywurst-Museum empfohlen (►S. 85).

Curry 36 ist Kult – entsprechend lang ist die Menschenschlange vor und im Imbiss.

Mit oder ohne?

Im besten Fall ist die Wurst liebevoll von Hand geschnitten mit schmackhafter Soße, im schlechtesten vorgewürfelt und mit Ketchup. Gewarnt sei vor Buden, in denen Fertigprodukte (womöglich noch warm!!) über die Wurst gekippt werden. Nicht-Berliner verblüfft die Frage: »Mit oder ohne?« Gemeint ist mit oder ohne Darm. In Prenzlauer Berg, bei **Konnopke**, fragt niemand. Das war schon zu DDR-Zeiten so, auch da gab es nur »ohne«. Als Grund wurde Mangel vermutet. Die Güte oder Wertschätzung der Currywurst lässt sich an der Länge der Menschenschlange vor dem Imbiss ablesen. Unübersehbar ist sie bei **Curry 36** in Kreuzberg. Legendär, weil Berlins ältester Imbiss ist Konnopke in Prenzlauer Berg. Seit 1930 wird hier beste Berliner Imbissküche geboten, wofür heute des Firmengründers Tochter Waltraud Ziervogel garantiert. Nicht einmal die DDR-Oberen konnten die Konnopkes unter staatliches Joch zwingen – die Bude blieb Privatbetrieb und hat heute außer Currywurst auch noch eine Palette klassischer Imbisse von Bockwurst mit Kartoffelsalat bis zur Soljanka parat. Sohn Mario Ziervogel trennte sich 2012 im Streit vom Rest der Familie und machte ein Stück die Straße runter seinen eigenen Imbiss auf: Ziervogel's Kult-Curry. Etwas feiner geht es zu bei Curry 195 in Charlottenburg, wo die Wurst auf Porzellan serviert und gern noch »Schampus« dazu geordert wird.

Soße?

Die Currywurst hat längst Konkurrenz bekommen, und die heißt Döner Kebap. Industriell gefertigte Dönerkegel, jeder 40 bis 50 kg schwer, führten 1989 zur »Festschreibung der Berliner Verkehrsauffassung für das Fleischerzeugnis Dönerkebap«: Nur Kalb-, Rind- und Schaf- und bis zu 60 Prozent Hackfleisch dürfen verwendet werden. Der letzte Gammelfleischskandal 2006 in Berlin, ausgelöst vom Gast einer Döner-Bude, ließ türkische Zeitungen argwöhnen, mit dieser Art Verleumdung wolle man Buletten und Currywurst retten. Es half nichts, Berlins Kebab-King wurde zu einer Geldstrafe verurteilt, die es an Saftigkeit mit jedem Döner aufnehmen konnte. Aber dann eroberten Chicken und Gemüse-Kebab den Berliner Markt. Mit ca. 1300 Buden aber bleibt **Berlin Döner-Hauptstadt**. Der kulinarische Straßenkampf führte rasch zum Preis- und Qualitätsverfall. Trotzdem kann man Döner essen und zwar dort, wo auch Türken anstehen und wo er nicht zu billig ist. Salat, Tomate, Gurke, Zwiebeln und Weißkohl gehören immer dazu und die Frage: »Soße?« Wer nickt, bekommt ihn mit Joghurtsauce.

CURRY 36

Mehringdamm 36 (Kreuzberg)
Mo. - Fr. 9 - 4, Sa. 10 - 4, So 11 - 3 Uhr

KONNOPKE

U-Bahnhof Eberswalder Straße
(Prenzlauer Berg)
Mo. - Fr. 6 - 20, Sa. 12 - 19 Uhr

ZIERVOGEL'S KULT-CURRY

Schönhauser Allee 20
(Prenzlauer Berg)
Mo. - Fr. 11 - 20, Sa. 12 - 19 Uhr

CURRY 195

Kurfürstendamm 195
(Charlottenburg)
Mo. - Sa. 11 - 5, So. 12 - 5

OBEN: Im Restaurant Tim Raue passt die exzentrische Einrichtung zur exzellenten asiatischen Fusion-Küche.

UNTEN: Spanisch geht es u.a. auch in der Markthalle 9 zu.

den. Kaum ein Bezirk, in dem sich nicht ein Braumeister im Zeichen des Craft Brewing an die eigene Produktion macht. Diese Biere werden nicht in Flaschen verkauft, sind nur im eigenen Gasthaus, manche mit Biergarten, und, wo es ein solches nicht gibt, in Gaststätten im Kiez zu genießen.

EMPFOHLENE RESTAURANTS

❶ etc. ▸ Plan S. 316 – 319
Ohne Nr.: außerhalb des Plans

Preiskategorien für ein Hauptgericht
€€€€ über 35 €
€€€ 25 – 35 €
€€ 15 – 25 €
€ unter 15 €

SPITZENRESTAURANTS

⓮ FISCHERS FRITZ €€€€

Zweisternekoch Christian Lohse hat seine Ausbildung in Frankreich absolviert. Fische und Meeresfrüchte sind seine Spezialität. Zarten Hummerschaum zaubert er in einer silbernen Hummerpresse, wie es sie in keinem anderen deutschen Restaurant gibt.
Im Regent Hotel
Charlottenstr. 49 (Mitte)
Tel. 030 20 33 63 63
www.fischersfritzberlin.com
U-Bahn: Französische Str. (U 6)

⓱ NOBELHART & SCHMUTZIG €€€€

Die meisten Gäste sitzen an der Theke und schauen den Köchen bei der Arbeit zu. Auswahl gibt es keine, denn der Chef bestimmt, was auf den Tisch kommt – doch das hat es in sich (Menü 95 €). Das Lokal gehört zu den erfolgreichsten Neueröffnungen der vergangenen Jahre. Zur Philosophie gehört, dass ausschließlich regionale Produkte verwendet werden.
Friedrichstr. 218
(Kreuzberg)
So., Mo. geschl.
Tel. 030 25 94 06 10
www.nobelhartundschmutzig.com
U-Bahn: Kochstr. (U 6)

❶ REINSTOFF €€€€

Daniel Achilles verwendet regionale Produkte und schätzt molekulare Methoden, gart Langustinen in Vanillemilch und bietet Vinaigrette-Granité an. Sein Konzept »die Sinne erweitern« hat ihm zwei Sterne gebracht.
Edisonhöfe, Schlegelstr. 26c
(Mitte)
So., Mo. geschl.
Tel. 030 30 88 12 14
www.reinstoff.eu
U-Bahn: Naturkundemuseum (U 6)

⓯ RESTAURANT TIM RAUE €€€€

Tim Raue, mit einem zweiten Michelinstern ausgezeichnet, beschreibt seine Küche selbst als »Verbindung der japanischen Produktperfektion, der thailändischen Aromatik und der chinesischen Küchenphilosophie«.
Rudi-Dutschke-Str. 26
(Kreuzberg)
So., Mo. geschl.
Tel. 030 25 93 79 30
www.tim-raue.com
U-Bahn: Kochstr. (U 6)

INTERNATIONALE KÜCHE

❼ GRILL ROYAL €€€€

Steakhouse de luxe am Spreeufer, hervorragendes Fleisch, knackige Salate, gegrillte Fische. Nach dem ersten Hype ist nun auch Platz für normale Gäste.
Friedrichstr. 105 b (Mitte)
Tel. 030 28 87 92 88
www.grillroyal.com
S-/U-Bahn: Friedrichstraße
(S 1, S 2, S 5, S 7, S 75, U 6)

㉒ ANA E BRUNO €€€€

Auf die edel eingedeckten Tische eines der besten Restaurants der Stadt kommen marinierter Thunfisch, kalabrischer Wildbasilikum-Crostino, Risinabohnen, Riesengarnele, gebratene Gänseleber, glasierter Rhabarber, Lavendel-Panna cotta, Bengalischer Langpfeffer ...
Sophie-Charlotten-Str. 1
(Charlottenburg)
So., Mo. geschl.
Tel. 030 3 25 71 10
www.ana-e-bruno.de
U-Bahn: Sophie-Charlotte-Pl.
(U 2)

⓭ BORCHARDT €€€€ – €€

Seit fast 20 Jahren elegantes Bistro mit höchster Promi- und Mediendichte und Stammgästen, die nur wegen des Wiener Schnitzels kommen. Sagen sie ...
Französische Str. 47 (Mitte)
Tel. 030 81 88 62 62
http://borchardt-restaurant.de
U-Bahn: Französische Straße
(U 6)

⓬ BOCCA DI BACCO €€€

Der Küchenchef hat sich der traditionellen Kochkunst Italiens verschrieben, also gibt es natürlich Klassiker wie Cotoletto alla Milanese oder Spaghetti alle Vongole ... aber wie!
Friedrichstr. 167
Tel. 030 20 67 28 28
www.boccadibacco.de
U-Bahn: Französische Straße
(U 6)

㉗ GOOD FRIENDS €€€

Bei so vielen Kennern der authentischen Kanton-Küche erreicht der Lärmpegel hier manchmal Turnhallenniveau. Dass niemand wegen der Innenarchitektur kommt, ist ebenso offensichtlich. Unbedingt reservieren!
Kantstr. 30 (Charlottenburg)
Tel. 030 3 13 26 59
www.goodfriends-berlin.de
S-Bahn: Savignyplatz
(S 5, S 7, S 75)

㉛ HORVATH €€€

Es gehört zu den edelsten Restaurants am Landwehrkanal, mit holzgetäfelten Wänden, Stuck und Blumenschmuck. Amuse-Bouche-Menüs gibt es in fünf, sieben oder zehn Gängen, und alle haben diesen Namen zu Recht. Aber auch weniger Mutige dürfen sich auf einen kulinarisch gelungenen Abend mit österreichischer Küche freuen.
Paul-Lincke-Ufer 44 a
(Kreuzberg)
Mo., Di. geschl.
Tel. 030 61 28 99 92
www.restaurant-horvath.de
U-Bahn: Kottbusser Tor (U 1, U 8)

❽ GANYMED BRASSERIE €€€ – €€

Einst zweites Wohnzimmer der Stars vom benachbarten Berliner Ensemble ist es heute bei Theaterbesuchern mindestens genauso beliebt. Austern und Krustentiere, Choucroute (Sauerkraut) und elsässischer Flammkuchen gehören zu den Spezialitäten.
Schiffbauerdamm 5 (Mitte)
Tel. 030 28 59 90 46
www.ganymed-brasserie.de
S-/U-Bahn: Friedrichstraße
(S 1, S 2, S 5, S 7, S 75, U 6)

2 ALPENSTÜCK €€

Süddeutsche Küche, aber fast alle frischen Produkte stammen aus der Region, sogar der Fisch. Den Mittagstisch schätzen offensichtlich auch Angestellte aus den umliegenden Büros.
Gartenstr. 9 (Mitte)
Tel. 030 21 75 16 46
www.alpenstueck.de
S-Bahn: Nordbahnhof (S 1)

26 ENGELBECKEN €€ – €

Das zertifizierte Bio-Restaurant orientiert sich an den Alpenländern: Tafelspitz und Wiener Schnitzel, Weißwürste und Leberkäse gibt es, dazu bayerisches Bier.
Witzlebenstr. 31
(Charlottenburg)
Tel. 030 6 15 28 10
www.engelbecken.de
U-Bahn: Sophie-Charlotte-Pl.
(U 2)

6 HOUSE OF SMALL WONDER €

Aus Brooklyn importiert haben Motoko Watanabe und Shaul Margulies ihr dort so angesagtes Restaurant und es hinter dem Friedrichstadtpalast eingerichtet. »Comfort Food« nennen sie ihre Speisen aus guten Zutaten,

FERNREISE OHNE FLIEGEN

Lust auf Thailand? Dann ab in den Preußenpark nach Wilmersdorf. Angefangen hat alles vor vielen Jahren, als sich ein paar in Berlin verheiratete Thaidamen am Wochenende zum Picknick trafen. Irgendwann fingen die Thailänderinnen an, ihr Essen an Fremde zu verkaufen und heute ist die »Thai-Wiese« ein beliebter Anlaufpunkt für sonntägliches Schlemmen. Authentisch und lecker!

die Frühstück, Brunch oder Lunch sein können. Allen gefällt das amerikanisch-europäisch-japanische Speisenangebot, besonders der freundliche und effiziente Service.
Johannisstr. 20 (Mitte)
tgl. 9 – 17 Uhr
Tel. 030 27 58 28 77
www.houseofsmallwonder.de
U-Bahn: Oranienburger Tor (U 6)

19 LAVANDERIA VECCHIA €–€€

Abendgäste müssen Zeit mitbringen und sollten pünktlich um 19.30 Uhr kommen, denn nach und nach werden die zehn Gänge Antipasti der gepflegten italienischen Landhausküche serviert. Reservieren!
Flughafenstr. 46, 2. Hof (Neukölln), So. geschl.
Tel. 030 62 72 21 52
www.lavanderiavecchia.de
U-Bahn: Boddinstr. (U 8)

32 MARTHA'S €€€

Die Menge der Zutaten scheint schon bei den Vorspeisen kaum entwirrbar, aber dann entfalten sich sicher komponierte Aromen, und verlässlich klassisch und sehr gut gewürzte Hauptgerichte folgen.
Grunewaldstr. 81 (Schöneberg)
Tel. 030 78 00 66 65
www.marthas.berlin
U-Bahn: Eisenacher Str. (U7)

16 SALE E TABACCHI €€–€€€

Osteria und Weinlokal, Bar und Café, je nach Tageszeit, aber immer wie ein Besuch in der Toskana.
Rudi-Dutschke-Str. 23 (Kreuzberg)
Tel. 030 25 29 50 03
www.sale-e-tabacchi.de
U-Bahn: Kochstr. (U 6)

30 KABUKI €€

Beim traditionellen japanischen Shabu Shabu sitzen die Gäste im Kreis um einen Topf, in dem rohe Zutaten in einer Brühe gegart werden. Hier aber hat jeder seinen eigenen Topf und am Band ziehen Gemüse, Fleisch und Tofu zur Auswahl vorbei.
Olivaer Platz 9 (Wilmersdorf)
Tel. 030 88 62 81 36;
www.mrhai.de
U-Bahn: Adenauerplatz (U 7)

29 SOLAR €€

Der wunderbare Blick über die abendliche Stadt aus 70 m Höhe lässt Romantiker vielleicht die gefüllten Teller vergessen. Doch das wäre schade um die klassische, aber auch experimentierfreudige Küche. Über eine Wendeltreppe geht's hinauf zu Lounge und Raucherraum.
Stresemannstr. 76 (Kreuzberg), über einen Parkplatz zum Lift
Tel. 0163 765 27 00
www.solarberlin.com
S-Bahn: Anhalter Bahnhof (S 1, S 2, S 25)

REGIONALE (BERLINER) KÜCHE

18 3-SCHWESTERN €–€€

In den Mauern, wo früher das Kunsthaus war, wird heute im Kapellenambiente frische regionale Küche serviert.
Bethanien, Mariannenplatz 2 (Kreuzberg)
Mo. geschl.
Tel. 030 60 03 18 60 00
www.3schwestern-berlin.de
U-Bahn: Görlitzer Bahnhof (U 1)

4 LA SOUPE POPULAIRE €€

Star-Koch Tim Raue hat in der ehemaligen Bötzow-Brauerei seine viel besuchte »Volksküche« eingerichtet und reicht z. B. Schweinesülze mit Vogelmiere auf edlem KPM-Porzellan.
Prenzlauer Allee 242 (Prenzlauer Berg)
Tel. 030 44 31 96 80

www.lasoupepopulaire.de
Tram: Metzer Straße (M 2)

9 ZUR LETZTEN INSTANZ €€

Am Majolika-Kachelofen sitzen wie einst Napoleon oder Charlie Chaplin: Das kann man im vielleicht ältesten Berliner Gasthaus am letzten Stückchen Stadtmauer. Auf der Karte stehen »Sühneversuch« und »Kreuzverhör«, das nie so angenehm war wie hier. Die Namen der Gerichte verraten das nahe Stadtgericht; sie entpuppen sich als Gulasch, Eisbein, Buletten und ähnlich Deftiges.
Waisenstr. 14 – 16 (Mitte)
So. geschl.
Tel. 030 2 42 55 28
www.zurletzteninstanz.com
U-Bahn: Klosterstr. (U 2)

KANTINENESSEN

28 BUNDESMINISTERIUM DER VERTEIDIGUNG €

Manche Kantinen in Berlin öffnen auch für externe Gäste. Das ist günstig und führt zu Orten, die man sonst nicht besucht. Im fünften Stock des Verteidigungsministeriums (mit Blick auf Sony Center und Goldelse) geht es außerordentlich nahrhaft zu. Hauptspeise ist offensichtlich die Kartoffel in jeder Form, und dazu gibt es Hackbraten, Schweinerollbraten oder Eisbein.
Stauffenbergstr. 18 (Tiergarten)
Für externe Gäste Mo.– Fr. 12.30 – 14 Uhr
Bus: M 29

VEGETARISCH/VEGAN

5 KOPPS €€

Björn Moschinski ist Koch-Guru für Veganer und hat im schicken Restaurant im Plattenbau (Eichenparkett, sanfte Farben) schnell viele Stammgäste gewonnen. Rote-Beete-Ravioli, Soja-Roulade und Sellerieschnitzel überraschen auch Fleischesser angenehm.
Linienstr. 94 (Mitte)
Tel. 030 43 20 97 75
www.kopps-berlin.de
U-Bahn: Rosenthaler Platz (U 8)

11 SAMÂDHI €€

Wer in der Nähe des Pariser Platzes eine fleischfreie Zone sucht, findet sie hier: schmackhafte vietnamesisch-chinesische Küche.
Wilhelmstr. 77 (Mitte)
Tel. 030 22 48 88 50
www.samadhi-vegetarian.de
U-Bahn: Mohrenstr. (U 2)

BIERGÄRTEN UND GARTENLOKALE

BLOCKHAUS NIKOLSKOE € – €€

Natürlich sind die schönsten Plätze am Rand, wo man auf die Havel und eventuell sogar auf die Pfaueninsel blicken kann. Essen nicht vergessen! Die Küche ist gutbürgerlich.
Nikolskoer Weg 15 (Zehlendorf)
Tel. 030 8 05 29 14
www.blockhaus-nikolskoe.de
S-Bahn: Wannsee (S 1), dann Bus 316

25 CAFÉ AM NEUEN SEE €

Hier treffen sich Berliner mit Touristen, machen die Angestellten der nahe liegenden Botschaften Mittagspause, duften schon früh die riesigen Pizzen. Allerdings kann man sich auch im guten italienischen Restaurant am Platz verwöhnen lassen (sonntagvormittags nur beim Brunch). Einen Bootsverleih gibt es auch.
Lichtensteinallee 2 (Tiergarten)
Tel. 030 2 54 49 30
www.cafeamneuensee.de
S-Bahn: Tiergarten (S 5, S 7, S 75)

20 FREISCHWIMMER €

Die Planken der ehemaligen Bootsanlegestelle am Stichkanal der Spree schaukeln und mit ihnen die Gäste, aus Bootshaus und Lagerräumen entstand die Küche. Gegenüber feiern

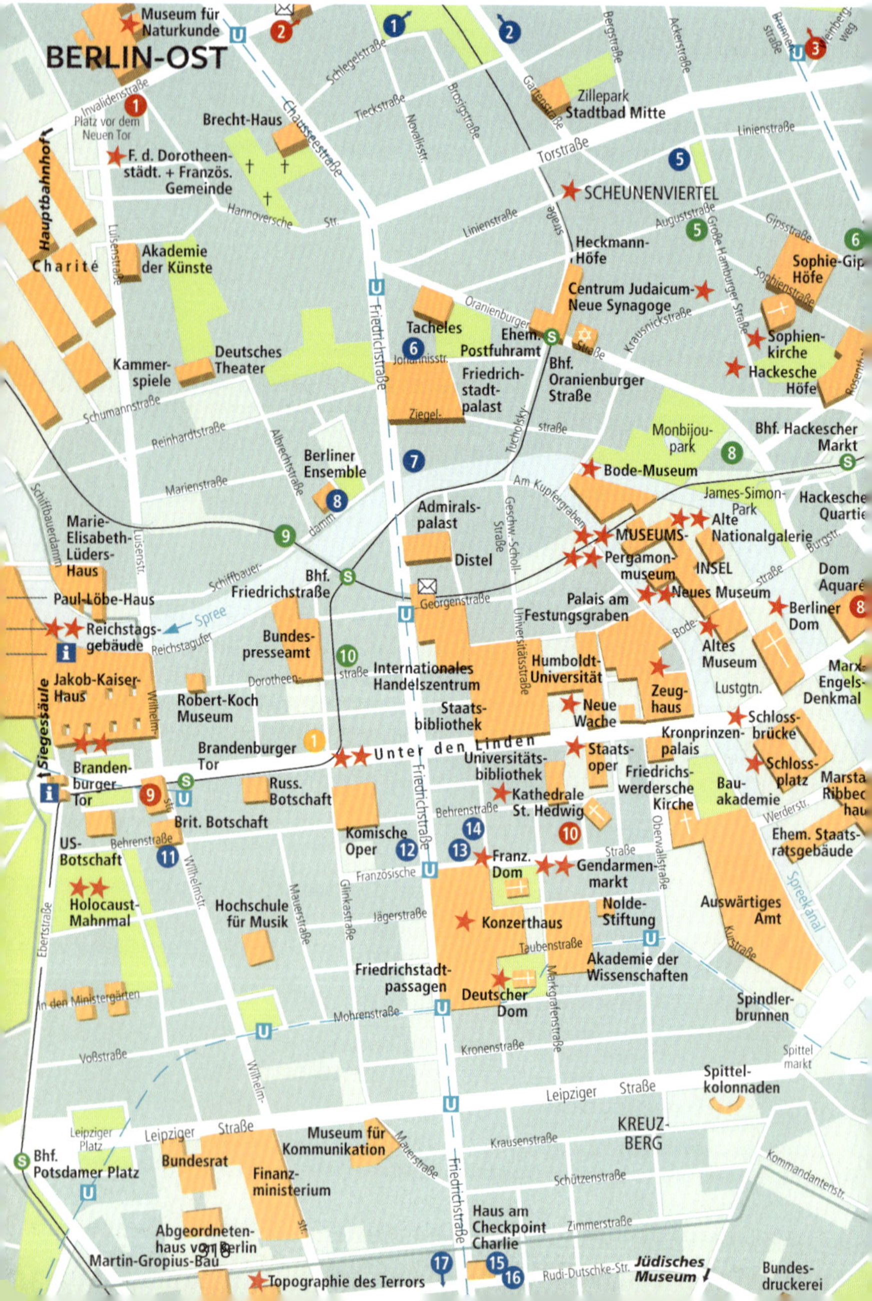
BERLIN-OST
Museum für Naturkunde
Invalidenstraße
Platz vor dem Neuen Tor
Brecht-Haus
Chausseestraße
Schlegelstraße
Tieckstraße
Novalisstr.
Brosicestraße
Gartenstraße
Bergstraße
Ackerstraße
Brunnenstraße
Weinbergsweg
Zillepark
Stadtbad Mitte
Linienstraße
Torstraße
Hauptbahnhof
F. d. Dorotheenstädt. + Französ. Gemeinde
Hannoversche Str.
SCHEUNENVIERTEL
Auguststraße
Große Hamburger Straße
Gipsstraße
Sophie-Gips-Höfe
Sophienstraße
Charité
Luisenstraße
Akademie der Künste
Friedrichstraße
Heckmann-Höfe
Centrum Judaicum-Neue Synagoge
Oranienburger Straße
Krausnickstraße
Tacheles
Ehem. Postfuhramt
Sophienkirche
Hackesche Höfe
Deutsches Theater
Kammerspiele
Johannisstr.
Friedrichstadtpalast
Bhf. Oranienburger Straße
Rosenthaler
Schumannstraße
Reinhardtstraße
Albrechtstraße
Ziegelstraße
Tucholskystraße
Monbijoupark
Bhf. Hackescher Markt
Berliner Ensemble
Marienstraße
Bode-Museum
Am Kupfergraben
James-Simon-Park
Hackesche Quartier
Schiffbauerdamm
Marie-Elisabeth-Lüders-Haus
Luisenstr.
Admiralspalast
Geschw.-Scholl-Straße
MUSEUMSINSEL
Alte Nationalgalerie
Burgstr.
Distel
Pergamonmuseum
Bhf. Friedrichstraße
Paul-Löbe-Haus
Spree
Georgenstraße
Neues Museum
Dom Aquarée
Palais am Festungsgraben
Bodestraße
Berliner Dom
Reichstagsgebäude
Reichstagufer
Bundespresseamt
Universitätsstraße
Altes Museum
Humboldt-Universität
Internationales Handelszentrum
Dorotheenstraße
Jakob-Kaiser-Haus
Wilhelmstr.
Robert-Koch Museum
Staatsbibliothek
Zeughaus
Lustgtn.
Marx-Engels-Denkmal
Siegessäule
Neue Wache
Schlossbrücke
Brandenburger Tor
Unter den Linden
Kronprinzenpalais
Staatsoper
Universitätsbibliothek
Schlossplatz
Brandenburger Tor
Russ. Botschaft
Friedrichswerdersche Kirche
Bauakademie
Marstall
Ribbeck haus
Kathedrale St. Hedwig
Behrenstraße
Werderstr.
Brit. Botschaft
Komische Oper
Ehem. Staatsratsgebäude
US-Botschaft
Franz. Dom
Gendarmenmarkt
Französische Straße
Oberwallstraße
Holocaust-Mahnmal
Hochschule für Musik
Mauerstraße
Glinkastraße
Jägerstraße
Konzerthaus
Nolde-Stiftung
Auswärtiges Amt
Spreekanal
Kurstraße
Ebertstraße
Taubenstraße
Akademie der Wissenschaften
Friedrichstadtpassagen
Markgrafenstraße
Deutscher Dom
In den Ministergärten
Mohrenstraße
Spindlerbrunnen
Voßstraße
Kronenstraße
Spittelmarkt
Leipziger Straße
Spittelkolonnaden
Leipziger Platz
Museum für Kommunikation
Krausenstraße
KREUZBERG
Bhf. Potsdamer Platz
Bundesrat
Finanzministerium
Schützenstraße
Kommandantenstr.
Haus am Checkpoint Charlie
Zimmerstraße
Abgeordnetenhaus von Berlin
Martin-Gropius-Bau
Rudi-Dutschke-Str.
Jüdisches Museum
Topographie des Terrors
Bundesdruckerei

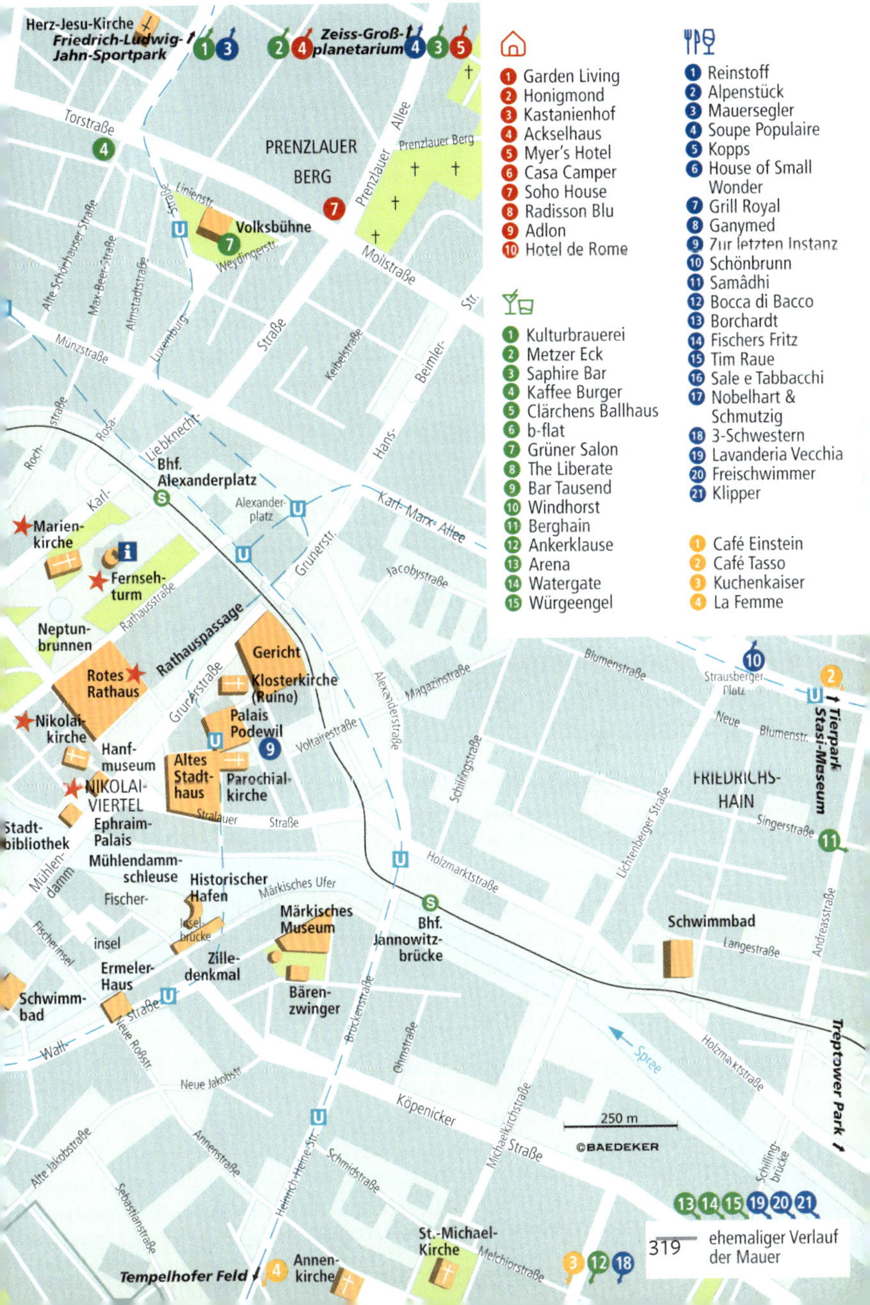
1 Garden Living
2 Honigmond
3 Kastanienhof
4 Ackselhaus
5 Myer's Hotel
6 Casa Camper
7 Soho House
8 Radisson Blu
9 Adlon
10 Hotel de Rome
1 Kulturbrauerei
2 Metzer Eck
3 Saphire Bar
4 Kaffee Burger
5 Clärchens Ballhaus
6 b-flat
7 Grüner Salon
8 The Liberate
9 Bar Tausend
10 Windhorst
11 Berghain
12 Ankerklause
13 Arena
14 Watergate
15 Würgeengel
1 Reinstoff
2 Alpenstück
3 Mauersegler
4 Soupe Populaire
5 Kopps
6 House of Small Wonder
7 Grill Royal
8 Ganymed
9 Zur letzten Instanz
10 Schönbrunn
11 Samâdhi
12 Bocca di Bacco
13 Borchardt
14 Fischers Fritz
15 Tim Raue
16 Sale e Tabbacchi
17 Nobelhart & Schmutzig
18 3-Schwestern
19 Lavanderia Vecchia
20 Freischwimmer
21 Klipper
1 Café Einstein
2 Café Tasso
3 Kuchenkaiser
4 La Femme
Herz-Jesu-Kirche
Friedrich-Ludwig-Jahn-Sportpark
Zeiss-Groß-planetarium
PRENZLAUER BERG
FRIEDRICHS-HAIN
Volksbühne
Bhf. Alexanderplatz
Alexander-platz
Marien-kirche
Fernseh-turm
Neptun-brunnen
Rotes Rathaus
Rathauspassage
Gericht
Klosterkirche (Ruine)
Palais Podewil
Nikolai-kirche
Hanf-museum
NIKOLAI-VIERTEL
Altes Stadt-haus
Parochial-kirche
Stadt-bibliothek
Ephraim-Palais
Mühlendamm-schleuse
Historischer Hafen
Märkisches Museum
Bhf. Jannowitz-brücke
Fischer-insel
Insel-brücke
Zille-denkmal
Ermeler-Haus
Schwimm-bad
Bären-zwinger
Schwimmbad
St.-Michael-Kirche
Annen-kirche
Tempelhofer Feld
Tierpark
Stasi-Museum
Treptower Park
Spree
250 m
©BAEDEKER
ehemaliger Verlauf der Mauer
Torstraße
Linienstr.
Weydingerstr.
Münzstraße
Alte Schönhauser Straße
Max-Beer-Straße
Almstadtstraße
Luxemburg-
Rosa-
Liebknecht-
Straße
Karl-Liebknecht-Straße
Prenzlauer Allee
Prenzlauer Berg
Mollstraße
Keibelstraße
Hans-Beimler-Str.
Karl-Marx-Allee
Grunerstr.
Jacobystraße
Rathausstraße
Rochstraße
Grunerstraße
Stralauer Straße
Voltairestraße
Alexanderstraße
Magazinstraße
Blumenstraße
Strausberger Platz
Neue Blumenstr.
Schillingstraße
Lichtenberger Straße
Singerstraße
Holzmarktstraße
Andreasstraße
Langestraße
Mühlendamm
Fischerinsel
Märkisches Ufer
Wallstraße
Neue Roßstr.
Neue Jakobstr.
Brückenstraße
Ohmstraße
Köpenicker Straße
Michaelkirchstraße
Alte Jakobstraße
Annenstraße
Heinrich-Heine-Str.
Schmidstraße
Sebastianstraße
Melchiorstraße
Schillingbrücke

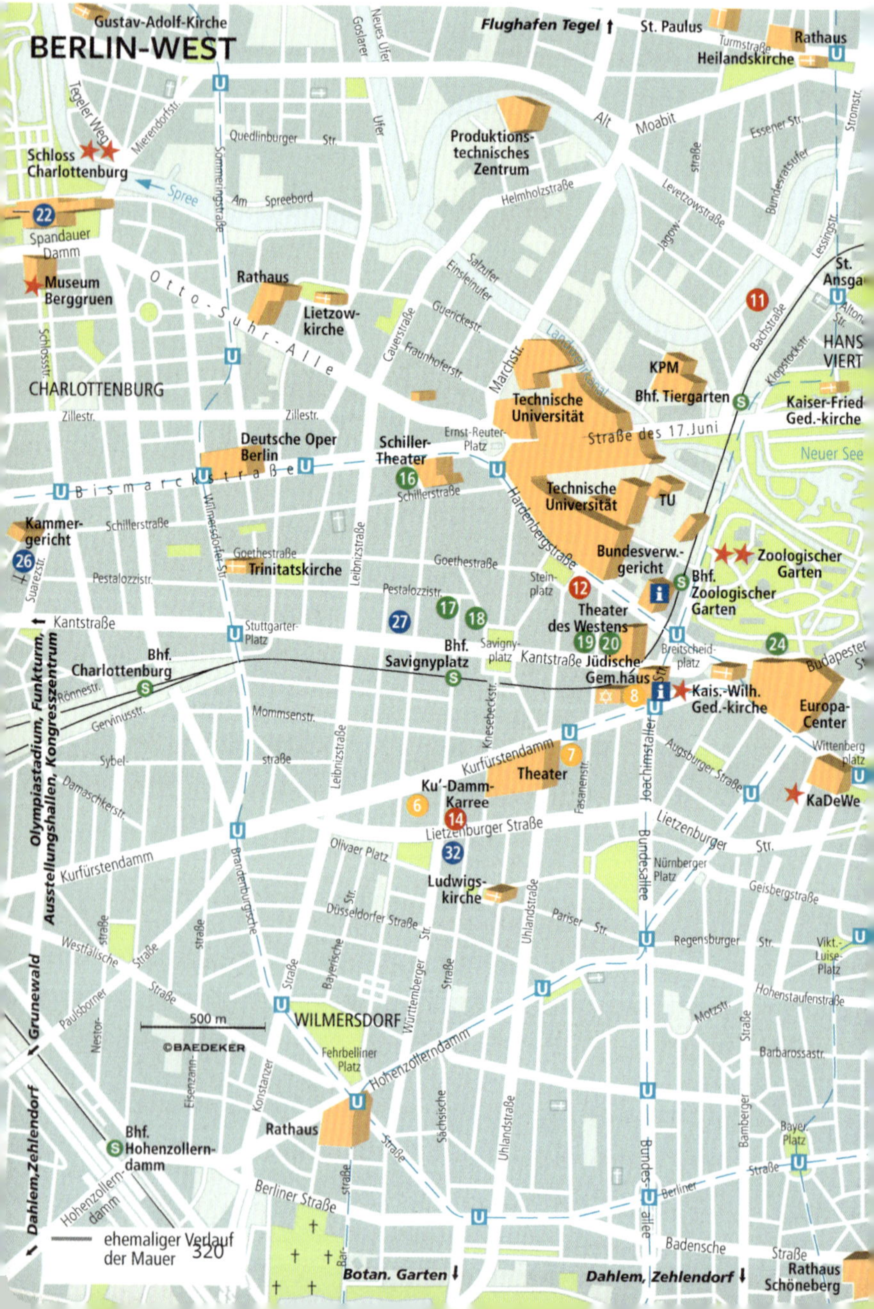
BERLIN-WEST
Gustav-Adolf-Kirche
Flughafen Tegel
St. Paulus
Rathaus
Heilandskirche
Turmstraße
Goslarer Ufer
Neues Ufer
Tegeler Weg
Mierendorfstr.
Quedlinburger Str.
Ufer
Produktions-technisches Zentrum
Alt Moabit
Essener Str.
Stromstr.
Schloss Charlottenburg
Spree
Am Spreebord
Sömmeringstraße
Helmholtzstraße
Levetzowstraße
Bundesratsufer
Jagow-
22
Spandauer Damm
Museum Berggruen
Otto-Suhr-Allee
Rathaus
Lietzow-kirche
Salzufer
Einsteinufer
Guerickestr.
Cauerstraße
Fraunhoferstr.
Marchstr.
Landwehrkanal
Lessingstr.
St. Ansga
Altona Str.
11
Bachstraße
Klopstockstr.
HANS VIERT
Schloßstr.
CHARLOTTENBURG
KPM
Bhf. Tiergarten
Kaiser-Fried Ged.-kirche
Technische Universität
Zillestr.
Zillestr.
Deutsche Oper Berlin
Schiller-Theater
Ernst-Reuter-Platz
Straße des 17. Juni
Neuer See
Bismarckstraße
16
Schillerstraße
Technische Universität
TU
Kammer-gericht
Schillerstraße
Goethestraße
Goethestraße
Hardenbergstraße
26
Suarezstr.
Wilmersdorfer Str.
Trinitatskirche
Leibnizstraße
Bundesverw.-gericht
Zoologischer Garten
Pestalozzistr.
Pestalozzistr.
Stein-platz
12
Bhf. Zoologischer Garten
17
18
Theater des Westens
Kantstraße
27
Stuttgarter Platz
Bhf. Savignyplatz
Savigny-platz
Kantstraße
19
20
Breitscheid-platz
24
Budapester Str.
Jüdische Gem.haus
Bhf. Charlottenburg
Rönnestr.
Gervinusstr.
8
Kais.-Wilh. Ged.-kirche
Europa-Center
Mommsenstr.
Knesebeckstr.
Joachimstaler Str.
Sybel-straße
Kurfürstendamm
7
Augsburger Straße
Wittenberg platz
Theater
Damaschkestr.
Leibnizstraße
Fasanenstr.
Ku'-Damm-Karree
6
14
KaDeWe
Lietzenburger Straße
Lietzenburger Str.
Olympiastadium, Funkturm, Ausstellungshallen, Kongresszentrum
Olivaer Platz
32
Kurfürstendamm
Nürnberger Platz
Geisbergstraße
Ludwigs-kirche
Bundesallee
Brandenburgische Straße
Düsseldorfer Straße
Uhlandstraße
Pariser Str.
Regensburger Str.
Vikt.-Luise-Platz
Westfälische Straße
Bayerische Str.
Württemberger Str.
Hohenstaufenstraße
Motzstr.
Grunewald
Paulsborner Straße
Nestor-straße
500 m
©BAEDEKER
WILMERSDORF
Fehrbelliner Platz
Hohenzollerndamm
Barbarossastr.
Eisenzahn-str.
Konstanzer Straße
Sächsische Straße
Uhlandstraße
Bamberger Straße
Bayer. Platz
Dahlem, Zehlendorf
Bhf. Hohenzollern-damm
Rathaus
Hohenzollern-damm
Berliner Straße
Berliner Straße
Bundesallee
Badensche Straße
ehemaliger Verlauf der Mauer
Botan. Garten
Dahlem, Zehlendorf
Rathaus Schöneberg

11 Hansablick
12 Hotel am Steinplatz
13 Das Stue
14 Bleibtreu
16 Café Keese
17 A Trane
18 Zwiebelfisch
19 Times Bar
20 Quasimodo
Harry's New York
21 Bar
22 Green Door
23 Yorck-Schlösschen
24 Monkey Bar
22 Ana e Bruno
23 Moabiter Freiheit
24 Zollpackhof
25 Café am Neuen See
26 Engelbecken
27 First Floor
28 Kantine Bundesverteidigungsministerium
29 Quadriga
30 Kabuki
31 Horvath
32 Martha's
5 Buchwald
6 Kaffehaus Grosz
7 Wintergarten
8 Kranzler
9 Barcomi's Café und Kaffeerösterei
Fritz-Schloß-Park
Turmstraße
Hamburger Bahnhof
Invalidenstraße
Alt Moabit
Innenministerium
Washington-Platz
Hauptbahnhof
Charité
Tiergartentunnel
Willy-Brandt-Str.
Bundestag / Reichstagsgebäude
Calvinstraße
Paulstraße
Hbf. Bellevue
Kanzlerpark
Bundeskanzleramt
TIERGARTEN
Haus der Kulturen der Welt
Spree
John-Foster-Dulles-Allee
Carillon
Platz der Republik
Bundestagsbüros
Akad. d. Künste
Schloss Bellevue
Bundespräsidialamt
Sowjetisches Ehrenmal
Brandenburger Tor
Großer Stern
Straße des 17. Juni
Bellevueallee
Holocaust-Mahnmal
Siegessäule
Klingelhöferstr.
Tiergarten
Ebertstr.
Kemperplatz
Bhf. Potsdamer Platz
Italienische Botschaft
Tiergartenstr.
Thomas-Dehler-Str.
Skandinavische Botschaften
KULTURFORUM
Potsdamer Platz
Leipziger Platz
Bundesrat
Museum für Kommunikation
Gedenkstätte Deutscher Widerstand
Stauffenbergstr.
St. Matthäus
Abgeordnetenhaus von Berlin
Finanzministerium
Zimmerstraße
CDU-Parteizentrale
Corneliusstr.
Martin-Gropius-Bau
Topographie des Terrors
Bauhaus-Archiv
Lützowufer
Reichpietschufer
Schöneberger Ufer
Linkstr.
Köthener Str.
Lützowplatz
Lützow-
Wilhelmstraße
Friedrichstraße
Anhalter Bhf.
Einemstr.
Kurfürstenstraße
Potsdamer Straße
Pohlstraße
Stresemannstraße
Jüdisches Museum
Urania
KREUZBERG
Lindenstr.
Kleistsstr.
Nollendorfplatz
Hallesches Ufer
Tempelhofer Ufer
Hebbel-Theater
Mehringplatz
GLEIS-DREIECK
Bülowstraße
Motzstraße
Deutsches Technikmuseum
Obentrautstr.
Amerika-Gedenkbibl.
Lutherkirche
Winterfeldtplatz
Rathaus
Hohenstaufenstraße
Pallasstr.
Kammergericht (ehem. Kontrollratsgebäude)
Goebenstr.
Bhf. Großgörschenstr.
Yorckstraße
Gneisenaustr.
Barbarossastr.
Goltzstr.
Bhf. Yorckstr.
Grunewaldstr.
Apostel-Paulus-Kirche
Apostel-Paulus-Str.
Kreuzbergstr.
Bergmannstr.
Mittenwalder Str.
Kleine Oper
Viktoriapark
Monumentenstr.
Katzbachstraße
Mehringdamm
Fidicinstraße
Hasenheide, Neukölln
SCHÖNEBERG
Hauptstraße
Kolonnenstraße
Dudenstraße
Platz der Luftbrücke
Bundeskartellamt
Tempelhofer Feld
H.-Lassen-Park

die Besucher des Clubs der Visionäre auf dem Wasser.
Vor dem Schlesischen Tor 2 (Kreuzberg)
Tel. 030 61 07 43 09)
www.freischwimmer-berlin.com
U-Bahn: Schlesisches Tor (U 1)

㉑ KLIPPER €–€€

Der Klipper ist zwischen Plänterwald und Treptower Park in der Spree vor Anker gegangen, ist Treffpunkt zum Frühstück, zum frisch geräucherten Fisch oder zum Nachmittagskuchen. Das knallrote Wasserflugzeug startet zu Rundflügen.
Bulgarische Str. (Treptow)
Tel. 030 53 21 64 90
www.klipper-berlin.de
S-Bahn: Treptower Park (S 41, S 42, S 8, S 9)

❸ MAUERSEGLER €

Wo der Mauerpark endet, schmurgeln Bratwurst und Steak auf dem Grill. Beim Sonntagsflohmarkt allerdings, wenn Fußball und Karaoke angesagt sind, hört man keinen Zaunkönig und keinen Mauersegler mehr im Park.
Bernauer Str. 63 (Wedding)
Tel. 030 97 88 09 04
www.mauersegler-berlin.de
U-Bahn: Bernauer Str. (U 8)

㉓ MOABITER FREIHEIT €

Niemand vermutet hinter den Mauern des Kirchhofs der St.-Johanniskirche einen Biergarten. So finden Sie hier auch im Hochsommer immer einen Platz unter den Eichen – Kurzurlaub in Bayern!
Alt-Moabit 24 (Mitte)
Tel. 0177 245 10 18
www.biergarten-moabiter-freiheit.de
U-Bahn: Turmstr. (U 9)

❿ SCHOENBRUNN €–€€

Müßiggänger aller Art treffen sich im Volkspark Friedrichshain zu Kaffee, Wein oder Bier, zu italienisch-mediterranen Speisen oder zum guten österreichisch Mahl.
Am Friedrichshain, Schwanenteich im Volkspark Friedrichshain
Tel. 030 4 53 05 65 25

Sommernacht und angenehme Gesellschaft – da geht auch mal

www.schoenbrunn.net
Bus 200: Bötzowstr.

24 ZOLLPACKHOF €

An der Spree unter alten Bäumen, den Reichstag im Blick, hat man die Wahl: Selbstbedienung oder, im angrenzenden Restaurant und auf dessen Terrasse, Bedienungskomfort.
Alt-Moabit 143 – 145 (Mitte)
Tel. 030 33 09 97 20
www.zollpackhof.de
S-Bahn: Hauptbahnhof
(S 5, S 7, S 75)

KLEINBRAUEREIEN

BRAUHAUS SÜDSTERN

Hasenheide 69 (Kreuzberg)
Tel. 030 69 00 16 24
www.brauhaus-suedstern.de
U-Bahn: Südstern (U 7)

ESCHENBRÄU

Triftstr. 67 (Wedding)
Tel. 030 4 62 68 37
www.eschenbraeu.de
U-Bahn: Leopoldplatz (U 8, U 9)

HOPS & BARLEY

Wühlischstr. 22 (Friedrichshain)
Tel. 030 29 36 75 34
www.hopsandbarley-berlin.de
S-Bahn: Warschauer Str.
(S 5, S 7, S 75)

CAFÉS

9 BARCOMI'S CAFÉ & KAFFEERÖSTEREI

New York Cheese Cake oder Pastrami-Sandwich zum Frühstück? Eine Amerikanerin hat sich einen Traum erfüllt und in Kreuzberg ein Café-Deli eröffnet.
Bergmannstr. 21
Tel. 030 694 81 38
www.barcomis.de

5 CAFÉ BUCHWALD

Die Berliner Adresse für Baumkuchen – wenn nicht die anderen Sachen auch so verführerisch aussähen. Hübsche rSommergarten.
Bartningallee 29 (Tiergarten)
Tel. 030 3 91 59 31
www.konditorei-buchwald.de
S-Bahn: Bellevue (S 5, S 7, S 75)

ein spanisches Bier im Biergarten der Kulturbrauerei.

1 CAFÉ EINSTEIN

Es gibt viel zu sehen: Immer wieder Kunst und Polit-Prominenz aller Couleur, aber die tafelt an weiß gedeckten Tischen hinten, wo mancher Abgeordnete längst seinen Stammtisch hat. Man drängelt sich an den kleinen Tischen, auf der Terrasse und auf dem Mittelstreifen Unter den Linden mit Blick auf das Brandenburger Tor.
Unter den Linden 42 (Mitte)
Tel. 030 2 04 36 32
http://einstein-udl.com
S- / U-Bahn: Brandenburger Tor (S 1, S 2, U 55)

7 CAFÉ EINSTEIN

In der ehemaligen Villa der Schauspielerin Henny Porten wird längst Melange und Kleiner Brauner genossen, unverdrossen schieben Dichter die Teller mit Wiener Schnitzeln auf kleinen Tischen zurecht. Solche belanglosen Unbequemlichkeiten nimmt man für einen Besuch des Berliner Urgesteins und einer wahren Oase klaglos in Kauf.
Kurfürstenstr. 58 (Schöneberg)
Tel. 030 2 63 91 90
www.cafeeinstein.com
U-Bahn: Nollendorfplatz (U 1, U 2, U 3)

2 CAFÉ TASSO

Café, Antiquariat und Bühne. Gute biozertifizierte Küche. Besonders schön sitzt man im Sommer draußen in der Sonne.
Frankfurter Allee 11 (Friedrichshain)
Tel. 030 48 62 47 08
www.cafe-tasso.de
U-Bahn: Frankfurter Tor (U 5)

6 KAFFEEHAUS GROSZ

Ausflug in die Belle Epoque: Marmorböden, Zimmerpalmen vor vergoldeten Säulen, Spiegel und über allem schwebt der Duft der frisch gebackenen Croissants aus der hauseigenen Patisserie. Abends werden Gerichte aus der gehobenen Küche gereicht und später vergnügen Gäste sich in der Bar.
Kurfürstendamm 194 (Charlottenburg)
Tel. 030 652 14 21 99
www.grosz-berlin.de
U-Bahn: Uhlandstr. (U 1)

8 KRANZLER

Ein schmaler Balkon umrundet, was im 2. Stock unter der rot-weißen Markise vom berühmten Kranzler übrig blieb. Man geht über den Hof hinauf und träumt von gestern.
Kurfürstendamm 18 (Charlottenburg)
Tel. 030 8 87 13 90
www.cafekranzler.de
U-Bahn: Kurfürstendamm (U 1)

3 KUCHENKAISER

Gut, nein sehr gut besuchte Kreuzberger Legende, nicht nur von Kuchenessern und Kiezbewohnern aus dem immer wieder turbulenten SO 36.
Am Oranienplatz 11 – 13 (Kreuzberg)
Tel. 030 61 40 26 97
U-Bahn: Kottbusser Tor (U 1, U 8)

4 LA FEMME

Brunchen wie am Bosporus mit Simit (Sesamkringel) und Knoblauchwurst mit Eiern (Sucuklu Yumurta) kann man im türkischen Frühstückscafé. An den Getränken kann man die Gäste unterscheiden: Kaffee bevorzugen die Deutschen, Tee die Türken und Araber.
Kottbusser Damm 77 (Kreuzberg)
Tel. 0176 84 83 53 79
U-Bahn: Schönleinstr. (U 8)

7 WINTERGARTEN

Gutes Frühstück, viele Zeitungen und ein traumhafter leiser Garten, nur wenige Schritte vom Kudamm entfernt. Die Küche bietet mittags und abends feine Gerichte aus Neulandfleisch und frischen Zutaten an.

Bei gutem Wetter keine Frage: draußen sitzen

Fasanenstr. 23, im Literaturhaus
(Charlottenburg)
Tel. 030 8 82 54 14
www.literaturhaus-berlin.de
U-Bahn: Uhlandstr. (U 1)

RESTAURANTS UND CAFÉS IN POTSDAM (PLAN S. 242/243)

❶ DRACHENHAUS €€€ – €€

Regionale brandenburgische und internationale Küche wird in historischem Ambiente von 1770 serviert.
Maulbeerallee 4a
im Park Sanssouci
Tel. 0331 5 05 38 08
www.drachenhaus.de
Küchenschluss 17 bzw. 18 Uhr

❸ ZUM FLIEGENDEN HOLLÄNDER €€

Im Holländischen Viertel genießt man bodenständige Küche, die jedoch nicht holländisch, sondern brandenburgisch daherkommt.
Benkertstr. 5
Tel. 0331 27 50 30
www.zum-fliegenden-hollaender.de

❹ WAAGE €€

Schönes und ebenso gutes Restaurant mit mediterraner Küche im einzigen erhaltenen Barockensemble der Stadt.
Am Neuen Markt 12
Mo. geschl.
Tel. 0331 8 17 06 74
www.restaurant-waage.de

❺ KLEINES SCHLOSS €€ – €

Schweizer Küche und fränkische Gastlichkeit, mit dem »Gütesiegel für Brandenburger Gastlichkeit« ausgezeichnet, direkt am Wasser mit Blick zur Glienicker Brücke.
Park Babelsberg 9
Mo. geschl., im Winter auch Mi.
Tel. 0331 70 51 54
www.kleinesschloss.de
nur bis 18 Uhr geöffnet

❷ CAFÉ HEIDER €

Ein Haus mit Geschichte: zu Preußens Zeiten Hoflieferant, in der DDR Szenetreff, dem viele treu geblieben sind – eben ein beliebtes Café und Restaurant.
Friedrich-Ebert-Str. 29
Tel. 0331 2 70 55 96
www.cafeheider.de

FEIERN

Besondere Feste und Events scheinen in der großen Zahl der täglichen Veranstaltungen und Ereignisse unterzugehen. Dennoch gibt es die Höhepunkte des Jahres, zu denen es nicht nur Berliner, die immer in ihrer Stadt unterwegs sind, sondern auch Besucher und Auswärtige zieht.

Wenn im – meist schmutzig-grauen – Februar die **Filmfestspiele** Glanz in die winterkalte Stadt bringen, hocken Fans aus aller Welt bereits im Morgengrauen vor dem Ticketschalter am Potsdamer Platz, um Karten zu ergattern. Für ca. 400 internationale Filme werden an die 200000 Tickets verkauft.
Etwa 180000 Besucher zieht auch die **Internationale Tourismusbörse** im März an, die Leitmesse der Tourismuswirtschaft, die für die Öffentlichkeit jedoch nur am Wochenende öffnet und die Messehallen drei Tage lang dem Fachpublikum überlässt. Dann ist aber auch schon höchste Zeit, sich für den **Marathonlauf** im September zu melden. Mehr als die gut 40000 Läufer, die jedes Jahr an der größten deutschen Eintagessportveranstaltung teilnehmen, kann dies innerstädtische Ereignis nicht verkraften. Dazu kommen 7500 Inline-Ska.

An Pfingsten feiert die Multikulti-Stadt den Karneval der Kulturen.

ter, es gibt noch einen Frühstückslauf und einen Bambi-Lauf für Kinder. Auf eine Million Zuschauer zum Anfeuern ist Verlass. Zahlreich sind die großartigen Kulturereignisse, die internationale Tanzavantgarde tritt in Berlin ebenso auf wie weltberühmte Orchester, Dirigenten und Solisten. Die **Potsdamer Schlössernacht** ist fast ein Jahr im Voraus ausverkauft. Die internationale Kunstmesse **art forum** scheint sich auf die ganze Stadt auszudehnen. Und viele können sich eine **Silvesterfeier** gar nicht mehr anders vorstellen als unter Millionen am Brandenburger Tor

TERMINE

JANUAR

INTERNATIONALE GRÜNE WOCHE
Ernährung und Landwirtschaft – und Probiertheken, die das Publikum stürmt
www.messe-berlin.de

SECHS-TAGE-RENNEN
Im Velodrom Landsberger Allee
www.sechstagerennen-berlin.de

FEBRUAR

INTERNATIONALE FILMFESTSPIELE
Glamour in Berlin und Verleihung des Goldenen Bären
www.berlinale.de

MÄRZ

INTERNATIONALE TOURISMUS-BÖRSE
Größte Tourismusmesse der Welt
www.messe-berlin.de

APRIL

FESTTAGE
Oper und Konzert in der deutschen Staatsoper Unter den Linden
www.staatsoper-berlin.de

GALLERY WEEKEND
Vernissagen in einer Fülle von Galerien
www.gallery-weekend-berlin.de

INTERNATIONALE LUFT- UND RAUMFAHRT-AUSSTELLUNG ILA
Zivil- und Militärluftfahrt auf dem Berlin ExpoCenter Airport (Schönefeld),
alle zwei Jahre (2018, 2020...)
www.ila-berlin.de

MAI

THEATERTREFFEN
Ausgewählte Inszenierungen deutschsprachiger Bühnen
www.berlinerfestspiele.de

DFB-POKALENDSPIEL
Im Olympiastadion
www.dfb.de/dfb-pokal

JUNI

KARNEVAL DER KULTUREN
Multikulti-Spektakel in Kreuzberg
www.karneval-berlin.de

MUSIKFESTSPIELE POTSDAM
Klassik in Schlössern und Gärten
www.musikfestspiele-potsdam.de

JULI

CLASSIC OPEN AIR
Klassische Musik auf dem Gendarmenmarkt
www.classicopenair.de

CHRISTOPHER STREET DAY
Parade der Schwulen und Lesben
www.csd-berlin.de

AUGUST

TANZ IM AUGUST
Internationales Tanzfest
www.tanzimaugust.de

LANGE NACHT DER MUSEEN
Über 50 Berliner Museen haben bis in den frühen Morgen geöffnet.
www.lange-nacht-der-museen.de

POP-KULTUR-FESTIVAL
Neues Festival: Konzerte, Performances, Talks und Lesungen
www.pop-kultur.berlin

POTSDAMER SCHLÖSSERNACHT
Musik, Tanz, Theater und Gastronomie, dazu die illuminierten Parks und Schlösser
www.spsg.de

SEPTEMBER

INTERNATIONALE FUNKAUSSTELLUNG BERLIN
www.ifa-berlin.de

INTERNATIONALES LITERATURFESTIVAL
www.literaturfestival.com

BERLIN-MARATHON
www.berlin-marathon.de

ABC (ART BERLIN CONTEMPORARY)
Messe für Gegenwartskunst
www.artberlincontemporary.com

NOVEMBER

JAZZFEST BERLIN
Klassiker und Neuentdeckungen
www.berlinerfestspiele.de

DEZEMBER

WEIHNACHTSMÄRKTE
Besonders schön rund um die Gedächtniskirche und am Opernpalais Unter den Linden

SILVESTERPARTY
www.silvester-in-berlin.de

SPORT

BASKETBALL

ALBA BERLIN
Mercedes-Benz-Arena
(ehem. O_2-World, Friedrichshain)
S-Bahn: Ostbahnhof (S 5, S 7, S 75)
www.albaberlin.de

EISHOCKEY

EHC EISBÄREN
Mercedes-Benz-Arena (s. zuvor)
www.eisbaeren.de

FUSSBALL

HERTHA BSC BERLIN
Olympiastadion
(Charlottenburg)
S-/U-Bahn: Olympiastadion
(S 5, S 75, U 2)
www.herthabsc.de

1. FC UNION
Stadion Alte Försterei (Köpenick)
S-Bahn: Köpenick (S 3)
www.fc-union-berlin.de

MUSEEN

Pergamonmuseum, Gemäldegalerie, Neues Museum, Alte Nationalgalerie – an Museen mit Weltruf herrscht kein Mangel in Berlin. Aber das ist noch lange nicht alles.

Das richtige Ticket

Mit dem **Museumspass Berlin** kann man an drei aufeinanderfolgenden Tagen die Museumslandschaft erkunden, ohne zusätzlich Eintritt zu zahlen. Der Pass ist in rund 50 Berliner Museen gültig, darunter allen Häusern der Staatlichen Museen (nicht für Sonderausstellungen). Er kostet 29 € (ermäßigt 14,50 €) und ist in den beteiligten Museen, den Tourist Infos oder online (▶Auskunft) erhältlich. Für die **Museumsinsel, das Kulturforum und Schloss Charlottenburg** gibt es günstige **Standortkarten** für alle Museen, meist aber auch Einzelkarten. Für alle Staatlichen Museen können Eintrittskarten auch online unter **ww.smb.museum** gekauft und ausgedruckt werden. Das empfiehlt sich v. a. für die Museumsinsel; man kann dann einen Extra-Eingang nehmen.
In allen Landesmuseen, allen Häusern der Staatlichen Museen zu Berlin und in der Akademie der Künste ist der Eintritt bis 18 Jahre frei, im Martin-Gropius-Bau bis 17. In allen anderen Berliner Museen erhalten Schüler und Auszubildende Ermäßigung.

Abends ins Museum

Wer den Donnerstagabend im Museum beginnen möchte, kann das in den meisten Häusern der Staatlichen Museen tun, denn sie schließen dann erst um 20 Uhr. Auf der Museumsinsel sind alle Häuser geöffnet, am Kulturforum die Gemäldegalerie und das Musikinstrumenten-Museum, jenseits der Spree der Hamburger Bahnhof und in Charlottenburg das Museum für Fotografie. Fast überall werden Führungen oder andere Veranstaltungen angeboten. In der Gemäldegalerie, im Bode-Museum und im Museum für Islamische Kunst erklären Studenten bei den »Jungen Nächten« Kunstwerke. Im August machen viele Museen bei der **Langen Nacht** bis weit nach Mitternacht mit.

MUSEUMSLISTE

www.museumsportal-berlin.de

ARCHITEKTUR / DESIGN

AEDES
Über zukunftsgerichtete Architektur und urbane Entwicklungen
www.aedes-arc.de

Aedes Pfefferberg:
Christinenstr. 18 – 19
(Prenzlauer Berg)
U-Bahn: Senefelderplatz (U 2)
Aedes Land: Savignyplatz,
Else-Ury-Bogen 600 – 601
(Charlottenburg)
S-Bahn: Savignyplatz
(S 5, S 7, S 75)

BAUHAUS-ARCHIV BERLIN
Klingelhöferstr. 14
(Tiergarten)
www.bauhaus.de
U-Bahn: Nollendorfplatz (U 2)
Mi. – Mo. 10 – 17 Uhr
Eintritt: Mi. – Fr. 7 €, Sa. – Mo. 8 €

MUSEUM DER DINGE (WERKBUND-ARCHIV)
Oranienstr. 25 (Kreuzberg)
www.museumderdinge.de
U-Bahn: Kottbusser Tor (U 1, U 8)
Do. – Mo. 12 – 19 Uhr
Eintritt: 6 €

MUSEUM FÜR ARCHITEKTURZEICHNUNG
Von außen das Spiel mit Formen der Architekturgeschichte, innen mit Zeichnungen aus verschiedenen Jahrhunderten
Christinenstr. 18
(Prenzlauer Berg)
www.tchoban-foundation.de
U-Bahn: Senefelder Platz (U 2)
Mo. – Fr. 14 – 19, Sa., So, 13 – 17 Uhr
Eintritt: 5 €

ALLIIERTEN-MUSEUM
►S. 50

ANNE FRANK ZENTRUM
»Anne Frank. hier & heute«: Tagebuch und Leben von Anne Frank
Rosenthaler Str. 39 (Mitte)
www.annefrank.de
S-Bahn: Hackescher Markt
(S 5, S 7, S 9, S 75)
Di. – So. 10 – 18 Uhr
Eintritt: 5 €

ANTI-KRIEGS-MUSEUM
Brüsseler Str. 21 (Mitte)
www.anti-kriegs-museum.de
U-Bahn: Amrumer Str. (U 9)
tgl. 16 – 20 Uhr
Eintritt frei

ASISI-MAUERPANORAMA
►Friedrichstraße

BERLIN STORY MUSEUM
►Topographie des Terrors, Anhalter Bahnhof

BLACK BOX CHECKPOINT CHARLIE ►Friedrichstraße

BLINDENWERKSTATT OTTO WEIDT ►Scheunenviertel

SCHLOSS CECILIENHOF
►Potsdam, Neuer Garten

DEUTSCHES HISTORISCHES MUSEUM
►Unter den Linden, Zeughaus

DDR-MUSEUM ►Berliner Dom

ENTHÜLLT. ►Spandau, Zitadelle

ERINNERUNGSSTÄTTE NOTAUFNAHMELAGER MARIENFELDE
Über die Aufnahme von DDR-Flüchtlingen im Ankunftslager
Marienfelder Allee 66 – 80
(Tempelhof)
www.notaufnahmelager-berlin.de
S-Bahn: Marienfelde (S 2)
Di. – So. 10 – 18 Uhr, Eintritt frei

FORSCHUNGS- UND GEDENKSTÄTTE NORMANNENSTRASSE
►Lichtenberg, Stasimuseum

FORUM WILLY BRANDT
►Unter den Linden

GEDENKSTÄTTE BERLINER MAUER ►S. 88

GEDENKSTÄTTE BERLIN-HOHENSCHÖNHAUSEN
►S. 89

GEDENKSTÄTTE DEUTSCHER WIDERSTAND ►S. 94

GEDENKSTÄTTEHAUS DER WANNSEE-KONFERENZ
►Wannsee

Nicht nur die USA flog Rosinenbomber Ein britischer steht im Alliierten-Museum .

GEDENKSTÄTTE KÖPENICKER BLUTWOCHE JUNI 1933
Gedenkstätte für Köpenicker SA-Opfer vom Juni 1933
Puchanstr. 12 (Köpenick)
www.museum-treptow-koepenick.de
S-Bahn: Köpenick (S 3)
Do. 10 - 18, So. 14 - 18 Uhr
Eintritt frei

GEDENKSTÄTTE LINDENSTRASSE
►Potsdam, Innenstadt

GEDENKSTÄTTE PLÖTZENSEE
►S. 95

GESCHICHTSORT OLYMPIA-GELÄNDE 1909 – 1936 – 2006
Die gesellschaftliche Entwicklung des Sports in Deutschland, die Geschichte des Olyympiageländes, die Olympischen Spiele 1936. Mit Besteigung des Glockenturms.
Maifeld beim Olympiastadion
www.glockenturm.de
S- und U-Bahn: Olympiastadion (S 5, S 75, U 2)
April – Okt. tgl. 9.00 – 18.00 Uhr
Eintritt 4,50 €

HAUPTMANN VON KÖPENICK
►Alt-Köpenick

HUGENOTTENMUSEUM
►Gendarmenmarkt

JÜDISCHES MUSEUM ►S. 110

KNOBLAUCHHAUS ►Nikolaiviertel

MÄRKISCHES MUSEUM ►S. 135

MAUERMUSEUM (HAUS AM CHECKPOINT CHARLIE) ►Friedrichstraße

MUSEUM IN DER KULTURBRAUEREI ►Prenzlauer Berg

MUSEUM FÜR VOR- UND FRÜHGESCHICHTE
►Museumsinsel, Neues Museum

MUSEUMSDORF DÜPPEL
Über dem originalen Ausgrabungsort am Machnower Fenn: rekonstruierte Siedlung vom Beginn des 13. Jh.s mit Schmiede, Schusterei, Töpferei, Imkerei. Vorführungen von Handwerkern
Clauertstr. 11
(Zehlendorf)
www.dueppel.de
S-Bahn: Mexikoplatz (S 1), dann Bus 115, 118, 629
April – Mitte Okt. Sa, So. und Fei. 10 – 18 Uhr
Eintritt: 3,50 €

POLIZEIHISTORISCHE SAMMLUNG IM POLIZEIPRÄSIDIUM BERLIN
Platz der Luftbrücke 6
(Tempelhof)
www.phs-berlin.de
U-Bahn: Platz der Luftbrücke (U 6)
Bus: 104, 119, 184, 341
Mo. – Mi. 9 – 15 Uhr
Eintritt: 2 €

POTSDAM MUSEUM
►Potsdam, Innenstadt

ROTKREUZ-MUSEUM BERLIN
Bundesallee 73
(Schöneberg)
www.rotkreuzmuseum-berlin.de
S-Bahn: Bundesplatz (S 41, S 42, S 45, S 46)
U-Bahn: Friedrich-Wilhelm-Platz (U 9)
Mi. 16 – 19 Uhr (in den Ferien geschl.)
Eintritt: 2 €

STADTGESCHICHTLICHES MUSEUM SPANDAU
►Spandau, Zitadelle

STASIMUSEUM
►Lichtenberg

THE KENNEDYS
300 Fotos, Dokumente und JFK's Aktentasche
Auguststraße 11 – 13 (Mitte)
www.thekennedys.de
S- / U-Bahn: Oranienburger Straße (S 1, S 2, S 25), Oranienburger Tor (U 6)
Di. – Fr. 10 – 18, Sa., So. 11 – 18 Uhr | Eintritt: 5 €

THE STORY OF BERLIN
►Kurfürstendamm

TOPOGRAPHIE DES TERRORS
►S. 214

WEGE – IRRWEGE – UMWEGE
►Gendarmenmarkt, Deutscher Dom

KUNST UND ANTIKE

ABGUSSSAMMLUNG ANTIKER PLASTIK
Kopien antiker Meisterstücke aus der Gipsformerei nebenan. Ausstellung von Werken Berliner Bildhauer (Gipskopien) im Säulensaal des Roten Rathauses (►S. 49)
Schlossstr. 69b
(Charlottenburg)
www.abguss-sammlung-berlin.de
S-Bahn: Westend (S 41, S 42)
Bus: M 45, 139, 309
Do. – So. 14 – 17 Uhr
Eintritt frei

AKADEMIE DER KÜNSTE
www.adk.de
Pariser Platz 4
(Mitte)
U-Bahn: Brandenburger Tor (U 55)
Hanseatenweg 10 (Tiergarten)
S-Bahn: Bellevue (S 5, S 7, S 75),
U-Bahn: Hansaplatz (U 9)

Sandsäcke sorgen am Checkpoint Charlie für ein wenig historische Stimmung.

meist Di. – Do. 11 – 19 Uhr
(je nach Ausstellung)

ÄGYPTISCHES MUSEUM UND PAPYRUSSAMMLUNG
▶Museumsinsel: Neues Museum

ALTE NATIONALGALERIE
▶Museumsinsel

ALTES MUSEUM
▶Museumsinsel: Altes Museum

ANTIKENSAMMLUNG
▶Museumsinsel: Altes Museum, Pergamonmuseum

BERLINISCHE GALERIE
▶Jüdisches Museum

BILDERGALERIE
▶Potsdam, Sanssouci

BODE-MUSEUM
▶Museumsinsel

BRÖHAN-MUSEUM
▶Museum Berggruen

BRÜCKE-MUSEUM
▶Grunewald

C / O BERLIN
Renommierte Fotogalerie im neuen Domizil
Amerika-Haus
Hardenbergstr. 22 – 24
(Charlottenburg)
www.co-berlin.org
S-/U-Bahn: Zoologischer Garten
(S 5, S 7, S 75, U 2, U 9)
tgl. 11 – 20 Uhr
Eintritt: 10 €

DALÍ – DIE AUSSTELLUNG
▶Potsdamer Platz

DEUTSCHES SPIONAGEMUSEUM
▶Potsdamer Platz

BAEDEKER ÜBERRASCHENDES

6x

EINFACH UNBEZAHLBAR

Erlebnisse, die für Geld nicht zu bekommen sind

1. BLICK AUS DER KUPPEL

Der schönste Blick über Berlin ist kostenlos. Aus der **Reichstagskuppel** schaut man hinab aufs Zentrum der Hauptstadt – und den Abgeordneten auf den Kopf; Anmeldung nicht vergessen! (▶ S. 175)

2. SOUND OF MUSIC

Setzen Sie sich auf die Stufen des Konzerthauses **am Gendarmenmarkt** und hören den Straßenmusikern zu – die spielen meist vor den Veranstaltungen und hoffen auf kleine Spenden der Passanten. (▶ S. 99)

3. AUFERSTANDEN AUS RUINEN

Gehen Sie auf eine Zeitreise zurück in die DDR. Im **Museum in der Kulturbrauerei** sind Alltagsgegenstände aus dem untergegangen deutschen Staat ausgestellt. (▶ S. 20, 188)

4. BEIM BÜRGERMEISTER

Das **Rote Rathaus** ist nicht nur der Sitz des Regierenden Bürgermeisters. Es ist auch ein Sehenswürdigkeit – der Festsaal und der beeindruckende Säulensaal können wochentags kostenlos besichtigt werden. (▶ S. 49)

5. LESUNGEN IM KAFFEEHAUS

Das **Café Tasso** ist etwas Besonderes. Die Kombination aus Antiquariat und Kaffeehaus ist ungewöhnlich, dazu ist es ein Integrationsbetrieb für Menschen mit Behinderung. (▶ S. 324)

6. KONZERT IM PARK

Im **Teehaus im Schlosspark Bellevue** finden im Sommer jeden Sonntag zwischen 16 und 19 Uhr Konzerte bekannter (Berliner) Bands satt. Das musikalische Spektrum reicht von Jazz über Pop bis HipHop. (▶ S. 210)

EPHRAIM-PALAIS
▶Nikolaiviertel

HELMUT NEWTON STIFTUNG
▶Kurfürstendamm

GEMÄLDEGALERIE
▶Kulturforum

GEORG-KOLBE-MUSEUM
Werke des Bildhauers Kolbe und anderer Künstler in seinem Atelierhaus
Sensburger Allee 25
(Charlottenburg)
www.georg-kolbe-museum.de
S-Bahn: Heerstr. (S 5, S 75)
Bus: M 45
tgl. 10 - 18 Uhr
Eintritt: 7 €

HAUS AM WALDSEE
Internationale Gegenwartskunst
Argentinische Allee 30
(Zehlendorf)
www.hausamwaldsee.de
U-Bahn: Mexikoplatz
(U 3)
Di. - So. 11 - 18 Uhr
Eintritt: 7 €

KÄTHE-KOLLWITZ-MUSEUM BERLIN
▶Kurfürstendamm

KERAMIK-MUSEUM BERLIN
Schustehrusstr. 13
(Charlottenburg.)
www.keramik-museum-berlin.de
U-Bahn: Richard-Wagner-Platz
(U 7), dann Bus M 45
Fr. - Mo. 13 - 17 Uhr
Eintritt: 4 €

KINDL - ZENTRUM FÜR ZEITGENÖSSISCHE KUNST
Kunst im u. a. 20 m hohen Kesselhaus der ehemaligen Brauerei
Am Sudhaus 3
(Neukölln)
www.kindl-berlin.de
Mi. - So. 12 - 18 Uhr
Eintritt: Maschinenhaus 5 €,
Kesselhaus frei

KUNSTBIBLIOTHEK
▶Kulturforum

KUNSTHALLE DEUTSCHE BANK
Jährlich drei bis vier Ausstellungen internationaler Gegenwartskunst
Unter den Linden 13/15
(Mitte)
www.deutsche-bank-kunsthalle.de
U-Bahn: Französische Str. (U 6)
tgl. 10 - 20 Uhr
Eintritt: 4 €, Mo. frei

KUNST-WERKE BERLIN
Zentrum der zeitgenössischen Kunst in Berlin mit außerordentlichen Ausstellungen; Träger der Berlin-Biennale
Auguststr. 69 (Mitte)
www.kw-berlin.de
S-Bahn: Oranienburger Str. (S 1, S 2, S 25)
Mi. - Mo. 11 - 19, Do. bis 21 Uhr
Eintritt: 8 €

KUPFERSTICHKABINETT
▶Kulturforum

KUNSTGEWERBEMUSEUM
▶Alt-Köpenick
▶Kulturforum

LIEBERMANN-VILLA
▶Wannsee

MARTIN-GROPIUS-BAU
▶Topographie des Terrors

ME COLLECTORS ROOM BERLIN
Wechselnde Ausstellungen und »Wunderkammer« mit Objekten der Olbricht-Sammlung
Auguststr. 68
(Mitte)
www.me-berlin.com
S-Bahn: Oranienburger Str.
(S 1, S 2, S 25)
Di. - So. 12 - 18 Uhr
Eintiritt: 8 €

Sehr oft malte Max Liebermann die Blumen im Garten seiner Villa am Wannsee.

MUSEUM FÜR FOTOGRAFIE
►Kurfürstendamm

MUSEUM BERGGRUEN
►S. 144

MUSEUM FÜR ASIATISCHE KUNST
►Schlossplatz

MUSEUM FÜR GEGENWART
►Hamburger Bahnhof

MUSEUM FÜR ISLAMISCHE KUNST
►Museumsinsel, Pergamonmuseum

MUSEUM FÜR OSTASIATISCHE KUNST
►Schlossplatz

MUSEUM FÜR SPÄTANTIKE UND BYZANTINISCHE KUNST
►Museumsinsel, Bodemuseum

NEUE NATIONALGALERIE
►Kulturforum

NEUER BERLINER KUNSTVEREIN
Wechselausstellungen zeitgenössischer Kunst, Film, Video, Fotografie
Chausseestr. 128/129
www.nbk.org
U-Bahn: Oranienburger Tor (U 6)

NEUES MUSEUM
►Museumsinsel

OSTASIATISCHE KUNSTSAMMLUNG
►Schlossplatz

PORZELLANSAMMLUNG IM BELVEDERE
▶Schloss Charlottenburg

PORZELLANSAMMLUNG IM CHINESISCHEN HAUS
▶Potsdam, Sanssouci

PERGAMONMUSEUM
▶Museumsinsel

RÖMISCHE BÄDER
▶Potsdam, Sanssouci

SAMMLUNG HOFFMANN
▶Scheunenviertel

SAMMLUNG SCHARF / GERSTENBERG
▶Museum Berggruen

SCHINKEL-PAVILLON
▶Schloss Charlottenburg

SKULPTURENSAMMLUNG
▶Museumsinsel, Bodemuseum

SPANDAUER KUNSTSAMMLUNG
▶Spandau, Zitadelle

DAS STILLE MUSEUM
Meditatives Kunsterlebnis
Linienstr. 154 a (Mitte)
www.das-stille-museum.de
S-Bahn: Oranienburger Str. (S 1, S 2, S 25)
U-Bahn: Oranienburger Tor (U 6)
Di. – So. 14 – 19 Uhr
Eintritt frei

DAS VERBORGENE MUSEUM
Wechselaustellungen mit Kunst von Frauen
Schlüterstr. 70 (Charlottenburg)
www.dasverborgenemuseum.de
S-Bahn: Savignyplatz (S 5, S 7, S 75)
Do., Fr. 15 – 19, Sa., So. 12 – 16 Uhr
Eintritt: 2 €

VORDERASIATISCHES MUSEUM
▶Museumsinsel: Pergamonmuseum

LITERATUR, THEATER UND FILM

ANNA-SEGHERS-GEDENKSTÄTTE
Die Wohnung der Schriftstellerin
Anna-Seghers-Str. 81 (Treptow)
www.anna-seghers.de
S-Bahn: Adlershof (S 8, S 9, S 45, S 46)
Di. u. Do. 10 – 16 Uhr
Eintritt frei

BRECHT-WEIGEL-GEDENKSTÄTTE
▶Dorotheenstädtisch-Friedrichswerderscher Fridhof

FILMMUSEUM POTSDAM
▶Potsdam, Innenstadt

FILM UND FERNSEHMUSEUM
▶Potsdamer Platz

MENDELSSOHN-REMISE
Über den jüdischen Philosophen Moses Mendelssohn
Jägerstr. 51 (Mitte)
www.mendelssohn-remise.de
U-Bahn: Stadtmitte (U 6)
tgl. 12 – 18 Uhr
Eintritt frei

MORI-ÔGAI-GEDENKSTÄTTE
Gedenkzimmer für den japanischen Dichter, Übersetzer und Arzt Mori Mori Rintarô (Ôgai)
Luisenstr. 39 (Mitte)
www.iaaw.hu-berlin.de/de/region/ostasien/seminar/mori
S- / U-Bahn: Friedrichstraße (S 1, S 2, S 25, S 5, S 7, S 75, U 6)
Mo. – Fr. 10 – 14 Uhr
Eintritt: 3 €

ZILLE-MUSEUM
▶Nikolaiviertel

NATUR UND TECHNIK

1. BERLINER DDR-MOTORRADMUSEUM
140 Zweiräder aus 40 Jahren DDR
Rochstr. 14 C
(Mitte, S-Bahnbögen)
www.erstesberliner-ddr-motorradmuseum.de
S-Bahn: Hackescher Markt
(S 5, S 7, S 75)
Mo. – Sa.10 – 19, So. 11 – 19 Uhr
Eintritt: 6,50 €

ARBORETUM DER HUMBOLDT-UNIVERSITÄT ZU BERLIN
1200 Gehölzarten und Kräuter
Späthstr. 80 / 81 (Treptow)
www2.hu-berlin.de/biologie/arboretum
S-Bahn: Baumschulenweg
(S 8, S 9, S 45, S 46), dann Busse 265, 170
U-Bahn: Blaschkoallee (U 7), dann Bus 170
April – Okt. Mi., Do., Sa., So. und Fei. 10 – 18 Uhr
Eintritt frei

ARCHENHOLD-STERNWARTE
▶Treptower Park

BERLINER U-BAHN-MUSEUM
Herzstück: das 1931 in Betrieb genommene Stellwerk Olympiastadion
Rossitter Platz 1
(Charlottenburg)
www.ag-berliner-u-bahn.de
U-Bahn: Olympiastadion (U 2)
Jeden zweiten Sa. im Monat 10.30 – 16 Uhr
Eintritt: 2 €

COMPUTERSPIELEMUSEUM
Auch für Spieler!
Karl-Marx-Allee 93 a
(Friedrichshain)
www.computerspielemuseum.de
U-Bahn: Weberwiese (U 5)
So. – Do. 10 –20, Fr., Sa. bis 21 Uhr
Eintritt: 9 €

BOTANISCHES MUSEUM
▶Botanischer Garten

DEUTSCHES TECHNIKMUSEUM
▶S. 70

FEUERWEHRMUSEUM
Feuerwache Tegel, Berliner Str. 16
(Tegel)
www.feuerwehrmuseum-berlin.de
U-Bahn: Alt-Tegel (U 6)
Di., Do. 9 – 16, Mi. 9 – 19, Fr., Sa. 10 – 14 Uhr
Eintritt: 5 €

HISTORISCHER HAFEN
▶Märkisches Museum

JAGDZEUGMAGAZIN
▶Grunewald

LUFTWAFFENMUSEUM DER BUNDESWEHR
▶Spandau

MEDIZINHISTORISCHES MUSEUM
▶Friedrichstraße, Charité

MUSEUM FÜR KOMMUNIKATION
▶Potsdamer Platz,
Leipziger Straße

MUSEUM FÜR NATURKUNDE
▶S. 146

MUSEUM IM ALTEN WASSERWERK
▶Müggelsee

ÖKOWERK BERLIN
Spannende Reise um das lebenswichtige Nass im Infozentrum Wasserleben im Wasserwerk am Teufelssee,
Teufelsseechausee 22 – 24
(Charlottenburg-Wilmersdorf)
www.oekowerk.de
S-Bahn: Heerstraße (S 7), dann 20 Min. Fußweg
Sommer: Mi. – Fr. 10 – 18; Sa., So.

Lehrreich und offenbar gemütlich: »System Erde« im Naturkundemuseum

12 – 18; Winter: Mi. – Fr. 9 – 16; Sa., So. 11 – 16 Uhr
Eintritt: 2,50 €

WALDMUSEUM
►Grunewald

WILHELM-FOERSTER STERNWARTE
Munsterdamm 90 (Steglitz)
Programm unter www.planetarium-berlin.de
S-Bahn: Priesterweg (S 2)
Eintritt: 7 – 10 €

ZUCKER-MUSEUM
►Deutsches Technikmuseum

HEIMATMUSEEN
Beinahe jeder (ehemalige) Berliner Bezirk unterhält ein Heimatmuseum. Für die Geschichte Berlins sind besonders interessant:

MUSEUM CHARLOTTENBURG-WILMERSDORF
Auch mit Ausstellung über die Familien Oppenheim und Mendelssohn, die die Villa bis 1909 bewohnten
Schlossstr. 55 (Charlottenburg)
www.villa-oppenheim-berlin.de
U-Bahn: Sophie-Charlotte-Platz (U 2)
Di. – Fr. 10 – 17, So. 11 – 17 Uhr
Eintritt frei

MITTE MUSEUM AM GESUNDBRUNNEN
Pankstr. 47 (Mitte)
www.mittemuseum.de
U-Bahn: Pankstraße (U 8)
So. – Do. 10 – 17 Uhr
Eintritt frei
z.Z. wegen Renovierung geschl.

VOLKSKULTUR UND HANDWERK

ETHNOLOGISCHES MUSEUM
►Schlossplatz

GRÜNDERZEITMUSEUM
►Marzahn

MUSEUM EUROPÄISCHER KULTUREN
▶Botanischer Garten

MUSEUM DER UNERHÖRTEN DINGE
Fantastische, »unerhörte« Fundstücke
Crellestr. 5 – 6 (Schöneberg)
www.museumderunerhoerten dinge.de
S-Bahn: Julius-Leber-Brücke (S 1)
Mi. – Fr. 15 – 19 Uhr
Eintritt frei

SONSTIGE

BERLINER UNTERWELTEN-MUSEUM
Berlin von unten im ehemaligen Luftschutzbunker
Brunnenstr. 108a (Mitte)
www.berliner-unterwelten.de
U-Bahn: Gesundbrunnen (U 8)
Ganzjährig unterschiedliche Themenführungen, Termine und Anmeldung im Internet
Preise: 6 – 14 €

BLINDENMUSEUM
Rothenburgstr. 14 (Steglitz)
www.blindenmuseum-berlin.de
U-Bahn: Rathaus Steglitz (U 9)
Mi. 15 – 18 Uhr
Eintritt frei

BUCHSTABENMUSEUM
Über die typografische Mode der vergangenen Jahrzehnte, Leuchtstoffröhren und Reklameschriften
Karl-Liebknecht-Str. 13, Berlin-Carré, 1. OG (Mitte)
www.buchstabenmuseum.de
S-/U-Bahn: Alexanderplatz (S 5, S 7, S 75, U 2, U 5, U 8)
z.Z. wegen Umbau geschl.
Eintritt: 6,50 €

DEUTSCHES CURRYWURST-MUSEUM
▶Friedrichstraße

HANFMUSEUM
▶Nikolaiviertel

HOFGÄRTNERMUSEUM
▶Schloss und Park Glienicke

GASLATERNEN-FREILICHT-MUSEUM
▶Magischer Moment S. 210

KPM-WELT
▶Tiergarten

MUSEUMSWOHNUNG WBS 70
▶ Marzahn

MUSIKINSTRUMENTEN-MUSEUM
▶Kulturforum

PUPPENTHEATER-MUSEUM BERLIN
Geschichte des Puppentheaters, zum Anfassen und Mitspielen, Puppentheateraufführungen, Märchenlesungen
Karl-Marx-Str. 135 (Neukölln)
Tel. 030 6 87 81 32
www.puppentheater-museum.de
U-Bahn: Karl-Marx-Straße (U 7)
Mo. – Fr. 9 – 15, So. 11 – 16 Uhr
Eintritt: 3,50 € / 3 €

SCHWULES MUSEUM
Lützowstr. 73 (Charlottenburg)
www.schwulesmuseum.de
U-Bahn: Kurfürstenstraße (U 1, U 2)
So. – Mi. 14 – 18, Do. bis 20, Sa. bis 19 Uhr
Eintritt: 7,50 €

SPORTMUSEUM BERLIN
Haus des Deutschen Sports, Hanns-Braun-Str. (Charlottenburg)
www.sportmuseum-berlin.de
U-Bahn: Olympiastadion (U 2)
Mo. – Fr. 10 – 14 Uhr
Eintritt: 1 € (nur Sonderausstellungen), ansonsten frei

SHOPPEN

Noch nicht ganz mithalten kann Berlin mit den Shoppingkapitalen London, Paris oder New York. Aber man ist auf einem guten Weg, ob es nun um Weltmarken auf den Einkaufsmeilen geht oder um individuelle Angebote etwas abseits.

Einkaufsstraßen und -passagen

Immer noch ist **Charlottenburg-Wilmersdorf** eine der klassischen Einkaufsgegenden Berlins: der Kurfürstendamm mit seinen Neben- und Seitenstraßen wie Savignyplatz, Joachimsthaler Straße, Kantstraße und Wilmersdorfer Straße, Bleibtreustraße und Mommsenstraße sowie der Breitscheidplatz und die Tauentzienstraße. Das Europa-Center an der Gedächtniskirche bietet über 90 Geschäfte, muss sich aber nun gegen das Bikini gegenüber behaupten: 200 m Concept Mall auf drei Etagen mit exquisiten Läden, mittendrin Pop-up-Stores in Holzboxen, wo ausgesuchte Newcomer ihr Geschäftsmodell probieren dürfen, dazu Eisdielen, Cafés und

Und noch eine Einkaufsmeile: die Mall of Berlin am Potsdamer Platz

ein großes Panoramafenster mit Blick auf den Affenfelsen im Zoologischen Garten gleich nebenan. Und natürlich: das berühmte **KaDeWe** am Wittenbergplatz, Tempel des Luxus und des Überflusses, insbesondere die Feinkostabteilung im sechsten Stockwerk betreffend.

Das östliche Pendant dazu ist die **Friedrichstraße** mit den Einkaufsquartieren 205 (v. a. Mode), 206 (sehr exklusiv und teuer: Schuhe, Kosmetik, Mode, Accessoires, Edeldesign) und 207, wo die Galeries Lafayette zu Hause sind, die erste deutsche Filiale des Pariser Kaufhauses mit Kreationen und Accessoires berühmter Designer, Lederwaren und französischen Delikatessen. Bücher, Musik und Software gibt es im Kulturkaufhaus Dussmann.

Die Arkaden am **Potsdamer Platz** mit über 100 Geschäften – Schwerpunkt Mode und Textilien – bemühen sich redlich, im Konzert der Großen mitzumischen. Berlins zweitgrößte Shopping Mall Alexa mit 180 Geschäften steht am **Alexanderplatz**; die neueste, die Mall of Berlin mit 270 Läden von Aldi bis Armani auf fünf Etagen, am **Leipziger Platz**.

Darüber sollte man allerdings nicht vergessen, dass sich **auch etwas abseits** der Einkauf lohnt, vor allem, weil es dort nicht den Designer-Mainstream gibt, sondern wirklich Ausgefallenes: nördlich vom Hackeschen Markt – Auguststraße, Hackesche Höfe, Mulackstraße, Weinmeisterstraße (die sich zur edlen Kleidermacherpromenade entwickelt hat) –, in der Gegend rund um den Boxhagener Platz in Friedrichshain, in der Kastanienallee in Prenzlauer Berg, um den Winterfeldtplatz und in der Maaßenstraße in Schöneberg und in Kreuzbergs Bergmannstraße.

Souvenirs

Das klassische Souvenir ist der Berliner Bär aus Plüsch, in Metall oder als Abziehbild auf allerlei Gegenständen. Kaum weniger begehrt sind Miniaturen des Brandenburger Tors, des Funkturms oder des Reichstags. **Das wichtigste** Souvenir ist aber inzwischen in jeder Form (Backform, Seife, Kerze, auf dem T-Shirt) der Fernsehturm. »Einigungsbedingte« Souvenirs sind das (Ost-)Ampelmännchen, (echte?) Stücke der Berliner Mauer sowie allerlei Orden und Uniformteile der Nationalen Volksarmee und der Sowjetarmee. Viele Museen bieten Kopien ihrer schönsten Stücke an.

(Floh-) Märkte

Der bekannteste und umfangreichste der Berliner Flohmärkte zieht an jedem Wochenende Tausende zur **Straße des 17. Juni** (Sa., So. 10 – 17 Uhr). In der Eichenstraße 4 an der Spree in **Treptow** öffnen am Wochenende ab 10 Uhr riesige Trödelhallen ihre Tore, hinter denen sich eine Fülle von Waren von Schrauben bis zu Fernsehern, Möbeln, Spielen, Reifen und selbst Motoren verbirgt. Am **Ostbahnhof** wird sonntags (8 – 16 Uhr) mit Möbeln und Antiquitäten gehandelt.

Kleidung ist beim Flohmarkt am **Mauerpark** (So. 9 – 18 Uhr) in der Bernauer Straße gefragt. Bücher, Kunst und Mode gibt es am Wochenende auf der **Museumsinsel**.

Wochenmärkte

Der spannendste Wochenmarkt ist der **Türkenmarkt am Maybachufer** (Di., Fr. 11 – 18.30 Uhr) in Neukölln, wo neben Obst und Gemüse, Fleisch und Fisch auch Tausenderlei von Stoffen und Kurzwaren verkauft werden, neuerdings sogar Afrikanisches. Magnet für die ganze Umgebung ist der große **Wochenmarkt am Winterfeldtplatz** in Schöneberg (Mi. 8 – 14, Sa. 8 – 16 Uhr). Feine Sachen gibt es auf dem Biomarkt am **Kollwitzplatz** (Do. 12 – 19 Uhr) in Prenzlauer Berg, wo der Samstagsmarkt ab 9 Uhr zum beliebtesten im Osten der Stadt und zum Wochenendtreffpunkt geworden ist.

Markthallen

Drei historische Markthallen sind noch in Betrieb: die **Arminius-Markthalle** in Moabit (Arminiusstr. 2), die **Markthalle 9** in Kreuzberg (Eisenbahnstr. 42 – 43) und die **Marheineke-Markthalle** ebenfalls in Kreuzberg (Marheinekeplatz 15). Sie wurden 1891 bzw. 1892 eröffnet und haben von Lebensmitteln bis zum Schnürsenkel (auch Gastronomie) ein großes Angebot mit Atmosphäre.

Blumen sind nur ein geringer Teil des Angebots in der Markthalle 9 in Kreuzberg

BERLINER SHOPPING-ADRESSEN

COMICS

GROBER UNFUG
Comics aus aller Welt und jeglicher Art, Figuren, DVDs, Spiele, Literatur
Torstr. 75 (Mitte) und Zossener Str. 32 – 33 (Kreuzberg)
www.groberunfug.de

DELIKATESSEN

FASSBENDER & RAUSCH CHOCOLATIERS
Größtes Schokoladenhaus Europas.
Charlottenstr. 60 (Mitte)
www.fassbender-rausch.de

KADEWE
Größte Feinkostabteilung Europas im Konsumtempel schlechthin: je über 1000 Käse- und Wurstsorten, 2400 Weine und viele Gastronomietheken.
Tauentzienstr. 21 – 24, 6. Etage (Schöneberg)
www.kadewe.de

KADÓ LAKRITZE
400 Sorten in unglaublichen Geschmacksrichtungen, aus Lappland oder Sizilien oder die eigene Hausmarke Ingwer-Lakritz
Graefestr. 20 (Kreuzberg)
www.kado.de
Mo. geschl.

KÖNIGSBERGER MARZIPAN
Lübecker Marzipan kennt jeder – aber Königsberger Teekonfekt?
Pestalozzistr. 54a (Charlottenburg)
www.wald-koenigsberger-marzipan.de

HAUSHALT UND KÜCHE

KPM
In der ehemaligen Produktionshalle der Königlichen Porzellanmanufaktur gibt es neben dem regulären Verkaufsbereich auch eine günstigere zweite Sortierung.
Wegelystr. 1 (Tiergarten)
www.kpm-berlin.de

KÜCHENLADEN
Für Hobby- und Profiköche
Knesebeckstr. 26 (Charlottenburg)
www.kuechenladen.com

MODE, SCHUHE, ACCESSOIRES

ANTIQUE & VINTAGE JEWELLERY
Alle Schmuckstücke sind zwischen 1750 und 1950 entstanden.
Linienstr. 44 (Mitte)
www.antique-jewellery.de

CLAUDIA SKODA
Avantgardistische Strickmode, alles handgefertigt aus edlen Garnen
Mulackstr. 8 (Mitte)
www.claudiaskoda.com

FIRMA
Eine der international erfolgreichsten Berliner Modemarken, nun für Herren und Damen
Bleibtreustr. 13 (Charlottenburg)
www.firma.net

GALERIES LAFAYETTE
Was man in Frankreich trägt, isst und trinkt und wie man Küche und Esszimmer dekoriert.
Friedrichstr., Quartier 207 (Mitte)
www.galerieslafayette.de

KAVIAR GAUCHE
Der Name des Berliner Labels steht für das Programm: Luxus mit Avantgarde. Brautmode für die Luxushochzeit

Tante-Emma-Läden kommen vor allem in den angesagten Vierteln wieder zurück.

Linienstr 44 (Mitte)
www.kaviargauche.com

LALA BERLIN
Pullover, Shirts, Kleider, Seide, ägyptische Baumwolle, Mohair vom Berliner Label
Alte Schönhauser Straße 3 (Mitte)
www.lalaberlin.com

LUCCICO
Ob klassisch oder gewagt, der Italiener garantiert »Schuhe bis in den Tod«. Vier weitere Läden in Berlin, u. a. in der Bergmannstr. 8 in Kreuzberg und der Oranienburgerstr. 23 in Mitte (Outlet)
Neue Schönhauser Str. 18 (Mitte)
www.luccico.de

RESPECTMEN
Designerlabel mit Schick und Businesstauglichkeit; auch andere Labels sind vertreten. Einige Schritte weiter: Respectwomen und Respectless
Neue Schönhauser Str. 14 (Mitte)
www.respectmen.de

TANZSPORT BÜRGER
Wer tanzt, braucht sehr gut passende Schuhe. Hier stehen 3000 Paare in 250 Modellen zur Auswahl.
Finckensteinallee 145 (Lichterfelde)
www.tanzsport-boutique-buerger.de

TRIPPEN
Handgefertigte, ausgefallene Schuhmode; weiterer Laden in der Alten Schönhauser Str. 45 (Mitte)
Hackesche Höfe, Hof 4 (Mitte)
www.trippen.com

ZEHA
DDR-Traditionsmarke für Turnschuhe, 2003 wiederbelebt. Längst mehr als »nur« Spotschuhe – auch sehr edle Streatwear ist im Programm.
Belziger Str. 21 (Schöneberg), Friesenstraße 7 (Kreuzberg), Prenzlauer Allee 213 (Prenzl. Berg); www.zeha-berlin.de

MUSIK & BÜCHER

KULTURKAUFHAUS DUSSMANN
Gut sortiert, alle Musikrichtungen. Bis spät nachts geöffnet.
Friedrichstr. 90 (Mitte)
www.kulturkaufhaus.de

PLATTEN PEDRO
Das größte Schallplattenantiquariat Berlins: über 112 000 Vinylplatten und ein paar Hundert Schellacks jeglicher Richtung
Tegeler Weg 102 (Charlottenburg)
www.platten-pedro.de

SOUVENIRS

AMPELMÄNNCHEN
Das Ampelmännchen-Ost auf T-Shirts, Lampen, Taschen, Buchstützen, in Grün, in Rot oder in Süß als Gummibärchen
Rosenthaler Str. 40, Hackesche Höfe, auch Gendarmenmarkt, Potsdamer Platz, Kreuzung Unter den Linden/Friedrichstraße und DomAquarée (Karl-Liebknecht-Str.), Shop-Café im Kranzler Eck am Kurfürstendamm
www.ampelmannshop.de

AUSBERLIN
Mode, Accessoires, Design, Musik, Genussmittel, alles aus Berlin
Karl-Liebknecht-Str. 9 (Mitte)
www.ausberlin.de

BÄRENSTARK
Kleine Bären, große Bären, alte Bären, neue Bären, Künstlerbären ...
S-Bahnbogen 201, am Bahnhof Friedrichstraße (Mitte)

BERLINSTORY
Der Berlin-Laden schlechthin: Bücher, Kitsch, Karten etc. etc. über die Stadt und Preußen
Unter den Linden 40 (Mitte)
www.berlinstory.de

SONSTIGES

PLANET MODULOR
Auf drei Etagen ein Paradies für Kreative aller Art. Architekten, Designer, Modellbauer, Hobbybastler finden zwischen Druckerei, Näherei und Plotter, was sie brauchen.
Prinzenstr. 85 (Kreuzberg, Aufbauhaus)
www.modulor.de

FRAU TONIS PARFUM
Reines Veilchen gibt es und Mixturen von Zeder, Amber und rosa Pfeffer, und Linden, die duften wie Berlin im Frühling. Wer die Glasstöpsel der riesigen Apothekerflakons lupft, den trifft der Duft mit voller Wucht. Wer will, kreiert hier auch gerne sein persönliches Parfüm.
Zimmerstr. 13 (Mitte)
www.frau-tonis-parfum.com

STADTBESICHTIGUNG

Jeden Tag wandern 360000 Fremde durch Berlin, sehen sich den Reichstag und den Kurfürstendamm an oder bummeln über den Potsdamer Platz. Viele wollen auch geführt werden.

Busrundfahrten

Mit die preisgünstigste Möglichkeit, die wichtigsten Sehenswürdigkeiten mit dem Bus kennenzulernen, ist eine Fahrt mit den **Linienbussen 100 oder 200 der BVG** zwischen Bahnhof Zoo und Alexanderplatz bzw. Prenzlauer Berg. Für die Linie 100 kann man sich einen Audioguide herunterladen, der erklärt, was am Straßenrand alles vorbeizieht (www.culture-to-go.com). Eine Rundfahrt mit einem der feuerroten **Top-Tour-Busse** mit offenem Oberdeck dauert insgesamt etwa 2,5 Stunden, Zu- und Ausstieg ist an jeder Haltestelle möglich. Die Busunternehmen BBS, Berolina und BVB bieten gemeinsam die halbstündige **City CircleTour** an. Auch hier kann man an allen 20 Haltepunkten ein- und aussteigen.

Spree- und Havel-dampfer

Mit einem **Ausflugsboot** lernt man die Stadt von einer anderen Seite kennen. Die Veranstalter bieten außer der einstündigen Fahrt durch das historische Berlin (ca. 10 – 11 €) auch Nacht- und andere Sonderfahrten an wie die Brückentour oder über den Landwehrkanal. Natur und wunderbare Aussichten versprechen **Fahrten auf Havel und Wannsee**.

S- und U-Bahn

Auch Fahrten auf den Hoch- und Freistrecken mit der regulären S-Bahn oder der U-Bahn verschaffen interessante Ein- und Ausblicke. Eine wirklich tolle Sache ist das **U-Bahn-Cabrio**: eine zweistündige nächtliche Fahrt im offenen Plattformwagen!

Ausgefallenes

Auf eine ganz andere Art erlebt man Berlin auf einer ausgefallenen Stadtführung. Das Angebot ist enorm und reicht von »Auf den Spuren von«-Führungen bis zu Ausflügen in den Untergrund: Themen sind gefragt (▶Außergewöhnliches).

Schnell aufgestiegen zur geführten Radtour am Potsdamer Platz

AUSGEWÄHLTE ANGEBOTE SIGHTSEEING

TOPTOUR
Abfahrt: U-Bahnhof Kurfürstendamm / Café Kranzler
tgl. ab 9.25 alle 15 – 20 Min.
Preis: 20 €
www.top-tour-sightseeing.de

CITY CIRCLE TOUR
Hauptabfahrt: Kurfürstendamm ggü. der Gedächtniskirche, Alexanderplatz ggü. Park Inn Hotel
tgl. ab 10 alle 10 – 15 Min.
Preis: 20 €
www.bbsberlin.de, www.bvb.net, www.berolina-berlin.com

U-BAHN-CABRIO
April – Okt. jeden zweiten Fr., Buchung Tel. 030 25 62 52 56, u-bahn-cabriotour@bvg.de
Peros: 50 €

REEDEREIEN

REEDEREI RIEDEL
Tel. 030 6 93 46 46
www.reederei-riedel.de

REEDEREI TRIEBLER
Tel. 030 3 31 54 14
www.reederei-triebler.de

REEDEREI WINKLER
Tel. 030 3 49 95 95
www.reedereiwinkler.de

STERN- UND KREISSCHIFFAHRT
Tel. 030 5 36 36 00
www.sternundkreis.de

AUSSERGEWÖHNLICHES

STATTREISEN BERLIN
Eine der renommiertesten
Malplaquetstr. 5 (Mitte)
Tel. 030 4 55 30 28
www.stattreisenberlin.de

BERLINER UNTERWELTEN
Mit dem Verein zur Erforschung des Berliner Untergrunds geht es z. B. in den Flakbunker Humboldthain, die größte noch existierende Bunkeranlage der Stadt.
Brunnenstr. 105 (Mitte)
Tel. 030 49 91 05 18
www.berliner-unterwelten.de

GOART! BERLIN
Neueste Trends, Atelierbesuche, Gespräche mit Galeristen oder Begleitung bei Kunstmessen oder zu Privatsammlungen
Halle am Wasser
Invalidenstr. 50 / 51 (Mitte)
Tel. 030 30 87 36 26
www.goart-berlin.de

CARPEBERLIN
Speziell für Blinde und Sehbehinderte mit kostenlosen Audio-Guides zum Download
www.carpeberlin.com

TICKET B
Architekten, allesamt Gründungsmitglieder des internationalen Netzwerks www.guiding-architects.net, bieten fünf Klassiktouren zu Fuß oder auch Besichtigungen einzelner Gebäude an.
Frankfurter Tor 1
Tel. 030 4 20 26 96 20
www.ticket-b.de

MUSIC TOURS BERLIN
Touren durch die einzigartige Berliner Rock-, Pop- und Clubmusik-Szene; auf den Spuren von David Bowie und Iggy Pop, U2 oder Depeche Mode; Führungen durch die Hansa Studios und multimedial unterstützte Bustouren.
Info-Tel. 0172 42 42 037
www.musictours-berlin.de

ÜBERNACHTEN

Berlin-Besucher hatten 2016 in 789 Beherbergungsbetrieben 139 180 Betten zur Auswahl. Es gibt kaum eine internationale Hotelkette, die nicht an der Spree vertreten sein will.

Hotels

Das gilt auch für die Luxusmarke Waldorf Astoria, die ihr erstes neu gebautes Hotel in Europa gegenüber der Gedächtniskirche in Kurfürstendamm-Nähe hinstellte: 31 Stockwerke, 242 luxuriöse Zimmer, 1100 m² Tagungsbereich und großzügige Spa-Anlagen.
Liegen die **Hotelpreise** in Berlin sowieso schon unter sonst üblichem Hauptstadtniveau, haben Berlin-Besucher dank des harten Wettbewerbs zudem immer wieder die Chance auf Preisnachlass – fragen und verhandeln lohnt oft. Seit 2014 muss man für nicht beruflich bedingte Nächtigungen 5 % **Übernachtungssteuer** bezahlen.
Ein **Hotelverzeichnis** gibt es in den Tourist-Informationen unter Tel. 030 25 00 25, online buchen kann man unter **www.visitberlin.de**.

EMPFOHLENE HOTELS

❶ etc. ▶ Plan S. 318 – 321
Ohne Nr.: außerhalb des Plans

Preiskategorien für ein Doppelzimmer, i.d.R. mit Frühstück; immer öfter wird das Frühstücksbüffet aber extra berechnet

€€€€	über 300 €
€€€	200 – 300 €
€€	120 – 200 €
€	80 – 120 €

❾ ADLON KEMPINSKI BERLIN €€€€

Berliner Hotellegende, in der schon Enrico Caruso, Zar Nikolaus, Albert Einstein oder Thomas Alva Edison wohnten. Restaurant / Bistro, Club Bar, American Bar, Smoker's Lounge und Lifestyle Shop.
307 Z.,78 Suiten.
Unter den Linden 77 (Mitte)
Tel. 030 22 61-0
www.kempinski.com
S- / U-Bahn: Brandenburger Tor (S 1, S 2, S 25, U 55)

⓭ DAS STUE €€€€

1939 für die Königliche Dänische Gesandtschaft gebaut, nun von der Potsdamer Architektin Annette Axthelm ergänzt und von der spanischen Designerin Patricia Urquiola mit Möbelklassikern, modernem Design und mit wertvollen Materialien zu Intimität und Weltläufigkeit gestylt. Im Restaurant Cinco regiert der spanische Sternekoch Paco Pérez.
80 Z. Drakestr. 1 (Tiergarten)
Tel. 030 311 72 20
www.das-stue.com
Bus 200: Corneliusbrücke

❿ HOTEL DE ROME €€€€

Luxusreisende finden in den Räumen der ehemaligen Dresdner Bank nicht nur Ein- und Auspackservice, Spa, Bebel-Bar und ein gutes italienisches Restaurant – auf der Terrasse über dem

Bebelplatz ist die Museumsinsel zum Greifen nah.
146 Z. Behrenstr. 37 (Mitte)
Tel. 030 4 60 60 90
www.roccofortehotels.com/de/hotels-and-resorts/hotel-de-rome
U-Bahn: Französ. Str. (U 6)

4 ACKSELHAUS €€€

Vielleicht das schönste Hotel in Prenzlauer Berg gleich am Kollwitzplatz. Jedes Zimmer ist einem anderen Thema gewidmet. Vom Stadtspaziergang Erschöpfte erholen sich im gepflegten Garten.
35 Z. Belforter Str. 21 (Prenzlauer Berg)
Tel. 030 44 33 76 33
www.ackselhaus.de
U-Bahn: Senefelderplatz (U 2)

6 CASA CAMPER €€€

Design-Hotel, eigenwillig wie die Schuhmode der Gruppe. Nur wenige Schritte vom Hackeschen Markt entfernt, mit luxuriös ausgestatteten Zimmern. 24 Stunden frische Speisen und Getränke, Minibar für alle. Im offenen Restaurant werden asiatische Gerichte serviert.
51 Z. Weinmeisterstr. 1 (Mitte)
Tel. 030 20 00 34 10
www.casacamper.com
U-Bahn: Weinmeisterstr. (U 8)

12 HOTEL AM STEINPLATZ €€€

Hinter hoher Jugendstilfassade verbirgt sich das Hotel, in dem sich schon seit 1913 auch Filmstars zu Hause fühlten. Romy Schneider war zu Gast, auch Vladimir Nabokov, Ye-

Bebelplatz und Staatsoper überblicken Sie von der Terrasse des Hotel de Rome.

hudi Menuhin und Heinrich Böll. Nach 100 Jahren und von Grund auf modernisiert wurde das legendäre Haus mit Spa auf dem Dach wieder eröffnet.
87 Z. Steinplatz 4 (Charlottenb.)
Tel. 030 55 44 44 0
www.hotelsteinplatz.com
S-/U-Bahn: Zoologischer Garten (S 5, S 7, S 75, U 2, U 9)

8 RADISSON BLU €€€

Zimmer mit Meerblick? Fast, denn im Atrium ragt das 25 m hohe Rundaquarium mit tropischen Fischen in die Höhe. Den Panoramalift im Aquadom benutzen aber nur die Besucher des Sea Life Centers.
427 Z. Karl-Liebknecht-Str. 3 (Mitte), Tel. 030 23 82 80
www.radissonblu.com/hotel-berlin
S-/U-Bahn: Alexanderplatz (S 5, S 7, S 75, U 2, U 5, U 8)

7 SOHO HOUSE €€€

Man spricht Englisch im einstigen Kaufhaus für Arme, das zuerst zur SED-Zentrale wurde, 2010 dann Club (for Members only) und Hotel für alle. Das riesige, denkmalgeschützte Bauhausgebäude bietet großzügige Räume, alles Vintage, und dazu gehört auch Vinyl zum Plattenspieler, ein (kleiner) Pool auf der Dachterrasse, Wellnessbereich und Privatkino. Hier steigen regelmäßig Berühmtheiten aus dem Filmbusiness ab.
65 Z. Torstr. 1 (Mitte)
Tel. 030 4 05 04 40
www.sohohouseberlin.com
U-Bahn: Rosa-Luxemburg-Platz (U 2)

14 BLEIBTREU €€

In einer der schönsten Seitenstraßen des Kudamms ruhig in einem großbürgerlichen Stadthaus. Ökologisch in Einrichtung und Küche.
60 Z. Bleibtreustr. 31
(Charlottenburg)
Tel. 030 8 84 74-0
www.bleibtreu.com
S-Bahn: Savignyplatz
(S 5, S 7, S 75)

1 GARDEN LIVING €€

Man muss sich entscheiden: Blick auf das nachts angestrahlte Naturkundemuseum oder in den mediterranen Innenhof, in dem ein Brunnen plätschert, umgeben von Palmen, Oliven und Zitronen. Liebevoll saniertes altes Ensemble, mit eleganten Tapeten und Möbeln im dezenten Kolonialstil.
27 Z. Invalidenstr. 101 (Mitte)
Tel. 030 28 44 55 90 0
www.gardenliving.de
U-Bahn: Naturkundemuseum (U 6)

2 HONIGMOND GARDEN €€

Wer die Tür des liebevoll renovierten Hauses von 1845 öffnet, betritt ein unerwartetes Paradies mit mediterranem Garten, in dem Vögel zwitschern, Frösche quaken und Wasser plätschert. Schöne Bilder, antike Möbel. Café und Restaurant wenig entfernt im Honigmond
Hotel in der Tieckstr. 11.
25 Z. Invalidenstr. 122 (Mitte)
Tel. 030 28 44 55 77
www.honigmond.de
U-Bahn: Naturkundemuseum (U 6)

5 MYER'S HOTEL €€

Stilvolles Haus in vielversprechender Lage für abendliches Ausgehen in Prenzlauer Berg
56 Z. Metzstr. 26
(Prenzlauer Berg)
Tel. 030 4 40 14 - 0
www.myershotel.de
U-Bahn: Senefelderplatz (U 2)

11 HANSABLICK €

Komfortables und stilvolles kleines Haus am Spreeufer, einige Zimmer haben einen Balkon. Großes Frühstücksbuffet und Fitnessraum.
23 Z. Flotowstr. 6 (Tiergarten)
Tel. 030 3 90 48 00
www.hansablick.de
U-Bahn: Hansaplatz (U 9)

3 KASTANIENHOF €

Familiäre Atmosphäre in einem alten Wohnhaus. Perfekt: nur wenige Schritte zum Kneipenleben, zur Oderberger Str. und zur Kulturbrauerei.
35 Z. Kastanienallee 65
(Prenzlauer Berg)
Tel. 030 44 30 50
www.kastanienhof.berlin
U-Bahn: Senefelder Platz (U 2)

HOSTELS €

EASTERN COMFORT

Das Hostelschiff schaukelt hinter der East Side Gallery gleich an der Oberbaumbrücke auf der Spree. So hat es mitten im Bermudadreieck der Partygänger zwischen Kreuzberg und Friedrichshain Anker gesetzt, bietet Kabinen von der 1. bis zur 3. Klasse und sogar einen Zeltplatz auf Deck an.
25 Kabinen. Mühlenstr. 73 – 77
(Friedrichshain)
Tel. 030 66 76 38 06
www.eastern-comfort.com
U-Bahn: Warschauer Str. (U 1)

GENERATOR

Zwischen den Szenekiezen Prenzlauer Berg und Friedrichshain liegt eines der größten Hostels Deutschlands. Unschlagbar günstig;.
902 Betten. Storkower Str. 160
(Prenzlauer Berg)
Tel. 030 4 17 24 00
www.generatorhostels.com
S-Bahn: Landsberger Allee
(S 41, S 42)

»Meerblick« anders interpretiert im Radisson Blu

P

PRAKTISCHE INFOS

Wichtig, hilfreich, präzise

Unsere Praktischen Infos helfen in allen Situationen in Berlin weiter.

Zentrum
o2 World
Friedrichshain
Wedding
Tegel
Hauptbahnhof
Saarbrücker Str.
Straße

KURZ & BÜNDIG

FUNDBÜROS

ZENTRALES FUNDBÜRO
Platz der Luftbrücke 6
Tel. 030 9 02 77 31 01

BERLINER VERKEHRSBETRIEBE
Potsdamer Str. 182
Tel. 030 25 62 30 40

DEUTSCHE BAHN AG
Verlorenes an den »ServicePoints« der Bahnhöfe nachfragen oder FundService-Hotline:
Tel. *0900 1 99 05 99

NOTRUFE

FEUERWEHR, NOTARZT
Tel. 112

POLIZEI
Tel. 110

ÄRZTLICHER NOTDIENST
Tel. 030 31 00 31

ZAHNÄRZTLICHER NOTDIENST
Tel. 030 89 00 43 33

ANREISE · REISEPLANUNG

Mit dem Auto

Alle nach Berlin führenden Fernstraßen und Autobahnen münden in den Berliner Autobahnring (A 10).
Das vom inneren S-Bahnring umschlossene Stadtgebiet ist **Umweltzone**, in der Kraftfahrzeuge **nur mit einer grünen Feinstaubplakette** unterwegs sein dürfen.

Mit der Bahn

ICE-, IC- und IR-Züge der DB verkehren von und nach **Berlin-Hauptbahnhof** und teilweise auch nach Ostbahnhof, Bahnhof Gesundbrunnen und Bahnhof Südkreuz.

Mit dem Bus

Fernbusse verkehren von deutschen Städten nach Berlin zum Zentralen Omnibusbahnhof (ZOB) beim Messegelände in Charlottenburg.

Mit dem Flugzeug

Direktverbindungen bestehen aus allen wichtigen deutschen und europäischen Städten. Die Eröffnung des neuen Flughafens Berlin Brandenburg International Willy Brandt lässt nach wie vor auf sich warten. So wird der Flugverkehr weiterhin über Tegel und Schönefeld abgewickelt.

BUSVERKEHR

ZENTRALER OMNIBUSBAHNHOF BERLIN
Messedamm / Masurenallee
S- / U-Bahn: Messe-Nord / ICC (S 41, S 42), Kaiserdamm (U 2)
Tel. 030 30 10 01 75; www.iob-berlin.de

BAHNVERKEHR

AUSKUNFT
www.bahn.de

HAUPTBAHNHOF
Tiergarten
S- / U-Bahn: S 5, S 7, S 75, U 55

BAHNHOF ZOOLOGISCHER GARTEN
Charlottenburg
S- / U-Bahn: S 5, S 7, S 75, U 2, U 9

OSTBAHNHOF
Friedrichshain
S-Bahn: S 5, S 7, S 75

BAHNHOF GESUNDBRUNNEN
Wedding
S- / U-Bahn: S 1, S 2, S 25, S 41, S 42, U 8

BAHNHOF SÜDKREUZ
Schöneberg
S-Bahn: S 2, S 25, S 41, S 42, S 46

FLUGHÄFEN
www.berlin-airport.de

BERLIN-TEGEL (TXL)
12 km nordwestlich von Mitte
Bus: TXL über Hauptbahnhof zum Alexanderplatz; X 9 und 109 (mit Halt am U-Bhf. Jakob-Kaiser-Platz/U 7) zum Bhf. Zoologischer Garten; 128 zum U-Bhf. Osloer Str.

BERLIN-SCHÖNEFELD (SXF)
22 km südöstlich von Mitte
Bahn: Regionalbahn/Airportexpress: RE 7 und RB 14 über Alexanderplatz, Friedrichstraße, Hauptbahnhof nach Zool. Garten; RB 19 über Südkreuz, Potsdamer Platz, Hauptbahnhof nach Gesundbrunnen; RB 22 über Friedrichstraße, Hauptbahnhof nach Zool. Garten; jew. ca. 30 Min.
S-Bahn: S 9 und S 45 ab Bhf. Flughafen Schönefeld
Bus: Expressbus X 7 vom und zum U-Bhf. Rudow (U 7)

AUSKUNFT

BERLIN TOURISMUS & KONGRESS GMBH
www.visitberlin.de

BERLIN TOURIST INFOS
Brandenburger Tor (Südflügel)
April - Okt. tgl. 9.30 - 19,
Nov. - März 9.30 - 18 Uhr
Europa-Center
Tauentzienstr. 9
Mo. - Sa. 10 - 20 Uhr
Hauptbahnhof
Europaplatz 1, Eingang Nord
tgl. 8 - 22 Uhr
Alexanderplatz (Hotellobby Park Inn)
Mo. - Sa. 7 - 21, So. 8 - 18 Uhr
Flughafen Schönefeld (Terminal A, Haupthalle, Erdgeschoss, rechts)
tgl. 7 - 22.30 Uhr

Flughagen Tegel (Terminal A, Gate 1)
tgl. 8 – 21 Uhr

IN POTSDAM

POTSDAM TOURISMUS SERVICE
Humboldtstr. 1 – 2
D-14467 Potsdam
Tel. 0331 27 55 88 99
www.potsdamtourismus.de

TOURIST-INFORMATIONEN
Luisenplatz
April – Okt. Mo. – Sa. 9.30 – 18, So. 10 – 16; Nov. – März. Mo. – Fr. 9.30 – 18 Uhr
Potsdam Hauptbahnhof
Mo. – Sa. 9.30 –18 Uhr
Am Alten Markt
Humboldtstr. 1 – 2
Mo. – Sa. 9.30 – 19,
So 10 – 16 Uhr

INTERNET

WWW.BERLIN.DE
Offizielle Seite des Bundeslandes Berlin: gut strukturiertes, schnelles und umfangreiches Informationsangebot

WWW.VISITBERLIN.DE
Homepage der Berlin Tourismus Marketing GmbH, guter Einstieg in die Informationsflut über Berlin, mit Buchungsmöglichkeiten

WWW.BERLIN-INFO.DE
Private und gewerbliche Informationen aus und über Berlin, auch zu den Themen Sightseeing, Hotels und Freizeitgestaltung

WWW.BERLIN030.DE
WWW.ZITTY.DE
WWW.TIP-BERLIN.DE
Die Internetpräsenz der drei größten Stadtmagazine mit Tipps und Infos von Events bis Parties, von Mode bis Sport

LITERATURTIPPS

Romane und Erzählungen

Alfred Döblin: Berlin Alexanderplatz. Im Berlin der 1920er versucht der aus der Haft entlassene Franz Biberkopf wieder ins normale Leben zurückzukehren und scheitert.

Theodor Fontane: Irrungen, Wirrungen. Geschichte einer unstandesgemäßen, zum Scheitern verurteilten Liebe im wilhelminischen Berlin.

Sven Regener: Herr Lehmann. Niemand fängt Geist und Stimmung der 1980er in Kreuzberg besser ein als Sven Regener (Fortsetzung: Der kleine Bruder).

Bekannte Berliner

Heinz Knobloch: Herr Moses in Berlin. Moses Mendelssohn, jüdischer Schriftsteller und Philosoph, Vorbild für die Figur des Nathan in Lessings »Nathan der Weise«.

Rasso Knoller / Susanne Kilimann: Berlin. Wer wohnte wo? Portraits von 50 berühmten Berlinern samt Vorstellung ihrer Wohnorte.

Bettina von Arnim: Dies Buch gehört dem König. Eindringliche Schilderung der Armut im Berlin des Jahres 1840. Geschichte

Thomas Flemming / Hagen Koch: Die Berliner Mauer. Geschichte eines politischen Bauwerks. Entstehung, Geschichte, Hintergründe und Rahmenbedingungen.

Dumont Bildatlas Nr. 180 Berlin. Höhenflüge an der Spree. Eine Bilderreise durch die Hauptstadt mit zahlreichen Tipps. Berlin im Bild

PREISE UND VERGÜNSTIGUNGEN

Welcome-Card

Die Berlin WelcomeCard erlaubt freie Fahrt mit allen Bussen und Bahnen und gewährt freien Eintritt in 30 touristische Sehenswürdigkeiten und bis zu 50% Ermäßigung in ca. 190 touristisch interessanten Plätzen wie Museen, Theatern, Bars, Kneipen, Restaurants, Sehenswürdigkeiten und bei Stadtführungen und -rundfahrten.
Es gibt sie mit Laufzeiten von 48 (19,90 €) und 72 Stunden (27,90 €, mit Museumsinsel 44 €), 4 Tagen (32,50 €), 5 Tagen (36 €) oder 6 Tagen (42 €) für Berlin (Tarifzonen AB) oder für Berlin und Potsdam (Tarifzonen ABC, je nach Dauer zwischen 2 – 5 € teurer). Sie ist gültig für einen Erwachsenen mit bis zu drei Kindern unter 6 Jahren (Zone AB) bzw. unter 15 Jahren (Zonen ABC). Die Karte wird online (www.berlin-welcomecard.de), an den Tourist Infos, in Hotels, am Flughafen, an den Serviceschaltern der Verkehrsbetriebe und an Fahrkartenautomaten verkauft; außerdem bei der Potsdam Information (▶ Auskunft).

Museumspass Berlin

Diese drei Tage gültige Karte kostet 29 € und gewährt für 35 Museen freien Eintritt, darunter die Staatlichen Museen Berlin. Erhältlich ist sie nur in den Tourist Infos oder online (▶Auskunft).

VERKEHR

Verkehrsgemeinschaft Berlin-Brandenburg (VBB)

Mit S-Bahn, U-Bahn, Straßenbahn (Tram bzw. Metro) und Bus erreicht man problemlos die meisten sehenswerten Punkte. Die Berliner Verkehrsbetriebe (BVG), die Deutsche Bahn AG (DB), die S-

Liniennetzplan ▸ hintere Umschlagklappe

Bahn Berlin GmbH, die Verkehrsbetriebe Potsdam GmbH (ViP) und einige kleinere Verkehrsbetriebe des Umlands sind zur **Verkehrsgemeinschaft Berlin-Brandenburg (VBB)** zusammengeschlossen. Es gibt drei **Tarifbereiche**: A ist der Innenbereich von Berlin, der vom S-Bahn-Ring umschlossen wird. Tarifbereich B endet an der Stadtgrenze von Berlin, Tarifbereich C erfasst das Umland. Normalerweise reicht für Berlinbesucher ein Fahrschein AB aus; allerdings liegt der Flughafen Berlin Brandenburg im Bereich C.

Fahrkarten

Einzelfahrscheine und Zeitkarten erhält man in den meisten U- und S-Bahnhöfen, an Automaten, in Bussen, Straßenbahnen, Tabakwarenläden und Drogerien.

Einzelfahrscheine sind zwei Stunden gültig, allerdings immer nur in einer Fahrtrichtung (also nicht für Rückfahrten). Wer nur bis zu drei Stationen mit der S-Bahn bzw. bis zu sechs Stationen mit U-Bahn oder Bus zurücklegen will, kauft eine Kurzstreckenkarte. Kinder bis zum vollendeten 6. Lebensjahr fahren umsonst, ab dem 7. und bis zum vollendeten 14. Lebensjahr zum ermäßigten Tarif. An Zeitkarten gibt es **Tageskarten**, touristische Angebote für 48 und 72 Stunden und die übertragbare Umweltkarte (Monatskarte).

R-Bahn

Insgesamt 26 Linien der von der DB betriebenen R-Bahn sowie 8 RegionalExpress-Linien verbinden Berlin mit Brandenburg.

S-Bahn
U-Bahn

15 S-Bahn-Linien verkehren teilweise rund um die Uhr. Die zehn U-Bahn-Linien fahren werktags zwischen 4 Uhr früh und 2 Uhr nachts; an Wochenenden (Fr. – So.) auch durchgehend (bis auf die U 4, Ersatz durch Nachtbus). Manche der U-Bahnhöfe sind sehr schön restauriert worden; so der Jugendstilbahnhof Wittenbergplatz (U 1, U 2), die Bahnhöfe Hausvogteiplatz und Märkisches Museum (U 2) sowie am Brandenburger Tor (U 55).

Straßenbahn
Bus

Straßenbahnen (Tram) fahren fast ausschließlich im Ostteil Berlins. Zahlreiche Buslinien bedienen die Gebiete, die die schienengebundenen Verkehrsmittel nicht erfassen. Der Zentrale Omnibusbahnhof für Fernbusse befindet sich beim ICC, Messedamm 19. Auf wichtigen Verkehrsachsen, auf denen es keine U- oder S-Bahn gibt, verkehren Straßenbahnen und Busse als **Metro-Linien** mindestens 20 Stunden am Tag und sieben Tage die Woche in dichten Taktzeiten. Sie sind mit einem »M« vor der Liniennummer gekennzeichnet.

Fahrradverleih

Berlin ist nicht gerade hügelig. Neben vielen Hauptstraßen verlaufen Radwege. Eine Liste mit Fahrrad-Verleihfirmen ist beim Allgemeinen Deutschen Fahrrad-Club (ADFC) Berlin erhältlich. 1700 **Callbikes** der Bahn stehen in der Stadt. Sie sind per Anruf (Telefonnummer am Rad) zu mieten; die Abrechnung geschieht bargeldlos.

INFO UND ADRESSEN

VBB
Hardenbergplatz 2
VBB-Infocenter:
Tel. 030 25 41 41 41
www.vbbonline.de

BVG
Tel. 030 1 94 49 (24 Std.)
www.bvg.de
Zentral gelegene Verkaufsstellen: Bahnhof Zoo, Hardenbergplatz, Servicepunkt Alexanderplatz
Mo.–Fr. 6.30–21.30, Sa. u. So. 10–17.30 Uhr

S-BAHN BERLIN
Tel. 030 29 74 33 33
www.s-bahn-berlin.de

FAHRRAD

ADFC LANDESVERBAND BERLIN
Brunnenstr. 28
Tel. 030 4 48 47 24
www.adfc-berlin.de

DB CALLABIKE
Leihfahrräder an vielen Stationen in der Stadt. Zu mieten nach Online-Registrierung, an einer der Stationen oder unter www.callabike-interaktiv.de; Abrechnung bargeldlos.

FAHRRADSTATION
www.fahrradstation.de
Leipziger Str. 56 (Mitte)
Tel. 030 66 64 91 80
Auguststr. 29 (Mitte)
Tel. 030 28 59 96 61
Bergmannstr. 9 (Kreuzberg)
Tel. 030 2 15 15 66
Dorotheenstr. 30 (Mitte)
Tel. 030 28 38 48 48
Goethestr. 46 (Charlottenburg)
Tel. 030 93 95 27 57

AUTOMOBILKLUBS / PANNENHILFE

ADAC
ADAC-Service: Tel. 0 800 5 10 11 12
Pannenhilfe: Tel. *0180 2 22 22 22
www.adac.de

ACE
Pannenhilfe: Tel. *01802 34 35 36
www.ace-online.de

AVD
Pannenhilfe:
Tel. *0800 9 90 99 09
www.avd.de

VCD
Wallstr. 58
Tel. 030 28 03 51-0
www.vcd.org / berlin

TAXI

CITYFUNK
Tel. 030 21 02 02

FUNKTAXI
Tel. 030 26 10 26

QUALITYTAXI
Tel. 030 26 30 00

TAXI BERLIN
Tel. 030 20 20 20

TAXI FUNK
Tel. 030 44 33 32

WÜRFELFUNK
Tel. 030 21 01 01

TALIXO
Tel. 030 346 49 73 60

ECOTAXI
Tel. 030 210 10 20

REGISTER

L

M

BILDNACHWEIS

Pierre Adenis/laif: S. 14/15, 29 u.
akg: S. 197, 218, 265 u., 267, 289 o.r., 289 u.
Amin Akhtar/laif: S. 312 o.
AP: S. 272
Baedeker-Archiv: S. 263
Jan-Peter Boening/Zenit/laif: S. 303
Wojtek Buss/GAMMA-RAPHO/laif: S. 64/65
dpa-Report: S. 147
Dumont Bildarchiv/Martin Kirchner: S. 250 (2x)
Dumont Bildarchiv/Martin Specht: S. 85, 145, 282 o., 282 u., 334, 345
Dumont Bildarchiv/Ralf Freyer: S. 3, 31, 225 o., 253, 297, 310, 321, 351
Dumont Bildarchiv/Sabine Lubenow: S. 2 (2x), 4, 5 o., 5 u., 9, 17 u., 21, 33, 37, 48, 61 (2x), 76, 80, 98, 109, 111, 113, 115, 116, 126, 129, 132, 138/139, 143, 149 (2x), 156, 159, 160, 166, 174, 177, 183, 187, 193 o., 199, 207, 213, 220, 225 u., 232, 235, 254, 257, 293, 306, 322/323, 325, 326, 336, 341
Jochen Eckel/SZ Photo/laif: S. 205
Rainer Eisenschmid: S. 269
fotolia/ExQuisine: S. 308 o.re.
fotolia/Michael Röhrich: S. 309 re.
glowimages/ImageBROKER RM/ Jürgen Henkelmann: S. 103
Sylvain Grandadam/GAMMA-RAPHO/ laif: S. 333
Paul Hahn/laif: . 339
Katja Hoffmann/laif: S. 308 o.li.
Hoffmann: S. 239
Interfoto/Kargher-Decker: S. 281
istock/bessy: S. 352
istock/SangHyunPaek: S. 308 u.
Johaentges/look: S. 273
Christian Kerber/laif: S. 193 u
mauritius images / age fotostock / Iain Masterton: S. 100/101
mauritius images / Alamy RF / travelstock44: S. 18/19, 22/23
mauritius images / Annette Lozinski / Alamy: S. 226
mauritius images / Axel Schmies: S. 10/11
mauritius images / Hemis.fr / MAMO Alessio / hemis.fr: S. 97
mauritius images / Reciprocity images Editorial / Alamy: S. 105
mauritius images / robertharding / Yadid Levy: S. 343
mauritius images / Thomas Ebelt: S. 55
mauritius images / Travel Collection: S. 25 o.
mauritius images / Westend61 / Dieter Heinemann: S. 13
mauritius images / Zoonar GmbH / Alamy: S. 241
Paul Langrock/Zenit/laif: S. 347
Lorenzo Moscia/Archivolatino/laif: S. 209
Nina Lueth/laif: S. 315
picture alliance / akg-images: S. 246, 278, 289 o.l.
picture alliance / Arco Images GmbH: S. 106, 331
picture alliance / Bernd von Jutrczenka: S. 71
picture alliance / dpa: S. 88, 265 o., 275, 285
picture alliance / dpa-Zentralbild: S. 58
picture alliance / dpa-Zentralbild / Manfred Krause: S. 137
picture alliance / Eventpress: S: 57, 124
picture alliance / Global Travel Images: S. 223
picture alliance / Gregor Fischer: S. 189
picture alliance / Jens Kalaene/dpa-Zentralbild/ZB: S. 25 u.

picture alliance / Monika Skolimowska: S. 26/27, 29 o.
picture alliance / Tagesspiegel: S. 211
picture alliance / Westend61: S. 215
Prignet/Le Figaro Magazine/laif: S. 180/181
Peter Rigaud/laif: S. 17 o., 47, 294, 312 u., 355
Dagmar Schwelle/laif: S. 298
Anna Stowe/Loop Images/laif: U 8
The New York Times/Redux/laif: S. 86
Gordon Welters/laif: S. 300
Gerhard Westrich/laif: S. 51, 79

Titelbild: Sabine Lubenow

VERZEICHNIS DER KARTEN UND GRAFIKEN

IMPRESSUM

Ausstattung:
140 Abbildungen, 26 Karten und Grafiken, eine große Reisekarte

Text:
Rasso Knoller, mit Beiträgen von Gisela Buddée und Rainer Eisenschmid

Bearbeitung:
Baedeker-Redaktion (Martin Silbermann)

Kartografie:
Franz Huber, München
Klaus-Peter Lawall, Unterensingen
MAIRDUMONT Ostfildern (Reisekarte)

3D-Illustrationen:
jangled nerves, Stuttgart

Infografiken:
Golden Section Graphics GmbH, Berlin

Gestalterisches Konzept:
RUPA GbR, München

Chefredaktion:
Rainer Eisenschmid, Baedeker Ostfildern

23. Auflage 2018
Völlig überarbeitet und neu gestaltet

Trotz aller Sorgfalt von Redaktion und Autoren zeigt die Erfahrung, dass Fehler und Änderungen nach Drucklegung nicht ausgeschlossen werden können. Dafür kann der Verlag leider keine Haftung übernehmen.
Kritik, Berichtigungen und Verbesserungsvorschläge sind jederzeit willkommen. Schreiben Sie uns, mailen Sie oder rufen Sie an:

Verlag Karl Baedeker / Redaktion
Postfach 3162
D-73751 Ostfildern
Tel. 0711 4502-262
info@baedeker.com
www.baedeker.com

Printed in China

MIX
Papier aus verantwortungsvollen Quellen
FSC® C124385

BAEDEKER VERLAGSPROGRAMM

Viele Baedeker-Titel sind als E-Book erhältlich:
shop.baedeker.com

A
Algarve
Allgäu
Amsterdam
Andalusien
Australien
Australien · Osten

B
Bali
Barcelona
Bayerischer Wald
Belgien
Berlin · Potsdam
Bodensee
Brasilien
Bretagne
Brüssel
Budapest
Burgund

C
China

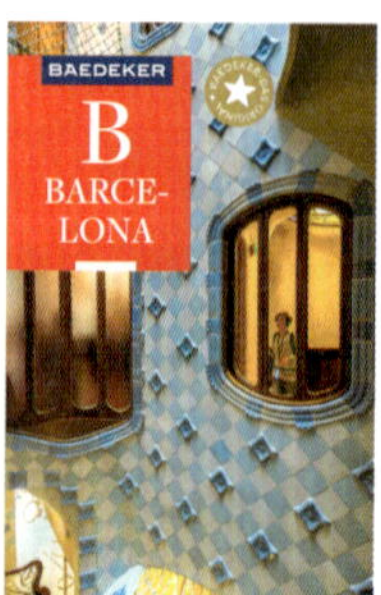

D
Dänemark
Deutsche
Nordseeküste
Deutschland
Deutschland · Osten
Dresden
Dubai · VAE

E
Elba
Elsass · Vogesen

F
Finnland
Florenz
Florida
Franken
Frankfurt am Main
Frankreich
Frankreich · Norden
Fuerteventura

G
Gardasee
Golf von Neapel
Gomera
Gran Canaria
Griechenland
Großbritannien

H
Hamburg
Harz
Hongkong · Macao

I
Indien
Irland
Island
Israel
Istanbul
Istrien · Kvarner Bucht
Italien
Italien · Norden
Italienische Adria
Italienische Riviera

J
Japan
Jordanien

K
Kalifornien
Kanada · Osten
Kanada · Westen
Kanalinseln
Kapstadt · Garden
Route
Kenia

Köln
Kopenhagen
Korfu · Ionische Inseln
Korsika
Kos
Kreta
Kroatische Adriaküste · Dalmatien
Kuba

L
La Palma
Lanzarote
Leipzig · Halle
Lissabon
London

M
Madeira
Madrid
Maldavien
Mallorca
Malta · Gozo · Comino
Morrokko
Mecklenburg-Vorpommern
Menorca
Mexiko
Moskau
München

N
Namibia
Neuseeland
New York
Niederlande
Norwegen

O
Oberbayern
Oberitalienische Seen · Lombardei · Mailand
Österreich

P
Paris
Polen
Polnische Ostseeküste · Danzing · Masuren
Portugal
Prag
Provence · Côte d'Azur

R
Rhodos
Rom
Rügen · Hiddensee
Rumänien

S
Sachsen
Salzburger Land
Sankt Petersburg
Sardinien
Schottland
Schwarzwald

Schweden
Schweiz
Sizilien
Skandinavien
Slowenien
Spanien
Spanien · Norden · Jakobsweg
Sri Lanka
Stuttgart
Südafrika
Südengland
Südschweden · Stockholm
Südtirol
Sylt

T
Teneriffa
Tessin
Thailand
Thüringen
Toskana
Tschechien
Türkische Mittelmeerküste

U
USA
USA · Nordosten
USA · Nordwesten
USA · Südwesten
Usedom

V
Venedig
Vietnam

W
Weimar
Wien

Z
Zürich
Zypern

Meine persönlichen Notizen

Meine persönlichen Notizen

Meine persönlichen Notizen

Meine persönlichen Notizen

Berlin

Hennigsdorf S25
Wittenau U8
S1 Oranienburg
S8 Waidmannslust
U6 Alt-Tegel
Tegel
Rathaus Reinickendorf
Karl-Bonhoeffer-Nervenklinik
Wilhelmsruh
Borsigwerke
Holzhauser Str.
Eichborndamm
Alt-Reinickendorf
Schönholz
Otisstr.
Lindauer Allee
Scharnweberstr.
Paracelsus-Bad
Kurt-Schumacher-Platz
128
Residenzstr.
Tegel TXL
Afrikanische Str.
Franz-Neumann-Platz
Am Schäfersee
Osloer Str. U9
Wollankstr.
S9
TXL 128
Rehberge
Seestr.
Nauener Platz
Pankstr.
X9 109
TXL
Amrumer Str.
Leopoldplatz
Bornholmer Str.
Rathaus Spandau U7
Zitadelle
Haselhorst
Paulsternstr.
Rohrdamm
Siemens-damm
Halemweg
Beusselstr.
Westhafen
Wedding
RE6
Gesundbrunnen
Altstadt Spandau
Jakob-Kaiser-Platz
Jungfernheide
RB13
RE4·RE6·RB10
RE3·RE5·RE6
Voltastr.
Reinickendorfer Str.
Humboldthain
S42 S41
Birkenstr.
Schwartzkopffstr.
Nordbahnhof
Spandau S5
RE2·RE4·RE6·RB10·RB13·RB14
RE4·RE6·RB10·RB13
RE3·RE4·RE5·RB10
Naturkundemuseum
Oranienburger Str.
Rosenthaler Platz
Stresow
Mierendorffplatz
Weinmeisterstr.
Ruhleben
U2
RE2·RB14
Westend S46
Turmstr.
Hauptbahnhof
U55 RE3
Oranienburger Tor
Hackescher Markt
Pichelsberg
Olympia-Stadion
X9
Richard-Wagner-Platz
Friedrichstr.
RE1·RE2·RE7
Olympiastadion
Neu-Westend
Bundestag
Bellevue
RB21 RB22
Brandenburger Tor U55
Sophie-Charlotte-Platz
Kaiserdamm
Bismarckstr.
Tiergarten
Heerstr.
Theodor-Heuss-Platz
Messe Nord/ICC
Deutsche Oper
Ernst-Reuter-Platz
Hansaplatz
Französische Str.
Messe ZOB
Wilmersdorfer Str.
Potsdamer Platz
Mohrenstr.
Messe Süd
Savignyplatz
Mendelssohn-Bartholdy-Park
Stadtmitte
Hausvogteiplatz
Westkreuz S75
Charlottenburg
Zoologischer Garten
RE1·RE2·RE7·RB14·RB21 RB22
Anhalter Bhf
Kochstr. Checkpoint Charlie
Wittenberg-platz
Kurfürsten-str.
U1 Uhlandstr.
Halensee
Adenauerplatz
Kurfürstendamm
Gleisdreieck
Möckernbrücke
Hallesches Tor
Grunewald
Nollendorfplatz U3 U4
Bülowstr.
Augsburger Str.
Spichernstr.
Konstanzer Str.
Hohenzollernplatz
Viktoria-Luise-Platz
Mehringdamm
Güntzelstr.
Yorckstr. Großgörschenstr.
Gneisenaustr.
Yorckstr.
Fehrbelliner Platz
Berliner Str.
Kleistpark
Platz der Luftbrücke
Hohenzollerndamm
Blissestr.
Bayerischer Platz
Eisenacher Str.
Paradestr.
S41 S42
Rathaus Schöneberg
Julius-Leber-Brücke
RE3·RE4·RE5 RB10
Tempelhof
Heidelberger Platz
Bundesplatz
Innsbrucker Platz U4
Schöneberg
Südkreuz
S45 RB10
Rüdesheimer Platz
Alt-Tempelhof
Breitenbachplatz
Kaiserin-Augusta-Str.
RE1·RE7·RB21·RB22
Podbielskiallee
Friedrich-Wilhelm-Platz
Friedenau
Ullsteinstr.
Dahlem-Dorf
Walther-Schreiber-Platz
Westphalweg
Freie Universität Thielplatz
Priesterweg
Feuerbachstr.
Alt-Mariendorf
Schloßstr.
Oskar-Helene-Heim
Onkel Toms Hütte
Südende
Attilastr.
U9 Rathaus Steglitz
Schlachtensee
Krumme Lanke U3
Marienfelde
Lankwitz
Botanischer Garten
Mexikoplatz
Lichterfelde West
Nikolassee
Buckower Chaussee
Lichterfelde Ost
Zehlendorf
Sundgauer Str.
Wannsee S1 RB33
Potsdam Hbf S7
Osdorfer Str.
RE3·RE4·RE5
Schichauweg
Teltow Stadt S25
S2 Blankenfelde